D1339343

La couverture
est une réalisation
du graphiste Léopold Roy

VISAGES DE GABRIELLE ROY, L'OEUVRE ET L'ÉCRIVAIN

MARC GAGNÉ

VISAGES DE GABRIELLE ROY, L'OEUVRE ET L'ÉCRIVAIN

suivi de

Jeux du romancier et des lecteurs
(extraits)

par Gabrielle Roy

MONTRÉAL
LIBRAIRIE BEAUCHEMIN LIMITÉE
1973

Ottawa, 1973
Dépôt légal — 2e trimestre 1973
Bibliothèque nationale du Québec.
ISBN 0-7750-0153-8

À Monique

NOTES

1. Voici les années d'édition des ouvrages de Gabrielle Roy que je cite dans le corps de cette étude :

   Bonheur d'occasion : 1970

   Le Petite Poule d'Eau : 1970

   Alexandre Chenevert : 1964

   Rue Deschambault : 1966

   La Montagne secrète : 1971

   La route d'Altamont : 1966
   (Impression de septembre 1967)

   La rivière sans repos : 1970

   Cet été qui chantait : 1972

2. Pour des raisons de clarté, je me réfère aux *Nouvelles esquimaudes* comme telles : la page renvoie au livre intitulé *La rivière sans repos* qui contient ces nouvelles.

3. Selon l'intention actuelle de Gabrielle Roy, *Un jardin au bout du monde* sera publié en même temps que les versions revisées d'*Un vagabond frappe à notre porte* et de *La vallée Houdou*. A cet ensemble, elle entend joindre un texte inédit intitulé *Où iras-tu Sam Lee Wong ?* Les pages que j'indique dans les références aux trois premières de ces œuvres sont celles du manuscrit dont voici l'ordre :

   Un vagabond frappe à notre porte : p. 1-39

   Un jardin au bout du monde : p. 40-99

   La vallée Houdou : p. 100-114

4. Pour répondre au désir de Gabrielle Roy, je cite le texte ronéotypé et intégral du *Thème « Terre des hommes » raconté par Gabrielle Roy* et non la version incomplète parue sous le titre *Introduction* dans *Terre des hommes*, Montréal et Toronto, La Cie canadienne de l'Exposition universelle de 1967, p. 21-60.

INTRODUCTION

> On considère trop souvent l'œuvre
> d'un créateur comme une suite de té-
> moignages isolés. On confond alors
> artiste et littérateur. Une pensée pro-
> fonde est en continuel devenir, épouse
> l'expérience d'une vie et s'y façonne.
> De même, la création unique d'un
> homme se fortifie dans ses visages
> successifs et multiples que sont les
> œuvres. Les unes complètent les
> autres, les corrigent ou les rattrapent,
> les contredisent aussi. (*Albert Camus*) [1]

Les visages de l'écrivain sont multiples. Comme ses âmes. La quête des uns et des autres, par le lecteur, tend à devenir une quête totale, de caractère absolu. La hantise du mystère de l'homme ressemble à la hantise du mystère de Dieu. La relative impuissance des moyens dont dispose le chercheur est en partie liée à l'obscurité entourant la vie personnelle des écrivains.

Cette impuissance se rattache encore à la nature de l'œuvre littéraire. A son autonomie. Aux racines de la vie artistique, sorte de microcosme de la vie archétypale. La multiplicité des approches auxquelles on peut soumettre l'œuvre témoigne de la multiplicité de ses facettes. Aussi est-ce en connaissant les limites de mon propos que j'entreprends cette étude, condamnée d'avance à ne donner que des résultats fragmentaires, à ne pouvoir identifier certains visages que pour mieux en faire pressentir d'autres.

Un fort courant de la critique contemporaine incline à dissocier l'œuvre de son auteur. Un autre courant cependant, redevable lui aussi pour ses méthodes à des théories ou à des progrès récents, continue, directement ou indirectement, d'inclure l'auteur dans le circuit de ses recherches. De plus, la majorité des études littéraires abordées par le biais historique, demeurent liées d'une façon ou d'une autre aux écrivains comme tels.

Le présent travail tend à découvrir quelques-uns des visages de Gabrielle Roy et de son œuvre. Ce projet et l'optique dans laquelle il s'est réalisé étaient commandés par la matière disponible et l'ur-

---

1. *Le mythe de Sisyphe*. Paris, Gallimard, coll. Idées, n° 1, p. 152-153.

gence, historiquement parlant, de jeter quelque lumière neuve sur
« le mystère Gabrielle Roy ».

— o — o — o —

Quand parut *Bonheur d'occasion*, en juin 1945, Gabrielle Roy
n'était guère connue que des lecteurs du *Jour*, de la *Revue moderne*
et surtout du *Bulletin des agriculteurs*, auquel elle collaborait depuis
plus de cinq ans. La publication de son roman lui valut la notoriété.
La nouveauté de *Bonheur d'occasion*, la rupture qu'il signifiait avec
la tradition jusque-là bien assise d'une littérature du terroir, ce sur-
gissement de la ville protéiforme et de la guerre au sein de nos Lettres
marquèrent à ce point les lecteurs que, pour un nombre impressionnant d'entre eux, Gabrielle Roy est devenue l'auteur de ce seul ouvrage. Au-delà de *Bonheur d'occasion* s'étend une *terra incognita* ;
en deçà, une sorte de demi-désert. Il faut voir dans ce phénomène
la rançon de l'étonnement et d'une admiration spontanée.

C'est pourtant depuis 1938 que, pièce à pièce, l'œuvre a été
lentement construite. Elle est à l'image de l'écrivain, complexe et
difficilement prévisible. Gabrielle Roy entraîne son lecteur de Montréal au Manitoba septentrional. Puis elle le ramène à Montréal
pour le convier ensuite à contempler certains hauts-lieux de ses souvenirs d'enfance. De là, elle suit Pierre Cadorai dans son itinéraire
vers le Nord canadien et à Paris, après quoi elle livre une seconde
tranche de textes inspirés de son enfance. Elle regagne le Nord
avec *La rivière sans repos* et enfin revient à la Petite-Rivière-Saint-
François avec *Cet été qui chantait*.

Les sources de cette complexité sont nombreuses.

Gabrielle Roy a vécu à deux époques historiques et principalement dans deux milieux différents. Ses premières années, jusqu'en
1937, se sont écoulées sous le signe de la paix et de la sécurité dans
la société manitobaine dont l'évolution lente et presque sans heurts
ressemblait à celle du Québec de la même époque. Il y eut ensuite,
de 1937 à 1939, l'intermède du premier voyage en Europe. Partie
avec l'idée d'étudier l'art dramatique à Londres, elle abandonne bientôt ce projet. Désormais, sans souci autre que celui de connaître le
monde, Gabrielle Roy parcourt l'Angleterre et la France, souvent
avec des moyens de fortune. Partout au cours de ses pérégrinations,
elle s'instruit de l'histoire, des coutumes, des traditions propres aux
lieux visités si bien que les autochtones sont étonnés lorsqu'ils ap-
prennent qu'elle est canadienne et débarquée depuis peu en Europe.
Puis elle revient et s'établit au Québec. Suit une période difficile
pendant laquelle elle doit au journalisme de survivre. Son regard

n'a plus l'insouciance et la légèreté de celui qu'elle promenait sur les sociétés française et anglaise. Ce coin de pays nord-américain deviendra sien. Elle en prend possession en en prenant connaisance. Le voici alors en mutation profonde. La crise de 1929, le chômage, la guerre, l'industrialisation, l'exode des gens de la campagne vers la ville, l'amorce d'une désolidarisation — au moins théorique jusqu'à la mort de Maurice Duplessis — du trône et de l'autel : autant d'indices révélateurs d'un monde en métamorphose. Or, c'est à l'aube de ce monde que Gabrielle Roy publie *Bonheur d'occasion*. La littérature inscrit dans son histoire la courbe de l'évolution sociale de l'époque. *L'Abatis* de Savard avait été le testament poétique d'un âge parvenu à son crépuscule. Toute l'idéologie terrienne et nationaliste canadienne-française s'y trouvait reprise une dernière fois dans un souffle lyrique que n'avaient connu ni nos romanciers, ni nos essayistes, ni même nos poètes antérieurs. Ainsi Gabrielle Roy, après avoir vécu son enfance dans la quiétude d'une société close et traditionnelle, décide d'élire domicile dans un Québec qui, s'éveillant à la vie urbaine et industrielle, refusera dorénavant d'identifier son idéal aux idéaux du passé.

Son œuvre sera soumise à la double polarisation d'un monde nouveau à la recherche de son identité et d'une enfance où vie et rêve se confondaient. Double polarisation du mouvement propre à un éveil et de la stabilité dans la tradition.

Autre question complexe : la multiplicité des genres littéraires utilisés par Gabrielle Roy. Elle a écrit au-delà de soixante reportages. Quelques-uns sont exclusivement scientifiques, d'autres dosent habilement réalité et fiction. Elle est encore l'auteur d'un nombre impressionnant de récits et de nouvelles dont plusieurs ont été groupés dans les ouvrages suivants : *La Petite Poule d'Eau, Rue Deschambault, La route d'Altamont,* les *Nouvelles esquimaudes* et *Cet été qui chantait*. Gabrielle Roy a publié quatre romans. Enfin, elle a écrit le scénario d'un film à partir du *Vieillard et l'enfant* (*La route d'Altamont*), de même qu'un certain nombre de discours et de textes qu'il faut classer, faute de catégories plus précises, dans celle des essais.

Cette diversité et le mystère dont s'entoure volontiers l'écrivain ne facilitent en rien les études de l'œuvre. La romancière refusa poliment un jour une invitation à s'adresser aux étudiants de l'université Laval : « Les universités de Montréal, de Toronto, d'Ottawa, de Sherbrooke, de Québec m'invitent. Mais si je consacre une bonne partie de mon temps à parler de mon œuvre, quand la ferai-je ? » Les faits saillants de sa vie sont connus. Cependant, les intervalles entre chacun d'eux constituent souvent de larges pans d'ombre et d'imprécision.

Mon intention est de procéder à une description qui, en partant de dominantes, s'étendra constamment et finira par couvrir l'œuvre entière à la manière des cercles concentriques formés par un caillou qu'on lance dans un miroir d'eau. Je dresserai un inventaire total de ces dominantes, non pas grâce à une accumulation où les objets les plus hétéroclites devront se conduire en voisins accommodants pour leurs voisins, mais un inventaire axé autour de l'une des intuitions fondamentales de la romancière. Je montrerai que le mouvement joue un rôle fondamental, lié qu'il est à la pensée de l'écrivain et aux structures de ses ouvrages.

Cette étude, qui portera sur les univers social, imaginaire, esthétique et religieux, ne respectera cependant pas l'ordre chronologique de publication des livres. Le respect strict de cet ordre m'aurait conduit à noyer les dominantes dans la diversité d'une description totale de chaque œuvre individuelle. Aussi ai-je renoncé à cette présentation pour lui préférer une description polarisée.

J'entends grouper autour de quelques sommets des données recueillies dans toute la production littéraire, indiquer une hiérarchie entre ces sommets et mettre en relief leur interdépendance. Je montrerai qu'un élément en appelle d'autres, que le mouvement, par exemple, implique une attention portée aux espaces grands et petits, au passé et au futur ; que les arguments du vieillard de *La route d'Altamont* en faveur de la connaissance et de l'amour impliquent une longue évolution de Gabrielle Roy, évolution amorcée dans les tout premiers écrits et poursuivie jusqu'à *La rivière sans repos*.

Plusieurs raisons militent en faveur de la priorité accordée à la partie intitulée *L'homme, la société et le progrès*. Et d'abord l'intérêt évident et soutenu de l'écrivain pour les problèmes sociaux. Cet intérêt se manifeste dès la période journalistique, soit sept ans avant la publication de *Bonheur d'occasion*. Même le lecteur qui s'est contenté de parcourir pour son seul plaisir les ouvrages de Gabrielle Roy éprouvera ici l'impression de se retrouver en pays familier. Cette façon d'aborder le sujet a permis d'aller du plus au moins connu.

Autre raison : semblable approche rend possible une explication neuve du fameux dualisme que plusieurs critiques ont souligné dans leurs études. En effet, ce *mouvement* dont j'ai parlé, parce que l'écrivain le considère comme orienté vers le mieux-être de la collectivité, devient le *progrès* quand il s'applique à la société. Dès lors la question cruciale est posée : comment peut-on croire à l'existence du progrès et expliquer l'écrasement des personnages « vertueux » de *Bonheur d'occasion* ou d'*Alexandre Chenevert* ? croire en l'existence du progrès et expliquer le « succès » mitigé d'un Pierre Cadorai qui n'aperçoit enfin sa montagne de rêve que pour mourir quelques instants plus tard ? Comment expliquer la désolation d'Elsa à mesure qu'elle avance en âge ? Toute réponse devrait faire état de l'ambiguïté de la notion de progrès et d'une distinction nette entre ce qui est, chez Gabrielle Roy, *objet d'observation* et ce qui est *objet de foi.*

Le progrès est ambigu. D'abord en lui-même parce qu'on peut rarement l'affecter d'un signe pleinement positif. Le progrès n'« arrive » aux uns qu'après avoir le plus souvent exigé le sacrifice des autres. Les progrès de la technique entraînent mises à pied et chômage (*Bonheur d'occasion*) ; le progrès de l'instruction exige des enfants qu'ils s'éloignent des parents (*La Petite Poule d'Eau*) ; le progrès des communications affole Alexandre Chenevert.

Il faut encore distinguer, chez Gabrielle Roy, entre *objet d'observation* et *objet de foi.* Le progrès, disait Pascal, procède par *itus et reditus.* Il est fait d'alternances entre périodes d'avancement vers une situation meilleure faite à l'homme et périodes de recul. Il s'inscrit sur une ligne brisée. Pour le juger avec rectitude, il faut pouvoir embrasser d'un seul regard le mouvement d'ensemble qui, malgré les périodes de stagnation ou de recul, fait qu'il y a — peut-être — avancement. Il existe, chez Gabrielle Roy, deux attitudes plus ou moins pures, deux façons plus ou moins exclusives de concevoir ce progrès selon qu'elle écrit un ouvrage de fiction ou un essai.

Gabrielle Roy, romancière, nouvelliste et conteuse, est surtout sensible aux *reditus* du progrès. Ici, l'objet d'observation est l'infinie complexité de la vie. Il est, de plus, évident que les périodes de « crise » fournissent à la romancière une bonne part de sa matière dramatique. Même *La Petite Poule d'Eau,* dont on a souvent dit l'optimisme et la joie, est lourde de la peine éprouvée par les parents dans leur lent retour vers la solitude. Ainsi, Gabrielle Roy romancière, est très sensible aux tensions de la réalité quotidienne.

Par contre, Gabrielle Roy essayiste — l'auteur, par exemple, du *Thème « Terre des hommes » raconté par Gabrielle Roy* — incline plutôt a scruter le futur pour tenter de découvrir de quoi sa trame sera faite. Ce regard est marqué par la foi au progrès, la foi en l'homme et, entre 1937 et 1963, une foi passive en Dieu. Gabrielle Roy croit que l'univers — péniblement sans doute — marche vers son perfectionnement. Le terme est loin encore, mais sa conviction demeure que nous nous dirigeons vers lui. C'est l'*itus* du progrès.

Avant même de rencontrer le Père Teilhard de Chardin en 1947, cette foi était vive. Rappelons qu'en 1947, aucun écrit de Teilhard n'était encore publié. Et Gabrielle Roy avait alors terminé sa carrière journalistique proprement dite depuis près de deux ans. Il est certain que cette rencontre, de même que la lecture subséquente de plusieurs écrits du savant jésuite français, ne fit que renforcer une foi au progrès déjà bien ancrée. Après avoir montré au cours de cette partie les cheminements parfois imprévus de l'idée de progrès, j'évoquerai le parallélisme existant entre la pensée de Teilhard de Chardin et celle de Gabrielle Roy sur le sujet, non pas pour dégager des infuences, mais pour mettre en relief les liens de parenté qui les unissent.

Cette foi au progrès, chez Gabrielle Roy, ne fut ni n'est toujours à l'abri des inquiétudes issues de son observation attentive de la vie concrète. Il existe en son âme une lutte perpétuelle entre une lucidité incapable de s'abuser et une foi incapable de se renier. Peut-être faut-il trouver dans l'interview accordée à Judith Jasmin pour Radio-Canada des indices de ce combat lorsque, parlant de Teilhard, elle dit : « Je crois... enfin, j'espère qu'il a raison ».

Ainsi, Gabrielle Roy romancière, s'oppose-t-elle à Gabrielle Roy essayiste, comme l'objet d'observation s'oppose à l'objet de foi. Il faut cependant se garder de chercher, tranchées et exclusives, ces deux seules couleurs dans une œuvre toute en demi-teintes. Les romans ne sont jamais dépourvus totalement d'éléments d'espoir et les essais ne disent jamais uniformément la marche du progrès.

La deuxième partie de ce travail, qui portera comme titre L'univers cosmologique, étudiera l'imaginaire. C'est peut-être dans ce monde particulier que l'influence du mouvement se manifeste avec le plus de force, car ici le mystère individuel trouve pour s'exprimer une matière riche et malléable : l'image.

Cette partie est divisée en deux chapitres : Images et espace et Images et temps. L'espace et le temps, nous le savons, constituent deux dimensions fondamentales de chaque être. Nous savons aussi qu'ils sont inséparables dans la réalité. Il m'a cependant semblé avantageux de les répartir ainsi afin d'éviter de fastidieuses répétitions et surtout de montrer que le voyage et la rêverie constituent deux formes essentielles du mouvement.

La première image reliée au mouvement dans l'espace est la montagne. Celle-ci apparaît comme un point de repère. Le va-et-vient entre les espaces intimes et les espaces immenses, ou d'un espace intime à un autre, d'un espace immense à un autre, conduit à un exposé sur le voyage et la route qui deviennent les liens entre tous les espaces et l'incarnation la plus évidente de cette forme en quelque sorte matérielle du mouvement. Cependant immensité et intimité convergent et finissent par coïncider dans l'intensité du sentiment.

Si l'espace et le mouvement ont gouverné une étude principalement axée sur le voyage, le temps et le mouvement seront polarisés par une étude sur la rêverie, qui joue dans l'ordre psychique un rôle similaire à celui du voyage dans l'ordre physique. Je rappelle que ces distinctions n'ont de raisons d'être que méthodologiques, sachant que si la dimension la plus importante du voyage est l'espace, le temps n'en est pas plus absent que l'espace n'est absent de la rêverie, dont la dimension première est pourtant le temps. La rêverie, à l'instar du voyage sur les routes de l'espace, relie l'« ici » et l'« ailleurs » du présent, du futur ou du passé. A ce thème majeur du temps sont rattachés les sous-thèmes connexes du recommencement, de l'enfance, du cycle de la vie.

Je me propose encore de dégager une sorte de hiérarchie entre les images maîtresses. C'est pourquoi aucune manifestation de chacune d'elles ne sera exclue. Il est certain qu'entre les « collines bleues » de *Rue Deschambault*, aperçues pendant un très court instant par une Christine qui va et vient dans sa balançoire, les montagnes les plus rabotées de la terre de *La rivière sans repos*, le Mont-Royal de *Bonheur d'occasion* et d'*Alexandre Chenevert*, et la montagne secrète, il existe des différences majeures. Mais il faut être prudent avant d'écarter chacune de ces montagnes pour ne conserver que la dernière. D'abord parce qu'il n'est pas, chez Gabrielle Roy, de décor gratuit ; en second lieu, parce que chaque montagne participe d'une sorte d'archétype qu'il m'importe de dégager.

La troisième partie de ce travail sera intitulée *L'esthétique de Gabrielle Roy*. Je rapporterai d'abord quelques témoignages de l'écrivain, témoignages connus ou inédits, groupés autour de ce que Valéry considère comme les quatre pôles de l'œuvre d'art : un désir, une idée, une action et une matière. Cette démarche permet d'établir une sorte de cadre pour une étude plus approfondie de la conception esthétique de Gabrielle Roy.

Je m'arrêterai ensuite à l'art en soi, aux conditions de son existence, à la distanciation nécessaire entre la première émotion vécue dans un trouble plus ou moins profond et cette même émotion revécue dans la tranquillité pour devenir matière d'art, enfin aux liens qui unissent création et inconscient, création et sexualité. On sait que Gabrielle Roy, tout en reconnaissant le rôle important joué par l'inconscient, refuse de faire le saut dans le freudisme qu'elle incline à considérer, à cause de certaines manifestations intempestives de ses défenseurs, comme une insulte à la réalité totale de l'homme.

Un troisième chapitre traitera plutôt de l'artiste. Pour une Gabrielle Roy qui, sa vie durant, a été partagée entre son besoin de fraternité et l'observation d'une société où les hommes s'entre-déchirent ; pour une Gabrielle Roy déchirée elle-même, comme l'a montrée *La voix des étangs*, entre l'amour des hommes et le besoin de se séparer d'eux pour les mieux comprendre et les mieux exprimer, l'artiste est à la fois, selon le mot de Camus, « solitaire et solidaire ».

L'artiste de Gabrielle Roy tend à élever l'homme au-dessus de lui-même, à tirer de leur silence tous les êtres de l'univers. Cette hantise de la romancière pousse son héros à ne chercher que dans l'absolu des réponses aux questions qu'il se pose.

Je traiterai successivement de la grande illumination de l'artiste — son « soir » et sa « nuit » — de son orientation vers un Nord mythique, enfin de ses ressemblances avec le Prométhée de la mythologie.

Le mythe de Prométhée correspond à l'archétype du ravisseur de feu. Il est, à cause de l'universalité des traits de son visage légendaire, un des mythes les plus populaires. Si l'on tient compte d'abord du besoin d'action qu'éprouve chaque créature, si l'on se rappelle que la fonction même de l'artiste consiste à créer, on comprendra aisément la proximité spirituelle de Pierre Cadorai et de Prométhée. C'est pour une autre raison que j'ai tenu à mettre en évidence le rapprochement. Cette raison réside dans le dilemme où s'est placée à son insu Gabrielle Roy en faisant de Cadorai un de ses plus fidèles porte-parole en même temps qu'un révolté. La conscience et la foi en Dieu de la romancière ne peuvent accepter toutes les revendications de Pierre-Prométhée. Nous retrouvons les pôles foi-observation.

Enfin, le parallélisme entre certains noms — Nina — et péripéties de *La montagne secrète* et de la légende prométhéenne participe à une construction étrange qui ne laisse pas de séduire.

De plus, le châtiment de Prométhée sur son rocher ne consiste pas uniquement dans l'action de l'aigle mais aussi dans l'inactivité forcée du héros. L'immobilité torture l'homme. Au premier regard, Pierre semble toujours en marche. Mais la réalité est plus complexe. Le drame de Pierre vient de ce qu'à une activité physique fébrile ne correspond pas le sentiment d'un progrès spirituel parallèle. Toujours en quête d'un absolu qui semble mettre autant d'acharnement à se dérober que lui à vouloir l'atteindre, Cadorai finit par avoir l'impression d'une irréductibilité entre les deux antagonistes. Il finit par les croire tous deux animés d'un semblable mouvement qui les confine dans une sorte d'immobilisme. D'où le tourment de cet homme.

Enfin, la dernière partie, *Le problème moral et religieux*, est à la fois couronnement et point de convergence de ce qui précède. Vie en société, vie de l'imaginaire et vie de l'artiste sont étroitement liées à la signification du destin que l'homme reconnaît comme sien.

Cette étude s'ouvre par une confidence de Gabrielle Roy. La romancière y rapporte les étapes de son évolution religieuse. La courbe de cette évolution, je l'ai retrouvée, identique, dans les péripéties et images qui composent *La montagne secrète*. Elle influence de façon importante la production littéraire de l'écrivain.

Prenant ensuite appui sur la désormais classique distinction d'André Rousseaux entre une littérature de salut et une littérature de bonheur, j'ai tenté de découvrir lequel de ces deux pôles dominait. En réalité, les deux se fondent dans le concept de *littérature d'innocence*.

Face aux difficiles problèmes du mal et de Dieu, Gabrielle Roy subit la double attraction déjà notée de l'observatrice lucide et de la croyante. Devant la mort, son premier geste en est un de révolte. Mais le suit immédiatement un geste de sympathie. L'homme doit dépasser le mal par un progrès dans la connaissance et l'amour. Il arrive cependant à la romancière d'épouser cette vision de l'essayiste. Qu'on se rappelle *Le vieillard et l'enfant* de *La route d'Altamont*. M. Saint-Hilaire laisse clairement entendre à Christine qu'il n'est pas de connaissance ni d'amour assez parfaits en ce monde pour la satisfaire pleinement, justifiant ainsi la quête inlassable d'un Pierre Cadorai. Ceci m'amène à parler d'un point de convergence dans l'œuvre de Gabrielle Roy ; tout au moins d'une tension vers la réconciliation de son être partagé. Dans cette tension vers l'unité intérieure, vers l'harmonie de ses âmes diverses, Gabrielle Roy découvre le chemin d'une paix en qui se résorberaient lentement les dilemmes qu'expérience et foi n'ont cessé de poser à sa conscience. Cette réconciliation ne sera jamais œuvre terminée. Si, après *Le vieillard et l'enfant, Les satellites* (*La rivière sans repos*) reprennent — de façon moins évidente cependant — le même thème, *Un Jardin au bout du monde* redira les angoisses d'une foi qui ne parvient guère à accorder ses visions aux réalités quotidiennes.

Mon étude s'appuiera sur une documentation aussi complète que possible. C'est pourquoi je tiendrai compte non seulement des huit ouvrages publiés jusqu'à ce jour par Gabrielle Roy, mais encore de ses articles, reportages, contes, nouvelles, récits disséminés dans divers périodiques. De même, me référerai-je à quelques inédits. Certains, comme *La petite faïence bleue*, ne seront peut-être jamais publiés. D'autres, par exemple *Un jardin au bout du monde*, le seront sans doute un jour. Quelques-uns enfin n'ont pas été édités ou l'ont été non intégralement tels le discours de réception du Prix David (mars 1971), *Le thème « Terre des hommes » raconté par Gabrielle Roy* et les *Jeux du romancier et des lecteurs*. Je ferai enfin appel à des propos que m'a tenus Gabrielle Roy. Elle en a revu et approuvé les textes que j'indique par le mot *Entretien* suivi de la date où ils ont été recueillis.

Ces entretiens soulèvent une question méthodologique : le critique littéraire peut-il prendre appui sur eux autant que sur les autres ouvrages ? Je crois que non. Cependant, les opinions d'un écrivain sur son œuvre peuvent présenter un grand intérêt. Ces jugements et confidences permettent souvent d'arriver à une meilleure connaissance — historique surtout — de l'œuvre et de l'auteur. Ils permettent, dans le cas de certains ouvrages, de mesurer la distance qui sépare le propos premier de l'artiste du produit qui en découle. Lancé dans le public, chaque livre parle un langage multiple et varié. Il devient une sorte de bien commun auquel chacun a accès. On reconnaîtra d'ailleurs la vitalité et la force — ou la médiocrité et la faiblesse — d'un roman à la puissance qu'il détient — ou qui lui fait défaut — de se soumettre avantageusement ou désavantageusement à ces diverses sortes d'abords critiques.

M'inspirant de ces vues générales, je ne ferai appel aux entretiens que dans la mesure où ils confirment ce que l'œuvre avait elle-même révélé, ou encore dans la mesure où ils éclairent les époques de genèse et mettent en lumière les rapports entre la vie et les écrits de la romancière. Car, tout comme son Pierre Cadorai et malgré l'apparent paradoxe, Gabrielle Roy n'aime guère parler d'elle-même, de son passé, de sa famille. On m'objectera *Rue Deschambault* et *La route d'Altamont*. Mais il ne faut pas considérer ces ouvrages comme des recueils autobiographiques au sens strict du mot. *Rue Deschambault* et *La route d'Altamont* sont des œuvres d'imagination dont le prétexte, parfois très ténu, a été emprunté au passé de la romancière. Gabrielle Roy elle-même n'est plus toujours capable de distinguer la réalité de la fiction. J'apporterai, dans la mesure où elles sont indispensables, quelques précisions concernant l'« histoire » de Gabrielle Roy et de son œuvre.

Cette documentation — livres, reportages, contes, récits, nouvelles, discours, textes de conférences, inédits, entretiens — soulève, elle aussi, un problème de méthode : après avoir déterminé l'importance des entretiens, faut-il considérer le reste de la production comme d'égale importance ? Peut-on se référer indifféremment à un roman, un reportage, un conte, une nouvelle ou un discours ?

En premier lieu, je considère comme malvenue une division de la production de Gabrielle Roy en deux parties dont l'une précéderait *Bonheur d'occasion* et l'autre suivrait ce premier roman tout en l'englobant. Malvenue dans la mesure où elle tend à ignorer le premier volet. Elle ne tient de plus aucun compte de la multiplicité des genres. Je propose plutôt une division qui répartisse ces genres en grappes selon que domine l'imagination — romans, nouvelles, contes, récits — ou l'esprit logique — reportages, discours, essais. Dans le premier cas, le narrateur dit le plus souvent *il* — sauf, par exemple, dans

Rue Deschambault et *La route d'Altamont*, où le « je », par rapport à l'auteur, est un procédé technique ayant valeur de « il » ; — dans le second cas, il dit *je*.

Une telle division oblige à porter aux écrits journalistiques d'imagination la part d'attention qui convient. Il est vrai que la plupart de ceux qui parurent dans le *Jour* et dans la *Revue moderne* étaient anodins. Mais on ne peut en dire autant de tous les textes de fiction publiés dans le *Bulletin des agriculteurs* ni de ceux qui parurent vers la même époque ou plus tard dans d'autres périodiques. C'est sans doute la raison pour laquelle Gabrielle Roy a retenu deux textes — *La vallée Houdou* et *Un vagabond frappe à notre porte* — qu'elle a remaniés et qu'elle entend annexer à *Un jardin au bout du monde*. Par ailleurs elle songe à repêcher certains récits comme *Sainte-Anne-la-Palud, Ma cousine économe, Feuilles mortes* et *La Camargue*. Je signale enfin que les quatre articles du *Bulletin des agriculteurs* sur Montréal construisent le cadre de *Bonheur d'occasion*, que *Sécurité* et surtout *Feuilles mortes* annoncent *Alexandre Chenevert*, que quelques-unes des différentes ethnies du pays dont la série de reportages consacrés aux Peuples du Canada trace un rapide portrait reparaîtront dans les écrits postérieurs, surtout dans *La Petite Poule d'Eau* et *Rue Deschambault*.

La seconde partie des œuvres, celle où logique et observation dominent, présente elle aussi des difficultés. Malgré des noms de personnes, de villes et de villages précis, plusieurs reportages sont redevables aux fantaisies de l'imagination d'une part importante de l'attrait qu'ils peuvent exercer encore aujourd'hui. Nombre de protagonistes des textes du *Bulletin* sont des personnages réels que Gabrielle Roy a commencé de voir sous les traits de personnages de romans ou de nouvelles. Elle-même d'ailleurs l'a reconnu quand elle affirmait, lors d'un entretien, que la majorité des écrits publiés dans le *Bulletin des agriculteurs* tenaient autant de la fiction que de la réalité.

En bref, je propose une division des ouvrages basée plutôt sur les genres littéraires — essais, fiction — que sur les articulations majeures de la vie de Gabrielle Roy. Cette division est plus révélatrice de la personnalité de l'écrivain. Elle se situe plus près de la vérité profonde de son être.

Tels sont les principes qui me guideront. C'est pourquoi les première et quatrième parties feront appel aussi bien aux ouvrages de fiction qu'aux essais parce que Gabrielle Roy a exposé sa pensée sociale, religieuse et morale dans les uns comme dans les autres. Ce seront également ces parties qui révéleront avec le plus d'évidence les déchirements intérieurs de l'écrivain, car, en faisant appel à l'essayiste, je fais surtout appel à la fois de la romancière — foi en Dieu, foi au progrès, foi en l'homme — tandis qu'en me référant aux ouvrages de fiction, même si l'on pouvait s'attendre à l'inverse, je fais surtout appel à l'observatrice impitoyable d'une certaine société mais pitoyable aux hommes qui la composent. Dans les seconde et troisième parties, — celles qui sont consacrées à l'univers imaginaire et à l'esthétique — je me référerai en majeure partie aux ouvrages de fiction. Les autres témoignages — surtout des *Entretiens* ou des interviews — ne seront mis à contribution que dans la mesure où ils peuvent éclairer les essais et les textes de fiction.

Cette description polarisée permettra, je crois, de projeter un éclairage neuf sur quelques problèmes et d'en poser un certain nombre d'autres. Gabrielle Roy, par exemple, n'est-elle que l'être partagé qu'on a vu en elle ? Son œuvre est-elle strictement soumise à un mouvement de va-et-vient entre ville et campagne, entre monde de l'adulte et monde de l'enfant, etc. ? N'y aurait-il pas, malgré l'apparence d'aller et de retour, une sorte de progression constante ? Autant de questions à élucider.

Première partie

L'HOMME, LA SOCIÉTÉ
ET LE PROGRÈS

Chapitre I

LES ÉCRITS JOURNALISTIQUES

Une étude de l'homme et de la société dans l'œuvre de Gabrielle Roy qui délaisserait totalement les écrits de la période journalistique [1] ignorerait l'âge des genèses. Une telle étude se priverait du même coup de ce que la connaissance des premiers textes d'un écrivain peut apporter d'inédit et d'insoupçonné à la compréhension des œuvres de sa maturité. Dans le cas de Gabrielle Roy, elle délaisserait un aspect important de sa pensée sociale.

Dès sa rentrée d'Europe, en 1939, Gabrielle Roy, qui avait déjà obtenu de l'Académie Provencher de Winnipeg un sursis pour son retour en classe, doit décider si elle reviendra ou non à l'enseignement. Après bien des hésitations, elle renonce à la carrière d'institutrice et choisit de s'adonner au journalisme.

Elle rédige d'abord pour le *Jour* et la *Revue moderne* une série de reportages brefs inaugurée le 6 mai 1939 par *Amusante hospitalité* et qui se termine le 16 mars 1940 avec *L'hospitalité parisienne*. Elle offre alors sa collaboration à M. Soulard, directeur du *Bulletin des agriculteurs*. On lui demande si elle sait écrire. En guise de réponse, elle présente trois articles: *Comment nous sommes restés français au Canada, Les derniers nomades*, et *Noëls canadiens-français* publiés dans *Je suis partout*, périodique parisien que dirigeait Robert Brasillach. Ses services sont retenus.

Journaliste, Gabrielle Roy a d'emblée dépassé l'objectivité froide du « reporter ». Elle a tenté de saisir l'âme des personnes et des pays qu'elle a connus, des sociétés et des industries qu'elle a visitées. Imperceptiblement, des appréciations sur les divers genres de vie qu'elle découvrait se sont glissées dans ses articles. Ces propos et réflexions permettent au lecteur de découvrir les articulations majeures de sa pensée sociale d'alors.

---

1. J'entends par cette expression la période qui va de *Choses vues en passant...* publié le 27 juillet 1938 dans la *Liberté et le patriote* de Winnipeg jusqu'à *La source au désert*, dont la deuxième partie parut dans le *Bulletin des agriculteurs* de novembre 1946 mais avait été rédigée peu avant la publication de *Bonheur d'occasion*.

C'est aux premiers écrits de cette femme en terre québécoise que sera consacré le présent chapitre. Il faut connaître les résultats de cette observation pour comprendre sa vision du Québec au tournant des années 40.

Mais précisément, la fraîcheur et la nouveauté de ce regard sont en bonne partie redevables aux contrastes existant entre l'Europe des années 38-39, le Québec du temps de la guerre et le Manitoba des premières décennies du siècle dans lequel Gabrielle Roy avait vécu jusqu'en 1937. Aussi commencerai-je par évoquer les lointaines années de la romancière avant d'observer avec elle le Québec de la période 1939-1945.

La société manitobaine au début du XXᵉ siècle

L'Ouest canadien était, dès le début du XXᵉ siècle, un caravansérail de nations.

Après l'entrée du Manitoba dans la Confédération en 1870, après les deux crises importantes que connut cette province, crises qu'évoquent le visage tragique de Louis Riel et la non moins tragique question des écoles, quelle place occupe le Canadien français dans le Manitoba d'aujourd'hui ?

Le Manitoba d'aujourd'hui compte 7% de Canadiens français. Ce pourcentage est sensiblement identique à celui des années 40. A la fin du premier tiers de ce siècle, l'Ouest entier en dénombrait 6%, soit 136,000. Contrairement aux autres groupes ethniques, Ukrainiens, Allemands, Scandinaves, Polonais qui, eux, se sont plutôt agglomérés autour de certains centres, nos compatriotes d'expression française prirent racine un peu partout, sauf en Colombie. La marche en avant de ces pionniers de la deuxième heure, puisque, bien sûr, je ne parle pas ici des tout premiers explorateurs, les a conduits jusqu'à Prince-Albert et Edmonton. Les contreforts des Rocheuses les ont arrêtés. Ils se sont incorporés au sol des Prairies, mus peut-être par cet attachement à la terre directement hérité des traditions du Québec. Mais c'est surtout dans le Park Land de Rivière-la-Paix et à Saint-Boniface qu'ils ont constitué, là des îlots dispersés de populations, ici un groupe compact s'élevant jusqu'à la dimension d'une ville de moyenne importance.

Saint-Boniface, « petite ville si grave, si refermée sur elle-même, parfois si somnolente » [2], « ville où le rêve s'est réellement enraciné dans la paix que connaissent les familles canadiennes-françaises » [3], Saint-Boniface a vu naître Gabrielle Roy le 22 mars 1909. La ville

---

2. *Souvenirs du Manitoba*, dans la *Revue de Paris*, février 1955, p. 79.
3. *Entretien* du 10 avril 1970.

porta jadis le nom de « la Sainte » ou « la Ville-Cathédrale » [4]. La romancière ajoute : « On pourrait tout aussi bien dire ville d'âme » [5]. Ce centre constitue le plus important foyer de rayonnement du français dans l'Ouest.

Si notre langue a survécu dans les Prairies, le mérite en revient à la ténacité de ceux qui ont continué à la parler malgré d'innombrables obstacles ; il revient aussi, en large part, au clergé dont la persévérance obstinée a permis de vaincre les réticences des pouvoirs publics face à l'enseignement de la langue et au maintien de la culture canadienne-française [6].

Ce clergé composait avec les professeurs, les juges, les avocats, les notaires et les médecins, l'élite de la société. C'étaient eux qui donnaient le ton. Mais contrairement à ce qu'a connu la société québécoise, — sauf pendant le règne de Duplessis — les relations entre la haute bourgeoisie et le clergé ont été harmonieuses. La société manitobaine comptait de plus une moyenne bourgeoisie constituée surtout de fonctionnaires, classe à laquelle appartenaient M. et Mme Léon Roy, parents de Gabrielle. Enfin, au bas de l'échelle, les ouvriers et les paysans.

L'influence du clergé contredit celle du milieu qui incline à la dispersion. Elle tend au maintien des traditions rurales. Si le cultivateur découragé s'apprête à émigrer, le curé intervient pour tenter de l'orienter vers une zone où l'action de l'Eglise neutralisera l'attraction de la ville. La plupart des villages de l'Ouest sont soumis à la direction morale du clergé, dans les domaines tant politique qu'économique. Cette action de l'Eglise demeure dans l'ensemble bénéfique. En plus d'avoir jusqu'à maintenant assuré la survivance de la langue et de la culture françaises, l'Eglise a développé le patriotisme des nôtres et entravé l'influence de la civilisation américaine.

Tandis que l'éparpillement des Canadiens français amoindrit leur capacité de résistance et que s'exercent des pressions de plus en plus dangereuses pour leur identité, la vigilance du clergé devient constante, jalouse même. Mais elle demeure faible en face de la politique scolaire des législatures provinciales qui refusent à l'enseignement du français et de la religion catholique la place importante que leur reconnaissait le régime des écoles séparées. En même temps jouent contre nos compatriotes l'immigration, où l'élément étranger domine, le développement des moyens de communication qui rattachent les groupes les plus éloignés aux métropoles d'esprit américain, enfin la multiplication des lieux de distraction.

4. *Le Manitoba*, dans *Maclean*, juillet 1962, p. 36.
5. *Id.*
6. Cf. *Les gens de chez- nous*, dans le *Bulletin des agriculteurs*, mai 1943, p. 38.

Les Canadiens français de l'Ouest, au moins pendant le premier tiers du XXᵉ siècle, furent plutôt pauvres. « Ils ne manquèrent pas de courage. Ils manquèrent peut-être de vision dans ce pays neuf. Surtout ils manquèrent de moyens » [7]. Les fermiers anglais les avaient précédés, prenant possession des plus belles terres. L'industrie, le commerce, la haute finance étaient entièrement dominés par l'élément anglo-saxon.

Le XIXᵉ siècle connut un mouvement d'émigration allant du Québec vers le Manitoba. Le XXᵉ siècle en connaît un en sens inverse, qui ramène au Québec de nombreux étudiants manitobains à la recherche d'emplois où la langue d'usage est le français.

De façon générale, on note que l'évolution des milieux canadiens-français manitobains a tracé une courbe semblable à celle de la société du Québec. Que de paroisses ont reproduit là-bas le modèle des villages d'ici ! [8] D'ailleurs imaginations et souvenirs n'ont cessé de s'alimenter aux sources québécoises comme en font foi *Rue Deschambault* et *La route d'Altamont*.

Pour survivre dans les Prairies, le Canadien français dut donc lutter constamment. La connaissance du contexte dans lequel Gabrielle Roy vécut son enfance permet de prendre une mesure plus juste autant de sa pensée que de l'univers romanesque qu'elle a créé. Dans l'étude des conceptions sociales de la journaliste, je respecterai, autant que faire se peut, l'ordre chronologique, plus apte à montrer la progression de cette pensée.

La pensée sociale de Gabrielle Roy
à travers ses écrits journalistiques

Pendant les quelques années où elle s'est consacrée au journalisme, Gabrielle Roy porta à la société une attention particulière. La plupart des reportages qu'elle publia dans le *Bulletin des agriculteurs* s'attachent à rendre compte de l'atmosphère d'une ville, d'un village ou encore de la vie des hommes de métier.

L'interminable voyage qu'elle fit de Montréal à la Côte Nord, de la Gaspésie au Lac Saint-Jean et des Cantons de l'Est à l'Abitibi, a incité l'écrivain à s'intéresser non pas aux seuls problèmes de la désertion des campagnes et de la prolétarisation des villes, mais bien davantage à la dynamique propre au développement de la technique. Certes, l'industrie neuve tend à s'établir dans la ville afin de disposer d'un réservoir suffisant de main-d'œuvre (sauf les usines de pulpe et

---

7. *Ibid.*, p. 36.
8. « Une église, un presbytère, un couvent apparurent dans cet ordre immuable qui signale la paroisse canadienne-française » (*Ibid.*, p. 10).

de pâte à papier). Mais il faut encore prendre conscience de l'invasion lente de la ferme par la machine, de la transformation d'une entreprise étroitement familiale en une entreprise nouvelle de caractère industriel. Gabrielle Roy, journaliste, témoigne de cette transition [9].

A une époque où l'« agriculturalisme » était florissant, elle perçoit rapidement l'orientation que doit prendre le fermier s'il veut posséder l'avenir. A la mystique de la terre, elle oppose le réalisme du progrès industriel, non comme l'apanage exclusif de la cité, mais comme le moteur d'une évolution qui doit permettre au Québec d'accéder pleinement à l'ère technologique. C'est peut-être dans La ferme, grande industrie [10] que ces idées sont le plus marquées. Tout apparaît dans un éclairage d'intelligence, de rationalité. Les mots mêmes en font foi : industrie, électricité, matière première, matière brute, fiches de production, machine, usine, méthodes de contrôle, rotation des cultures. La ferme traditionnelle ignorait la plupart de ces exigences. Aussi, de toutes les raisons qui se sont jointes pour conduire à l'échec la croisade du retour à la terre, n'en fut-il pas de plus certaine que le primat donné à la religion, à la tradition et à l'ingérence politique dans une sphère où la science aurait dû être entendue la première. D'ailleurs, on peut douter de la « vocation agricole et colonisatrice du Québec ». Dans le Québec de 1871, 470.8 personnes sur 1000 vivaient de l'agriculture ; en 1931, seulement 224.8 [11]. En 1941, la population rurale n'était plus que de 36.7%. Aussi, lorsque le cardinal Villeneuve et le ministre Vautrin se faisaient les hérauts du retour à la terre [12], tous deux cédaient

9. Dans French Canada in transition qu'il publiait en 1943, Everett Cherrington Hughes écrit : « The French-Canadian province of Canada is, indeed, the seat of North America's most stable and archaic rural society. It also contains great modern industries and restless urban masses. (...) The contrast between the rustic and the urban, the agricultural and the industrial, strikes the eye more sharply in Quebec than in most parts of North America. (...) In spite of this variety, the outstanding thing about Quebec of recent years has been the drawing of masses of its rural population into industry » (p. 1-2). Non seulement le contenu de l'ouvrage mais la date de sa parution doivent retenir l'attention. Trente arpents a été publié en 1938, L'Abatis en 1943, Au pied de la pente douce en 1944 et Bonheur d'occasion en 1945. Ainsi l'étude de Hughes confirmait une transformation que la littérature avait déjà commencé d'enregistrer.
10. Dans le Bulletin des agriculteurs, mars 1941, p. 14, 32-33, 42-43.
11. Ces chiffres publiés dans Everett Cherrington Hughes, French Canada in transition, p. 22, sont ceux du dernier recensement du Canada à la disposition de l'auteur, soit celui de 1931. M. Dollard Danseereau écrit en 1938 : « En 1871, plus de 80% de la population québécoise était rurale ; en 1901, cette proportion n'était plus que de 60%, et en 1931, de 37% » (Cf. Les idées, 4e année, vol. VII, nos 5 et 6, mai-juin 1938, p. 259).
12. Cf. Congrès de colonisation tenu à Québec les 17 et 18 octobre 1934 sous la présidence de l'honorable Irénée Vautrin, ministre de la colonisation, p. 19-20.

au courant de pensée de l'époque mais ne faisaient guère preuve de flair historique. A l'«Emparons-nous de la terre» de Duvernay, on a mis du temps à concevoir que l'«Emparons-nous de l'industrie» d'Errol Bouchette devait succéder [13].

Gabrielle Roy, plus sensible à la réalité qu'aux entraînements du mythe exalté par le clergé, les politiciens et les écrivains du terroir, n'a ni divinisé ni méprisé la terre. Consciente que la crise de la classe agricole devait un jour s'étendre à la société urbaine où elle deviendrait une crise du monde industriel, elle a perçu que l'une et l'autre n'étaient que la crise de croissance normale d'un peuple — French Canada in transition ... — et que le mouvement de retour à la terre s'opposait à l'évolution même de l'histoire :

> Car on ne retourne pas à la terre. Le retour à la terre — phrase belle en soi — n'exprime peut-être après tout qu'un thème sentimental. Aux Etats-Unis, quand une classe sociale a cru s'élever en prenant outils d'ouvriers, préoccupations d'ouvriers, il a fallu chaque fois un nouveau courant d'émigrants pour reprendre la charrue abandonnée, le sillon interrompu. Ainsi s'est maintenue là-bas une superposition d'états sociaux basée sur l'emploi auquel se livre chaque groupe plutôt que sur des différences profondes d'origine. Ainsi vont d'ailleurs presque tous les hommes dans leur évolution sociale.
>
> On retourne rarement à la terre. Quand on parle de retour, c'est que déjà le rythme d'une existence est compromis, brisé bien souvent. Si on y retourne, c'est moins pour reprendre sa place que pour s'y reposer furtivement en allant peut-être jusqu'à en déplorer la perte, comme dans tout individu il y a bien sûr un être qui regrette son enfance [14].

Cette évocation de l'enfance traduit bien la séduction propre au mouvement de retour vers la *Terra Mater ;* ce qu'il pouvait avoir de fascinant en même temps que l'inévitable échec auquel, dans l'ordre pratique, le vouait une tentative de reconquête appuyée davantage sur des raisons d'ordre mystique que sur des motivations passées au crible de la science et du sens pratique. Peut-être faut-il qu'un peuple connaisse d'abord le stade de l'épopée — celle de la

13. La France connut elle aussi vers le même temps, mais pour des motifs différents, un mouvement de tous les « retours » que peut proposer ce qu'Emmanuel Mounier appelle « la décadence d'une évolution régressive » (*Oeuvres, 1944-1950*, tome III, Paris, Seuil, 1962, p. 394), retour à la terre, à l'artisanat, à la chevalerie, à la monarchie. Le fondateur de la revue *Esprit* remarque que ces mouvements « sont autant de refus de foncer droit dans les énigmes actuelles, avec les forces vivantes » (*Id.*).
14. *La prodigieuse aventure de la Compagnie d'Aluminium*, dans le *Bulletin des agriculteurs*, janvier 1944, p. 7.

terre — comme l'a consigné l'histoire des littératures, avant d'accéder au réalisme nerveux et bruyant de la cité moderne [15].

Si Gabrielle Roy ne divinise ni le sol ni le paysan, elle éprouve cependant une sorte de tendresse discrète vis-à-vis de « la vieille terre nourricière et muette » [16], « notre véritable patrie à tous » [17], qui entretient une « amitié indéfectible (...) pour les hommes » [18].

Partant de « la vérité fondamentale, de la croyance en la terre » [19], elle entrevoit que « la colonisation est avant tout l'œuvre de redressement social de petites gens de toutes sortes. Tâche compliquée, mais pratique et humanitaire » [20]. A condition que la « secrète grandeur » [21] des classes paysannes continue de s'alimenter aux vertus qui leur ont permis de résister aux puissances obscures d'anémie et de destruction : « le goût du travail, la patience, la saine économie et la bonne humeur » [22]. A ces vertus, Gabrielle Roy ajoute l'harmonie entre les personnes, exclusive des jalousies, des mesquineries et de tous les ferments de divisions dont trop souvent les sites de colonisation, à l'instar des vieilles paroisses, furent le théâtre [23].

A l'extrémité du monde, les espaces vierges, s'ils apparaissaient dans les rêves des futurs colons comme une « terre promise » [24], perdent une part de leurs attraits aussitôt qu'occupés. « L'instinct de survivre y domine, âpre, impitoyable, marqué de l'angoisse des pays neufs » [25]. Il n'est plus de jeunesse sur une terre où l'inquiétude s'est installée en permanence [26].

15. F.-A. Savard, au cours d'un entretien avec Jean O'Neill de la *Presse*, le 30 octobre 1965, parle de son aventure abitibienne en ces termes : « Nous avons travaillé avec de l'étoffe humaine :   des chômeurs, des loups de bois, quelques véritables terriens. C'était une entreprise remplie de virilité tout de même. Epique. Et moi, j'étais un mélange de toutes sortes de choses à ce moment-là : passé, histoire, légende, littérature... »
16. *Allons, gai, au marché*, dans le *Bulletin des agriculteurs*, octobre 1944, p. 19.
17. *La prodigieuse aventure de la Compagnie d'Aluminium*, dans le *Bulletin des agriculteurs*, janvier 1944, p. 7.
18. *L'Ile-aux-Coudres*, dans le *Bulletin des agriculteurs*, mars 1944, p. 44.
19. *Plus que le pain*, dans le *Bulletin des agriculteurs*, février 1942, p. 33.
20. *Id.*
21. *La terre secourable*, dans le *Bulletin des agriculteurs*, novembre 1941, p. 14.
22. *La Côte de tous les vents*, dans le *Bulletin des agriculteurs*, octobre 1941, p. 42.
23. Cf. *Plus que le pain*, dans le *Bulletin des agriculteurs*, février 1942, p. 35.
24. *La terre secourable*, dans le *Bulletin des agriculteurs*, novembre 1941, p. 59.
25. *La Côte de tous les vents*, dans le *Bulletin des agriculteurs*, octobre 1941, p. 42.
26. Cf. *La terre secourable*, dans le *Bulletin des agriculteurs*, novembre 1941, p. 59.

La marche vers le progrès va cependant au-delà des idéaux agricoles.

Il serait enfantin, tout de même, pendant que d'autres s'approprient les tas tout faits d'amiante, s'assurent le monopole des soieries, des grandes fabriques, drainent les produits laitiers, de ne s'extasier que sur notre belle vocation terrienne [27].

Dans la plupart des reportages, Gabrielle Roy s'est particulièrement appliquée à décrire la marche du progrès industriel au Québec. S'il veut survivre, notre peuple doit accéder au monde d'aujourd'hui par la grande voie de l'industrialisation. Sous le nom de la journaliste, la direction du *Bulletin des agriculteurs* avait noté, lors de *La belle aventure de la Gaspésie* : « L'auteur décrit ici le visage de la Gaspésie que le touriste ne voit pas ; celui du progrès » [28]. Dès ce premier article, en effet, Gabrielle Roy s'attache à mettre en évidence les éléments les plus dynamiques de la péninsule, les plus tournés vers l'avenir. Elle s'attarde à l'organisation des Pêcheurs Unis de la Rivière-aux-Renards, elle parle de cette « industrie née d'hier, la compagnie des Produits Marins Gaspésiens » [29].

Gabrielle Roy a visité la plupart des villes de l'Abitibi. Elle les divise en trois catégories : « ... d'abord les villes du bois, ensuite les villes de l'or et, en dernier lieu, les villes ou villages d'industrie maraîchère et agricole » [30]. Elle en traite en fonction des liens qui les unissent à l'industrie et leur confèrent les traits du progrès. Amos, Val d'Or, La Sarre. Cette même préoccupation la guidera dans sa tournée du Lac Saint-Jean et dans celle des Cantons de l'Est.

Le Saguenay, s'il jouit d'une prospérité fort enviable, souffre par contre de dépendance économique, le capital investi dans les industries n'étant canadien-français qu'en faible partie. Cette région bénéficie de ses ressources mais n'en dirige pas l'exploitation.

La force matérielle du pays, sa prospérité, sa structure économique lui furent apportées par le grand capital ou, plus précisément, par l'élément canadien-anglais et américain. Mais son âme échappe à une telle emprise. Son âme s'est réalisée par de plus petites, de plus patientes, d'aussi belles conquêtes au fond. Elle est essentiellement canadienne-française. Et c'est du contraste de cette âme canadienne-française avec l'esprit hardi des conquérants de l'industrie que vient le grand attrait du pays [31].

27. *L'accent durable*, dans le *Bulletin des agriculteurs*, décembre 1944, p. 44.
28. Dans le *Bulletin des agriculteurs*, novembre 1940, p. 8.
29. *La belle aventure de la Gaspésie*, dans le *Bulletin des agriculteurs*, novembre 1940, p. 67.
30. *Bourgs d'Amérique*, dans le *Bulletin des agriculteurs*, avril 1942, p. 45-46.
31. *Le pays du Saguenay : son âme et son visage*, dans le *Bulletin des agriculteurs*, février 1944, p. 8.

Dans les Cantons de l'Est, l'attention de Gabrielle Roy est d'abord retenue par le contraste qu'offre un pays aux noms en majorité anglais, mais dont la population est surtout canadienne-française. La région a connu un revirement remarquable. Elle est devenue cet « étrange et agréable pays où ceux qui nous accusèrent si souvent de traditionalisme en sont précisément rendus à se rabattre sur la tradition pour durer » [32].

Quant au complexe industriel des Cantons de l'Est, la journaliste n'a pas trouvé meilleur mot, pour le désigner, que celui de *carrousel*. C'est en effet une pléiade d'industries que révèle une visite aux villes d'Asbestos, Victoriaville, Drummondville, Plessisville, Princeville, Warwick, Granby et Sherbrooke.

Même dans les reportages où l'on pourrait s'attendre à ce que l'aspect folklorique d'un lieu soit seul mis en relief, on s'aperçoit qu'il n'en est rien. Si l'Ile-aux-Coudres, par exemple, incarne la vitalité des traditions, elle connaît aussi la vitalité d'un commerce qui, pour être organisé sur une modeste échelle, n'en permet pas moins aux insulaires de retirer d'appréciables bénéfices [33].

De même à Petite-Rivière-Saint-François, village isolé du comté de Charlevoix, l'industrie maritime a révolutionné la vie des 1,200 habitants en créant l'un des petits ports les plus pittoresques, les plus actifs de la province [34].

Ainsi, sans rejeter l'agriculture, Gabrielle Roy voit dans l'industrie la promesse de l'avenir. Elle souhaite que s'établisse une sorte d'équilibre entre les deux [35]. Mais cet équilibre n'est ni toujours ni partout possible.

Rendant hommage au passé, la journaliste reconnaît que de nombreuses localités témoignent de « la lente mais sûre conquête d'un pays par les voies qui ont toujours réussi aux Canadiens français : l'occupation du sol et une saine industrie familiale et villageoise » [36]. Elle reconnaît aussi que le Canadien français excelle à marquer son pays d'un accent éternel mais non au prix d'un immobilisme voisin de la mort. Aussi, dans une allusion évidente à Louis Hémon et à Félix-Antoine Savard à qui elle se trouve donner raison, Gabrielle Roy écrit :

32. Cf. *Physionomie des Cantons de l'Est*, dans le *Bulletin des agriculteurs*, novembre 1944, p. 47.
33. Cf. *L'Ile-aux-Coudres*, dans le *Bulletin des agriculteurs*, mars 1944, p. 11.
34. Cf. *Un jour je naviguerai*, dans le *Bulletin des agriculteurs*, avril 1944, p. 51.
35. Cf. *Le carrousel industriel des Cantons de l'Est*, dans le *Bulletin des Agriculteurs*, février 1945, p. 29.
36. *Le pays du Saguenay ; son âme et son visage*, dans le *Bulletin des Agriculteurs*, février 1944, p. 37.

Oui, quand même le pays a changé. Il a maintenant une sérénité plus large, peut-être pour la simple raison après tout que ses gens ne songent plus à s'en aller. En un sens, il a pris son caractère durable. Je n'y avais pas pensé moi-même auparavant, mais c'est bien de cette façon, en effet, que les Canadiens français marquent un pays ; ils lui donnent un aspect permanent, de durée, un accent, oui vraiment, un accent éternel [37].

L'écrivain traite ensuite du régime industriel, du système économique et de la grande finance. Il regrette que dans un milieu comme Clarke City, l'exploitation trop unifiée d'une usine ait étouffé l'initiative privée [38]. Il dénonce ceux dont l'amertume en face d'une richesse extrême et hâtivement acquise, responsable d'insécurité, conseille de se défendre par des revendications raciales plutôt qu'économiques : « Certains Canadiens français s'obstinent à porter le conflit sur le plan racial. Le problème du pays est pourtant purement économique, purement humain » [39].

Il termine *Le pays du Saguenay : son âme et son visage* en indiquant la voie pour le progrès social. Ces lignes, bien qu'écrites en référence précise au contexte saguenayen, manifestent une telle largeur de vue qu'elles peuvent servir d'indicatif d'un pensée plus générale.

La sécurité ne peut lui venir que par une économie mieux équilibrée, moins isolée, plus contrôlée sans doute. L'intense liberté commerciale qui a attiré le grand capital au pays demande à être restreinte. La sauvegarde de la liberté exige le sacrifice de certaines libertés.

Quant à la grandeur du pays, elle dépend nettement d'une plus parfaite entente entre les deux civilisations qui l'ont marqué de leurs réussites particulières.

Sous la domination économique actuelle, le pays n'atteindra jamais son plein épanouissement de justice sociale ; mais sans la présence de ces entreprises particulières, canadiennes-anglaises ou américaines, il n'aurait pas cette claire vision de lui-même, de ses richesses, de son avenir. Il ne serait peut-être pas plus développé que d'autres régions également riches, mais à peu près désertes. Et il serait bien trop tôt alors pour parler de progrès social [40].

---

37. *L'accent durable*, dans le *Bulletin des agriculteurs*, décembre 1944, p. 11.
38. Cf. *La Côte de tous les vents*, dans le *Bulletin des agriculteurs*, octobre 1941, p. 44.
39. *Le pays du Saguenay : son âme et son visage*, dans le *Bulletin des agriculteurs*, février 1944, p. 8.
40. *Ibid.*, p. 37.

Après avoir stigmatisé dans plusieurs articles l'inclination des Canadiens français à se diviser et à lutter les uns contre les autres, à se jalouser et à tenter de s'écraser mutuellement, Gabrielle Roy note l'existence d'un nombre croissant d'unions de travailleurs. Même si l'esprit syndicaliste est loin d'avoir conquis tous les ouvriers [41], il demeure que la présence de ces syndicats, de ces coopératives, deviendra un jour le principal instrument de libération de la classe ouvrière. Mais pour cela, l'homme doit briser son isolement, rompre le vieil esprit individualiste qui l'a toujours animé [42].

C'est dans le sens de ce travail communautaire et de cette tension vers des idéaux semblables qu'il faut interpréter les expressions de *socialisme*, de *communisme chrétien* et de *révolution sociale* :

> Une chose me frappe : c'est que dans cet étatisme de la colonisation qui tend à gérer la construction des maisons, la tenue de la ferme, la rotation des récoltes, on a emprunté beaucoup aux Soviets, mais que, par contre, on a définitivement respecté le droit à la petite propriété et qu'on a jusqu'à un certain point, en autant qu'il fut possible, secondé l'initiative individuelle. Ne serait-ce pas là un premier pas vers un socialisme chrétien ? [43]

> Ces paysans, ces isolés pratiquaient entre-temps une forme de communisme chrétien et se déclaraient déjà hostiles à l'entraînement militaire [44].

> Voisins ou à peu près, l'ouvrier et son patron se rencontreront encore au centre récréatif et, s'il y a spectacle, ils s'assoiront côte à côte dans la salle et se toucheront du coude. Et cela ressemble à un tel point à un arrangement socialiste qu'on pourrait perdre de vue le caractère essentiel d'Arvida ; à savoir que la ville de même que l'usine, existe d'abord dans l'intérêt de l'aluminium et que, fondée par la compagnie, contrôlée par la compagnie, elle illustre encore mieux le pouvoir d'une entreprise particulière que l'avancement d'une classe sociale. (...) Et même, elle accomplit une manière de révolution sociale. En faisant éducation parmi les ouvriers, en leur donnant l'exemple d'une vie sereine, elle éveille chez eux de grandes exigences [45].

41. Cf. *La prodigieuse aventure de la Compagnie d'Aluminium*, dans le *Bulletin des agriculteurs*, janvier 1944, p. 24.
42. Cf. *Le pays du Saguenay : son âme et son visage*, dans le *Bulletin des agriculteurs*, février 1944, p. 37.
43. *Le chef de district*, dans le *Bulletin des agriculteurs*, janvier 1942, p. 29.
44. *Turbulents chercheurs de paix*, dans le *Bulletin des agriculteurs*, décembre 1942, p. 10.
45. *La prodigieuse aventure de la Compagnie d'Aluminium*, dans le *Bulletin des agriculteurs*, janvier 1944, p. 25.

Est valable pour Gabrielle Roy le régime social qui, dans le respect de la dignité humaine, permet aux hommes de se proposer des tâches élevées et de tendre, dans la communauté et l'harmonie des efforts, vers leur accomplissement. Les travailleurs qui retiennent le plus souvent son attention sont les cultivateurs, les industriels, les défricheurs, les pêcheurs, les navigateurs, les bûcherons, les draveurs et les mineurs. La seule lecture de cette liste laisse paraître un parti pris dans le choix des métiers. Mais il est justifié par la clientèle du *Bulletin des agriculteurs*. L'admiration de la journaliste va au courage qui, de l'action individuelle, tire l'ennoblissement de la collectivité. L'activité humaine sort magnifiée de l'activité de chaque homme [46]. Qu'ils s'appellent Aurèle, Thobus, Cyprien, Télesphore Juteau, Elias ou Azade, ils appartiennent à ces pionniers qui, du plus humble travail, savent dégager un élément de fraternité universelle. Sans en être toujours conscients, ils puisent aux sources du réel une sorte de spiritualité de l'essentiel, un dépouillement de toute tendance à la parade, de toute inclination à l'artifice. Aux travailleurs de la terre est offerte la possibilité d'une connaissance immédiate des grands rythmes de l'univers.

Outre ces hommes qui doivent lutter chaque jour contre une nature peu tendre, Gabrielle Roy évoque la figure de l'institutrice. Cet être fragile dans l'atmosphère rude des pays de colonisation apparaît comme une incarnation de ce bien précieux mais parfois sous-estimé qu'est l'instruction. Elle fait figure tout à la fois de pionnière, de professionnelle, de sacrifiée [47].

La journaliste ne peut oublier ses propres années d'enseignement à Cardinal et à l'Institut Provencher : « Je crois que ce furent les plus belles années de ma vie. Je crois qu'il n'y a rien de plus beau, rien de plus merveilleux que d'enseigner dans une école perdue

---

46. « ... j'avais l'impression d'être dans un endroit sûr, avec des amis sûrs et comme au bord d'une entente parfaite. Et soudain, je compris pourquoi ; c'était la joie du métier qui inondait le cœur du père Elias, se communiquait à nous. Plus que la joie du métier... La joie même du monde peut-être. Une joie qui n'avait pas de prix ! Complète, absolue, prenante et si rare que je ne l'ai rencontrée que deux fois dans ma vie ; chez un fermier dans un lointain village de l'Ouest par un jour ensoleillé de septembre où l'homme, rentrant son blé, éprouvait, à chaque gerbe qu'il élevait et jetait dans la charrette, la sensation d'accomplir une tâche qui nourrissait le monde, enrichissait l'amitié ; et chez ces Gaspésiens qui, allant à la pêche, comprennent vraiment qu'ils sont indispensables à l'équilibre du monde et à la paix du monde » (*Une voile dans la nuit*, dans le *Bulletin des agriculteurs*, mai 1944, p. 50).
47. Cf. *Pitié pour les institutrices*, dans le *Bulletin des agriculteurs*, mars 1942, p. 7. De même que « *Répondre à l'appel intérieur* », dans *Terre et foyer*, vol. XXVII, nº 7, décembre 1968-janvier 1969, p. 6.

dans les plaines. Une école de rang, une école pour les tout-petits, c'est comme un temple » [48].

C'est à l'édification de la fraternité humaine que travaillent la plupart des professeurs mis en scène par la romancière. A cette fin, elle nous les montre, bien souvent, enseignant non les mathématiques, non le français, mais la géographie et l'histoire [49], matières aptes à promouvoir cette prise de conscience de la communauté des hommes.

Aucun reportage du *Bulletin des agriculteurs* ne comporte de figures d'avocats ou de notaires. A deux reprises, Gabrielle Roy parlera de l'infirmière [50].

Le premier médecin de l'œuvre apparaît dans *La source au désert* [51], médecin qu'une déception amoureuse et la drogue poussent sur la voie du désespoir.

La pensée sociale de Gabrielle Roy, à l'époque où elle se consacrait au journalisme, est donc caractérisée particulièrement par son réalisme, son globalisme et son optimisme.

Réalisme en ce sens qu'elle fut l'une des premières intellectuelles à considérer l'ouverture au monde industriel comme la clé de l'avenir. Une des premières, en tout cas, à le proclamer avec autant de vigueur. Elle fut aussi l'une des premières à proposer que l'on généralise l'emploi des méthodes nouvelles en agriculture, que l'on rationalise le travail de la ferme. D'autre part, elle a mis en garde contre les dangers que présente l'afflux massif de capitaux étrangers. Elle a dénoncé le gigantisme industriel et prôné le syndicalisme pour assurer la sécurité de l'ouvrier et l'efficacité de son action.

Globalisme en ce sens que son attention est retenue plus souvent par les phénomènes qui touchent des groupements ethniques, des portions de la société ou même cette société tout entière que par des phénomènes individuels. Elle s'attache beaucoup plus volontiers à l'évolution d'une communauté qu'à celle d'un ou de quelques membres qui la composent. C'est précisément cette optique qui explique son optimisme.

Car optimiste, Gabrielle Roy le fut. De toute évidence, la société québécoise s'ouvre lentement mais de façon certaine à l'in-

48. « *Répondre à l'appel intérieur* », dans *Terre et foyer*, vol. XXVII, n° 7, décembre 1968-janvier 1969, p. 6.
49. Cf. *La Petite Poule d'Eau*, p. 77ss et *Rue Deschambault*, p. 225.
50. Cf. *Le chef de district*, dans le *Bulletin des agriculteurs*, janvier 1942, p. 7. De même *Pitié pour les institutrices* dans le *Bulletin des agriculteurs*, mars 1942, p. 7.
51. Dans le *Bulletin des agriculteurs*, octobre 1946, p. 10-11, 30-47 et novembre 1946, p. 13, 42-48.

dustrie. Elle abandonne progressivement sa ferveur peut-être plus sentimentale que raisonnée pour la terre. Ce faisant, elle franchit une étape capitale de son évolution. Elle quitte une sorte de préhistoire pour prendre pied dans le monde moderne.

Telle est la vision de Gabrielle Roy : la société qu'elle analyse n'est pas paralysée, mais, au contraire, profondément dynamique, animée par le mouvement même du progrès.

L'idée de progrès dans les écrits journalistiques de Gabrielle Roy

L'idée de progrès gravite autour de trois données fondamentales.

Pour parler de progrès il faut d'abord que l'action tende vers un but. Ce but confère à l'histoire du monde et de l'homme un sens.

En second lieu, le mouvement qui entraîne l'histoire dans une direction précise l'entraîne vers un mieux-être, même si des vicissitudes viennent en ralentir le cours. Ce mouvement en est un de libération de l'homme.

Enfin, le développement des sciences et des techniques est un moment décisif de cette libération.

Gabrielle Roy croit que l'histoire du monde tend vers un but. Elle nous la fait voir, cheminant avec lenteur vers notre époque, où la vie, de façon générale, est devenue plus facile. Elle dégage les traits essentiels du long voyage des Doukhobors, ces « mystiques épris de renoncement » que Tolstoï aimait à citer en exemple au monde entier. Elle met en relief leur foi toute-puissante, leur espérance. « Ceux que j'ai connus me donnèrent à penser qu'ils gardent encore en eux le goût et le besoin de la terre promise » [52].

Elle signale l'établissement, vers 1831, de la première industrie libre au pays du Saguenay : la scierie ouverte par Peter McLeod à l'embouchure de la Rivière-du-Moulin. « Ce fut l'origine de Chicoutimi et le commencement d'une ère d'intense liberté commerciale » [53]. Elle évoque ailleurs [54] la vieille Angleterre, dont l'esprit a tenté de conquérir les Cantons de l'Est. Qu'on se souvienne enfin des deux tableaux que la journaliste brosse du régime seigneurial et de la prime histoire de Montréal.

---

52. *Turbulents chercheurs de paix*, dans le *Bulletin des agriculteurs*, décembre 1942, p. 40.
53. *Le pays du Saguenay : son âme et son visage*, dans le *Bulletin des agriculteurs*, février 1944, p. 8.
54. Cf. *Physionomie des Cantons de l'Est*, dans le *Bulletin des agriculteurs*, novembre 1944, p. 11, 47.

Dans *Après trois cents ans*[55], Gabrielle Roy nous montre les deux axes autour desquels gravite Ville-Marie : le mystique et le commercial. Elle parle de ce goût de l'aventure qui poussa Jolliet et Marquette sur les eaux du Mississipi et jusqu'en Louisiane, La Vérendrye et ses fils au-delà des plaines de l'Ouest et jusqu'au pied des Montagnes Rocheuses. « L'Angleterre, qui s'est contentée d'escarmouches, décide alors de frapper un grand coup pour enrayer ce progrès... »[56]. C'est alors 1759, 1760 et 1763. Ensuite commence le difficile ménage du Canadien français et de l'Anglais. Et vogue le destin de Montréal, tout en tensions, en équilibre incertain, en harmonie patiemment construite. « La jovialité française déride la morgue anglaise. Jean-Baptiste a toujours un mot drôle pour cingler la suffisance de John Bull. L'esprit positif de John Bull agit à son tour sur le grand discoureur, le grand rabâcheur qu'est Jean-Baptiste. Il tempère son idéalisme de bon sens pratique et acquiert en retour une certaine tolérance »[57]. Plutôt que d'essayer de réduire en un produit homogène, douteux et bâtard, la multiplicité de ses éléments, Montréal les préserve et s'en enrichit.

En second lieu, malgré toutes les vicissitudes qu'elle connaît, l'histoire va vers un mieux-être. Sur cette route, le développement des sciences et des techniques est une étape décisive.

Il n'est pas nécessaire d'expliquer longuement ce point. Il suffit d'avoir lu les reportages pour savoir l'intérêt porté par Gabrielle Roy au mouvement qui conduit chacune des régions visitées vers un avenir meilleur, vers des perspectives de mieux-être, de mieux-faire. Et ce, malgré des difficultés qui rendent parfois ambiguë la notion même de progrès. Pour déboiser et ouvrir des terres neuves, les Madelinots doivent s'arracher à leurs îles d'origine. La région du Saguenay doit se soumettre aux risques d'une exploitation quasi unique. Nombre de paysans sont forcés d'émigrer vers des villes où les guettera la misère. Cependant, cet aspect de la question est loin de dominer les reportages. Gabrielle Roy croit qu'un monde est en voie de construction. C'est ce mouvement qu'elle s'efforce de traduire dans ses articles.

Aussi — et nous touchons un des points importants de l'« esthétique » des reportages — Gabrielle Roy ne se contente-t-elle pas d'une description lente, objective et impersonnelle des régions visitées. Elle incarne au contraire les caractères dominants de la plupart des communautés humaines dans les visages tendres ou rudes des travailleurs qui défilent sous nos yeux. Thobus, le bûcheron de *L'appel de la forêt*[58]; le père Elias, l'Homme de Gaspésie

55. Dans le *Bulletin des agriculteurs*, septembre 1941, p. 9, 37-39.
56. *Ibid.*, p. 9.
57. *Ibid.*, p. 38.

d'*Une voile dans la nuit* [59]; le père Coya, le maraîcher de *Allons, gai, au marché* [60]. Ces individus, si attachants qu'ils aient été dans la réalité, se transforment en des types résumant une profession ou un métier.

Ce procédé d'identification, que Gabrielle Roy n'inventa pas mais dont elle fit un usage heureux, lui a permis d'animer les « paysages humains » [61] et physiques qu'elle décrivait. Qu'on se rappelle, solitaire sur son promontoire à la pointe de l'île Carrousel, le vieux dépeceur de morues, « l'homme le plus heureux de la Côte » [62]. Tout le primitivisme d'une région battue par les vents du large prend mouvements et gestes dans cet homme que le village ne voit venir à lui qu'une fois la semaine.

Déjà *La belle aventure de la Gaspésie* dégageait des voies d'accès au dynamisme du monde moderne en encerclant la péninsule d'une « route sinueuse et magnifique (qui) vient poser une frange ocre au ras même de l'écume bondissante » [63]. Cette attention au réseau routier, indispensable au progrès, apparaît dans maints articles ultérieurs. Elle est au centre du reportage consacré à la route d'Alaska [64]. La ville de Montréal s'oriente autour d'un axe formé par des voies de communication terrestres et maritimes. On retrouve la même préoccupation dans la série des sept articles consacrés à l'établissement des Madelinots en Abitibi.

Synthèse plus englobante, c'est toute la société en marche, qui présente à Gabrielle Roy l'image d'une sorte de dynamisme heureux. L'impression d'heurs et de malheurs inégalement répartis en faveur des premiers naît avant tout de ce que l'action puise souvent dans la conscience d'un commencement absolu, l'énergie qui permet de surmonter les difficultés. Sa continuité ne faillit pas, bien au contraire. Alimentée à la source de visions en quelque sorte épiques, l'action repart comme promue par ses renaissances. L'aventure de la Gaspésie, c'est l'aventure d'un matin, comme d'ailleurs et combien plus fortement, l'aventure de l'Abitibi. Sur cette île Nepawa, aux confins de la civilisation, on est en même temps pionniers et héritiers. C'est le passé des Madelinots, leurs qualités de courage et de hardiesse, leurs défauts aussi, qui s'implantent. *Le pain et le feu* [65], avec un instinct sûr, témoigne de ce commencement d'une

58. Dans le *Bulletin des agriculteurs*, avril 1945, p. 10-13, 54, 56-58.
59. Dans le *Bulletin des agriculteurs*, mai 1944, p. 9, 49-53.
60. Dans le *Bulletin des agriculteurs*, octobre 1944, p. 8-9, 17-20.
61. *L'Arbre* dans *Cahiers de l'Académie canadienne-française*, n° 13, p. 25.
62. *La Côte de tous les vents*, dans le *Bulletin des agriculteurs*, octobre 1941, p. 44.
63. Dans le *Bulletin des agriculteurs*, novembre 1940, p. 8.
64. Cf. *Laissez passer les jeeps*, dans le *Canada*, 24 novembre 1942, p. 5.
65. Dans le *Bulletin des agriculteurs*, décembre 1941, p. 9, 29-30.

vie nouvelle accordée au commencement du jour. L'aube, l'échappée de vert tendre, l'eau du lac Abitibi sont au rendez-vous, à ce carrefour chez Aldée, d'où partiront les nouveaux colons pour leur première tournée de reconnaissance. La lumière du matin éclaire la poursuite d'une aventure tout à la fois humaine, individuelle et collective.

Ainsi le dynamisme d'un mouvement qui retrouve chaque fois en lui des énergies neuves anime la société telle que la voit Gabrielle Roy.

Les reportages mettent surtout en évidence le progrès technique accompli ou en voie d'accomplissement. Pêcheries, agriculture, céramique, instruments aratoires, artisanat domestique, textiles, mines, aluminium, drave, travail dans la forêt et dans les moulins à papier. L'expression même de « progrès technique » ou de « progrès matériel » revient à plusieurs reprises [66].

Il est cependant quatre articles qui, malgré le mouvement désordonné dont ils veulent rendre compte, malgré le rythme auquel on force machines et humains à se mouvoir, malgré le kaléidoscope des voies de communication, ne laissent pas une impression de progrès mais plutôt de tournoiement propre à égarer. Ce sont les quatre articles consacrés à Montréal et respectivement intitulés *Les deux Saint-Laurent* [67], *Est-Ouest* [68], *Du port aux banques* [69], *Après trois cents ans* [70]. Ils nous conduisent droit vers *Bonheur d'occasion* et *Alexandre Chenevert*.

*Vers Montréal, vers « Bonheur d'occasion »
et « Alexandre Chenevert »*

Les articles que Gabrielle Roy rédigea sur Montréal, bien qu'écrits en 1941, n'empruntent pas le même registre que les autres reportages. Il faut cependant savoir qu'ils ont été rédigés après le premier séjour de la journaliste à Port-Daniel en Gaspésie, pendant l'été 1940, et que c'est précisément en 1941 qu'elle commença *Bonheur d'occasion*. Cette coïncidence permet de considérer lesdits articles comme une sorte d'étude minutieuse de la géographie et de l'histoire du cadre de *Bonheur d'occasion*. A la différence des re-

---

66. Cf. *Le carrousel industriel des Cantons de l'Est, I*, dans le *Bulletin des agriculteurs*, février 1945, p. 8 ; *L'accent durable*, dans le *Bulletin des agriculteurs*, décembre 1944, p. 42-43 ; *Peuples du Canada*, dans le *Bulletin des agriculteurs*, novembre 1942, p. 32.
67. Dans le *Bulletin des agriculteurs*, juin 1941, p. 8-9, 37, 40.
68. Dans le *Bulletin des agriculteurs*, juillet 1941, p. 9, 25-28.
69. Dans le *Bulletin des agriculteurs*, août 1941, p. 11, 32-33.
70. Dans le *Bulletin des agriculteurs*, septembre 1941, p. 9, 37-39.

portages sur d'autres villes au visage accueillant ou hautain, Montréal apparaît plutôt comme « magmatique », anonyme et dépourvu
de conscience communautaire.

C'est l'ère de l'industrie. Les vieilles querelles fondent comme la glace au soleil devant l'ambition qui soulève
tout à coup le ménage. Le grand port de Montréal se
réalise d'après le plan de l'animateur, Sir John Young.
Le premier steamer y apparaît. La machine remplace la
main-d'œuvre. Les usines prennent tout le bord du fleuve
et du canal Lachine. De la campagne, grand exode qui
prend Montréal au dépourvu. Ses faubourgs poussent en
pleine fournaise industrielle. La ville appelle le commerce
de toutes ses forces. Encore une fois, elle sera tentée de
s'enrichir rapidement. L'usine, l'abattoir, les parcs à bestiaux, les tas de charbon prennent quelques-uns de ses plus
beaux sites. La nature d'une industrie avoisinante pollue
tel quartier ; la pauvreté, l'absence d'hygiène, la vermine en
rongent rapidement d'autres [71].

Ici, dans la grande ville cosmopolite, les vicissitudes du progrès
ont pris une triple forme. Elles se sont appelées la « crise », la phase
paléotechnique aiguë de notre évolution industrielle, la guerre.

La « crise ». Elle touche avec plus de rigueur encore les cita-
dins que les agriculteurs. Nombre de ceux-là deviennent la proie du
chômage. La plupart doivent vivre de secours directs.

En second lieu, pour employer le langage de Lewis Mumford,
dans *Technique et civilisation,* l'avènement de la « phase paléotechnique » de l'histoire industrielle du Québec.

Mumford divise la longue évolution de la technique en trois
périodes inégales qu'il appelle phases *éotechnique, paléotechnique*
et *néotechnique.*

La phase éotechnique va de l'an 1000 à l'an 1750. Bien que
confus politiquement et caractérisés à la fin par une dégradation
croissante de l'ouvrier, ces siècles comptent parmi les plus brillants
de l'histoire. Le bois constitue le matériau universel. A cette période de l'histoire européenne correspond, au Québec, celle qui
prend fin avec la « crise ».

La seconde phase, paléotechnique, apparaît quand l'homme, désireux d'utiliser au maximum les conséquences pratiques de la machine, fait surgir, extrêmement aigus, divers problèmes d'ordre

---

71. *Après trois cents ans,* dans le *Bulletin des agriculteurs,* septembre 1941,
p. 38.

moral, social et politique. Dans cette société paléotechnique, enrégimentation externe et résistance à la désintégration interne se chevauchent. A cette période, Mumford indique 1700 comme année d'origine, 1870 comme sommet de la courbe et 1900 comme point de départ d'une chute accélérée. Au Québec, la période équivalente débute à la fin de la « crise », culmine avec l'effort de guerre, se maintient pendant la période dite de « guerre froide » qui correspond à la conversion des usines de guerre en usines de paix [72]. Elle commence à décliner avec le ralentissement économique de 1954 [73]. L'évolution industrielle du Québec rejoint alors celle des autres pays. Ni l'une ni l'autre n'est entrée encore de plain-pied et sans retour dans l'âge néotechnique, où les forces perverties par le développement hâtif de la technique peuvent sainement se manifester et incliner vers de nouvelles synthèses ; où la machine cesse de se substituer à Dieu et à une société ordonnée ; où la technique ne mesure plus son succès à la mécanisation de la vie mais n'a de valeur qu'en autant qu'elle se rapproche de l'organique et du vivant.

Ainsi, Montréal dans *Les deux Saint-Laurent, Est-Ouest, Du port aux banques* et *Après trois cents ans* se présente comme affolé par le rythme nouveau de l'industrie et son mépris de l'humain, comme privé d'âme ; ville d'anonymat et de mouvement désordonné.

Enfin, troisième vicissitude : la guerre. Quelle ironie cruelle pour les personnages de *Bonheur d'occasion* que d'être précipités dans un tel salut ! Le monde paléotechnique doit à la guerre une part importante de sa prospérité. Les besoins considérables des armées ont provoqué la production à meilleur marché. De là, les magnats de l'industrie en vinrent vite à comprendre la nécessité des guerres. On sait, par exemple, le rôle important joué par les producteurs d'acier américains dans l'échec de la Conférence internationale sur le désarmement en 1927.

Dans *Un jour je naviguerai*, Gabrielle Roy parle des « routes qui emmènent toujours un rythme accéléré d'existence » [74]. Ainsi Montréal et ses « infernaux rochers : les rochers de la puissance in-

---

72. « La machine commande. Monstre déchaîné qui ne peut plus arrêter sa marche, elle existe par-delà les pouvoirs de l'homme. Elle ouvre à l'esprit l'horizon des temps futurs : possibilités inouïes, super-confort ; nouvel esclavage peut-être » (*Du port aux banques*, dans le *Bulletin des agriculteurs*, août 1941, p. 11).
73. Sur l'évolution de l'économie d'après-guerre, cf. Marcel Daneau, *Evolution économique du Québec, 1950-1965*, dans l'*Actualité économique*, 41e année, n° 4, janvier-mars 1966, p. 659-692 ; cf. aussi Gilles Lebel, « *Horizon 1980 » ; une étude sur l'évolution de l'économie du Québec de 1946 à 1968 et sur ses perspectives d'avenir*, Québec, Ministère de l'Industrie et du Commerce, 1970, 263p.
74. Dans le *Bulletin des agriculteurs*, avril 1944, p. 10.

dustrielle » [75], semble une fourmillière — « un peuple de termites
vit au cœur de la grande fournaise industrielle » [76] — qui oscille
entre la sécurité de sa structure industrielle et la prodigieuse accé-
lération qu'a subie la vie de l'homme, depuis qu'elle a dû s'accorder
à la machine.

Toute la ville est décrite en fonction des artères qui la sillonnent. La rue elle-même s'anime, monte, descend, hésite, tourne.
Montréal n'est plus qu'un mouvement perpétuel. L'impression d'a-
bondance, de désordre, en même temps que d'une certaine absurdité, d'un certain affolement est renforcée par le procédé énumératif.
La cascade des rues, des avenues, des usines finit par jeter le lecteur, même le plus au fait de la géographie locale, dans une sorte
de déroute qui traduit l'état d'esprit d'un grand nombre de nouveaux
venus à la ville, habitués plutôt au rythme lent des saisons qu'au
rythme effréné de la cité industrielle.

> Le faubourg Saint-Henri voit passer tant de trains !
> Incessamment rugit la locomotive. Incessamment tombent
> et se relèvent les barrières de sûreté. Incessamment dé-
> valent les rapides : l'Ocean Limited, l'Express Maritime,
> le Transcontinental, le New York Central. Les petites mai-
> sons de bois tremblent sur leur base ; la pauvre vaisselle
> s'entre-choque, et, au-dessus du vacarme, la voix humaine
> s'élève pour continuer la conversation sur un ton criard.
> Dans les cours intérieures, la lessive est déjà noircie avant
> de sécher. Et la nuit, sans cesse agitée par la trépidation
> des roues, sans cesse déchirée par le sifflement de la va-
> peur et le crépitement du ballast, ne ménage aucun
> véritable repos au peuple d'ouvriers et d'ouvrières qui
> s'épuisent [77].

Dans cette perspective, c'est-à-dire d'une part le lien très étroit
qui unit les articles sur Montréal à *Bonheur d'occasion* et de l'autre
la place et le ton particuliers de ces reportages, il faut conclure que
Bonheur d'occasion n'est pas un point de départ mais plutôt un
terme temporaire, un temps de méditation et de germination à la
croisée des routes de la journaliste et de la romancière.

Nous avons ainsi été conduits d'une vision résolument optimiste
du progrès matériel quand il s'inscrit dans un cadre de province à
une vision où transparaît une inquiétude croissante quand il prend
place à Montréal. Souvent *Alexandre Chenevert* sera lourd des
« nuées sombres » qui obscurcissent la fin de *Bonheur d'occasion*.

---

75. *Du port aux banques*, dans le *Bulletin des agriculteurs*, août 1941, p. 11.
76. *Id.*
77. *Id.* Cf. aussi *Les deux Saint-Laurent*, dans le *Bulletin des agriculteurs*,
    juin 1941, p. 8.

Chapitre II

« BONHEUR D'OCCASION »
ET « ALEXANDRE CHENEVERT »

Le chapitre précédent a été consacré à l'étude des reportages de Gabrielle Roy. Notre attention sera ici retenue par *Bonheur d'occasion* et *Alexandre Chenevert*. Le changement d'orientation de l'écrivain pose le problème des genres littéraires, dont la solution devrait aider à dégager la portée de l'œuvre entière autant que ses limites.

Les écrits journalistiques relèvent davantage de la raison que de l'imagination. Ils sont des produits de la logique plus que de la fiction — encore que les personnages qui polarisent certains articles pourraient devenir protagonistes de romans. Ces textes expriment avec vigueur le conscient de la romancière. A ce conscient est relié l'optimisme de Gabrielle Roy. L'écrivain emploie presque toujours le pronom « je ». Il parle officiellement en son nom. Aussi ne trouve-t-on dans ces articles que peu de réactions instinctives et immédiates mais plutôt des objets d'espérance et de foi. (Sauf quand l'objet de cette foi sera autrement précisé, il faudra entendre foi en l'homme, foi au progrès et foi en Dieu, celle-ci cependant plus passive qu'active, foi en veilleuse pour ainsi dire.)

Les textes du *Bulletin des agriculteurs* sont résolument optimistes parce qu'ils rationalisent un mouvement global en le montrant orienté vers une situation meilleure faite à l'homme. Ils ne s'attardent pas aux individus que ce mouvement peut blesser. En d'autres termes, ils sont optimistes parce que la journaliste, en s'appuyant sur les données d'une observation sans doute attentive mais rapide et, pour ainsi dire, éloignée, croit que la société tend vers plus de perfection. Il faut cependant mettre à part les articles consacrés à Montréal, qui font exception dans la mesure où ils sont régis par un processus différent conduisant à *Bonheur d'occasion*. Cette fois, liée à la conscience et à la volonté de Gabrielle Roy, se retrouve dans presque tous les écrits autres que de fiction. Il suffit de relire, à titre d'exemple, *Le thème « Terre des hommes » raconté par Gabrielle Roy* (1967) : la foi de l'écrivain qui prend appui sur celle de Teilhard de Chardin, y est nettement affirmée.

Foi au progrès surtout. Encore qu'à la limite, me dira-t-elle un jour, foi au progrès et foi en Dieu finissent par ne plus faire qu'une. Le progrès apparaît, dans «l'optique de l'évolution, comme une longue tâche ardue à laquelle doivent travailler ensemble tous les hommes de tous les temps » [1]. Il consiste d'abord en une répartition plus équitable, plus rationnelle des richesses, des infortunes, des joies. Il s'inscrit dans un mouvement cosmique difficile à percevoir au niveau des individus. Le signe le plus évident du progrès réside dans une conscience aiguë de la fraternité humaine. « Heureusement, nous n'avons plus guère le choix maintenant : ou nous périssons, ou nous commençons à apprendre à vivre les uns avec les autres » [2].

Cependant, cette foi n'est pas à l'abri de l'angoisse : « Tour à tour tirés par des forces ascendantes et descendantes, nous sommes comme celui qui marche avec peine dans la tempête de neige déchaînée ; il avance de deux pas et recule d'un pas ; il ne sait plus très bien s'il accomplit quelque progrès au milieu des rafales qui le poussent et le retiennent » [3]. Et, dans le discours de réception du prix David (11 mars 1971) : « Toute vie, et à plus forte raison une vie d'écrivain, est tragique en ce sens que, plus on avance, plus on voit loin et de choses à dire, et moins on a de temps pour le dire ». Souvent, lors d'entretiens, j'ai vu Gabrielle Roy attristée par la marche des choses et des hommes. Mais il est rare que ces moments d'abattement n'aient été suivis d'une sorte de ressaisissement et de profession de foi.

On peut donc affirmer que les écrits appartenant à la catégorie vaste et imprécise des « essais » traduisent l'optimisme et la foi de Gabrielle Roy.

Les écrits de fiction se présentent sous un jour différent. Ici, Gabrielle Roy ne s'intéresse plus à Gabrielle Roy que par personnes interposées. Ce jeu d'intermédiaires permet à la romancière de parler du « je » sous le couvert du « il ». (Même le « je » technique de *Rue Deschambault* et de *La route d'Altamont* a valeur de « il ».) La fiction rend ainsi possible l'expression des couches profondes et secrètes de l'âme humaine, expression dont le conscient seul aurait été incapable ou qu'il n'aurait pas autorisée. Le personnage romanesque évolue dans une plus grande liberté par rapport au personnage-auteur-littéraire qui l'a créé. Par cette liberté du protagoniste,

---

1. *Le thème « Terre des hommes » raconté par Gabrielle Roy* (p. 7 du manuscrit).
2. *Ibid.,* (p. 49 du manuscrit).
3. *Ibid.,* p. 41.

il faut entendre qu'il n'est pas soumis, dans l'ordre concret, aux res-
trictions et convenances qui touchent l'écrivain à l'instar de tous les
autres hommes. Protégée, en apparence du moins, contre le regard
d'autrui, forte de la possibilité de désavouer la conduite de ses créatures, la romancière peut se permettre, pour employer le jargon psychanalytique, d'oublier un peu les édits du *super ego* et de prêter une
oreille secrètement complice aux revendications du *id*. En d'autres
termes, l'œuvre romanesque de Gabrielle Roy, tout attentif que se
veuille l'écrivain à la réalité totale, traduit surtout l'aspect tragique
de cette réalité. Ainsi, les deux romans étudiés dans ce chapitre,
réservent un sort peu enviable à leurs personnages « vertueux ».
Emmanuel quitte Montréal pour le front — où il laissera sa vie [4].
Rose-Anna est forcée d'assumer presque seule les conséquences qu'entraîne la pauvreté de la famille. Alexandre mourra au moment où il
perçoit, autour de lui, une amorce de la grande fraternité humaine.
Un jour que je lui faisais remarquer ces deux pôles de sa production
littéraire, Gabrielle Roy répliqua : « Comment voulez-vous que mes
personnages « réussissent » ? Le but qu'ils se proposent d'atteindre
est tellement élevé, tellement grand qu'il devient inaccessible. D'ailleurs, la vie n'est-elle pas essentiellement un drame ? Que diriez-
vous d'un idéal à la portée de toutes les mains ? »

Ni *Bonheur d'occasion* ni *Alexandre Chenevert* ne sont issus
d'un parti pris de noirceur. La foi du conscient projette sur les données de l'inconscient des lumières sporadiques. Ici, ce sera surtout
l'image finale de l'arbre qu'Emmanuel apportera au front comme
une promesse fragile et trop tôt menacée ; là, le souvenir d'Alexandre
destiné à survivre pendant un temps au pauvre homme.

Bref, l'opposition entre les deux grappes de genres littéraires, —
essais, reportages, discours, articles, et romans, contes, nouvelles,
récits — et l'opposition correspondante des esthétiques propres à
chacun, trahissent deux options fondamentales de Gabrielle Roy, indiquent ses tensions profondes. Il y a, d'une part, les ouvrages où la
logique domine, où l'essayiste dit « je », où sa conscience et sa volonté supportent une foi dont plusieurs textes témoignent. Et, d'autre part, il y a les ouvrages de fiction, ceux où l'écrivain dit « je »
sous le couvert du « il », où il n'éprouve plus la crainte de se voir
tel que sa conscience pourrait avoir difficulté à s'accepter, où enfin,
il rejoint une liberté plus vaste, grâce au pouvoir de transfert sur les
personnages romanesques. Cette Gabrielle Roy est angoissée et
« incroyante ». Entre les deux secteurs de l'œuvre, il n'existe cependant pas de barrière infranchissable. Au contraire : l'inquiétude co-
lorera plus d'un passage des essais. Dès *Bonheur d'occasion*, les œu-

---

4. Cf. *Réponse de Mademoiselle Gabrielle Roy*, dans *Société Royale du
Canada*, section française, n⁰ 5, 1947-1948, p. 35-48.

vres de fiction recevront quelques lumières de la foi, lumières de moins en moins fugitives à mesure que les publications se succéderont.

Pascal notait dans ses *Pensées* : « La nature agit par progrès, *itus et reditus*. Elle passe et revient, puis va plus loin, puis deux fois moins, puis plus que jamais, etc. » [5]. Les « essais » de Gabrielle Roy traduisent surtout les *itus* du progrès ; son œuvre de fiction, les *reditus*.

L'étude qui va suivre se situe à trois niveaux principaux de signification. Niveau mythocritique : *Bonheur d'occasion* et les Enfers, *Alexandre Chenevert* et le bouc émissaire. La principale relation que l'on puisse établir entre ces deux univers consiste en ce que les habitants du Tartare, marqués du signe du Mal, peuvent souhaiter l'apparition d'une victime propitiatoire capable de les soustraire à leur tourment. Niveau sociologique : le monde de *Bonheur d'occasion* et d'*Alexandre Chenevert* présente plusieurs analogies. Niveau structurel : la construction des deux romans repose sur des schèmes semblables. Cette étude permettra de comprendre qu'entre *Bonheur d'occasion* et *Alexandre Chenevert*, le dénominateur commun ne se réduit pas à la seule géographie des lieux ou à l'écrasement des principaux personnages.

« *Bonheur d'occasion* » : *Tartare et Champs Elysées*

Les articles du *Bulletin des agriculteurs* avaient souligné la nécessité d'une réconciliation du fermier et de la technique. L'apparition timide de la machine aux côtés d'instruments peut-être vénérables mais peu appropriés aux exigences d'une économie moderne avait commencé de transformer la mentalité des habitants de la campagne, jusque-là fermée et souvent hostile à tout ce qui venait de la ville. Aussi n'est-il pas étonnant qu'en s'attaquant, dans *Bonheur d'occasion*, à l'agglomération urbaine maléfique dont l'agriculteur se défiait comme jadis les marins des sirènes harmonieuses, Gabrielle Roy évoque tantôt une terre de Caïn et tantôt les Enfers des mythes primitifs.

Pour tous les écrivains du terroir, l'espace que le Canadien français a su le mieux apprivoiser, celui qu'il a vraiment conquis et occupé, est rural. A l'horizon lointain des prairies ou des forêts, la ville se dresse comme un autre monde, comme l'Autre Monde. Les divinités qui règnent sur cet au-delà sont différentes de celles qui gouvernent les milieux campagnards. Les exigences d'un travail de la terre soumis au cycle des saisons, les exigences religieuses dont le

---

5. Texte de Léon Brunschvicg, introduction par Emile Faguet de l'Académie française, Paris, Nelson Editeurs, 1955, n° 355, p. 196.

curé se faisait le héraut ont été remplacées par les exigences inhumaines des puissances de l'argent et du prestige social.

La société que gouverne ce pouvoir nouveau se divise en maîtres et en esclaves : « Les millionnaires sur la côte et les chômeux en bas à s'engueuler » [6]. Jacques Godbout les montrera lui aussi du doigt : « A l'ouest, dans la montagne, un ghetto monstrueux où des châteaux réservés aux seigneurs d'Albion dominent cette ville qu'un million d'esclaves français, de leur sang... » [7].

Ceux donc qui adorent le dieu et envers qui le dieu se montre complaisant habitent des Champs Elysées situés sur la montagne. C'est au vocabulaire du riche Pluton montréalais — Pluton, autre nom d'Hadès, était considéré dans l'Antiquité comme distributeur de la richesse — qu'est empruntée l'appellation de cette terre de béatitude : « Westmount, « la cité des arbres, des parcs et des silencieuses demeures » [8], « la cité du calme, de l'ordre » [9].

Les esclaves, eux, s'entassent au bas de la montagne, dans un nouveau Tartare dont le nom évoque un christianisme un peu égaré en ce milieu : Saint-Henri.

Cette division de l'« au-delà » urbain montréalais en deux zones, destinées, l'une à la récompense des « bons » et l'autre au châtiment des « damnés », rappelle la conception orphique plutôt que la notion homérique des Enfers.

En effet, les Enfers homériques — et hésiodiques — se divisaient en trois secteurs : le Tartare, l'Erèbe et les Champs Elysées. Le Tartare était la région la plus profonde et le lieu des pires souffrances. Dans l'Erèbe — ou Hadès proprement dit — se réunissaient toutes les âmes des autres défunts. Séjour morne et sombre. La destinée humaine finissait véritablement à la tombe. Ce qui subsistait de l'homme comptait à peine. La mort devenait une sorte de grand repos gris, guère capable de n'inspirer plus qu'un sentiment de résignation. Les Champs Elysées constituaient enfin, une terre de lumière et de bonheur parfait à laquelle n'avaient accès que de très rares individus, tel ce Ménélas, gendre de Zeus.

La conception orphique, en plus de tenir compte, modification importante, de l'idée de justice, de jugement et de sanction après la mort, ramenait à deux parties le pays d'outre-tombe. D'une part le Tartare, lieu de punition des méchants et de l'autre les Champs

6. *Bonheur d'occasion*, p. 54.
7. *Le couteau sur la table*, Paris, Seuil, pp. 88-89.
8. *Bonheur d'occasion*, p. 281-282.
9. *Ibid.*, p. 286.

Elysées où les bons séjournent à jamais après avoir atteint, grâce à leurs retours successifs sur la terre, un état de totale purification.

L'enfer montréalais, divisé en deux parties, Tartare et Champs Elysées, retient cependant certaines caractéristiques de l'Erèbe homérique.

Selon les traditions grecques, les Champs Elysées sont situés à l'Occident. Ce sont les îles Bienheureuses, terre de bonheur, d'immortalité, de lumière. *Bonheur d'occasion* présente une géographie semblable. Les Champs Elysées montréalais sont contenus dans les limites de Westmount, la montagne de l'Ouest, elle-même située au nord-ouest de Saint-Henri. Westmount forme une île, inscrite, en 1941, entre les secteurs de Saint-Henri, de Notre-Dame-de-Grâce, de Mont-Royal, de Saint-André et de Sainte-Cunégonde. Il se distingue des zones environnantes par la richesse de ses habitants et de ses propriétés de même que par les caractéristiques de sa situation physique. C'est une nouvelle île de Leukè où vivent dans la quiétude tous les Achilles que favorisent les Thétis de l'argent et du pouvoir.

Cette géographie mythique est corroborée par la géographie de l'imaginaire des premiers Américains : « Tout comme le soleil, écrit le théologien Thomas Burnet, la science prend son cours à l'Est, et ensuite tourne vers l'Ouest, où nous nous réjouissons déjà depuis longtemps dans sa lumière » [10]. Dans leur microcosme de Montréal, les Canadiens anglais sont demeurés fidèles aux articulations d'un imaginaire aussi bien antique que moderne. A l'ouest, rien de nouveau : toujours le paradis des élus des dieux.

De cet espace élyséen montréalais, *Bonheur d'occasion* privilégie quatre zones principales. La rue Sainte-Catherine d'abord, qui offre mais ne donne pas. Ou plutôt qui donne aux esclaves de Saint-Henri les chaînes de leur esclavage. Et, sur la même artère, la caserne devant laquelle Pitou fait les cent pas. Pitou qui dans sa baïonnette trouvait son premier instrument de travail. Pitou qui traduisait son contentement en baragouinant quelques mots d'anglais. Vient ensuite, en haut de l'avenue des Cèdres, l'hôpital où mourra Daniel. Langue et milieu non familiers. Ils transforment la mère en une étrangère pour son enfant. La puissance des habitants de ces terres de béatitude, grande sans doute, ne réussit cependant pas à en imposer à la mort. Ce sont enfin les hauts quartiers de la montagne de Westmount.

---

10. Mircea Eliade, *La nostalgie des origines ; méthodologie et histoire des religions*, p. 184-185. Cf. Charles L. Sanford, *The Quest for Paradise ; Europe and the American Moral Imagination.* Urbana, University of Illinois Press, 1961 ; George H. Williams, *Wilderness and Paradise in Christian Thought ; The Biblical Experience of the Desert in the History of Christianity & The Paradise Theme in the Theological Idea of the Universe.* New York, Harper & Brothers, 1962.

La pierre, les grilles de fer forgé, hautaines et froides, les portes de vieux chêne, les lourds heurtoirs de cuivre, le fer, l'acier, le bois, la pierre, l'argent, la richesse en un mot prend voix légère et diffuse pour s'adresser à Emmanuel. La richesse accepte le don de la pauvreté. Ou plutôt, elle lui impose ce don, de toutes façons sans grande valeur puisque pour les bénis de la montagne, la vie de l'esclave, « c'est ce qu'il y a de meilleur marché sur terre » [11]. Aussi la conscience d'un monde malade, d'un monde à rédimer, naît-elle en Emmanuel et non en ceux qui de ce mal font leur bien.

En bref, l'île bienheureuse est un monde clos. Quand il n'attend rien des esclaves, il parle aux esclaves une langue que les esclaves comprennent tout juste assez pour se reconnaître esclaves. Lorsqu'il a besoin d'eux, il se fait trompeur, faux ou arrogant.

A l'opposé, Saint-Henri ou le Tartare. Ceux qui y demeurent ne sont les privilégiés ni des dieux de l'argent ni des dieux du pouvoir. Dans ces lieux infernaux, les divinités de la mythologie grecque enfermaient leurs ennemis. Les dieux de la richesse et du prestige montréalais y ont confiné les esclaves d'une main-d'œuvre à bon marché autour d'industries qui assurent aux résidents des Champs Elysées la richesse et le prestige.

La vertu de résignation qui caractérise les âmes réunies dans l'Hadès est suggérée par les images de l'Ecce Homo et de la Mère des douleurs pendues aux murs de la chambre de Rose-Anna. Mais la résignation ne parvient pas seule à s'enraciner dans l'obscur Saint-Henri. Il y a aussi la révolte de ceux qui n'acceptent pas le servage et le désespoir de ceux qui connaissent l'irréductibilité de leur état.

Le roman s'ouvre sur le Quinze-Cents, le bazar où travaille Florentine. Il y règne une « chaleur torride » [12]. Le restaurant des Deux-Records se trouve tout près. Azarius, à la maison, est de plus en plus dépossédé de lui-même par les exigences d'une réalité à laquelle il ne parvient pas à s'accorder. Ce sont les défaites de l'action. Aux Deux-Records, ce sont les triomphes de la parole. Le restaurant de la mère Philibert regroupe entre autres Pitou, Alphonse et Boisvert. « Véritable expression, tourmentée, blagueuse, indolente de (leur) génération » [13]. Il y a encore les églises de Saint-Henri, de Saint-Thomas-d'Aquin où se repose Rose-Anna lors de sa quête d'un nouveau logis ; celle de Saint-Zotique où se rendent les participants à la fête des Létourneau. Derniers havres de repos dans ce milieu de bruit et d'agitation. On aperçoit ensuite, tant près de la rue du Couvent que sur la rue Beaudoin, la demeure des Lacasse. Des premiers

---

11. *Bonheur d'occasion*, p. 286.
12. *Ibid.*, p. 15.
13. *Ibid.*, p. 46.

loyers de la famille à ceux-ci, la misère progresse. Plus Rose-Anna rêve de courettes, de fleurs, de jardins et moins elle en a. La maison de Jean est située au coin des rues Saint-Ambroise et Saint-Augustin. Image de la « vie transitoire » [14] que le jeune homme accepte dans le quartier avant de gagner un secteur où la richesse témoignera du succès de ses entreprises. Il faut encore mentionner la taverne et les restaurants, autres que ceux dont il a été question plus haut, où s'arrêtent Florentine, Jean, Emmanuel ; la maison des Létourneau qui est à Saint-Henri ce que Westmount est à la ville de Montréal ; la forge et ses « carreaux rougeoyants », la « dompe » de la Pointe-Saint-Charles en extrême est, Lachine et Verdun en extrême ouest. Ces deux derniers espaces apparaissent comme l'image contrastée mais réaliste d'un bonheur plus ou moins à la portée des révoltés de Saint-Henri : Florentine et Alphonse. Comme l'enfer de la *Divine Comédie*, celui de *Bonheur d'occasion* est composé de plusieurs « cercles », de plusieurs zones comportant chacune ses traits de misère et d'infamie.

L'Hadès montréalais, comme l'Hadès antique est une immense prison. Espace encerclé dans lequel pénètre peut-être qui veut mais dont ne sort pas qui désire : « Les filatures, les élévateurs à blé, les entrepôts ont surgi devant les maisons de bois, leur dérobant la brise des espaces ouverts, les emmurant lentement, solidement [15]. Captivité morale bien plus que captivité physique. Azarius et sa famille parviennent à quitter Saint-Henri pour gagner les rives du Richelieu, mais pour se charger, au retour, des mêmes liens de prisonniers dont ils avaient cru un instant se départir.

Extrêmement rares sont ceux qui réussissent à s'évader de l'enfer mythologique. A peine peut-on nommer Psyché, Orphée, Thésée, Héraclès, Enée et Ulysse. De ces lieux, Cerbère interdisait l'entrée aux vivants mais surtout la sortie aux morts. Monstre redoutable du mythe, il est une image de la non moins monstrueuse misère qui écrase les habitants de Saint-Henri et soustrait leurs désirs d'évasion à toute chance de devenir réalité autre que fugace, extrêmement transitoire et de toutes façons dérisoire.

Le nom du fameux chien à trois têtes, dont la queue était formée par un serpent et sur le dos de qui se dressaient également une multitude de têtes de serpents est identique au mot sanscrit *Sarvari* qui signifie « la nuit ». Image de la misère dans le cadre montréalais, mais image aussi de l'obscurité, gardienne d'un espace dont les habitants sont des ombres. Ces caractéristiques de l'au-delà mythique deviennent troublantes quand on les rapproche de certaines caractéristiques parallèles de *Bonheur d'occasion*.

---

14. *Ibid.*, p. 27.
15. *Ibid.*, p. 28.

En effet, selon toutes les traditions grecques, l'obscurité enveloppe le séjour des morts, qu'il s'agisse des ténèbres intérieures de la terre ou de cette nuit qui pèse sur un monde que n'éclaire pas le soleil. Dans le roman, la nuit — soir, nuit proprement dite ou aube — est le segment de temps privilégié de la journée. Plus de vingt chapitres lui empruntent son contexte de mystère, de gêne, de détresse parfois, d'insécurité toujours. Elle favorise confidences et discussions, protège le déménagement contre le regard méprisant du public, épouse les inquiétudes de la mère, les réflexions solitaires des personnages. Dans cette nuit, et même souvent dans la lumière du jour, ces derniers perdent leur densité et deviennent des reflets d'eux-mêmes.

La nuit n'appartient pas qu'à l'ici et à l'aujourd'hui. Elle est nuit d'une maladie universelle qui s'étend sur le monde. « Mais maintenant, il se demandait si une nuit n'allait point tomber sur la terre qui serait sans astres et sans lumières. Il se demandait si une nuit, longtemps avant la guerre, n'avait point commencé à encercler la terre de ses ténèbres » [16]. Cette nuit a égaré les hommes qui ont aujourd'hui difficulté à se découvrir autrement que selon des contours imprécis :

> Il la poussa dans l'ombre. Et l'ombre fut douce à la jeune fille. Elle effaça brusquement toute trace de maquillage; elle en fit une chose soudain toute frêle, tout enfantine, elle l'habilla de mystère et la rendit à la fois lointaine et chère et douce. (...) Il enlaça cette ombre, ce mystère qui souriait, il attira à lui le pâle sourire de Florentine... [17]

Nombres d'êtres ne parviennent à prendre une certaine conscience d'eux-mêmes qu'à travers les reflets, l'image qu'ils reçoivent d'une glace. Un peu partout dans le roman, Florentine le plus sou-

---

16. *Ibid.*, p. 285.
17. *Ibid.*, p. 75. C'est de l'ombre que monte la voix d'Alphonse, comme une partie de l'ombre, comme l'expression de l'ombre (p. 51) ; devant le cinéma Cartier, Jean Lévesque voit le flot grossissant d'ombres couler devant lui (p. 67) ; l'ombre répète la phrase mauvaise de Florentine à Rose-Anna (p. 78) ; Yvonne se rend comme une ombre à la messe (p. 82) ; les danseurs chez les Létourneau apparaissent à Florentine comme des ombres (p. 110) ; après la fête, au petit matin, les ombres glissent vers l'église Saint-Zotique (p. 124) ; à la fonderie, Florentine aperçoit des ombres près de la fournaise béante (p. 159) ; auprès de Jean Lévesque, Florentine surgit comme une ombre (p. 163) ; sur la place Sir Georges-Etienne-Cartier, les ombres passent deux par deux (p. 166) ; une ombre solitaire rappelle à Jean la sensation de la main de Florentine (p. 188) ; pour Emmanuel, Florentine est devenue une ombre familière (p. 256) ; dans la petite anse, c'est sur des ombres entrelacées que descend la nuit (p. 304).

vent, « énigme » [18] « au masque raidi, aux sourcils froncés » [19], et quelquefois Pitou ou Jean — « le vrai Jean Lévesque était tout autre » [20] — ou Emmanuel ou Rose-Anna se découvrent devant le miroir un visage inconnu. D'autres fois, ils se le composent. Les personnages sont dépossédés par les forces antinomiques de l'argent et de la misère. Ils sont « à louer ». L'affiche aperçue par Jean ne collait pas qu'aux maisons mais encore aux êtres. « A louer, leurs bras ! A louer, leur oisiveté ! A louer, leurs forces et leurs pensées » [21]. Les habitants de l'infernal Saint-Henri sont des ombres que font sadiquement danser les puissances de l'argent. Ainsi Rose-Anna : « Toute sa rancune de l'argent, sa misère à cause de l'argent, son effroi et sa grande nécessité de l'argent tout à la fois s'exprimèrent dans une protestation pitoyable » [22]. Les damnés n'ont que leurs deux bras pour se tirer d'affaire [23]. Se tirer d'affaire dans les menues tâches quotidiennes aussi bien que dans la grande et absurde tâche de la guerre. L'argent, toujours rare quand il s'agit d'extraire les pauvres de leur prison, devient inépuisable pour soutenir une guerre dont ils sont souvent les premières victimes. Qu'on se souvienne, à ce sujet, du dialogue d'Emmanuel et de la richesse sur le Mont-Royal.

Pourtant, triste méprise, Emmanuel a cru que la guerre allait détruire le pouvoir de l'argent, de cet « argent qui nous tient tous au cirque derrière les barreaux » [24]. Mais les certitudes du jeune soldat tombent lentement.

Il lui sembla entendre loin, dans le grand souffle de libération qui montait de la foule, comme le son de l'argent qui tinte.

« Eux aussi, pensa-t-il. Eux aussi ont été achetés ».

« Eux surtout ! » se dit-il.

Et il lui apparut qu'il constatait de ses yeux la suprême faillite de l'humanité. La richesse avait dit vrai sur la montagne [25].

L'idée que la guerre pouvait servir la cause de la justice [26] — évocation de l'enfer orphique — finit par s'évanouir elle-même et ne plus laisser aux damnés de l'enfer montréalais que l'irrémédiable souvenir d'un rêve de bonheur.

18. *Bonheur d'occasion*, p. 31.
19. *Ibid.*, p. 308.
20. *Ibid.*, p. 23.
21. *Ibid.*, p. 44.
22. *Ibid.*, p. 66.
23. Cf. *ibid.*, p. 251, 334.
24. *Ibid.*, p. 54.
25. *Ibid.*, p. 338-339.
26. Cf. *ibid.*, p. 266, 281, 287, 313, 341.

A la lumière froide qui brille sur les Champs Elysées [27] — ou qui à la fin du roman a ironiquement fait place à la nuit juste avant l'arrivée d'Emmanuel — s'oppose, dans l'Hadès de Saint-Henri, l'obscure besogne de maladie et de mort. La pauvreté, la poussière et le bruit de cette terre de Caïn rongent non seulement les corps mais aussi les âmes. L'espoir, si tant est qu'on peut ainsi appeler la volonté d'une absurde résistance, ne réside en effet plus guère que dans la seule force des bras. « Le salut par la guerre » n'est qu'un salut d'occasion. Cette société a besoin, aurait besoin de libération. Peut-être, confusément, attend-elle un bouc émissaire. Mais encore faudra-t-il qu'elle le reconnaisse.

Alexandre Chenevert, bouc émissaire

Traitant des « modes » du tragique, Northrop Frye écrit :

> Le *pharmakos* n'est ni un coupable ni un innocent. Il est innocent en ce sens que ce qu'il doit subir dépasse infiniment les conséquences normales ou logiques de ses actes — comme un homme qui appelle dans la montagne et déclenche une avalanche. Il est coupable en ce sens qu'il appartient à un groupe socialement réprouvé ou qu'il vit dans un monde où cette sorte d'injustice fait inévitablement partie de l'existence [28].

Cette définition de ce que Frye appelle *pharmakos* ou « victime expiatoire », fait ressortir les deux pôles paradoxaux entre lesquels évolue la notion de bouc émissaire : l'injustifiable et l'inévitable. La mort du Christ représente le transfert injustifiable des péchés à une victime divine, complètement innocente. Ce qui arrive au héros du *Procès* de Kafka et qui n'est nullement la conséquence de ses actes, mais en relation avec son être, sa « trop humaine nature » illustre l'inévitable. Dans le cas de la mort d'un Dieu, c'est le transfert des maux qui est ironique ; dans le cas de la victime ordinaire, c'est l'élection de tel individu qui l'est. Alexandre Chenevert appartient à cette dernière catégorie : l'ironie s'y manifeste dans les injustices et les souffrances d'un membre d'une société non divine, non héroïque.

Alexandre est « innombrable ». Il est l'homme de la masse qu'entre autres, Frye reconnaît comme personnage type de l'ironie tragique de l'époque moderne [29]. Ce rôle de bouc émissaire joué par Alexandre est plutôt lié à l'intérêt manifesté par ses proches qu'au choix conscient et collectif d'une société totale donnée. Chacun peut

27. Cf. *ibid.*, p. 192, 195.
28. *Anatomie de la critique*, p. 58.
29. « Dans l'œuvre de Kafka qui, dans une certaine perspective, évoque une série de commentaires du Livre de Job, nous retrouvons tous les personnages types de l'ironie tragique de l'époque moderne : le Juif, l'artiste, l'homme de la masse, et la silhouette sombre d'une sorte de clown chaplinesque » (*Ibid.*, p. 59).

voir en cet homme une image du malheur créé par un milieu social
que l'on aurait voulu cadre de vie heureuse.

L'image de bouc émissaire se rattache au projet de Gabrielle
Roy d'exposer les maux qui déchirent une société à travers les souffrances ironiques d'un homme pour ainsi dire innocent. Les séquen-
ces de sympathie, d'amitié, de grâce qui caractérisent la fin du roman
semblent justifier les épreuves d'Alexandre. Sa vie et sa mort n'auraient pas été vaines puisque effectivement il aurait purifié « sa »
société.

Le rôle d'Alexandre s'explique encore par l'incapacité d'héroïsme qui caractérise la société d'après-guerre telle que vue par Gabrielle Roy. L'image de la victime est plus fidèle à la réalité d'alors
que celle du héros : « Alexandre se serait souhaité le courage d'aller
plutôt en prison. Mais l'héroïsme en ces temps n'était plus accessible ; bien avant, on l'eût mis à la raison » [30]. Le nom même d'Alexandre est hautement ironique : le guerrier et le conquérant devient la
victime et le vaincu. Gabrielle Roy souligne dans les échecs d'Alexandre l'envers de médaille d'un modèle idéal. Alexandre n'a réussi ni
à convertir son ami Godias, ni à aimer sa femme, ni à assurer le
bonheur de sa fille, ni à nourrir les affamés, ni à faire savoir au
monde les conditions de cette joie unique qu'il a connue au lac Vert.
La société, par l'intermédiaire des organes d'information, ne livre
guère autre chose qu'une interminable liste de malheurs, à tel point
qu'Alexandre finit par y découvrir le reflet de son propre échec, de
sa propre culpabilité. Ainsi est-il mûr pour « porter les péchés du
monde ».

De l'ouvrage de Berndt Götz intitulé *Die bedeutung des opfers
bei den völkern*, on peut dégager six aspects majeurs à considérer
dans l'étude du bouc émissaire. Ce sont : 1 - Le bouc émissaire
est chargé de tous les maux d'une société. 2 - La victime est souvent volontaire. 3 - Elle a droit à une période de bien-être. 4 - Tout
le monde se reconnaît dans la victime et peut ainsi être purifié grâce
à elle. 5 - La pauvreté d'une époque nécessite la présence d'un bouc
émissaire. L'homme éprouve le besoin de se purifier périodiquement
afin d'assurer la santé de son âme. 6 - Pour apaiser les démons du
malheur, il faut d'abord que la victime (en tant qu'homme) soit vraiment coupable, au moins d'une culpabilité de participation, que la
victime soit un homme faible, sans grande raison d'être dans sa
société ; enfin, le malheur est mérité et la victime n'a pas le droit
de se plaindre. Si elle refuse cette culpabilité, ni elle ni les autres ne
seront purifiés. Les considérations qui suivent s'ordonnent autour
de chacun de ces points.

---

30. *Alexandre Chenevert*, p. 120.

En premier lieu, le bouc émissaire est chargé de tous les maux d'une société. Il devient l'image même de ces maux. Dans *The Golden Bough*, Frazer rapporte plusieurs exemples d'hommes qui se déguisent et s'habillent en démons ou en vieilles femmes laides pour mieux représenter le mal. De même les traits d'Alexandre deviennent de plus en plus farouches. Les jeunes filles de la banque le décrivent comme un « vieux gribou » [31]. Les Le Gardeur s'interrogent : « Avait-il donc fait du mal dans le monde pour être si farouche ? » [32] La description de son visage n'a rien de particulièrement attirant : « Le nez assez long, un peu recourbé, lui donnait quelque ressemblance avec ces oiseaux de proie très solitaires, peut-être malheureux, et que l'on dit méchants » [33]. Les expériences amères se réfléchissent sur le visage et contribuent à le rendre haïssable :

> Alexandre aurait pu aller d'un océan à l'autre, mené par le désarroi de s'être desservi auprès des autres par son visage, par ses paroles. Ce petit visage tiré était-il la cause de son triste caractère, ou son caractère, responsable de ce visage ? [34]

Même ses clients les plus fidèles finissent par s'inquiéter de son regard sévère, de son aspect « hargneux ».

Alexandre Chenevert est une image du malheur, de la souffrance. A l'instar des autres membres qui composent la société à laquelle il appartient, toute l'innocence de sa condition tient dans une remarque du docteur Hudon : « De tram en tram, de rue en rue, on le voyait debout dans les véhicules, les mains passées dans une courroie de cuir, les bras étirés dans une curieuse pose de supplicié » [35].

Le bouc émissaire est conscient du poids qu'on a déposé sur ses épaules. Alexandre de même :

> Leurs défauts lui furent instantanément visibles : l'envie, l'habitude de se plaindre plutôt que de s'affirmer, de haïr plutôt que d'aimer, beaucoup d'arrogance, par contre, quand ils se montraient les plus forts: bref, les défauts des hommes en général, mais dans ce cas, ils faisaient mal à Alexandre [36].

Longue est la liste des misères qui assaillent Alexandre. Il ne peut apercevoir, dans les tramways, une affiche rappelant au bon souvenir du lecteur les enfants affamés du monde sans prendre note qu'il devra contribuer à leur soulagement. Alexandre face aux or-

31. *Ibid.*, p. 39.
32. *Ibid.*, p. 221.
33. *Ibid.*, p. 17.
34. *Ibid.*, p. 114.
35. *Ibid.*, p. 164.
36. *Ibid.*, p. 20.

ganes d'information, c'est un peu l'homme primitif décrit par Frazer,
victime des milliers de démons qui remplissent l'air. Bien sûr, il
pourrait ne pas écouter, ne pas lire. Mais il se reconnaît comme un
devoir de s'informer et d'informer les autres. Avec Godias, « il continua ses mauvaises nouvelles »[37]. Avec Eugénie, « quelquefois, une
voix grave et pessimiste alertait l'intérêt d'Alexandre (...). Il récla-
mait aussi tous les soirs d'écouter les informations »[38]. Par l'intermédiaire de ces organes d'information, la société charge Alexandre de
ses problèmes, que trop volontiers celui-ci accueille. Le docteur
Hudon le lui fait remarquer sans ménagement :

> Que diable, fit-il, vous portez le monde sur vos
> épaules. (...)

> C'est un peu vrai, malgré tout.

> — Vous croyez-vous obligé de porter le monde sur vos
> épaules ?

> Posée de cette façon, évidemment la question le dé-
> sarçonnait.

> — Non.

> — Ce n'est pas tout de même votre monde.

> — Pas le mien, tout à fait, non... consentit Alexandre,
> mais gardant tout de même une arrière-pensée [39].

Le bouc émissaire est donc chargé de tous les maux d'une société. En second lieu, la victime est souvent volontaire. L'« élu »
s'offre. Les Le Gardeur, qui ignorent à peu près tout d'Alexandre,
s'essaient à déchiffrer leur étrange visiteur :

> Frêle, maladif et pitoyable, comme avait paru Alexan-
> dre à ces gens, ils s'inquiétaient des difficiles exigences
> que, sans les comprendre, ils imaginaient le petit homme
> capable de s'imposer [40].

La liberté de choix quant à la manière de gagner et de vivre sa
vie constitue un des principes ironiques de la société où évolue
Alexandre. Liberté illusoire, sous conditions. Alexandre qui privilégie certaines vertus est blâmé pour ne les avoir pas choisies en
fonction de la Banque. Pourtant, aucune pression directe, si ce n'est
sa propre compassion, ne s'exerce sur le caissier pour le forcer à
s'intéresser aux problèmes mondiaux. Il n'a d'autre conscience, en

37. *Ibid.*, p. 67.
38. *Ibid.*, p. 133.
39. *Ibid.*, p. 169.
40. *Ibid.*, p. 240. C'est moi qui souligne.

agissant ainsi, que celle d'accomplir un devoir auquel la plupart faillissent. Et pourtant la souffrance les rejoint, eux aussi, contre leur gré : « Des êtres aussi pâles, nerveux et fébriles, il y en avait passablement. Ce qui le distinguait des autres, c'était qu'il prît tellement au sérieux une époque qu'il ne paraissait pas destiné à longtemps endurer » [41].

Alexandre ne faisait aucune difficulté pour le reconnaître et même pour en tirer quelque distinction :

Tout était gratuit, sauf peut-être le malheur. Au bout d'une nuit d'insomnie, profondément vexé, Alexandre s'imaginait avoir du moins choisi d'être malheureux. Il en tirait une sorte de fierté. S'il ne dormait pas, c'est qu'il avait l'âme trop sensible, la conscience déliée, qu'il n'avait pas, Dieu merci, l'insouciance de la plupart des hommes. Cependant, inquiet, il redoutait les bruits qui l'empêcheraient de goûter une heure au moins de sommeil [42].

Ainsi, Alexandre a choisi la façon de vivre sa vie. Mais quel choix ! Le commentaire ironique des dernières phrases peut toujours servir de maigre consolation au caissier.

Plus il avance dans l'existence et plus l'« idéal du bouc émissaire » se précise. A l'hôpital, il console son voisin en voulant se revêtir de sa douleur : « Sa propre misère ne lui avait jamais paru très méritoire. Mais celle d'un autre, inexplicable, il s'en couvrit en cet instant comme de son seul recours » [43]. Plus tard, l'abbé Marchand lui demande : « Est-ce que vous seriez prêt à renoncer au bonheur éternel pour ce que vous appelez votre monde meilleur ? » Alexandre lui répond que oui. Il choisirait de se sacrifier afin d'aider les autres. « Mais après, il fut loin d'en être si sûr, et il fut bouleversé de se reconnaître plus égoïste qu'il ne l'avait cru » [44].

Remarquons de plus que le bouc émissaire des sociétés primitives n'a souvent rien ou bien peu à perdre.

En troisième lieu, la victime désignée a droit à une période de bien-être. Si l'on se reporte aux pratiques primitives, ce laps de temps est identifiable à une sorte de récompense ultime. La victime-homme misérable est amenée à considérer les quelques jours d'attention et de fête antérieurs à sa mort ou à son exil comme une récompense pour son sacrifice.

Le docteur Hudon, Godias, Eugénie et M. Fontaine connaissent les souffrances d'Alexandre et s'efforcent de lui faire prendre

41. *Ibid.*, p. 274.
42. *Ibid.*, p. 31.
43. *Ibid.*, p. 322.
44. *Ibid.*, p. 343.

conscience de son droit au bonheur. M. Fontaine, il est vrai, n'accepte pas que le caissier abandonne complètement un travail devenu pour lui véritable supplice physique et mental. Il lui offre en retour de maigres consolations : pas de persécution pour l'erreur des cent dollars, suggestion de prendre immédiatement des vacances.

Alexandre remarque d'abord que la société veut assurer la paix à ceux qui souffrent dans les hôpitaux :

> Jamais Alexandre n'avait aussi bien vu à quel point la souffrance est précieuse. (...) Sa souffrance, sous aucun aspect n'avait plus à se cacher. Au contraire, on l'accueillait, on la sollicitait même de porte en porte [45].

Il se laisse même convaincre par le docteur Hudon et part pour le lac Vert. Dans la perspective où je me place, le voyage exprime une libération. « Il fut délivré de Dieu et des hommes. Alexandre n'avait plus à *répondre du péché* originel, non plus que de ces armes d'aujourd'hui, si dangereuses qu'on va les essayer en des îles désertes » [46]. En communion intime avec le cosmos, Alexandre éprouve une libération non seulement de son rôle de bouc émissaire, mais encore des maux de tous les temps. « Dieu presque toujours lui tenait compagnie ces jours-ci. C'était comme s'il eût *pardonné à Alexandre toutes les fautes commises* depuis le commencement des siècles ». [47]

Cependant, le retour à la ville est brutal. Il ressemble au réveil de la victime. L'idéal et la raison d'être d'Alexandre diffèrent radicalement de ceux des Le Gardeur, repliés sur eux-mêmes et sur leur bonheur.

Autre caractéristique du bouc émissaire selon Götz : chacun doit se reconnaître dans la victime pour participer du salut qu'elle procure. Alexandre doit être considéré comme porteur des péchés de la société à laquelle il appartient et celle-ci doit pouvoir retrouver en lui les maux dont elle entend se décharger. Cette reconnaissance, dans le roman, n'est ni immédiate ni toujours évidente.

A l'hôpital, l'abbé Marchand perçoit mal les morts individuelles : « D'abord, elle (la mort) était bien monotone, rien ne ressemblant plus à la fin d'un homme que la fin d'un autre homme » [48]. Pourtant, Alexandre n'a jamais perdu de vue son individualité. La société est responsable de ses souffrances, de son aliénation :

> Une motocyclette passa, dans une pétarade d'explosions. Et, tout à coup, Alexandre se dressa sur son lit, bouillant de rancune, une lueur de folie aux yeux. La ville

---

45. *Ibid.*, p. 106.
46. *Ibid.*, p. 203. **C'est moi qui** souligne.
47. *Ibid.*, p. 239. C'est moi qui souligne.
48. *Ibid.*, p. 310.

était certainement liguée pour l'empêcher de dormir, la société contre Alexandre [49].

Dans ses moments de lucidité, Alexandre reconnaît cependant les liens qui l'unissent aux autres, — « Etait-ce donc inévitablement par ce qu'on aimait le moins en soi que l'on restait si bien lié aux autres ? » [50] — liens qui font de lui, en quelque sorte, leur représentant. L'honnêteté de Chenevert dans sa souffrance force chacun à prendre conscience de cette souffrance.

Il faut cependant noter que le bouc émissaire apparaît souvent aux membres de sa communauté comme un étranger. Précisément parce que l'homme de la masse ressent le mal comme quelque chose qui lui est étranger. Cette dernière observation traduit une réalité à ce point universelle qu'il ne faut pas la séparer de son corollaire le plus habituel : parce que le mal est étranger, tout ce qui est étranger finit par apparaître comme le mal. Or Alexandre fait précisément figure d'étranger : à lui-même d'abord, à sa femme, à sa fille et à son petit-fils, à ses amis, à l'esprit de l'univers des affaires, à un monde dont il connaît les chefs mais dont les chefs ignorent tout de lui.

Existe-t-il, à un niveau ou l'autre de la société, une prise de conscience collective d'un poids de fautes ou d'une culpabilité devenue insupportable et qu'il s'agit d'écarter de soi en en chargeant un unique individu ? Immédiate et évidente, elle n'existe pas. Indirecte, symbolique, peut-être est-il possible d'en repérer des éléments si on accepte de considérer le médecin et le prêtre comme des témoins-dépositaires de la conscience sociale.

Les membres d'une société s'en remettent au médecin du soin de leurs maux physiques et mentaux. Ils s'en remettent au prêtre du soin de leurs maux spirituels. Prêtre et médecin sont les dépositaires et guérisseurs des maux de la société. La connaissance profonde que semblable rôle leur permet d'en acquérir façonne en eux une conscience aiguë des tensions, des malaises et des souffrances de cette société. Ainsi peut-on parler du prêtre et du médecin en tant que témoins-dépositaires de la totalité du mal contenu dans une société traditionnelle. Non pas que physiquement, mentalement ou spirituellement, tous ces maux se retrouvent en actes, à un moment ou l'autre, chez eux. Ils sont conscience des maux d'une société par la connaissance qu'ils en ont. C'est une conscience par participation dans la mesure où ces maux ne se retrouvent pas chez eux individuellement. Exactement dans le même sens où je parlais plus haut, au sujet du bouc émissaire, d'une culpabilité par participation.

49. *Ibid.*, p. 31.
50. *Ibid.*, p. 50.

Cette connaissance, cette conscience individuelles et de participation ne sont cependant pas suffisantes. Il faut qu'au-delà de la délivrance ou des soulagements que peut assurer chacune des deux professions — médecine et prêtrise — il existe un mouvement appuyé autant sur la conscience individuelle que sur la conscience de participation, qui pousse ces témoins-dépositaires à vouloir se décharger du poids des maux de la société auxquels s'ajoutent leurs maux personnels. J'interprète comme l'expression d'un semblable besoin du docteur Hudon, l'« amertume presque constante » dont il parle lors de la rencontre avec Chenevert, amertume qui lui faisait « voir moins élevés ses propres motifs, lui enlaidissait ceux des autres, la nature humaine. Sévère, souvent crispé, le visage était pourtant sympathique avec des yeux bruns attentifs et pleins de fatigue » [51]. Le virus du mal était déjà logé au cœur de ses ambitions de jeunesse: « il avait toujours vécu tendu ; dans sa jeunesse pauvre, vers la profession qui seule à ses yeux accordait des ambitions personnelles de considération, d'aisance, avec l'orgueil d'être complètement au service des autres » [52]. Ce mal est devenu source d'amertume, « problème lassant » [53] et insupportable.

Si l'abbé Marchand n'éprouvait pas, dès son premier contact avec Chenevert, le besoin d'extirper le mal de son âme, c'est qu'il n'en avait même pas connaissance. Alexandre le lui a révélé et l'en a délivré. « L'agonie d'Alexandre avait enlevé à sa foi (celle du prêtre) toute prétention orgueilleuse » [54].

Ainsi, grâce à Chenevert, le médecin est-il amené à connaître sa grande lassitude du mal qui l'habite. En diagnostiquant le mal d'Alexandre, c'est le sien propre — « lui aussi, bien entendu, menait une vie de fou » [55] — qu'il traque, le sien et celui de toute la collectivité — Alexandre est « innombrable ». Une phrase du docteur est très significative : à Chenevert qui croit devoir constater qu'il n'est pas malade, Hudon répond : « Rien ! (...) Mais vous êtes à bout. Vous courez à votre perte... » [56] Innocent mais pourtant destiné à mourir. Pas plus, mais aussi malade que la société dont il est l'image. Quant à l'abbé Marchand, c'est un Chenevert bouc émissaire dont le sacrifice est presque consommé qui lui a fait découvrir son propre mal et l'en a délivré.

Si on refuse de considérer le prêtre et le médecin comme des images de la conscience de leur société, si donc on refuse de recon-

---

51. *Ibid.*, p. 160-161.
52. *Ibid.*, p. 160.
53. *Ibid.*, p. 161.
54. *Ibid.*, p. 369.
55. *Ibid.*, p. 165.
56. *Ibid.*, p. 169.

naître, dans *Alexandre Chenevert,* le désir de cette société de se
libérer d'une culpabilité en la faisant peser sur les épaules d'un seul
homme devenu en quelque sorte rédempteur, on rejette du même
coup l'interprétation qui précède. Cependant, Alexandre n'en demeure pas moins un bouc émissaire mais ironiquement privé d'une
des rares caractéristiques positives attachées à son rôle. Godias, par
exemple, pense que « sa vie (celle de Godias) eût pu être beaucoup plus heureuse si Alexandre Chenevert n'avait jamais existé » [57].

La société en refusant de se reconnaître débitrice d'Alexandre
fait preuve d'incompréhension et d'ingratitude à son endroit. Quand
il revient à Montréal après son séjour au lac Vert, la ville semble
l'avoir oublié. Pendant toute sa vie, il a payé des impôts pour entretenir les vieillards du pays, et voici qu'aujourd'hui, il se demande
si « lui-même durerait assez longtemps pour bénéficier aussi des
avantages de son époque » [58].

Le bouc émissaire — victime innocente — doit être repoussé
par sa société coupable. Tel est le paradoxe principal. Que l'abbé
Marchand présente Alexandre à Dieu en disant : « Jugez-le », ne correspond pas au rêve d'Alexandre, hésitant devant la mort. Il aime-
rait entendre : « Nous l'appelons Alexandre Chenevert et, n'oubliez
pas, Seigneur, que ce que vous ferez pour lui atteindra chacun de
nous » [59]. Cette présentation idéale contiendrait deux idées importantes. D'abord, la société penserait en tant que collectivité. Il y
aurait un accord commun. En deuxième lieu, la mort d'Alexandre
serait liée au salut de toute cette société. A la fin du roman, semblable espérance d'Alexandre paraît devoir se concrétiser. Tout le
monde lui porte une attention inhabituelle ; tout le monde est lié
à cet homme à travers sa douleur ; tout le monde désire son salut ;
enfin tous demandent sa mort.

Et pourtant, Alexandre Chenevert souffre par la société et non
pas pour la société. Du moins est-il d'une quelconque utilité à cette
société ?

> La paix de la vallée l'atteignait comme un reproche.
> Vaine a été ton agitation, futile ton angoisse, sans mérite ta
> souffrance, inutile tout cela, disait le silence à cet homme
> épuisé. D'ailleurs, as-tu vraiment souffert ? (...) Il se sen-
> tait l'homme le plus démuni du monde [60].

Ce ton désespéré, Alexandre le retrouve à l'hôpital :

> Et combien d'hommes, s'ils avaient eu la possibilité
> comme Jésus de racheter les autres par leur mort, n'eussent

57. *Ibid.,* p. 72.
58. *Ibid.,* p. 213.
59. *Ibid.,* p. 313.
60. *Ibid.,* p. 190.

pas longtemps hésité. Mourir sans profit pour personne, là était la véritable passion [61].

Alexandre veut bien souffrir pour une cause, mais il trouve qu'il souffre « sans noblesse ». Il se rappelle une ancienne connaissance, Constantin Simoneau. C'était « un excellent homme. Et il lui resta, sur qui reposer son âme avide, un homme qui était mort et dont toute la vie lui était à peu près inconnue » [62]. On se souviendra sans doute de Chenevert. Un inconnu commandera même une messe à sa mémoire. Mais on ne peut être assuré qu'Alexandre doive son « immortalité » plutôt à sa souffrance qu'à ses années de service.

Ainsi l'ironie de Gabrielle Roy est-elle grande qui crée un bouc émissaire bien nanti de toutes ses caractéristiques traditionnelles sauf celle d'être reconnu et délégué par la société où il évolue afin de lui apporter le salut.

Cette société vit avec son mal, vit de son mal et s'en accommode sans prendre une claire conscience que cette accommodation même constitue l'instrument le plus efficace de sa propre destruction.

Une autre caractéristique du bouc émissaire consiste dans le besoin qu'éprouve périodiquement une société de se décharger de ses fautes. Le monde moderne ne connaît pas de rite nettement identifié de confession et d'expulsion du mal. Peut-être parce que ce mal est, comme Alexandre, « innombrable » et constant. Les remarques du caissier faisant part au médecin de ce dont il souffre sont éloquentes sur ce sujet : « Souffre de la gorge... de l'indélicatesse et du manque de savoir-vivre de notre époque... Souffre des voisins, de leur radio, de la propagande qui *règne dans tous les domaines* » [63].

Autant il est difficile à la société de dresser la liste de ses maux spécifiques afin de s'en purger, autant il est illusoire pour Alexandre d'espérer mettre le doigt sur les causes disparates des siens. Une force anonyme enligne les hommes dans les enfilades interminables d'une vie sans bon sens évident mais en même temps dépourvue d'injustices criantes : Eleonor Roosevelt, pour ne nommer qu'elle, ne mérite-t-elle pas la reconnaissance de Chenevert en luttant pour les libertés personnelles des individus ? Tout se passe comme si la société ne parvenait à identifier ses maux que dans l'accablement des conséquences qu'ils entraînent. Un des paradoxes et non le moindre d'Alexandre, bouc émissaire innocent, consiste en ceci que le mal dont il accepte de se charger est d'abord manifesté

---

61. *Ibid.*, p. 318.
62. *Ibid.*, p. 21.
63. *Ibid.*, p. 154. En italiques dans le texte.

par lui. Dans une société dépourvue d'éléments de cohésion comme celle où il vit, il n'est ni malheur commun, ni expiation commune.

D'autre part, Alexandre veut croire que son désir de paix universelle, désir pour lui aussi personnel que celui d'aider sa fille, est également désir personnel de tous et de chacun.

Enfin, pour apaiser les démons du malheur, il faut que la victime soit vraiment coupable, au moins d'une culpabilité de participation. Historiquement, le rôle de bouc émissaire fut souvent dévolu à un prisonnier de guerre ou à un criminel. L'homme, même à son insu, est coupable. Coupable dans ses faiblesses d'homme, coupable d'être homme. Pour se justifier, la société doit pouvoir s'assurer de la culpabilité de la victime.

M. Fontaine remarque que le véritable tort d'Alexandre, c'est son âge. Le caissier croit que le docteur Hudon écrit une page « contre » lui. Après l'erreur des cent dollars pourtant, erreur personnelle et facilement identifiable, Chenevert commence à se reprocher sa culpabilité individuelle. Il croit alors comprendre pourquoi il a été puni : « Et l'idée, coupable comme il était, d'avoir pu se se croire digne d'un meilleur sort, se mit à le maltraiter ; soudain, ce fut là, à ses yeux, son véritable tort, plus personnel, plus grave aussi que la perte de cent dollars » [64].

Mais le spectacle de la misère autour de lui accentue son sentiment d'une culpabilité générale. Ses péchés n'ont pas été que péchés de pensées.

> Il marchait, soucieux et, comme s'il eût été Dieu, s'inquiétant de sa souffrance en des vies issues de lui et jusqu'en des générations à venir. (...) Alexandre avait l'air d'un émigrant. Et il éprouvait qu'il était cela même en quelque sorte, un passant qui s'était rendu coupable d'autres vies, de responsabilités qu'un jour ou l'autre il devrait abandonner [65].

Quand Alexandre se confesse à l'abbé Marchand, l'importance de ses fautes personnelles semble dérisoire en comparaison des culpabilités communes encourues simplement parce qu'il existe.

La faiblesse naturelle d'une telle victime est évidente. Alexandre, enfant malingre, est « fait pour souffrir » [66]. Son travail n'a rien de séduisant. Le docteur Hudon essaie d'imaginer une telle vie. Alexandre lui-même se demande si l'on n'avait « jamais entendu parler dans le monde d'un poète pauvre, crevant de faim, qui eût voulu changer de place avec un caissier » [67].

64. *Ibid.*, p. 91.
65. *Ibid.*, p. 146.
66. *Ibid.*, p. 173.
67. *Ibid.*, p. 43.

Dans une banque, l'ultime ironie ne consiste-t-elle pas en un caissier pauvre ?

    Religion et Prospérité. Tout ici témoignait de l'efficacité de la formule, tout démontrait en effet que l'énergie appelle le succès, sauf peut-être les quelques visages pâles vus à travers les cloisons en verre, sauf surtout le petit homme de la cage numéro deux [68].

Jusqu'à la fin de sa vie, le bouc émissaire doit éprouver le sentiment de sa propre culpabilité. Cette soumission est sans doute plus difficile au moment de l'exil final, au moment de la mort. Alexandre préférerait au moins ne pas quitter ce monde sans régler ses comptes : « Soudain, il parut intolérable à Alexandre d'être offert pour ainsi dire à la maladie, à la mort peut-être » [69].

Mais en même temps, le sacrifice de la vie, c'est-à-dire l'aveu que l'homme est soumis à une force extérieure, qu'il doit confesser ses péchés, est pour Alexandre « l'unique occasion de poser un geste d'absolue sincérité » [70]. Il finit par accepter sa culpabilité de bouc émissaire :

    Il n'en pouvait plus de subir la bonté. Parvenu à une hypersensibilité torturante, il voyait que tous les autres avaient été bons pour lui; mais il ne voyait pas que lui-même eût jamais mérité des autres. La bonté l'accusait [71].

Ainsi, dans le milieu infernal où les pauvres de Montréal sont condamnés à vivre, les images mêmes de libération subissent souvent la corrosion d'une ironie qui contribue au maintien de l'atmosphère de lourdeur et d'absurdité de *Bonheur d'occasion* et d'*Alexandre Chenevert*.

Par leur thème fondamental, les deux romans se rattachent aux *reditus* du progrès. Le genre littéraire utilisé ici n'incite pas Gabrielle Roy à extrapoler. Elle ne parle plus sous la dictée impérieuse d'un conscient attaché à protéger ou à affirmer telle image de soi plutôt que telle autre, mais en fonction d'une vie profonde et élémentaire dont le roman lui permet l'exploration des dédales.

« Bonheur d'occasion » et « Alexandre Chenevert » : carrefours de l'œuvre entière

    En janvier 1944, soit une année avant la publication de *Bonheur d'occasion,* on peut lire dans le reportage consacré à *La prodigieuse aventure de la Compagnie d'Aluminium* [72] : « Une ère d'in-

---

68. *Ibid.*, p. 38.
69. *Ibid.*, p. 303-304.
70. *Ibid.*, p. 344.
71. *Ibid.*, p. 363.
72. Dans le *Bulletin des agriculteurs,* janvier 1944, p. 25.

dustrie s'annonce probablement, où l'homme pour se libérer de tout souci économique devra s'enfoncer de plus en plus dans une sorte de servitude — servitude aux machines, aux gestes cent fois répétés ». Cette phrase, écrite à un moment où la première version de *Bonheur d'occasion* est terminée, annonce à la fois ce roman et *Alexandre Chenevert*. Les deux œuvres sont les symboles complexes d'une crise de conscience de l'écrivain. Les valeurs auxquelles il a cru et veut continuer de croire — technique au service de l'homme, respect de l'individu, droit au travail et à une rémunération honnête — sont de plus en plus méprisées. L'âge paléotechnique, cette maladie du progrès, sévit : « Il (est) inutile à cette heure de combattre la folie, le désordre qui (s'emparent) du monde » [73].

La grande cité moderne, industrielle et anonyme, pose à Gabrielle Roy la question de l'orientation du progrès. Le renouveau de la technique qu'elle avait exalté dans ses écrits de journaliste semble voué à un développement anarchique. De cette ville absurde et dure, Jean Lévesque est l'image. « Il sembla à Florentine que, si elle se penchait vers ce jeune homme, elle respirerait l'odeur même de la grande ville grisante, bien vêtue, bien nourrie, satisfaite et allant à des divertissements qui se paient cher » [74]. Et, de façon plus explicite : « Mais que cette ville l'appelait maintenant à travers Jean Lévesque ! A travers cet inconnu que les lumières lui paraissaient brillantes, la foule gaie, et le printemps, même plus très loin, à la veille de faire reverdir les pauvres arbres de Saint-Henri » [75].

Approfondir le personnage de Jean Lévesque, que Gabrielle Roy appelle « notre Rastignac » [76], c'est découvrir les vices du monde paléotechnique : mépris de l'humain, égoïsme, sadisme, arrivisme, lutte des classes [77]. Le rôle de repoussoir joué par l'enfance malheureuse de Jean est à ce point fort qu'il devient obsédant. Il conditionne l'agir présent du jeune homme. Par ce biais, Lévesque se rapproche d'une Florentine soucieuse de ne pas rééditer la vie de sa mère.

73. *Bonheur d'occasion*, p. 303.
74. *Ibid.*, p. 18.
75. *Ibid.*, p. 19.
76. *Entretien* du 29 juillet 1970.
77. « Jean Lévesque, personnage en qui j'ai incarné le refus des responsabilités sociales, l'égoïsme qui conduit l'être social à accepter les avantages de la société sans lui sacrifier la moindre parcelle de sa liberté, Jean Lévesque, je n'en doute guère, doit profiter amplement des conditions où la vie l'a placé. Il est peut-être devenu un des chefs ouvriers qui exploitent les différences entre patrons et ouvriers à son seul profit. Il ne s'est peut-être pas encore imposé à plus faibles que lui. Ces orgueilleux restent longtemps dans l'ombre avant de se découvrir prêts à donner leur mesure » (*Réponse de Mademoiselle Gabrielle Roy*, dans *Société Royale du Canada*, section française, n⁰ 5, 1947-1948, p. 46).

Mais un drame plus lourd pèse sur le Montréal de *Bonheur d'occasion* et d'*Alexandre Chenevert*. Gabriel Marcel l'appelle « la défocalisation » [78] et Gabrielle Roy, « l'expérience du gouffre » :

> Mais elle n'attendait point de réponse. Est-ce qu'il y avait encore des réponses que l'on pouvait obtenir du fond de ce gouffre où on était enfermé si loin de toute oreille humaine qu'on aurait pu crier des jours et des jours sans arracher à l'isolement autre chose qu'un faible écho de sa peine ? [79]

Ici, dans la « termitière villageoise » de Saint-Henri [80], la machine est une divinité à laquelle chacun doit sacrifier. Elle jouit d'un prestige tel que, évocation kafkéenne, l'homme finit par s'interroger sur sa propre nature. « J'ai même fait trente-six heures de travail en deux jours de cette semaine. Un homme sait plus s'il est encore en vie ou bien s'il est devenu machine » [81]. Certaines fortunes s'exhaussent ; l'industrie et les affaires font des bonds en avant ; par contre, l'humain se désagrège, perd sa structure, perd ses liens. Le sentiment de dégradation chez l'homme est le corollaire d'une créativité frustrée. L'homme, en créant, se crée. Il s'installe ainsi au sein d'un univers de relations qu'il alimente selon son pouvoir et dont il reçoit en retour une part de substance [82].

Au fond de ce gouffre, le fil des relations devient si ténu qu'elles ne peuvent plus résister aux bouleversements d'une civilisation nouvelle à laquelle chacun, tant bien que mal, tâche de s'adapter mais toujours en retard et souvent en vain. Le tissu même des relations, c'est-à-dire leur fondement, est trompeur : Jean Lévesque-Florentine, Florentine-Emmanuel ; ou faussé : Alexandre-Eugénie, Alexandre-Irène [83]. Le « nœud de relations », par quoi Saint-Exupéry définissait l'homme, subit les menaces et les pressions d'un monde « désâmanisé », selon l'expression de Gabrielle Roy : « Notre époque en est une qui se « désâmanise », qui cherche désespérément sa raison de vivre. Peut-être est-ce en cela qu'il faut garder espoir. Cette recherche témoigne de la douleur d'une absence » [84]. Ou encore

78. Cf. *Les hommes contre l'humain*, p. 110.
79. *Bonheur d'occasion*, p. 230.
80. *Ibid.*, p. 253.
81. *Ibid.*, p. 160.
82. *Cf. Ibid.*, p. 135.
83. Avant même que d'avoir été faussée dans sa relation avec Eugénie ou Irène, la vie d'Alexandre avait subi en elle-même une déviation que le pauvre caissier malade tentait de localiser : « Où donc et de quelle manière la vie avait-elle commencé d'être si extraordinairement faussée ? Maintenant, d'erreur en erreur, elle était si absurdement déviée qu'il semblait impossible d'entrevoir la cause initiale du mal » (*Alexandre Chenevert*, p. 357).
84. *Entretien* du 17 mai 1970.

l'homme s'affaiblit au point qu'il ne peut plus offrir un terrain propice au développement de relations réelles. Il se rabat sur la maigre consolation de relations imaginaires avec des êtres d'autant plus attachants qu'ils sont plus éloignés [85]. Cette faiblesse prend deux formes. En premier lieu, l'attrait de l'*ailleurs* est fonction de la détestation de l'*ici*. Les deux pôles évoluent chacun dans sa sphère sans qu'il soit question de nouer des relations directes entre eux : Azarius et la France. La seconde forme touche l'établissement des contacts, rendu impossible par le manque de densité personnelle, par la défaillance de cette vitalité spirituelle indispensable à quiconque souhaite que l'amitié soit plus qu'une construction de l'esprit : Alexandre au lac Vert face à son désir de faire savoir au monde le bonheur très particulier qu'il connaît en fournit un bon exemple.

Le sentiment d'étrangeté finit par s'enraciner chez les êtres parfois les plus rapprochés par le sang ou l'amitié — à la limite : l'individu en lui-même. La cause en est imputable ou bien à la force de l'habitude qui tue l'amour et la conscience, ou bien à une force de dissociation susceptible de ruiner aussi bien le corps social que la personne elle-même. « Flots humains qui, à courte distance les uns des autres se dévisagent avec stupeur, en étrangers venus de planètes différentes et ne sachant plus comment communiquer » [86]. Le chemin qui conduit à ce terme passe aussi par les corollaires de l'étrangeté : l'indifférence et l'agressivité liées à la souffrance.

Il suffit de mettre en parallèle la sympathie de Rose-Anna pour la souffrance des femmes dont le pays est aussi en guerre, et l'indifférence, la nonchalance égoïste d'un Godias Doucet, convaincu que les hommes des peuples lointains lui sont inférieurs et ne connaissent, la plupart du temps, de malheur que par leur faute. Il suffit encore de se rappeler — agressivité et souffrance — la tristesse d'Alexandre face à sa fille, qu'il n'aura même pas pu soustraire au sort pitoyable de ressembler à son père : « Cette petite scène où Irène avait eu l'air de présenter un étranger à son enfant l'avait mis sur des charbons » [87]. Souffrance parce que les deux êtres, tout en se ressemblant, se sentent étrangers, réduits par l'orgueil de l'un et l'impuissante bonne volonté de l'autre à l'incapacité de communiquer. Pres-

---

85. « Sans les morts, les absents, les peuplades jamais visitées, que deviendrait chez l'homme, sa faculté d'aimer ? » (*Alexandre Chenevert*, p. 21). « La nuit, sous la pluie, tous les hommes vont le dos voûté, la tête enfoncée dans les épaules, à peine distincts, sauf en passant devant les vitrines éclairées. Alexandre était plein d'amour pour son prochain lorsqu'il le voyait ainsi, de loin, sans visage, et qui s'éloignait » (*Ibid.*, p. 25). On comprend dès lors la parenté qui unit Alexandre Chenevert et Louis Salavin (Cf. Georges Duhamel, *Confession de minuit*, p. 112-113).
86. *Le thème « Terre des hommes » raconté par Gabrielle Roy* (p. 39 du manuscrit).
87. *Alexandre Chenevert*, p. 135.

que aussi radicale, quoique éclairée par de sporadiques désirs de se rencontrer, apparaît la solitude des époux Chenevert.

Ce sentiment d'étrangeté, d'isolement, d'inconnu — le terme varie — prend sa source dans un malaise encore plus profond : nombre de personnages sont étrangers aux autres parce qu'ils sont d'abord étrangers à eux-mêmes :

> Elle était Florentine, cette inconnue d'elle-même, un personnage qui lui plaisait, qu'elle avait libéré le soir où follement elle était accourue à la rencontre de Jean dans la tempête [88].

> C'était inadmissible d'être ainsi fait, de sentir un vil étranger logé au centre de lui-même. Qu'y faire ! Cet étranger, haïssable, réprouvé, avait le mérite d'une franchise terrible [89].

Tous, à des degrés et au terme de processus différents, n'ont pu établir de coïncidence entre ce qu'ils ont fait d'eux-mêmes et ce qu'ils en avaient rêvé. L'écart s'élargit sans cesse. Le rêve ne porte plus sur la seule abstraction de l'homme ou de la femme qu'on aurait pu être. Il chemine parallèlement à la réalité, en une seconde vie, fascinante, difficile à définir parce qu'à un moment, et pour un court instant, il a rompu la symétrie de la parallèle et est venu toucher l'autre droite de la vie réelle. De là cette nuance fugitive d'incarnation qui accroît encore sa séduction.

L'écart entre le réel et les multiples visages du rêve a deux causes principales. La première, universelle, réside en ce que personne ne réussit jamais à coïncider totalement avec l'être sous les traits de qui il s'est aperçu dans le futur. De cette déception Gabrielle Roy a témoigné dans *La route d'Altamont* [90].

La seconde cause se rattache proprement au contexte où évoluent les personnages de *Bonheur d'occasion* et d'*Alexandre Chenevert*. La dissociation spirituelle dont ils souffrent a sa source dans l'ennui, l'uniformité de la production en série, l'indécence du logement, l'humiliation du travailleur et, de façon plus générale, dans la dégradation de l'homme, conséquence de la mécanisation de son travail.

> Alexandre méditait. Il lui arrivait, en pénétrant la nuit dans ce silence blanc de la cuisine, d'éprouver une sensation d'étrangeté telle qu'il en avait le cœur noué. Que

88. *Bonheur d'occasion*, p. 103. Cf. aussi, p. 140.
89. *Alexandre Chenevert*, p. 145-146. Cf. aussi, p. 209.
90. Cf. p. 234-235.

faisait-il en ce siècle ? Comme bien des hommes imagina-
tifs, Alexandre se figurait n'être pas fait pour le temps
où il vivait, toute cette époque d'un atroce ennui à peine
dissipé par les instruments en nickel, en aluminium, en
plastique, en celluloïde, en bakelite, en nylon, en zylon [91].

Les personnages sont énervés par le rythme mécanique de la vie.
Ils fonctionnent en exil d'eux-mêmes.

Ici, cependant, quelques remarques s'imposent sur Florentine et
Alexandre. La complexité humaine des deux personnages n'est ni de
même qualité ni de même envergure. Aussi, les réactions à l'environnement mécanique diffèrent-elles en chacun d'eux. A la ville qui
la tourmente par l'intermédiaire de Jean Lévesque, Florentine demande encore plus de bruit, plus de mensonge. Elle souhaite que la
roue affolée de sa vie tourne plus vite afin d'atteindre un bonheur
espéré ou pour en fuir la promesse évanouie. Attitude contraire chez
le caissier :

> Dans la chaleur, le bourdonnement des voix, l'appel
> des haut-parleurs, Alexandre eut l'impression d'être, parmi
> des réfugiés, lui-même un réfugié, et que tous ensemble ils
> attendaient un rapatriement. Cette patrie espérée, était-ce,
> pour les autres comme pour lui, quelque coin ignoré de
> verdure ? [92]

Inutile de multiplier les exemples. Gabrielle Roy elle-même, après
seize ans, n'a pas réussi à rompre totalement ses liens avec Alexandre : « Il me semble qu'Alexandre Chenevert est l'un des plus complexes personnages que j'ai créés. Je suis loin de tout savoir de lui.
Il me semble que je connais beaucoup mieux Florentine, par exemple. Tout n'est pas dit encore entre Alexandre et moi » [93].

Dans ce microcosme toujours en mouvement, des hommes vivent
qui ne sont pas heureux. Le géant industriel les sacrifie à la production exigée par la guerre et par la cupidité des hommes d'argent. De
plus, ironie suprême, la guerre réussit à se métamorphoser, à la fin,
en un salut provisoire. Montréal qui pense à soi, à ses plaisirs, à ses
goussets, qui affiche son indifférence, sa morgue et sa lâcheté, c'est
Jean Lévesque dans ses relations avec Florentine, c'est la Banque
dans ses relations avec Alexandre. Les personnages de *Bonheur
d'occasion* et d'*Alexandre Chenevert* sont humains dans la mesure
même de leur échec qui devient un symbole de l'opposition au monde
technicien. Jean Lévesque et Emery Fontaine pèchent contre la richesse et la noblesse de l'homme dans la mesure même de leur succès.

---

91. *Alexandre Chenevert*, p. 17-18.
92. *Ibid.*, p. 184.
93. *Entretien* du 17 mai 1970.

Ainsi, la ville paléotechnique de *Bonheur d'occasion* et d'*Alexandre Chenevert*, signe et symbole du développement désordonné de l'industrie, loin d'unir les hommes, en fait des étrangers, les uns vivant dans la somptuosité qu'autorisent d'immenses revenus, les autres pourrissant dans des quartiers où la misère les tient parqués comme des bestiaux.

Et pourtant, mus peut-être par l'énergie du désespoir, les écorchés de ces enfers refusent de se taire. Ils s'élèvent contre la dissolution de leur être individuel et de leur être social. A l'anéantissement qui les menace, ils opposent ou l'humble travail de leurs mains — ainsi Rose-Anna et Alexandre, — ou leurs protestations, dont la seule valeur en est souvent une de témoignage. Ils disent à la société de ceux qui ont « réussi » l'exaspération des défavorisés.

« Bonheur d'occasion » et « Alexandre Chenevert » : deux œuvres de contestation

Dans cet univers proprement concentrationnaire, où la misère accuse les contours des plaisirs accessibles à la seule richesse, la fresque de *Bonheur d'occasion* prend l'allure d'une contestation générale et d'une révolte tourmentée. Florentine se rebiffe contre son destin. Malgré les liens qui les unissent, Rose-Anna et sa fille ne parviennent jamais à un véritable dialogue. Aux yeux de Florentine dont la vie le plus souvent s'articule sur des attitudes de refus, Rose-Anna incarne la soumission aliénante. Qui départagera, dans le mouvement poussant Florentine vers Jean, la part de fuite et de rejet d'une réalité dont elle considère qu'il lui faut émerger si elle veut vivre vraiment ? Il est beaucoup plus facile de comprendre l'origine du mouvement qui la jette, de façon bien passagère, dans les bras d'Emmanuel. La révolte de Jean Lévesque est du même ordre. Qu'on relise le chapitre XVI où le déroulement du film de son enfance en fait imperceptiblement sourdre la haine en lui. Vue sous cet angle, son aventure avec Florentine ne pouvait aboutir qu'à l'échec. Pour se soulever hors d'un contexte social qu'il abhorre, Jean a décidé de s'appuyer sur la puissance de quiconque réussit dans l'industrie. Cependant, il ne dispose pas encore de cette puissance, pas plus qu'il n'est assuré d'atteindre avec une certaine aisance les buts qu'il s'est fixés. Dans cette perspective, l'amour de Florentine est doublement malencontreux : d'une part, il tend à perpétuer le souvenir d'un état que Jean rejette de toutes ses forces ; d'autre part, Florentine, comptant sur lui pour sortir de sa misère, crée de ce fait un poids supplémentaire que le machiniste devra soulever, lui qui n'est déjà pas assuré de parvenir à décoller seul de sa propre humiliation. Quant à Azarius, il incarne une forme de protestation différente : par sa faiblesse personnelle, autant que par l'ardeur de ses paroles, il s'élève contre une société qui non seulement refuse de secourir ses membres les plus vulnérables mais encore les contraint à la prise de conscience de leur déchéance.

Restent deux formes de contestation : ce sont les plus incisives. En premier lieu, bien qu'elle ne soit pas tellement percutante, celle d'Emmanuel. Elle ne porte pas uniquement sur le milieu social dans lequel il évolue, mais sur l'organisation du monde qui laisse encore à la guerre un champ libre. Il conteste dans sa chair, dans son être, dans son sacrifice total, la maladie des nations : « M'attendrais-tu jusqu'à ce que le monde se soit guéri ? » [94] Il s'est enrôlé dans l'armée pour tenter l'impossible aventure de détruire la guerre par la guerre. La lucidité et le courage l'amènent à poser la seule question vraiment cruciale : « De la richesse, de l'esprit, qui donc devait encore se sacrifier, qui donc possédait le véritable pouvoir de rédemption ? » [95] La contestation atteint, en Emmanuel, à une noblesse exceptionnelle, parce qu'elle est le fait d'un être chez qui la liberté s'allie à la générosité, d'un être qui avait plutôt tout à perdre que beaucoup à gagner.

Seconde forme : celle d'Alphonse. Violence d'un verbe durement accroché à la réalité. En deux chapitres [96], la société complète est mise en accusation par un juge inflexible et lucide. Elle n'a rien donné au gars ferme-ta-gueule et traîne-la-patte. Ou plutôt si, elle leur a donné les tentations, celles qu'attisent les magasins de la rue Sainte-Catherine. Elle a fait naître aussi le désir d'une certaine stabilité, d'une certaine liberté, d'un certain repos. Non pas la tranquillité qui s'étale avec arrogance sur la montagne de Westmount, mais celle que viennent seuls troubler légèrement parfois les rats de la « dompe ». Là encore, la société n'a pas permis à cette tentation d'obtenir satisfaction. Elle est intervenue et a rasé le quartier des gueux. Alors s'est levé « l'espoir d'un autre Klondike au bout de la vie » [97], espoir inscrit sur le visage des gars qui voulaient s'enrôler. Il y a eu leur invitation. Mais le Klondike s'est évanoui : même dans l'armée, on a refusé Alphonse. Lentement, à l'approche de l'entrée du tunnel, Emmanuel qui écoutait le violent réquisitoire, a vu se profiler sur le visage du paria « des raies noires comme s'il le voyait à travers des barreaux [98]. Alors il a compris le sens du plaidoyer d'Alphonse : « La paix a été aussi mauvaise que la guerre. La paix a tué autant d'hommes que la guerre. La paix est aussi mauvaise... aussi mauvaise... » [99]

94. *Bonheur d'occasion*, p. 301.
95. *Ibid.*, p. 287.
96. Chapitre IV, p. 44-60 et chapitre XXVII, p. 270-280.
97. *Bonheur d'occasion*, p. 277.
98. *Ibid.*, p. 276.
99. *Ibid.*, p. 280.

A cette contestation de la société dans *Bonheur d'occasion* répond dans *Alexandre Chenevert* une contestation située au niveau de l'individu. L'écrivain délaisse la vision totale de la journaliste pour s'attacher surtout à la personne. La critique sociale devient insidieuse tout comme le mal. « *Alexandre Chenevert*, c'est le drame de l'homme moderne face à l'information [100]. Le drame de celui qui « souffre des voisins, de leur radio, de la propagande qui règne dans tous les domaines. On ne sait plus, prétend-il, où on va de nos jours... » [101] Il faut remarquer — trait supplémentaire pour confirmer la complexité du caissier — qu'en cette conscience des maux qui assaillent l'humanité réside une part de sa noblesse.

Chez Alexandre, le personnage total condamne un système qui plie avec trop de facilité les hommes à son empire : « Il (M. Fontaine) pensait : voilà son malheur ; un homme qui a cessé de graviter... A la banque, il ne faut pas s'arrêter de graviter... » [102]. La condamnation est d'autant plus significative qu'elle tombe de la bouche d'un des produits caractéristiques de la machine administrative. Le gérant reproche en bref à Alexandre d'avoir choisi seul et en fonction de lui-même les vertus dont il tenterait de privilégier le développement au lieu d'harmoniser son choix avec les buts de la banque. De plus, le caissier avait eu le malheur d'arrêter ce choix précisément sur une de ces vertus susceptibles d'être affectées d'un signe positif ou négatif selon qu'elle est l'apanage de l'homme ou de la banque : la durée. Alexandre était caissier depuis dix-huit ans. Il croyait que cela représentait un actif ; pour la Banque, c'était plutôt l'objet d'une sérieuse interrogation : « Oui, oui... but you miss the point, old boy » [103].

Alexandre est donc un personnage attachant mais pitoyable. Cet homme que blesse les maux du monde mourra comme une sorte de victime naïve et innocente alors que la satisfaction de soi, la quiétude patentée et l'égocentrisme tranquille d'un Fontaine ou d'un Doucet auront longue vie.

Communauté humaine qui se lézarde et prend conscience de sa maladie à travers une contestation parfois virulente. Communauté humaine qui se dégrade dans l'anonymat et le grégarisme de la cohue de ville. Cependant, certains éléments laissent déjà présager la *troisième manière* de Gabrielle Roy. Je n'entends pas par cette expression indiquer un quelconque ordre chronologique. Je veux seulement, après avoir traité d'une première manière propre à la journaliste, d'une seconde manière avec *Bonheur d'occasion* et *Alexandre*

---

100. *Entretien* du 27 mars 1970.
101. *Alexandre Chenevert*, p. 154.
102. *Ibid.*, p. 94.
103. *Ibid.*, p. 95.

Chenevert, me référer aux ouvrages, tels *La Petite Poule d'Eau, Rue Deschambault* et les autres, qui n'ont point Montréal comme cadre géographique.

On trouve déjà dans *Bonheur d'occasion* et *Alexandre Chenevert* certains éléments dont l'influence sera prépondérante dans les ouvrages ultérieurs. Ainsi par exemple du rêve. Dans l'univers clos et tendu de *Bonheur d'occasion* et d'*Alexandre Chenevert*, il fait office de contrepoids aux misères des personnages. Mais les systèmes nerveux sont trop malades pour connaître pleinement le bonheur et le repos qu'il peut procurer. Vie réelle et vie onirique ne parviennent pas à coïncider. Les triomphes alternatifs de l'une et de l'autre font figure de défaites pour la partie adverse. Dans ces deux romans, on rêve beaucoup mais il faut que le narrateur le signale tandis que, dans les autres ouvrages et selon une progression évidente jusqu'au *Jardin au bout du monde* et à *Cet été qui chantait*, si l'on rêve autant, les niveaux de vie sont à ce point confondus que toute précaution oratoire de la romancière devient superflue.

En plus du rêve, *Bonheur d'occasion* et *Alexandre Chenevert* contiennent déjà des exemples d'espoir indomptable placé dans le futur. Cet espoir dans un recommencement toujours possible :

> Il faut bien s'entendre quant au sens du mot *recommencement*. Nul peut-être plus que moi n'a eu le sens de la continuité. J'ai rarement laissé quelque chose en plan, sauf quand je me suis aperçue avoir dévié d'un chemin que je m'étais tracé et m'être engagée sur une route sans issue. Pour moi, l'important, c'est d'aller toujours plus loin, de poursuivre un effort amorcé. J'ai le sang pionnier. J'adore l'aurore et l'aube : ils sont les signes d'un espoir [104].

Tel est le rêve de Florentine dans les bras d'Emmanuel : « Je peux recommencer à mon âge. Tu peux me pardonner bien des choses » [105]. La décision d'épouser Emmanuel a fait pencher la balance du côté du futur : « Ah ! oui, c'était vraiment une vie nouvelle qui commençait » [106]. De même chez Chenevert, malgré des situations moins nettement tranchées : d'une part, Alexandre franchit lentement la dernière étape de sa vie ; de l'autre — et ici la ligne se brise en trois segments — il veut écrire sa lettre au journal, lettre dans laquelle « il dirait comment la paix vient, ensuite l'espoir... » [107]. Sa tentative échoue, mais cette fraternité intimement unie à une certaine forme de reconnaissance qu'il pouvait espérer après la publication

---

104. *Entretien* du 10 avril 1970.
105. *Bonheur d'occasion*, p. 304.
106. *Ibid.*, p. 345.
107. *Alexandre Chenevert*, p. 243. Cf. aussi, p. 116.

de sa lettre, voici qu'elles lui sont quand même données sur son lit
de mort.

En plus de l'espoir, ces deux romans présentent des recours à
l'Univers comme tentatives pour se retrouver soi-même et retrouver
son équilibre : « Alexandre partit vers le lac ; mais, après cinq ou
six pas, il hésita ; il commença d'aller plutôt vers le bois et, de nouveau, il s'arrêta. Il n'avait fait qu'un tout petit tour sur lui-même. Il
regarda alors, tout à fait désemparé, l'immensité du monde tel qu'il
lui avait été destiné » [108]. Même dans un ouvrage portant sur un milieu dont la nature, ses fleurs, ses sources sont aussi absentes que
dans *Bonheur d'occasion*, on verra apparaître quelques arbres [109].
Leur présence est l'image d'une permanence profonde de l'homme,
permanence que les bouleversements sociaux ne parviennent pas à
détruire. Il faudrait encore noter que, dans ce contexte de *Bonheur
d'occasion* où il est fait bon compte de l'humain, on pense à la justice, celle qui, pour sauver le monde, dépassera les limites étroites
de ce dernier et ira puiser ses poids et mesures dans l'univers lui-
même dont la malignité de l'homme ne peut déranger le cours :
« Tout ce problème de la justice, du salut du monde était au-dessus
de lui, impondérable, immense » [110].

Remarquons enfin que le thème du progrès intellectuel et spirituel est abordé, de façon très rapide, l'un dans le désir du petit Daniel
de s'instruire, l'autre dans le dépouillement des biens du monde auquel songe Alexandre en pensant qu'il fait route vers ailleurs : « Je-
tant autour de lui un coup d'œil rapide, il éprouvait qu'une exigence
profonde de sa vie commençait d'être satisfaite. Car n'était-ce point
ainsi qu'il avait désiré les possessions terrestres : sans importance,
très humbles, réduites à l'essentiel, de peu d'encombrement pour le
voyageur qu'il était vers l'autre monde » [111].

Les deux romans apparaissent donc comme des œuvres de contestation. Le progrès n'est plus perçu par la romancière de la même
façon qu'il l'était par l'essayiste, par la journaliste. Dans la perspective d'un mouvement global, la vision des premiers textes révèle l'*itus*
du progrès, celle de *Bonheur d'occasion* et d'*Alexandre Chenevert*, le
reditus.

L'étude du plan mythique n'avait guère fait ressortir de parentés entre les deux œuvres. L'étude du plan social, au contraire, les
rapproche étrangement l'une de l'autre.

L'étude des structures révélera de nouvelles ressemblances.

---

108. *Ibid.*, p. 195.
109. Cf. *Bonheur d'occasion*, p. 19, 28, 166, 186, 233, 254, 282, 345.
110. *Ibid.*, p. 287.
111. *Alexandre Chenevert*, p. 191.

« Bonheur d'occasion » et *« Alexandre Chenevert »* :
parentés dans la structure des actions

Les intrigues de *Bonheur d'occasion* et *d'Alexandre Chenevert* se divisent chacune en trois *étapes* et deux *versants*. La différence formelle fondamentale entre ces romans vient de ce que *Bonheur d'occasion* contient deux actions importantes tandis qu'*Alexandre Chenevert* n'en contient qu'une. Par contre, leur parenté principale est due à la division de chacune des actions en étapes identiques. Dans *Bonheur d'occasion*, une première action est régie par Florentine ; une deuxième, par Rose-Anna. Elles sont d'inégale importance, celle de Florentine l'emportant sur l'autre. Toutes deux, cependant, s'influencent réciproquement. *Alexandre Chenevert* n'en contient qu'une totalement polarisée par le caissier.

Chaque action se déroule en trois étapes. L'action de Florentine franchit sa première étape entre les chapitres I et XXII. Jean Lévesque la domine. La nuit passée par la serveuse chez sa camarade Marguerite (chapitre XXIII) constitue la seconde étape. Temps d'arrêt marquant la fin de la première étape et préparant la troisième qui, du chapitre XXIV au chapitre XXXIII, est dominée par Emmanuel Létourneau.

L'action nouée autour de Rose-Anna se divise elle aussi en trois étapes. La première va du chapitre I au chapitre XIV. Rose-Anna la gouverne. La seconde consiste dans le voyage sur le Richelieu. Temps d'arrêt ou diversion qui prépare la troisième étape (chapitres XVI-XXXIII), laquelle pourrait s'appeler « l'étape Azarius ».

Un rythme semblable reparaît dans *Alexandre Chenevert*. La première étape (chapitres I-IX) présente Alexandre et ses difficultés de caissier. La deuxième (chapitres X-XVII) couvre l'odyssée au lac Vert, temps de repos et de lucidité avant la dernière, celle de l'hôpital (chapitres XVIII-XXII).

La division ternaire est donc évidente dans les deux romans. Une première étape situe les personnages, lance l'action jusqu'à un point crucial. Une seconde étape, caractérisée par un éloignement du milieu habituel de vie, marque un temps de méditation qui influera sur la troisième étape, au cours de laquelle le drame se dénoue.

Cette division en temps ou étapes, division ternaire, la plus facile à repérer, sous-tend une division binaire en versants qui emprunte à celle-là ses pôles majeurs, c'est-à-dire les première et troisième étapes. La division binaire s'articule autour du moment où le héros cesse d'être gouverné par l'élément dominant la première étape pour s'inscrire dans le champ de gravitation de l'élément dominant la troisième étape.

Semblable division en versants s'attache exclusivement, dans *Bonheur d'occasion*, à l'action la plus importante sur le plan formel, celle que régit Florentine. Cette action incline successivement vers deux pôles : d'abord vers Jean Lévesque, puis vers Emmanuel Létourneau. Les deux versants présentent un étrange parallélisme. Le premier, celui de Jean Lévesque-Florentine, s'ouvre sur l'attente de la serveuse et les démarches du machiniste pour la rencontrer (chapitres I-VI, VIII, XIV). L'action progresse jusqu'au moment où Florentine s'abandonne physiquement à Jean (chapitre XVI). Suit alors l'éloignement de Jean (chapitre XVII) et la liquidation psychologique de l'aventure par Florentine (chapitres XXI-XXIII). Le second versant, celui de Florentine-Emmanuel, débute avec le déménagement de la famille Lacasse — comme si tout recommençait [112]. Viennent ensuite les démarches d'Emmanuel pour rencontrer Florentine (chapitres XXV, XXIX). L'action progresse jusqu'au mariage (chapitre XXX). Après quoi, elle se détend selon un processus identique à celui du premier versant : Emmanuel part — il ne reviendra pas : « Je dois vous avouer que je n'ai pas eu le courage de le faire revenir lui, qui, au début de la guerre, était déjà allé un soir sur la montagne de Westmount demander à la richesse si elle consentirait elle aussi son sacrifice à la paix » [113] — et Florentine liquide l'aventure en planifiant la vie que, pour elle et pour sa mère, les soldes d'Emmanuel et d'Azarius permettent d'espérer.

Alexandre Chenevert présente un diptyque semblable. Le premier versant gravite autour de l'erreur des $100 qui précipite la succession des événements : confrontation avec M. Emery Fontaine (chapitre V), travail chez Markhous, le drapier juif (chapitre VII), consultation du docteur Hudon et décision de s'adonner au bonheur (chapitres VIII, IX), séjour au lac Vert (chapitres X-XIV). Le second versant débute avec la tentative infructueuse d'écrire une lettre ouverte à un journal, tentative qui rappelle la lettre au *Sol* et surtout la réponse du directeur, dans laquelle Alexandre « avait cru discerner une intention polie de le décourager » [114]. Puis, peu après, l'entrée à l'hôpital (chapitre XIX). Le cheminement mystérieux vers la mort, vers Dieu, dans un climat de tendresse humaine.

Si on est justifié de parler de versants, on le sera également de rechercher une ligne de partage des eaux. Elle est indiquée, dans les deux romans, par l'éloignement de l'être du premier versant et la naissance de la femme ou de l'homme nouveaux qui occuperont la scène du second versant. Jacques Blais l'a repérée dans *Bonheur*

---

112. p. 241-251.
113. *Réponse de Mademoiselle Gabrielle Roy*, dans *Société Royale du Canada*, section française, n⁰ 5, 1947-1948, p. 46.
114. *Alexandre Chenevert*, p. 29.

d'occasion [115]. L'éloignement inconscient de l'être du premier versant commence de s'opérer quand Florentine, qui est venue jusqu'à la forge, décide de rebrousser chemin :

> Une brûlante colère empourpra ses joues. Comment avait-elle pu se décider à venir rencontrer ici le souvenir de ce méchant sourire ? Comment pouvait-elle seulement aller aux mêmes endroits que Jean ? Ses démarches, elle les regretta plus encore, tout à coup, que son rêve évanoui. Elle rebroussa chemin [116].

Cet éloignement atteint un point de rupture à la fin de la nuit. Une image saisit d'abord l'imagination. Puis apparaît la réalité nouvelle :

> Enfin un mince rayon de soleil se fraya un chemin dans la chambre sous le store baissé. Alors elle cessa de s'agiter. Elle resta étendue, sans mouvements, les yeux secs. Il lui sembla que son cœur durant cette nuit avait passé sous des instruments aigus de pierre et de fer, et qu'enfin il était devenu dur comme une roche. Son amour pour Jean était mort. Ses rêves étaient morts. Sa jeunesse était morte. Et à l'idée que sa jeunesse était morte, elle éprouva encore un frisson de peine, léger comme un cercle qui, en s'élargissant sur l'eau, en brouille si peu la surface [117].

Le processus est identique dans *Alexandre Chenevert*. Sur les pressions du docteur Hudon, Alexandre opte pour le bonheur. Il quitte Montréal et gagne le lac Vert. Pendant une des premières nuits qu'il passe en cet endroit, un étrange rêve occupe son esprit. Le caissier doit compter les Chinois « pour Dieu, le Père ». Mais l'opération est difficile. Elle le fatigue. « Alors quelqu'un vint qui enleva le livre, le ferma et le jeta au loin dans le lac. Il y eut comme un petit floc. Presque aussitôt, les rides du lac s'éteignirent. Et puis, ce fut fini. Alexandre dormit comme il convient de dormir » [118].

Ce livre qu'un étranger jette dans le lac peut être considéré comme une image de l'opération par laquelle le docteur Hudon a forcé Alexandre à parier pour le bonheur et à s'éloigner de Montréal. Cette image témoigne surtout de l'assentiment inconscient d'Alexandre à son destin nouveau. Les Chinois représentent tous les peuples dont il connaissait quelques-unes des souffrances grâce au perfectionnement des techniques d'information, ces peuples et ces hommes lointains qui venaient troubler autant son sommeil que ses veilles.

Le changement s'opère alors lentement jusqu'au moment où Alexandre en prend une claire conscience quelques pages plus loin:

---

115. Cf. *L'unité organique de « Bonheur d'occasion »*, p. 42ss.
116. *Bonheur d'occasion*, p. 225.
117. *Ibid.*, p. 240.
118. *Alexandre Chenevert*, p. 202.

Il n'éprouvait plus de doute que lui, un étranger pour ces gens, il était aimé d'eux. Mais en vertu de quoi ? Comment et pourquoi, en vérité ? Il n'avait rien dit, rien fait ce soir qui méritât l'affection. Elle lui semblait donc la preuve que le vieil Alexandre ronchonneur, solitaire et insociable, était bien mort enfin. Un autre avait pris sa place qui, sans effort, naturellement, engageait à la sympathie. Quelle injustice cela, tout de même, envers le premier et pauvre Alexandre ! [119]

Ainsi, *Bonheur d'occasion* et *Alexandre Chenevert* sont situés dans des cadres historiques et géographiques identiques. De plus, les articulations majeures de leur architecture présentent d'importantes similitudes.

—— o —— o —— o ——

Si donc, on pouvait affirmer que les écrits journalistiques témoignaient en faveur d'une Gabrielle Roy optimiste, convaincue qu'en acceptant le rythme nouveau du progrès, le Québec accédait au monde moderne, force nous est de reconnaître que *Bonheur d'occasion* et *Alexandre Chenevert* tempèrent la foi d'alors en inscrivant deux temps d'arrêt et de méditation dans le déroulement de l'œuvre. Le lecteur est conduit à s'interroger : pourquoi cet abandon de l'optimisme premier ? Il semble que le revirement soit attribuable à la lucidité de la romancière. L'observatrice attentive de la société québécoise ne pouvait pas ne pas reconnaître que l'avènement du progrès technique entraînait aussi des conséquences fâcheuses. Ces conséquences perturbaient l'agir humain et il était très difficile, voire impossible, de les cerner dans toute leur ampleur par le seul moyen de l'écrit journalistique. Ainsi fut-elle conduite, selon une pente naturelle, du reportage au roman. Ce dernier genre littéraire, à travers l'œuvre qu'il place comme un intermédiaire entre le lecteur et l'auteur, octroie au romancier une liberté très grande dont l'inconscient — aussi bien d'ailleurs que le conscient — peut tirer les plus larges bénéfices. *Bonheur d'occasion* et *Alexandre Chenevert* traduisent l'angoisse profonde et viscérale de la romancière.

Les deux romans, parents selon leur structure formelle, le sont aussi par les thèmes qu'ils développent. Tous deux traduisent l'aliénation de l'homme consécutive à l'évolution anarchique de la société technique et industrielle. Tous deux décrivent une collectivité composée d'étrangers. Etrangers aux autres parce qu'étrangers d'abord à eux-mêmes. Tous deux rendent témoignage d'une société malade, « infernale », soumise à l'impérieux besoin d'un rédempteur. *Bon-*

---

119. *Ibid.*, p. 238.

heur d'occasion et *Alexandre Chenevert* sont des œuvres de contestation. Florentine, Jean Lévesque, Emmanuel, Alphonse, Alexandre refusent et condamnent le monde dans lequel ils vivent. Certains, parmi eux, entrevoient un univers construit selon un plan qui respecte enfin l'homme. Mais dans le contexte des années de guerre, ils font plutôt figures de rêveurs. Le pessimisme de la romancière semble grand qui, dans l'au-delà du roman, n'accepte même pas d'accorder le « salut » à Emmanuel.

La « pureté » de Létourneau s'accorde bien aux visions de foi de Gabrielle Roy — celle d'Alexandre Chenevert aussi, d'ailleurs, mais dans un sens qui reste à préciser. Ce personnage d'Emmanuel permet d'indiquer la place de l'objet de foi par rapport à l'objet de réalité quotidienne. Le second n'annihile pas le premier ; il est seulement plus lourd, plus omniprésent parce que concret et quotidien. Tandis que l'objet de foi, précisément parce qu'il est de foi, échappe à la connaissance mais sans pour cela la contredire. Le témoignage de foi d'Emmanuel jette une certaine fraîcheur dans le milieu étouffant où vit le personnage. Aux yeux de la romancière, Emmanuel Létourneau est une victime de la civilisation actuelle et le héraut de la civilisation de demain, cette dernière projetée dans un lointain futur.

Ainsi entendus, *Bonheur d'occasion* et *Alexandre Chenevert* apparaissent comme des interrogations d'autant plus angoissées que les deux romans sont chronologiquement séparés par *La Petite Poule d'Eau*. Le progrès matériel, exalté pendant la période journalistique, est sérieusement mis en cause dans les romans montréalais. *La Petite Poule d'Eau* et les écrits postérieurs à 1954 raffineront en l'élargissant la conception de ce progrès qui demeure au cœur des préoccupations de Gabrielle Roy.

Chapitre III

« LA PETITE POULE D'EAU »
ET LES ÉCRITS POSTÉRIEURS À 1954

Bonheur d'occasion et *Alexandre Chenevert* ont témoigné d'une crise de conscience. Le progrès n'a pas que des effets positifs. *La Petite Poule d'Eau* d'abord, puis successivement *Rue Deschambault* et les autres ouvrages, ont recherché des solutions à cette crise en tentant d'élargir le champ des applications du progrès afin d'ouvrir à la foi un domaine où elle puisse s'exercer sans entrer en conflit avec la réalité. Pour accéder à ce domaine, la romancière n'a pas fui le réel. Elle en a seulement exploré des régions différentes de celles qu'elle avait prospectées dans *Bonheur d'occasion* et *Alexandre Chenevert*.

La crise des premier et troisième ouvrages a été provoquée, en partie du moins, par un même sentiment fondamental: l'homme n'a pas réussi à se créer un milieu de vie qui favorise son épanouissement au point de vue de la sagesse — entendue dans son sens large qui englobe la science, — et de l'amour.

Le caractère principal du monde paléotechnique réfléchi dans *Bonheur d'occasion* et *Alexandre Chenevert* est la *démesure*. *Bonheur d'occasion* et *Alexandre Chenevert* présentent trop peu d'amour vrai aux héros ; *Alexandre Chenevert* présente trop d'informations en vrac au caissier : dans les deux cas, il s'ensuit un déséquilibre. *La Petite Poule d'Eau* et les écrits postérieurs à 1954 tendront vers plus d'équilibre et plus de mesure dans la recherche d'un progrès à dimension d'homme.

« La Petite Poule d'Eau » et « La montagne secrète » : un nouvel approfondissement du thème du progrès

La Petite Poule d'Eau et *La montagne secrète* ont laissé plusieurs lecteurs perplexes. Ces œuvres accentuent la recherche d'un nouvel ordre de valeurs vers lequel déjà commençaient de tendre

Bonheur d'occasion et surtout *Alexandre Chenevert.* Le progrès y
apparaît comme partiel s'il ne repose sur la réalité d'une vie intellectuelle garantie par l'instruction *(La Petite Poule d'Eau)* et s'il est
infidèle à la hantise d'absolu de l'âme humaine *(La montagne
secrète).*

La loi qui préside à l'avènement du progrès demeure exigeante.
Sa marche vers le futur s'appuie sur un présent que souvent elle
blesse. D'où son ambiguïté. « Le progrès n'est ni confortable ni
rassurant. Le progrès n'est pas le confort » [1]. Oublier ces vues,
c'est restreindre *La Petite Poule d'Eau* à un constat d'échec. Echec,
parce qu'après le séjour d'Armand Dubreuil, l'école de la Petite
Poule d'Eau n'accueille plus ni maître ni maîtresse ; échec, parce
que, malgré le grand amour qu'elle porte à ses enfants, Luzina doit
se résoudre à ce qu'ils s'éloignent du foyer paternel. L'orientation
nouvelle de ces derniers apparaît comme un recommencement et
brise la continuité entre le passé et le présent.

La Petite Poule d'Eau offre une image tragique de l'inutile
volonté de permanence. De toute la famille Tousignant, il ne reste
plus, hors les parents, que Pierre, Norbert et Claire-Armelle. Mais
la vie est là qui maintient ses exigences ; les brebis doivent être
nourries. C'est pourquoi

> Hippolyte, lourd, trapu dans sa peau de mouton, une lan-
> terne à la main, même si c'était le milieu du jour, entre-
> prenait de se rendre à la bergerie. Le trajet n'était pas long,
> une centaine de pieds, mais il arriva plus d'une fois qu'Hip-
> polyte ne put l'accomplir que chaussé de raquettes, élevant
> au-devant de lui son falot de tempête comme un homme
> qui aurait cherché sa route, la nuit, en un pays inconnu.
> Le vent n'arrêtait pas. A peine avait-on réussi à tracer une
> piste de la maison aux dépendances que la neige fraîche la
> comblait [2].

Le chemin de la Petite Poule d'Eau, c'est donc celui qui conduit au progrès intellectuel. Une nation s'élève par l'éducation, reconnaissait Mr Evans dans sa réponse à Luzina [3]. Le réalisme de
la romancière ne brûle cependant pas aujourd'hui ce qu'il adorait
hier : le progrès matériel est responsable, jusqu'à un certain point,
de l'avènement du progrès intellectuel [4]. C'est le trail raboteux
qu'empruntera la science pour accéder à l'île de la Petite Poule
d'Eau [5].

---

1. *Entretien* du 17 mai 1970.
2. *La Petite Poule d'Eau*, p. 159-160.
3. Cf. *ibid.*, p. 47.
4. Cf. *ibid.*, p. 68.
5. Cf. *ibid.*, p. 83.

Par ce trail, le passé aussi bien que l'ailleurs ont eu accès à ce coin reculé du pays. Le passé, ce sont les anciens Tousignant, les Bastien inconnus, le Bas-Canada, l'histoire, la France, La Vérendrye, Cavelier de la Salle. L'ailleurs, c'est Bill McEwan de Nouvelle-Zélande. Grâce au progrès, les obstacles de temps, d'espace et de races ne sont plus infranchissables. « Le vrai progrès, c'est celui qui tend vers une fraternité plus grande » [6].

Dans cette ambiance neuve créée par l'ouverture d'une école à la Petite Poule d'Eau, chacun subit l'envoûtement de l'inconnu. Pour les parents, il signifie la réanimation d'un passé qui menace constamment de s'éteindre — le Tweedsmuir symbolique — tandis qu'aux enfants il trace un chemin vers l'au-delà de l'horizon.

Nul cependant, et moins encore les parents, ne se fait illusion. Face au mécontentement et à l'inquiétude éprouvés devant le croupissement qui les guette, ils ont préféré la solution du risque : « Qu'est-ce qui sortirait de tout cela ? Peut-être bien du chagrin pour la pauvre maman Tousignant » [7]. Ils ont choisi le remède du renoncement. Et, demain, le couple Tousignant continuera d'œuvrer sur l'île à Bessette. Après avoir connu les grandes migrations, Luzina et Hippolyte s'attacheront, au moins pendant quelque temps encore, à cette région, véritable pôle magnétique qui orientera les enfants dans leur marche d'avenir.

L'ambiguïté même du progrès ressort de cet ouvrage où Luzina met tout en œuvre pour l'instruction de ses enfants, se réjouissant quand elle y parvient, mais souffrant à chaque départ de l'un ou l'autre d'entre eux.

— o — o — o —

La montagne secrète témoigne de la forme la plus haute de progrès moral : la fidélité à l'impératif personnel qui pousse l'homme sur les chemins de l'absolu et, à la limite, sur les chemins de Dieu.

Sans *La montagne secrète,* un volet important du progrès eût manqué. A l'avancement sur les plans matériel et intellectuel devait correspondre un avancement spirituel rendu possible par la soumission à la voix de la conscience. L'histoire de Pierre Cadorai est étrange. Convient-il de parler de succès ou d'échec ? Peut-être faut-il plutôt rejeter chacun de ces termes et dire simplement que la vie du héros romanesque, considéré par Gabrielle Roy comme l'incarnation d'une part de ses aspirations les plus fondamentales, a valeur

6. *Entretien* du 12 mai 1970.
7. *La Petite Poule d'Eau,* p. 124.

de témoignage à l'égal de toute vie d'artiste vrai. L'idéal poursuivi
par Pierre Cadorai n'est pas de ce monde. C'est pourquoi pèse sur
lui une condamnation à la déception perpétuelle. L'héroïsme réside
dans sa poursuite d'un but qui se dérobe. Il n'est peut-être pour
l'artiste de réalité totale que dans l'appréhension d'un rêve où l'œuvre se révèle parfaite.

L'aventure de Pierre, c'est l'aventure de Gabrielle Roy. L'un
et l'autre subissent le dur attrait de l'absolu. L'un et l'autre veulent
ne travailler que dans l'éternel. L'un et l'autre recherchent une perfection qu'ils savent ne jamais pouvoir atteindre. L'un et l'autre
mourront probablement avec le goût amer de n'avoir donné forme
et vie qu'à une partie infime de leur rêve. Mais l'un et l'autre auront
vécu dans la noblesse de la soumission à une conscience toujours
tendue vers l'absolu.

De « Rue Deschambault » et « La route d'Altamont »
à « La rivière sans repos »
ou l'itinéraire d'une angoissante question

Parents par Christine, le personnage central commun, parents
aussi par quelques personnages secondaires, *Rue Deschambault* et
La route d'Altamont présentent un intéressant parallélisme.

Les deux œuvres s'ouvrent sur la demi-clarté d'une Création
pour s'achever dans la lumière de l'être manifesté. Parmi les souvenirs qui viennent revivre sous l'éclairage de l'art, il en est qui préfèrent la pénombre matérielle, d'autres la pénombre spirituelle. Matérielle, cette nuit qui enveloppe la détresse de Petite Misère [8] ; matérielle, cette autre nuit que perce « l'œil ardent de la locomotive » [9]
pendant le voyage des inutiles remontrances pour briser la volonté
de Georgianna [10] ; matérielle, la nuit pendant laquelle Majorique
évoque la dramatique aventure du Titanic ; matérielle, la nuit brûlante de Dunrea ; de même la nuit hâtive de l'hiver dans *La tempête* [11] ; matérielle la nuit où s'abîme le père à la recherche des dynamismes anciens d'une vie qui le fuit. Matérielle la demi-obscurité
dans laquelle dansaient les ombres chinoises profilées sur les murs
du wagon lors du retour de Christine et de sa mère [12]. Mais spirituelle, boréale, arctique, la nuit d'Alicia, mystérieusement pénétrée
d'une lumière vaporeuse qui livre passage, très brièvement, à des
personnages aux contours indéfinis. Clair-obscur aussi que cet amour
invoqué par Georgianna pour se marier.

---

8. Cf. *Rue Deschambault*, p. 30ss.
9. *Ibid.*, p. 50.
10. Cf. *Ibid.*, p. 48ss.
11. Cf. *Ibid.*, p. 224ss.
12. Cf. *Ibid.*, p. 47-56.

Dans *La route d'Altamont,* la demi-obscurité est spirituelle. C'est en premier lieu l'arrière-plan de *Ma grand-mère toute-puissante,* le mystère d'une créativité ranimée presque au terme de l'âge. Mystère semblable rencontré auprès du vieillard quand il parle de fin et de recommencement se joignant pour ne former qu'un grand cercle [13]. Pourtant, cette pénombre, striée à plusieurs reprises par les éclairs de l'intuition enfantine, finit par déboucher dans la lumière. *Rue Deschambault,* comme ces fleurs refermées par la nuit et qui s'épanouissent au lever du jour, s'achève en une lumière de matin cosmique :

> Les deux petits répétèrent les mots de leur leçon. Tout près de nous, la tempête comme un enfant incompris pleurait et trépignait à la porte. Et je ne le savais pas tout à fait encore — nos joies mettent du temps parfois à nous rattraper — mais j'éprouvais un des bonheurs les plus rares de ma vie. Est-ce que le monde n'était pas un enfant ? Est-ce que nous n'étions pas au matin ?... [14]

Et *La route d'Altamont :*

> Pourtant ce n'était rien en regard de ce que je ferais pour elle, si seulement elle m'en donnait le temps. Mais toujours, toujours, je n'en étais qu'au commencement. Ignorant encore qu'il n'en pourrait jamais être qu'ainsi dans cette voie que j'avais prise, je me hâtais, je me pressais ; des années passèrent ; je me hâtais, je me pensais toujours au bord de ce que je voulais devenir à ses yeux avant de lui revenir [15].

Commencement, recommencement : termes étranges qui traduisent la marche en avant, l'ardeur de l'aube et la volonté neuve du matin.

— o — o — o —

Seconde analogie qui résume peut-être la signification totale de *Rue Deschambault* et de *La route d'Altamont :* le jeu de la rencontre.

> Mais pourquoi avait-elle l'air si contente de moi ? Je n'avais pourtant fait que jouer, comme elle-même me l'avait enseigné, comme mémère aussi un jour avait joué avec moi... comme nous jouons tous peut-être, les uns avec les autres, à travers la vie, à tâcher de nous rencontrer... [16].

---

13. Cf. *La route d'Altamont,* p. 122.
14. *Rue Deschambault,* p. 260.
15. *La route d'Altamont,* p. 254-255.
16. *Ibid.,* p. 57.

Rue Deschambault et *La route d'Altamont* présentent un complexe entrecroisement d'âges. Christine occupe l'avant-scène de *Rue Deschambault* avec, comme personnages secondaires principaux la mère et le père. Dans *La route d'Altamont,* Christine est encore au centre des récits mais cette fois elle a pour acolytes la grand-mère, le vieillard et la mère. L'écart de temps entre les âges extrêmes est plus grand dans *La route d'Altamont* que dans *Rue Deschambault.* Et pourtant, on met beaucoup de peine à tenter de se rejoindre. Ce mouvement conduit les personnages adultes vers une métamorphose du temps perdu en un temps retrouvé. Ici des nuances s'imposent : bien sûr, on sait la démarche qui fait remonter à la surface un pan de vie passée, mais on sait surtout le curieux phénomène d'osmose qui, dans les parents et dans les enfants, fait vivre une vie par procuration :

— N'as-tu donc pas encore compris que les parents revivent vraiment en leurs enfants ?

— Je pensais que tu revivais surtout la vie de tes parents à toi.

— Je revis la leur, je revis aussi avec toi.

— Ça doit être épuisant ! Tu dois peu souvent être toi-même.

— En tout cas, c'est peut-être la partie de la vie la plus éclairée, située entre ceux qui nous ont précédés et ceux qui nous suivent, en plein milieu... [17]

La vie se concentre en son milieu. Mais chacun passe en ce milieu et de ce fait est appelé à connaître en lui l'annonce ou le prolongement d'autrui. « Ainsi avons-nous vécu là-bas, comme au reste un peu tout le monde, j'imagine, sur la face de la terre, peu satisfaits du présent, mais en attente toujours de l'avenir, et au regret souvent du passé. Et béni soit le ciel qu'il y ait malgré tout, de chaque côté de nous, ces deux portes ouvertes » [18].

Dans *Rue Deschambault* aussi bien d'ailleurs que dans *La route d'Altamont,* certains personnages seraient interchangeables à la rigueur : la mère et la grand-mère jouent un rôle semblable ; leur enfant seule diffère, tantôt Eveline, tantôt Christine ; tandis que M. Saint-Hilaire est l'image masculine de la mère et de la grand-mère, une sorte de père ou de grand-père que Christine se serait choisi. Ce parallélisme est renforcé par les scènes du sommeil de la mère dans *Rue Deschambault* [19] et du sommeil du vieillard

17. *Ibid.*, p. 236.
18. *Ibid.*, p. 77.
19. P. 119.

dans *La route d'Altamont* [20]. Dans les deux cas le vieillissement trouble la conscience : vieillir signifie s'éloigner. On comprend alors, au retour des déserteuses, la réaction de la mère heureuse du rajeunissement que le voyage a produit en elle [21].

Le passé et le futur : deux infinis qui se conjuguent en ce point de jonction qu'on nomme le présent. La romancière a indiqué elle-même une figure géométrique qui traduit la mystérieuse rencontre du plus vieux et du plus jeune : « — Si c'était la même chose ! ... Peut-être que tout arrive à former un grand cercle, la fin et le recommencement se rejoignant » [22]. Alors la « confusion à propos des âges, de l'enfance et de la vieillesse » [23] s'esquive lentement. Enfance et vieillesse entrent dans le cycle de la vie. « Ne serait-ce pas qu'il est naturel aux petites mains à peine formées, aux vieilles mains amenuisées, de se joindre ? » [24] Nous sommes ici en présence de la thèse, si l'on peut ainsi s'exprimer, de *La route d'Altamont* : passe par Altamont la route du vieillard qui, par-dessus tant d'années écoulées, redonne la main à l'enfant qu'il fut. C'est un peu à l'agonie de sa propre enfance qu'assiste la mère quand la narratrice gagne l'Europe. D'où l'espèce de rivalité entre les deux femmes, l'une, confrontée à l'impérieuse sollicitation de son devenir, l'autre, au drame de sa conservation.

Ainsi est-on conduit à l'angoissante question dont je parlais plus haut. Elle est au centre des *Nouvelles esquimaudes* : où réside le vrai progrès ? dans la tentative de prolonger sa vie, ou dans l'acceptation calme d'une mort soumise à l'ordre immuable de l'univers ? Les *Nouvelles esquimaudes* disent toute la complexité de la question. Elles témoignent de l'affolement de conscience que le progrès des Blancs crée dans l'âme esquimaude. Le progrès brise le système des fidélités du primitif. L'histoire pathétique et mythique de la Vieille sur la banquise fascine le vieillard esquimau. Le défi qui confronte le progrès consiste dans la conciliation des divers systèmes de valeurs. La progression est nette d'un récit à l'autre. Trois sommets marquent *Les satellites* : 1 - Les Blancs craignent de mourir et font tout pour retenir la vie [25]. 2 - Pourtant la vie leur échappe [26]. 3 - S'il en est ainsi, mieux vaut mourir en se conformant au code traditionnel [27]. Suit le récit, plus tragique que comique au fond, du *Téléphone* : le progrès ne s'impose pas. Dès lors, le téléphone de Barnaby exerce

20. P. 127-129.
21. Cf. *Rue Deschambault*, p. 100.
22. *La route d'Altamont*, p. 121.
23. *Ibid.*, p. 152.
24. *Ibid.*, p. 68.
25. P. 21.
26. P. 38.
27. P. 44.

sur l'Esquimau la même piètre séduction que le lavabo de Jonathan, ses vieux pneus, ses tonneaux de mazout. Mais la mentalité déjà se transforme et révèle l'ambiguïté du progrès. Parvenu à la pointe extrême de sa vie, Isaac, dans *Le fauteuil roulant*, ne cède pas aussi facilement que la Vieille et Deborah aux impératifs de la tradition.

Rue Deschambault et *La route d'Altamont* posaient le problème du « jeu de la rencontre » entre personnes de générations différentes mais rattachées par des liens d'affection. Les *Nouvelles esquimaudes*, malgré la différence de contexte, autorisent ce jeu, à condition qu'aucune personne ni aucun groupe n'aient à s'abdiquer eux-mêmes. En d'autres mots, chaque génération et, plus modestement, chaque individu, s'articule sur un réseau de valeurs uniques. Y renoncer, c'est être l'artisan de sa propre impuissance à communiquer.

Gabrielle Roy a bien souvent insisté sur « l'immensité enfermée dans (une) petite vie » [28], « précieuse, unique et en quelque sorte irremplaçable » [29]. Elle a évoqué ces veillées d'autrefois où les hommes, malgré la grande fatigue du jour, ont tâché de « se communiquer quelque chose d'unique en chacun d'eux et qui les rapprochait » [30]. Elle nous convie à la rêverie du pasteur et d'Elsa :

> — Eh oui ! fit-il : il n'y aura qu'un Jimmy, comme il n'y a et il n'y aura jamais qu'une Elsa. Malgré notre multitude pareille à celle du sable, à l'infini, nous sommes tous, chacun de nous, un être à part.
> Ils rêvèrent à cela, réjouis, pour l'instant, tout simplement, d'exister [31].

Alors, l'échange humain, si imparfait qu'il paraisse, est souhaitable et il faut honorer tout progrès qui le facilite. C'est ce progrès qui, en partie du moins, a rendu possible la visite des déserteuses au Québec, l'aventure dans la montagne Pembina.

La rivière sans repos illustre la douloureuse alternance à laquelle l'homme se condamne quand il veut accorder sa marche à celle du progrès. Le thème de la ronde des générations reparaît. Il faut cependant se souvenir que l'évasion de Jimmy a lieu à l'époque de l'adolescence et qu'alors, dans le processus d'affirmation de soi, l'opposition joue un rôle important. D'ailleurs, aussi gouailleuses que

28. *Alexandre Chenevert*, p. 141.
29. *Ibid.*, p. 372.
30. *La route d'Altamont*, p. 213. Dans *Le thème « Terre des hommes »* raconté par Gabrielle Roy, la romancière écrit : « Pour ma part, entraînée de longue date à chercher en toute vie, et jusque dans la plus modeste, une valeur unique, j'ai plaidé en faveur de l'être humain simplement occupé à sa tâche quelle qu'elle soit, pourvu qu'il l'accomplisse avec soin et amour » (p. 5 du manuscrit).
31. *La rivière sans repos*, p. 177.

paraissent les phrases hachées qui tombent de l'avion, elles ne témoignent pas moins d'un reste de fidélité que l'éloignement n'a pas brisé.

Toute l'action du roman se répartit de part et d'autre de la symbolique Koksoak, sorte de Styx moderne, qui baigne, sur l'une de ses rives, le vieux Fort-Chimo d'une tradition qui agonise, et sur l'autre le nouveau Fort-Chimo du progrès et de la vie nouvelle. Précisons le parallélisme des lieux, auquel correspond un parallélisme des esprits. Au vieux Fort-Chimo qu'habitent encore Ian et quelques patriarches de la tribu s'oppose la partie esquimaude du nouveau Fort-Chimo. Entre elle et le vieux Fort-Chimo coule la Koksoak rêveuse et nourricière. Le village des Blancs, degré de progrès supérieur au village esquimau dans le nouveau Fort-Chimo, correspond à la toundra, degré de primitivisme plus marqué par rapport au village du vieux Fort-Chimo. Dans ces portions de territoire s'élèvent deux minuscules centres d'intimité qui font pendants l'un à l'autre ; d'une part l'iglou construit par Ian — « petite maison basse au sommet arrondi, faisant corps avec le pays » [32] — d'autre part la spacieuse maison des Beaulieu où Madame prend le thé avec ses amies. Enfin, espace extrême des deux pôles de Fort-Chimo, à la terre de Baffin de Ian répondent le Sud de madame Beaulieu et plus tard, le Vietnam de Jimmy, objectifs lointains auxquels on n'accède et dont on ne revient que par la voie des airs.

Le roman se termine par l'instauration, chez Elsa, d'une existence nouvelle et mythique taillée à même le tissu du rêve qu'elle vit depuis le passage de l'avion piloté par son fils. Les contradictions dans les témoignages de ceux qui entendirent la conversation entre la voix venue du ciel et celle du Père Eugène, ajoutées au fait qu'Elsa ne connut rien de l'incident au moment où il se déroulait, assurent au souvenir une aura de mystère et de liberté suffisante pour qu'il puisse continuer de vivre, c'est-à-dire continuer à s'amplifier, à se transformer. Pas plus qu'antérieurement, le problème de sa vie ne trouvera solution dans le passé. Comme la naissance de Jimmy avait rendu à sa mère un regain de vitalité pour la maturité de son existence — « Ainsi parut-il à tous qu'Elsa, en donnant la vie à son enfant, se l'était à elle-même redonnée » [33], — le passage mystérieux d'un avion venu du pays même auquel appartenait le G.I. qui l'avait jadis renversée dans les buissons, donne à la vieillesse de l'Esquimaude une sève nouvelle. Impossible désormais de s'attacher au souvenir d'un passé même réaménagé par l'imagination. C'est toujours dans le ciel du futur que peut paraître l'enfant merveilleux. Jusqu'à la limite extrême de la vie subsistera le besoin de dépasser l'horizon

---

32. *Ibid.*, p. 237.
33. *Ibid.*, p. 137.

pour connaître la source des désirs. Alors peut-être sera-ce la grande
fête où chaque chose trouvera un nom.

Si la remarque n'avait déjà été faite à propos des textes antérieurs, *La route d'Altamont* et *La rivière sans repos* nous auraient à
eux seuls conduits vers la notion d'une Gabrielle Roy *cyclique* — ou
pendulaire comme elle se disait lors de l'entretien de *Premier Plan*
avec Judith Jasmin, le 30 janvier 1961. Mais l'alternance propre à
La route d'Altamont et à *La rivière sans repos* est d'une nature particulière.

J'ai opposé, à l'occasion des commentaires sur les genres littéraires utilisés par Gabrielle Roy, vision de foi et vision de réalité
quotidienne. La première, caractérisée par son optimisme, semblait
régir surtout les essais ; la seconde, marquée par l'inquiétude et l'angoisse, les romans et nouvelles.

Or voici qu'avec *Le vieillard et l'enfant* (*La route d'Altamont*),
les deux thèmes principaux de la vision de foi pénètrent dans l'œuvre
de fiction. « Ou le progrès tend à unir les hommes ou ce n'est pas le
progrès » pouvait-on lire dans *Le thème* « *Terre des hommes* » *raconté par Gabrielle Roy* [34] et plus loin : « Ainsi sommes-nous toujours
ramenés par la logique même de notre existence à la juste notion
de ce que doit être le progrès : un avancement moral. Ou alors on
fait fausse route » [35]. Conformément à la vision teilhardienne du
progrès dans l'Univers, — vision essentiellement optimiste, — celle
de foi chez la romancière repose sur une croissance dans la *connaissance* et l'*amour*. Sans ces facteurs, l'égoïsme, l'indifférence au malheur d'autrui, l'orgueil racial prennent le pas et ruinent les espoirs
d'entraide, d'unité et de renouveau. « — Assez appris ?... Assez
aimé ?... demande rêveusement le vieillard de *La route d'Altamont*, je
ne sais pas. Peut-être qu'on n'a jamais assez appris et aimé » [36].
Cette philosophie de la vie reprend trait pour trait celle de Teilhard.
Assez appris :

> Essentiellement le Progrès est une *Force,* et la plus
> dangereuse des Forces. Il est la Conscience de tout ce qui
> est et de tout ce qui se peut. Dût-on exciter toutes les indi-
> gnations et heurter tous les préjugés, il faut le dire, parce
> que c'est la vérité : *Etre plus, c'est d'abord savoir plus* [37].

Assez aimé :

> ... nous conduit ainsi au point de reconnaître que le
> seul climat où l'homme puisse continuer à grandir est

---

34. P. 7 (du manuscrit).
35. P. 35 (du manuscrit).
36. *La route d'Altamont*, p. 135.
37. Teilhard de Chardin, *L'avenir de l'homme*, p. 31.

celui du dévouement et du renoncement dans un sentiment de fraternité. En vérité, à la vitesse où sa conscience et ses ambitions augmentent, le monde fera explosion s'il n'apprend à aimer [38].

Tendre vers plus de science, vers plus d'amour, c'est tendre vers l'unité.

Cependant *La rivière sans repos* se clôt sur le sourire du visage prématurément vieilli d'Elsa regardant monter et se répandre dans le soir des filaments de plantes fins, blonds et soyeux, comme sur une vague promesse du futur reliée à la foi de l'auteur; par contre, le roman tout entier, pris dans sa lente évolution, scelle un destin de plus en plus marqué par la souffrance. Pour son fils-dieu, Elsa aura renoncé à tout. C'est au bord d'une Koksoak solitaire et pacifiante qu'elle viendra épouser un rêve auquel chaque jour l'attache davantage.

La vision de réalité propre à la romancière se traduit dans cet échec partiel — ou apparent — d'une vie qui, à l'instar de celle d'Elsa, a été troublée par l'avènement du progrès. Alors que la vision de foi fait appel au rêve qui déjà perçoit comme réalité la matière possible d'un lointain futur. Peut-être faut-il voir, dans l'inconscient désir de concilier les données de l'observation quotidienne et celles de la foi, une explication de cette inclination au rêve des personnages de Gabrielle Roy.

— o — o — o —

Cette étude du thème du progrès a tenu compte de l'œuvre entière répartie en trois groupes : écrits journalistiques ; *Bonheur d'occasion* et *Alexandre Chenevert* ; *La Petite Poule d'Eau* et les écrits postérieurs à 1954. Ces divisions ne respectent pas l'ordre chronologique strict. Elles indiquent seulement trois manières dont les deux dernières, après 1945, se sont souvent chevauchées, cédant à une sorte d'alternance plus sensible — sauf pour *Bonheur d'occasion* et *Alexandre Chenevert* — au niveau des thèmes qu'à celui des structures.

Les écrits journalistiques révèlent une Gabrielle Roy attentive surtout à la marche générale du progrès technique. De très haut, elle en suit l'évolution et se réjouit de ses conquêtes qui introduisent le Québec dans le contexte du monde industriel moderne. Bien sûr, elle indique au passage certains dangers, mais le mouvement global

_____

38. Teilhard de Chardin, *Hymne de l'Univers*, p. 149.

lui semble orienté vers le mieux-être de l'homme. Ce que Pascal appelle l'*itus* du progrès.

Ce sont ensuite les chocs de *Bonheur d'occasion* et d'*Alexandre Chenevert*. Le *reditus* est évident. Le progrès a un revers de médaille peu séduisant. Ç'en est l'âge paléotechnique. Pourtant, point de brusque rupture et la journaliste avait pu apercevoir, dès l'époque de ses premiers articles dans le *Bulletin des agriculteurs*, plusieurs des éléments hallucinants qu'a consignés *Bonheur d'occasion*. Le changement de genre littéraire lié à un changement de perspective découle de là. D'une part, certaines conséquences du progrès heurtaient la foi de l'écrivain. D'autre part, ces conséquences se ramifiaient à un point tel qu'un ouvrage purement rationnel ne pouvait en donner une idée juste. Dans les écrits journalistiques, comme d'ailleurs dans tous les autres essais, la vision de foi, tributaire du conscient de l'artiste, rendra possible l'optimisme. Tandis que dans les écrits de fiction, où la romancière n'est plus forcée de parler en son nom, dans ces écrits où les personnages font écran entre le lecteur et l'auteur, Gabrielle Roy livre d'elle-même une part souvent lourde de pessimisme. Les êtres meurent avant d'avoir vraiment vécu, meurent avant d'avoir atteint les idéaux qu'ils s'étaient fixés, meurent avant d'avoir aimé selon leurs aspirations. Emmanuel Létourneau, Alexandre Chenevert, Pierre Cadorai, Deborah. Mais la vision de foi n'est pas totalement absente. Elle colore même de plus en plus la production romanesque à mesure que celle-ci grandit. Le sacrifice d'Emmanuel ne sera pas vain ; Alexandre a connu une tendresse qui lui assure une survie — temporaire — dans le souvenir de quelques personnes. Pierre Cadorai n'a peut-être pas peint la toile à laquelle il avait rêvé, mais il a quand même fait des pochades suffisamment parfaites pour réjouir Le Bonniec, Orok, Stanislas et pour susciter l'admiration de Meyrand. Quant à Deborah, elle se soumet à un mystérieux rite de fidélité ancestrale en allant disparaître, à l'extrémité de la banquise, dans les eaux tumultueuses et le vent déchirant.

On voit de la sorte que les œuvres de la troisième manière, à compter de *La Petite Poule d'Eau* et de *Rue Deschambault*, manifestent des facettes nouvelles du progrès et ce, jusqu'à *La route d'Altamont* qui en rend explicite — bien qu'étant œuvre de fiction — les deux grandes composantes telles qu'énoncées dans *Le thème « Terre des hommes » raconté par Gabrielle Roy* : la perfection réside dans la connaissance et l'amour.

Quant à *La rivière sans repos*, cette œuvre qui rappelle la Gabrielle Roy cyclique, elle exploite à fond les ambiguïtés du progrès en mettant en scène des Esquimaux partagés entre la fidélité ancestrale et la séduction exercée par la civilisation étrangère qui s'est installée chez eux.

Le lecteur est forcé de conclure que, pour Gabrielle Roy, le problème du Progrès finit par se ranger auprès des grands absolus tels que Dieu et l'Amour. La romancière tente douloureusement d'en éclairer les composantes en projetant sur lui un regard partagé entre la foi et le désir de rester présent à la réalité immédiate et concrète.

Cette partie a permis d'aborder l'œuvre de l'écrivain sous son angle le plus accessible. Le mouvement dont je disais l'omniprésence dans l'introduction s'appelait ici le progrès. Dans l'univers imaginaire, monde libre par essence, ce dynamisme trouvera pour s'exercer un champ d'une extrême ampleur. Les images ne seront que rarement soumises à la dialectique foi-réalité.

Deuxième partie

L'UNIVERS COSMOLOGIQUE

Chapitre I

IMAGES ET ESPACE

L'univers imaginaire de Gabrielle Roy est riche et complexe. Cette étude portera sur les images dominantes de la totalité de l'œuvre, images en quelque sorte archétypales. Elle tentera de dégager et de hiérarchiser les constantes de cet univers. C'est pourquoi elle ne s'emmurera pas dans le monde clos d'un seul roman mais recherchera l'enrichissement que chaque ouvrage peut apporter à une même image.

Parce que les dimensions premières de toute existence sont le temps et l'espace ; parce qu'à ce temps et à cet espace sont liées ses limitations essentielles, l'homme s'efforce, grâce à l'imaginaire, de vivre en totalité non seulement dans les temps et espaces permis, mais encore en ceux que lui interdit son destin personnel. A cause de cette bipolarité fondamentale, la présente partie est divisée en *Images et espace* et *Images et temps*. Le premier chapitre traite des images spatiales. J'étudierai d'abord le mouvement comme élément de la réalité imaginaire, principe unificateur de l'univers spatial et temporel de Gabrielle Roy.

Au cœur des écrits de Gabrielle Roy : le mouvement

La source première de la dynamique propre à l'œuvre se trouve dans le mouvement. Là réside l'inspiration de la romancière et celle de ses personnages.

Dès 1941, la journaliste intitulait un article consacré aux éternels voyageurs que sont les Montagnais, *Heureux les nomades* [1]. Nomades, tels seront plusieurs personnages : Pierre Cadorai, Le Bonniec, Joseph-Marie, les deux Nègres et les grandes déserteuses de *Rue Deschambault*, le déménageur de *La route d'Altamont*, le vagabond d'*Un vagabond frappe à notre porte* (*Un jardin au bout du monde*). Pour mesurer l'importance de leurs déplacements, qu'on tente d'imaginer la trame des romans en faisant abstraction d'eux. *Bonheur*

---

1. Dans le *Bulletin des agriculteurs*, novembre 1941, p. 7, 47-49.

d'occasion et *Alexandre Chenevert* se rompent à leur charnière. *La Petite Poule d'Eau* et *La montagne secrète* cessent d'exister. *Les satellites* et *Le fauteuil roulant* sont annihilés. Le roman *La rivière sans repos* est presque détruit. Ces observations ne sont pas valables dans le seul contexte impliquant un mouvement physique. Elles sont vraies aussi du mouvement de l'esprit. Les personnages principaux de Gabrielle Roy sont des insatisfaits. De là vient leur mobilité psychique. Toujours existe en eux une tension vers autre chose, vers ailleurs : Azarius, Luzina, Alexandre, Christine, Pierre, Elsa. Même Rose-Anna affronte les difficultés beaucoup plus par réalisme conscient, acquis et volontaire, qu'en accord avec la pente de son esprit.

Gabrielle Roy, dans son activité d'écrivain, me signalait le besoin de mouvement qu'elle éprouve sans cesse :

> J'étais un jour à ma maison d'été de Petite-Rivière. J'avais travaillé pendant plus de trois heures consécutives à ma table. La fatigue me gagnait. J'abandonnai tout et vint me reposer dans la balançoire. Si cette balançoire pouvait connaître ce que son mouvement m'a suggéré, elle en deviendrait peut-être orgueilleuse. Ce mouvement de la balançoire fut suffisant pour me relancer. Les idées vinrent en foule. Je courus dans la maison les jeter sur papier, revins dans la balançoire et retournai encore à la maison. Après qu'il m'eut vu répéter vingt fois ce manège, mon mari, intrigué, finit par s'approcher et me demander si je ne ferais pas mieux de me pourvoir de papier. Ce à quoi je répondis qu'en effet j'y avais songé mais que cette précaution me desservirait.
>
> On dirait que la pensée ne s'épanouit pleinement qu'au moment où on n'est plus tendu à la capter, où on renonce à la traquer, alors qu'on a apparemment abandonné la partie. C'est comme un jeu où c'est elle qui choisit de venir vers nous quand nous lui avons tourné le dos, comme un jeu d'amoureux. Ainsi disait je ne sais plus qui : l'on ne trouve pas au moment où l'on cherche mais parce que l'on a cherché. En fait comment la pensée, suprême démarche de l'être libre, ne manifesterait-elle pas sa nature libre ? [2]

Il existe, sur le sujet, un texte d'un grand intérêt. C'est *Ma coqueluche*. Christine est indisposée par cette affection. Son père, pour la distraire, lui achète un hamac et « un objet composé de fines lames de verre coloré, lâchement réunies par le haut et qui en bougeant, en se choquant doucement au moindre souffle d'air, faisaient un étrange petit bruit charmant » [3]. Cet heureux concours de circonstances transforma l'été en « un seul instant chaud et tranquil-

---

2. *Entretien* du 17 février 1970.
3. *Rue Deschambault*, p. 71.

le » [4]. Les mouvements du hamac et ceux des lames de verre créèrent un contexte neuf où la vie de l'enfant s'écoula sans contrainte.

> Je sommeillais d'un rêve à l'autre ; parfois, j'emportais dans mon rêve inconscient le tissu fin et léger des rêves éveillés, et de même le rêve du fond marin me suivait au réveil et se mêlait aux nouveaux voyages que j'allais faire. Le bercement de mon hamac aidait la trame de mes contes. N'est-ce pas curieux : un mouvement lent et doux, et l'imagination est comme en branle ! Docile, docile au moindre départ, un petit bercement lui suffit... Il y a une inquiétude, on dirait, qui s'en va de nous lorsque nous sommes en mouvement sans qu'il nous coûte d'effort [5].

> Savaient-ils donc que comme un morphinomane à sa drogue j'étais assujettie au mouvement, que le calme plat me réveillait de mes songes ? [6]

Le mouvement apparaît réellement comme l'inspirateur. Ce texte est d'autant plus intéressant qu'il doit davantage à la fiction qu'à l'essai autobiographique. C'est comme romancière et non comme essayiste que Gabrielle Roy rend ici hommage au mouvement. Le texte en reçoit un surcroît d'importance.

Le mouvement agit comme source et catalyseur d'énergies. Il est partout présent mais jamais peut-être avec autant d'évidence que sous la forme du voyage.

Routes et voyages

Il n'est aucun ouvrage de Gabrielle Roy qui, en plus des multiples allées et venues circonscrites dans un rayon assez étroit, ne fasse place, au cours de son déroulement, à un long voyage. *Bonheur d'occasion* présente le périple sur le Richelieu ; *La Petite Poule d'Eau*, le pèlerinage de Luzina à Sainte-Rose-du-Lac et le voyage du Père Joseph-Marie à Toronto ; *Alexandre Chenevert*, l'odyssée au lac Vert ; *Rue Deschambault*, l'aventure des déserteuses ; *La montagne secrète*, le mystérieux voyage de Pierre dans le grand Nord, suivi de son séjour à Paris ; *La route d'Altamont*, la découverte d'Altamont dont il ne reste guère plus que le souvenir du village d'autrefois ; *La rivière sans repos*, la traversée au vieux Fort-Chimo et l'aventureuse marche dans la toundra ; *Un jardin au bout du monde*, le passage de Stépan à la taverne de Codessa.

Une première remarque s'impose : la plupart de ces voyages, ceux de Rose-Anna, de Luzina, des déserteuses, de la mère dans *La route d'Altamont*, d'Elsa sont des images du retour vers le passé, vers l'enfance. Rose-Anna espère connaître à nouveau un peu de la

---

4. *Ibid.*, p. 72.
5. *Ibid.*, p. 74.
6. *Ibid.*, p. 75.

grande tendresse dont rayonne la maison paternelle dans sa mémoire ; les déserteuses reviennent vers un pays auquel sont attachés les souvenirs les plus précieux de la mère. *La route d'Altamont* nous la montre apercevant à travers les collines du Manitoba les monts du Québec de son enfance. Elsa, écartelée entre une adhésion au progrès et la fidélité à la tradition, hésite avant de se tourner successivement vers chacun des deux pôles ; le vieux Fort-Chimo, c'est le passé dont la voix a atteint la jeune femme dans le murmure des arbres du cimetière ; c'est encore et plus particulièrement son enfance qui se souvient avec une pointe de douleur du charlatanisme impuissant des guérisseurs. Les voyages de Luzina constituent eux aussi un retour vers l'enfance mais par l'intermédiaire et la médiation de tous ces êtres à qui elle a donné naissance. Celui d'Alexandre Chenevert apparaît comme une marche vers la paix, vers la chaleur élémentaire de son plus lointain passé. Il a opté dorénavant pour le bonheur. A cette fin, il s'extrait de la foule agitée et s'établit pendant quelques jours dans une minuscule cabane à proximité d'un lac à peu près inconnu. Cette claustration le réjouit à tel point qu'il songe à venir s'établir définitivement en ce lieu. Mais l'inquiétude tenace reprend en lui la barre et le remet sur le chemin de la mort, où il ne connaîtra désormais que bien peu de répit [7].

Impossible cependant d'étudier en profondeur le sens du voyage si on délaisse le sens de la route.

André Brochu a mis en relief, dans une étude consacrée à *Bonheur d'occasion*, la route comme voie ouverte à l'évasion symbolisée par la droite [8]. Ce thème revient tout au long de l'œuvre. La route est un instrument d'espoir, même si cet espoir pousse le personnage à se retourner sur son passé. Il permet de survivre. Et lorsqu'on ne peut vivre vraiment, la survie, même temporaire et transitoire, est encore préférable à la mort [9]. Espoir dans un futur dont l'imprécision vient de ce qu'on a plutôt fui un présent trop lourd que désiré un avenir lumineux. Déjà *La fuite de Sally* [10] en constituait une illustration.

7. J'étudierai les pérégrinations de Pierre Cadorai dans la troisième partie.
8. Cf. *Thèmes et structures de «Bonheur d'occasion»*, dans *Ecrits du Canada français*, tome 22, p. 163-208.
9. « Maintenant la route de sa jeunesse s'ouvrait devant lui et il ne pouvait pas ne pas la revoir. Le souvenir de la jeunesse est-il rien de plus intolérable à certains moments de la vie ? L'homme vieillissant, qui le reçoit soudain comme un affront, ressent plus d'effarement que le banquier ruiné, qui, refaisant ses comptes, s'avise qu'il a été immensément, fabuleusement riche. La richesse perdue des vies humaines ! » (*La source au désert*, dans le *Bulletin des agriculteurs*, octobre 1946, p. 31).
10. Gabrielle Roy est l'auteur de cet article (*Bulletin des agriculteurs*, janvier 1941, p. 9, 39) ainsi que du texte intitulé *Le joli miracle*, tous deux signés Aline Lubac (*Bulletin des agriculteurs*, décembre 1940, p. 8, 29).

Le retour vers le passé — l'enfance — ou la marche vers le futur n'épuisent cependant pas le sens de la route. Celle-ci se présente encore comme un excellent instrument des communications humaines. La nuit polaire a établi son empire sur les Territoires du Nord-Ouest. Gédéon, qui vient de souffler la lampe, est entré de maussade humeur dans sa cabane. Soudain un bruit de pagaye frappe l'onde ; au clair de lune, le chemin d'eau et de rapides redonne au vieillard hanté par sa recherche d'or l'imprévu qu'il espérait voir reparaître en sa vie [11]. Pierre débarque. Suit une scène d'échanges fraternels. Même imprévu, mêmes rêves, même chaleur humaine — ici un peu plus lente à s'implanter — quand le « vagabond frappe à notre porte ». Même amitié quand, après avoir été aperçu et signalé de loin, le Père Joseph-Marie pénètre chez les Tousignant. C'est encore dans le sens de la découverte d'une plus grande tendresse, dans le sens d'une rupture de la routine, dans le sens d'un renouveau, d'un recommencement, qu'il faut interpréter la réponse sibylline donnée par la mère à l'étrangère qui lui demandait pourquoi elle avait abandonné son mari :

> — Peut-être pour devenir meilleure, a-t-elle répondu. Moi, j'ai tout de suite compris ce qu'elle voulait dire : quand on quitte les siens, c'est alors qu'on les trouve pour vrai, et on en est tout content, on leur veut du bien ; on veut aussi s'améliorer soi-même [12].

La route est encore la voie essentielle par laquelle arrive le progrès. Elle permet à la civilisation d'accéder aux régions excentriques. Le symbole le plus frappant peut-être de cet avènement du progrès — sera-ce vraiment un progrès pour tous les habitants ? — à Fort-Chimo, fut la création du nouveau village sur la rive ouest de la Koksoak, mais aussi cette route pavée reliant les baraquements de l'Armée à la piste d'atterrissage qu'empruntaient les soldats pour leurs exercices quotidiens et qu'utilisèrent plus tard, malgré son mauvais état, les jeunes gens de l'endroit.

Les routes sont à ce point névralgiques pour l'accès au progrès que la meilleure façon de s'attaquer à ceux qui travaillent à son avènement sera de les endommager ou de les rendre inutilisables : ainsi feront les Doukhobors, détruisant un pont en guise de protestation contre une loi du Gouvernement [13].

Mais encore et surtout, la route conduit vers la découverte de soi, de son identité propre. Pierre Cadorai est un personnage essen-

---

11. Gabrielle Roy a écrit : Tu ne sais pas ce que te réserve la route et c'est pour cela que tu t'es donné à elle. Qui donc, sinon la route comblerait ton appétit de l'inconnu » (*Un Noël en route*, dans la *Revue moderne*, décembre 1940, p. 32).
12. *Rue Deschambault*, p. 118-119.
13. Cf. *ibid.*, p. 53.

tiellement instable, toujours à la recherche d'une mystérieuse montagne dont la reproduction picturale parfaite lui assurerait la conquête de son moi total. Pour Pierre, le déplacement spatial figure la recherche passionnée de soi. Routes et voyages traduisent une insatisfaction profonde à laquelle il espère, par ses déplacements, apporter remède. « Le voyage devient une quête essentielle du sens de la vie » [14].

Le voyage revêt la même signification quand Elsa et Ian tentent de gagner la Terre de Baffin. Tous deux s'efforcent de reconquérir un moi et un paradis originels dont ils ont l'impression d'avoir été dépossédés. Elsa plus encore que l'oncle, à cause des liens qui l'unissent à l'enfant sang-mêlé. Mais le voyage tourne court et Elsa revient au nouveau Fort-Chimo des Blancs. La situation est semblable dans le cas de Rose-Anna au retour de son voyage sur le Richelieu et dans celui d'Alexandre après son séjour au lac Vert.

C'est sans doute à cause de cette recherche passionnée de son identité, recherche qui s'alimente au rêve et à la volonté d'y conformer sa conduite, que les routes de l'espace réel finissent par se métamorphoser en routes oniriques et cosmiques. Ainsi aperçues, elles se révèlent contradictoires. Contradictoires selon qu'elles apparaissent dans un essai ou un ouvrage de fiction. Dans la mesure où romans et nouvelles présentent des routes qui ont conduit l'être jusqu'à son état actuel, elles sont tristes et arides :

> Routes séchées au soleil, routes qui entrent bruyamment dans les grandes villes, routes où le passant, rejeté dans le fossé, cueille la poussière et le mépris des automobiles, routes des déserts que seul anime le chant du grillon et du chemineau, routes de l'Alaska, du Mexique, de la Californie.

> L'homme les voit parfois alignées les unes au bout des autres. Elles forment un chemin aride, interminable qui semble quitter la terre, monter dans les nuages et se dérouler, se dérouler à travers le cycle des ans [15].

> Ses lys rouges sur le bras, ses cheveux bien cachés sous le fichu blanc, elle avançait sur cette longue route de terre, droite et triste, comme si elle venait depuis le commencement des temps [16].

Dans la mesure où elles convient à l'espérance du futur — ce qui est presque toujours le cas dans les essais — elles sont invitantes :

---

14. *Entretien* du 28 janvier 1970.
15. *Un Noël en route*, dans la *Revue moderne*, décembre 1940, p. 32.
16. Gabrielle Roy, *Un jardin au bout du monde*, (p. 59 du manuscrit).

La route continuait. A travers quatorze cents milles
de pays neufs comme au commencement des âges, elle
montait à la guerre. Elle montait vers l'avenir [17].

Tel était aussi le chemin de fer que contemplait rêveusement
Azarius dans la chambre sombre où sa femme venait d'accoucher [18].

Le voyage par excellence s'entoure volontiers d'une sorte de
mystère. Le guide, c'est l'intuition, la bonne étoile [19]. Il va vers
l'avenir ou, plus mystérieux, conduit vers le souvenir du passé, d'un
passé subitement paré des attraits du futur. Point recherché, vaguement désiré à l'instar de tout ce à quoi les années ont donné des
charmes particuliers, le passé resurgit soudain comme un avenir immédiat, une enfance imprévue, une route qui empoigne dans le mouvement qu'elle canalise, pour les écarter, toutes les misères de l'instant. La magie cesse d'opérer à partir du moment où la raison veut
gouverner la fiction. Quand on *veut* revenir à Altamont, Altamont
n'est plus. Quand on veut revenir à la montagne secrète, la montagne
est découronnée.

Routes et voyages sont donc omniprésents. Images du retour
vers le passé ou de la marche vers le futur, instruments des communications humaines et du progrès, figures de la quête de soi, les routes et voyages occupent une place centrale et déterminante dans la
structure de chaque ouvrage de Gabrielle Roy. L'action gravite autour d'eux. Ils constituent même la matière première d'un roman
comme *La montagne secrète*.

Cette « folie d'ailleurs » [20] appartient à la nature de l'homme.
Le mouvement est le signe le plus évident de la vie. Il s'inscrit dans
des lignes de force souvent invisibles et en reçoit une forme, si élémentaire qu'elle soit, de direction.

Mais le voyage n'est pas une entité abstraite. Il se déroule dans
l'espace.

Caractéristiques de l'espace chez Gabrielle Roy

Quand on s'arrête à scruter les espaces dans lesquels s'inscrivent les voyages, quand on essaie de dégager certains points communs à tous ces *ici* et ces *ailleurs*, on est étonné de découvrir la
quasi-permanence d'une dialectique entre espaces de *primitivisme* —
ou campagnards — et espaces de *promiscuité* — ou urbains. Cha-

---

17. *Laissez passer les jeeps*, dans le *Canada*, 24 novembre 1942, p. 5.
18. Cf. *Bonheur d'occasion*, p. 334.
19. Cf. *La route d'Altamont*, p. 196.
20. *La Petite Poule d'Eau*, p. 43.

que roman est construit selon un régime d'alternance entre les deux :
Bonheur d'occasion va de promiscuité en primitivisme pour se terminer en promiscuité. *La Petite Poule d'Eau* présente un mouvement contraire : primitivisme-promiscuité-primitivisme. *Alexandre
Chenevert* offre une structure similaire à celle de *Bonheur d'occasion* : promiscuité-primitivisme-promiscuité. *La montagne secrète* :
primitivisme-promiscuité. *La rivière sans repos* va d'une promiscuité
moins accentuée (Fort-Chimo) au primitivisme de la toundra pour revenir en promiscuité. Enfin, *Un jardin au bout du monde* présente un
voyage de primitivisme en promiscuité et un retour en primitivisme.
Certains textes de *Rue Deschambault* et de *La route d'Altamont* sont
également construits de la même façon, par exemple, *Les déserteuses*
et *Le vieillard et l'enfant*. Il est rare que les itinérants se fixent là où
leurs voyages les ont conduits. Ces pays apparaissent plutôt comme des fontaines de Jouvence, des réserves d'imprévu et d'énergie,
des lieux où l'on découvre quelque chose d'inédit sur soi. Quand ce
but a été atteint, les personnages — ainsi Luzina, ainsi la mère dans
Les déserteuses, ainsi Alexandre Chenevert — éprouvent une hâte
fébrile de revenir. Seul le voyage de Pierre Cadorai ne s'achève pas
en un retour. Paris a été pour l'artiste, aussi paradoxal que cela
paraisse, à la fois promiscuité et primitivisme : promiscuité comme
toutes les agglomérations urbaines [21], primitivisme sur le plan de sa
vie personnelle. En réalité, Pierre n'a jamais vraiment quitté le Nord.
Il faut cependant noter que l'envers de la promiscuité s'appelle solidarité. Remplacez le sentiment d'étrangeté, l'égoïsme et l'anonymat
par l'altruisme et l'amour : la promiscuité devient solidarité. Quant
au primitivisme, il tient déjà, par sa nature même, de cette solidarité :
« Ah, cher Orok, chère vie primitive, y aura-t-il jamais rien au
monde d'aussi tendrement fraternel ! » [22]

Gabrielle Roy, enfant, avait connu l'attraction de ces pôles [23].
Plus tard, elle les retrouvera non seulement dans son univers imaginaire, mais encore dans la soumission aux exigences de sa vie d'artiste. Le besoin de solidarité remplacera alors la réalité de la promiscuité :

> Mais j'espérais encore que je pourrais tout avoir : et
> la vie chaude et vraie comme un abri — intolérable aussi
> parfois de vérité dure — et aussi le temps de capter son
> retentissement au fond de l'âme ; le temps de marcher et
> le temps de m'arrêter pour comprendre ; le temps de

---

21. « Cette taïga canadienne, cette Sibérie sans fin de notre pays, qu'était-ce
    en vérité, auprès de cette autre solitude vers laquelle il allait, la si mys-
    térieuse solitude des rues emplies de monde » (*La montagne secrète*,
    p. 140).
22. *Ibid.*, p. 139.
23. Cf. *Rue Deschambault*, p. 149.

m'isoler un peu sur la route et puis de rattraper les autres,
de les rejoindre et de crier joyeusement : « Me voici, et
voici ce que j'ai trouvé en route pour vous !... M'avez-
vous attendue ?... Ne m'attendez-vous pas ?... Oh ! atten-
dez-moi donc !... [24]

Primitivisme et solidarité s'appellent l'un l'autre, renvoient l'un
à l'autre :

> Car de nos deux vies, la collective avec ses chaînes
> de responsabilité et la privée avec ses aspirations à l'indé-
> pendance, l'une sans l'autre est frustrée [25].

Les deux zones romanesques qui incarnent, avec le plus de
bonheur, le pays du primitivisme sont la région de la Petite Poule
d'Eau et le Nord canadien, tant celui de *La montagne secrète* que
celui de *La rivière sans repos*. Pays sauvage aux horizons sans limites, où la nature, la fantaisie, la liberté dominent encore, où se ter-
rent mystérieusement les derniers espoirs des hommes.

Curieux pays qu'on porte avec soi ; pays étrange que Pierre
Cadorai a l'impression de rayer de ses espaces intimes en tuant le
caribou ; pays singulier dont le chien des Le Gardeur constitue une
image aux yeux d'Alexandre.

Dans la réalité, le voyage en primitivisme est un voyage vers
le pays de la méditation, vers le pays de l'intelligence appliquée à
débrouiller l'écheveau de sa propre complexité : « Et j'ai pensé
bizarrement en les voyant côte à côte, maman et l'arbre solitaire,
que peut-être faut-il être bien seul, parfois, pour se retrouver soi-
même » [26].

Les voyages de déménagement cependant — ceux de *Bonheur
d'occasion* et de *La route d'Altamont* — demeurent confinés dans le
pays de promiscuité, comme dans un univers fermé. Monde ouvert,
celui que parcourent les parents de Christine ; monde clos, celui des
Smith, où vivent des « gens dont l'existence est sans issue » [27], où les
mouvements sont circonscrits, où tout ce qui change ne change que
pour offrir un visage encore plus pitoyable.

L'alternance promiscuité-primitivisme traduit donc une réalité
fondamentale de l'œuvre de Gabrielle Roy. Chacun de ces termes
recouvre des espaces qui diffèrent qualitativement ou quantitative-
ment les uns des autres. La dialectique promiscuité-primitivisme re-

---

24. *Ibid.*, p. 222.
25. *Le thème « Terre des hommes » raconté par Gabrielle Roy*, (p. 42 du ma-
    nuscrit).
26. *La route d'Altamont*, p. 205-206.
27. Cf. *ibid.*, p. 172.

coupe en partie la dialectique des espaces intimes et des espaces immenses. Mais la qualité et l'ampleur de chaque espace varie selon les contextes tout en conservant certaines caractéristiques générales.

Espaces intimes

L'espace n'est pas intime pour des raisons de dimension mais de psychologie. C'est pourquoi entre tous les espaces que nous considérerons comme intimes, il existe des différences importantes. La cabane où s'est réfugié Alexandre est, de toute évidence, un espace d'intimité. Mais aussi le cercle de lumière découpé dans la nuit arctique par le feu autour duquel causent quelques hommes en attendant l'avion qui enlèvera Deborah pour la conduire vers le Sud.

Dans l'œuvre de la romancière, la maison est le prototype des espaces intimes. On se rappelle l'envoûtement exercé sur Rose-Anna par la nouvelle demeure vers laquelle toute la famille émigrera bientôt. Déjà, elle pressent l'abîme qui séparera cette maison de celle de ses rêves. Mais l'essentiel consiste à préserver sa tendresse, ses enfants, ses pauvres ustensiles, tout ce qui soutient la conscience d'exister, du regard public. Cette mystique de la maison, étrangère à certains personnages, — du chez-nous — fut développée dans un texte bref que publie le *Devoir* du 17 juillet 1948 et dont le paragraphe central a été puisé dans *Bonheur d'occasion* :

> Il était vieux ce mot-là, un des premiers qu'ils eussent appris, eux, les enfants. Il venait sur les lèvres, inconsciemment, à toutes les heures du jour. Il avait servi tant, tant de fois. C'était bien ce mot-là qu'on employait autrefois pour désigner un logis humide au sous-sol rue Saint-Jacques. C'était encore ce mot-là qui leur rappelait les trois petites pièces brûlantes au faîte d'un immeuble crasseux, rue Saint-Antoine. Chez nous, c'était un mot élastique et, à certaines heures, incompréhensible, parce qu'il évoquait non pas un seul lieu, mais une vingtaine d'abris éparpillés dans le faubourg. Il contenait des regrets, des nostalgies et, toujours, une parcelle d'incertitude. Il s'apparentait à la migration annuelle. Il avait la couleur des saisons. Il sonnait au cœur comme une fuite, comme un départ imprévu; et quand on l'entendait, on croyait entendre aussi, au fond de la mémoire, le cri aigu des oiseaux voyageurs [28].

Il est difficile de répandre plus de tendresse sur un être en apparence inanimé mais en même temps fort de la puissance qui rayonne au cœur d'une vie féminine. Car la maison est féminine. Azarius peut palabrer aux Deux-Records, chez lui il se tait ; la maison est insen-

---

28. Cf. *Bonheur d'occasion*, p. 244-245.

sible aux envolées oratoires. Elle connaît une existence de patience
que traduit la monotonie de la roue de la machine à coudre, le bruit
mat de la goutte d'eau dans le lavabo, le rythme parfois ralenti, tant
la fatigue est grande, des savates de Rose-Anna sur le parquet.
Toute la pauvre maison vit à une cadence lente ou rapide selon les
décisions de cette femme à la fois forte et tendre. L'âme de cette
maison épouse l'inclination au rêve de ses habitants. La maison
représente l'ultime réduit contre lequel viennent battre le bruit des
trains, le mépris des riches et la saleté des usines.

Si, des maisons successives où résidèrent les Lacasse, on passe
aux autres demeures que contient l'œuvre, des caractéristiques semblables reparaissent. La maison des Tousignant est basse, en bois
non équarri, sans étage. Elle est ainsi refermée sur elle-même comme ses habitants séparés de l'extérieur par les trois cercles concentriques de leur « grise maison isolée » [29], de l'île, des propriétés de
Bessette.

Le texte *Les deux Nègres* (*Rue Deschambault*) a comme pôles
la maison des Roy et celle des Guilbert. Elles se dressent, voisines,
comme deux univers. Les relations entre les familles sont mi-figue
mi-raisin. Elles ne connaissent un climat de vraie cordialité qu'après
l'installation, plus forcée par les circonstances que voulue par les
propriétaires, des deux Nègres. Grâce à ces étrangers, une sorte d'intimité s'établit au niveau des enfants qui, au piano, accompagnaient
les voix des deux Nègres. Rappelons encore cette « maison carrée »,
le hâvre vers lequel tendent les égarés de *La tempête* (*Rue Deschambault*).

Les cabanes du lointain Nord-Ouest canadien participent, elles
aussi, de la vie de leurs occupants :

> Le lendemain survint Sigurdsen, tout heureux ; il ra-
> menait de belles peaux ; un peu avant d'atteindre la cabane,
> il avait aperçu sa petite fumée montant droit dans l'air ;
> pour ce bonheur d'arriver en un logis chauffé et vivant,
> peut-être valait-il la peine d'avoir été seul au froid de la
> solitude tout ce temps [30].

Enfin, celle du lac Vert mériterait une étude particulière, elle si misérable au regard d'Alexandre quand pour la première fois il y pénètre, et plus tard si riche lorsque sa mystérieuse intimité au pouvoir décuplé par les trois présences actives de la pluie, du feu et
du chien, propose à Chenevert une sorte de paix cosmique articulée

---

29. *La Petite Poule d'Eau*, p. 26.
30. *La montagne secrète*, p. 57.

sur la dynamique de la nature [31]. Cette présence du feu nous conduit au centre dont le rayonnement fait que l'intimité cesse d'être une inerte passivité contenant, tapi en chaque coin et prêt à se jeter sur celui qui l'occupe, tout ce qu'il peut y avoir de méchant, de triste, de souvenirs devenus hargneux [32], pour se transformer en un univers vivant et marqué du signe de la rêverie.

Que ce soit le feu du foyer ou la mince flamme de la chandelle, l'un et l'autre signalent une présence qui veille, une ferveur qui songe, une ardeur qui s'entête. Telle celle d'Alexandre, désireux de transmettre aux hommes, à cause de l'amour qu'il leur voue, une partie au moins de l'expérience neuve acquise au lac Vert. Mais rien n'y fait : il s'endort à la fin sur son papier désespérément blanc.

Qu'on établisse un parallèle entre la cabane du docteur Vincent Raymond ensevelie presque tout entière sous la neige, confiée à la seule garde de deux sapins noirs, et la petite maison d'Anne dont chaque soir, vers dix heures, la fenêtre revit. Dans cette dernière rayonne la flamme du souvenir ; dans l'autre menace de sombrer définitivement une existence que la drogue a peu à peu ruinée [33]. C'est d'ailleurs le souvenir vivace, si beau dans l'irréalité du bonheur qu'il propose, que symbolise pour Cadorai la flamme minuscule s'éteignant dans le lointain d'une conscience aux prises avec l'absolu. Nina est maintenant mariée. Même l'illusion, à laquelle inconsciemment Pierre se rattachait, qu'un jour le bonheur sous sa forme la plus chaude et la plus féminine pourrait être sien, vient de s'évanouir à tout jamais.

---

31. Cf. *Alexandre Chenevert*, p. 214ss. Dans un texte dont la perfection mériterait qu'il fût tiré de l'oubli, Gabrielle Roy a redit la grande fascination de la maison : « C'est bizarre. Cette maison je ne l'ai jamais vue au soleil, je ne l'ai même jamais vue sauf à travers une fine pluie serrée et dans la lueur dansante des falots agités à bout de bras. Elle est au fond de mon souvenir comme des doux paysages entrevus en des moments de fatigue, d'espoir peut-être, qui jamais ne se précise nettement et dont on connaît pourtant l'âme secrète. Ainsi, mon souvenir ne retient de la maison du père Elias que les choses essentielles : la chaleur du poêle allumé en pleine nuit et qui va longtemps ronronner sa chanson pour seul le chat endormi ; l'odeur fraîche de la catalogne ; le crépitement de la pluie sur les vitres ; les géraniums qui sont rouges entre les rideaux écartés ; la senteur et le goût du pain ; la lueur affolée de la lampe quand, la porte étant ouverte, l'air froid s'est jeté sur elle pour l'éteindre ; et, dernière vision, la chaise agitée par le vent se berçant toute seule au fond de la cuisine comme si une présence invisible était venue s'y asseoir et continuer là, au coin du feu, une rêverie commencée il y a bien, bien des années » (*Une voile dans la nuit*, dans le *Bulletin des agriculteurs*, mai 1944, p. 50).
32. Cf. *La montagne secrète*, p. 14.
33. Cf. *La source au désert*, dans le *Bulletin des agriculteurs*, novembre 1946, p. 4.

La flamme recueillie et protégée, la tempête qui se déchaîne : voilà deux puissances cosmiques et oniriques. Il faut que l'antithèse soit fortement accusée d'une part par la rage de l'ouragan et de l'autre par la douce quiétude et la paix de la lampe. Presque tous les ouvrages illustrent ce phénomène. L'exemple le plus parfait se trouve dans *La rivière sans repos* [34]. Union intime de la maison (iglou) construite par l'homme et du feu de la lampe ou de la bougie allumée par la femme. Elle chauffe le thé. L'homme bâtit l'extérieur, la femme anime l'intérieur. La « magie du feu » [35] n'exerce la plénitude de son prestige que dans la démence de la tempête.

La plupart des demeures construites par Gabrielle Roy possèdent un grenier. L'intimité de cette pièce appartient aux enfants. C'est là qu'ils vivent des heures aussi diverses que celles de la bouderie, de la contemplation, des intuitions et réflexions sur le mystère de l'avenir. Là, Christine, terrifiée par l'exclamation de son père : « — Ah ! pourquoi ai-je eu des enfants, moi ! » [36], est allée dissimuler son tourment. Là, Alicia donna des signes non équivoques qu'elle abandonnait notre monde trop grossier à l'endroit des enfants, afin d'aller vivre dans un autre univers où, sans encourir la moquerie, elle pourrait effeuiller des roses sur la tête des passants et leur chanter : « — Voici des fleurs... Bonne gens... Voici des roses pour vous autres qui passez !... » [37] Là encore, pendant quelques instants, l'avenir s'est esquissé, présentant à une Christine émerveillée et craintive, la carrière d'enseignante et d'écrivain [38]. Le grenier, lieu du secret et de la lumière, demeure le sanctuaire des grandes rêveries qui orientent l'existence.

Les ouvertures participent de la vie personnelle et intime de la maison. Les fenêtres, comme des yeux, contemplent l'immensité de la plaine et du ciel : « Par ailleurs, garnies de fenêtres sur toutes leurs faces, elles semblaient regarder de tous côtés à la fois » [39]. Ainsi apparaissent à Deborah les maisons du Sud. Mais à Saint-Henri, elles ne peuvent se permettre un long regard circulaire. Trop grandes sont la saleté des maisons et leur promiscuité. De chagrin, les yeux se ferment, les carreaux s'obscurcissent: « vitres crasseuses » [40], « vitres opaques de poussière » [41], « carreau encrassé » [42], « carreaux noircis » [43].

---

34. Cf. p. 237ss.
35. Gabrielle Roy, *René Richard*, fascicule imprimé à l'occasion d'une exposition d'œuvres inédites au Musée du Québec du 5 avril au 1er mai 1967, p. 4.
36. *Rue Deschambault*, p. 31.
37. *Ibid.*, p. 148.
38. Cf. *ibid.*, p. 218-219, 252.
39. *Nouvelles esquimaudes*, p. 31.
40. *Bonheur d'occasion*, p. 251, 310.
41. *Ibid.*, p. 311.
42. *Ibid.*, p. 314.
43. *Ibid.*, p. 159.

Enfin, la porte close devient une image non seulement de la prison à laquelle la maladie condamne Pierre Cadorai, mais encore de toute sa vie tragiquement tendue vers un but qu'il pressent ne jamais pouvoir atteindre :

> Des jours passèrent qui n'en paraissaient pas être. Il se levait, allumait le feu, s'asseyait à sa place, toujours la même, face à la porte, sa pensée, son regard, tout son être, rivés à cette chose même. Tirant à lui du papier, il tentait de se mettre à dessiner ; il n'en sortait que cette porte, close, inanimée : l'image effroyable de sa vie, tout à coup » [44].

Qu'il soit traqué par le bruit, la misère ou le froid, qu'il soit lancé dans une aventure dont il ne connaît pas au juste l'issue, qu'il souffre d'une sorte de désintégration intime, l'homme incline à s'en remettre à la douceur de la maison ainsi qu'à une chaleur maternelle. C'est peut-être dans *Bonheur d'occasion* et *La rivière sans repos*, premier et dernier romans publiés par Gabrielle Roy, que ce sentiment est le plus vif. Les maisons sont accueillantes et protectrices comme le sont les mères.

A l'instar du Père Joseph-Marie et d'Edouard, l'homme des espaces immenses tend inconsciemment vers la sérénité et la joie de la maison. A l'instar de Luzina et d'Eveline, la femme des espaces intimes incline à se découvrir dans le parcours des espaces immenses.

Espaces immenses

L'étude des espaces immenses gravitera autour des points suivants : la plaine et le ciel, le soleil, la ville.

A la maison des espaces intimes s'opposent la plaine et le ciel des espaces immenses.

J'ai demandé, un jour, à Gabrielle Roy si les images vivaient longtemps en elle avant de s'imbriquer dans un texte. Elle me répondit :

> Toute ma vie, j'ai cherché à rendre véritablement vivants dans mes textes, le vent, les prairies et le ciel immense qui les recouvre. Ainsi, consciemment ou pas, j'ai tendu vers l'image la meilleure. En ce qui touche particulièrement le ciel des prairies, je crois que « ce couvercle s'ajustant à la douce terre rase tel le couvercle sur le plat entier » est l'aboutissement d'une longue recherche [45].

Dans *Mon héritage du Manitoba* qu'elle rédigeait peu de temps avant cet entretien et qui contient l'image du couvercle sur le plat entier, la romancière écrit :

---

44. *La montagne secrète*, p. 54-55.
45. *Entretien* du 28 janvier 1970.

Mais tout cela ce sont mes amours d'adulte, réfléchies et recherchées. Mes amours d'enfance c'est le ciel silencieux de la plaine s'ajustant à la douce terre rase aussi parfaitement que le couvercle sur le plat entier, ciel qui pourrait enfermer, mais qui, au contraire, par la hauteur du dôme, invite à s'élancer, à se délivrer ; c'est la silhouette particulière, en deux pans, de nos silos à blé, leur ombre bleue découpée sur un ciel brouillé de chaleur, seule, par les jours d'été, à signaler au loin les villages de l'immensité plate ; ce sont les mirages de ces journées torrides où la sécheresse de la route et des champs fait apparaître à l'horizon de miroitantes pièces d'eau qui tremblent à ras de terre. Ce sont les petits groupes d'arbres, les « bluffs » assemblés comme pour causer dans le désert du monde, et puis c'est la variété humaine à l'infini [46].

On pourrait multiplier les citations que ce bonheur initial, cette image première n'en seraient pas renforcés. Dès l'aube de sa vie, la jeune fille de Saint-Boniface voit la plaine sans fin, indéchiffrable. La petite rue Deschambault vient y mourir, le plus souvent déserte.

« L'immense plaine toute frémissante de clarté » [47] apparaît dans tous les ouvrages, sauf dans *Bonheur d'occasion* et *Alexandre Chenevert*. Elle exerce, malgré son dépouillement, une fascination presque indéfinissable. Elle s'étale à perte de vue comme les désirs des hommes. Elle devient une étendue mystérieuse précisément parce qu'elle semble ne receler aucun mystère. Le voyage de la mère et de la fille dans *La route d'Altamont* le prouve : dans ce pays où tout est dit à haute voix, vu par tous, on finit par s'égarer. La plaine de *La rivière sans repos,* c'est la toundra, une immensité rase, un pays sans discrétion, muet, presque vide, à court d'abri, désert, rude, aride, dur, étrange. Nul n'échappe à son pouvoir, même avec le secours des gens du Sud. Quand vient pour Deborah l'heure de disparaître, on découvre, dans la neige fraîche d'un matin semblable à tous les autres matins, des pistes qui vont vers une banquise et meurent dans les rafales violentes du vent. L'implacabilité d'un pays qui refuse à la mort les grandes émotions parce qu'elle est naturelle et que la seule résignation convient, transforme progressivement cette nature de liberté en une sorte de prison : « Le pays nu aux horizons lointains lui faisait l'effet, disait Elizabeth Beaulieu, de se refermer malgré tout sur elle » [48].

Cependant, les horizons de la plaine deviennent encore plus mystérieux quand le soleil descend vers eux. Cette image est fréquente :

Le crépuscule était depuis longtemps venu, grave et poignante illumination répandue à l'ouest sur tout le ciel.

46. *Mon héritage du Manitoba,* dans *Mosaïc 3:3,* p. 78.
47. Gabrielle Roy, *Un vagabond frappe à notre porte,* (p. 37 du manuscrit).
48. *La rivière sans repos,* p. 152.

L'horizon lui-même alors ne semblait pouvoir s'arracher à
la contemplation de son propre enchantement. A cette
heure que Martha aimait de plus en plus, elle restait assise
face au ciel rouge, se demandant ce que pouvait signifier
cette incandescence sur laquelle toutes choses se découpent
en noir et paraissent à la fois transitoires et magnifiques.
La plaine, à cette heure, semblait encore, si possible s'élargir, et pourtant l'âme humaine pouvait s'y sentir plus que
jamais soulevée par la confiance [49].

Ce cérémonial au-dessus de l'horizon permet d'évoquer le mythe
de l'engloutissement du soleil, de sa traversée nocturne et de sa
renaissance à l'aube. Nombreuses sont les cultures qui en ont donné des illustrations. A la suite de Jung [50], je n'en signalerai que
les traits essentiels : le soleil, que sa course pendant le jour a vieilli,
s'engloutit, le soir venu, dans la mer à l'ouest. Au sein des eaux,
il voyage d'ouest en est. Quand revient le matin, la femme-mer met
au monde un nouveau soleil.

En plus d'un endroit de son œuvre, la romancière crée un
arrière-plan mythique assez semblable à celui que je viens de rappeler.
Sauf que le voyage est terrestre. Quand le soir tombe, la plaine,
chaude encore de toute cette chaleur emmagasinée pendant le jour,
la terre — *Terra Mater* — accueille le soleil après le bain de feu
qu'au-dessus de l'horizon il a pris comme dans un rituel de purification, afin de le pacifier, de le régénérer pendant la nuit et de le
rendre, le matin revenu, à sa course du jour, lui aussi créateur et
fécondateur, source d'énergie et source de vie.

Dans les écrits de Gabrielle Roy, les crépuscules sont beaucoup
plus nombreux que les aubes. J'entends les aubes réelles qui
rendent « à l'homme la fraîcheur de sa volonté ; un départ ; un
début de voyage ! » [51] et non pas les débuts de jours brumeux et
tristes qui laissent l'individu égaré dans une lumière mesquine. Une
aurore inoubliable prend toutefois place dans le souvenir du docteur
Vincent Raymond. Dans le vent et la tempête qui font rage, il se
dirige vers la maison de la femme qu'il a aimée voilà cinq ans.
Balancé dans sa voiture comme par le roulis de la mer, il se remé-
more le jour où « avec Anne, accoudé à la lisse, il voyait le soleil
se lever sur les falaises noires du Saguenay. C'était un souvenir
d'Anne qui ne lui était pas venu depuis des années et qu'il savoura
avec une joie poignante. Le buste incliné sur le volant, les paupières
battantes comme s'il allait dormir, il revit la main d'Anne si blanche,
si petite, levée dans le soleil et lui indiquant une goélette qui planait

49. *Un jardin au bout du monde*, (p. 84 du manuscrit). Cf. encore *L'Arbre*,
     p. 26 ; *La route d'Altamont*, p. 181.
50. Cf. *Métamorphoses de l'âme et ses symboles*, p. 352ss.
51. *Alexandre Chenevert*, p. 211.

sur la rivière sombre » [52]. Remarquons que le lever du soleil, pas plus que son coucher, n'ont lieu sur la mer : ici sur les falaises, bientôt aux confins de la plaine.

Il faut mentionner une autre importante apparition du soleil. Pierre, malade, est confiné dans la cabane alors que Steve procède à la levée des pièges. Une sorte de morne abattement écrase Cadorai. Soudain, partagé entre le rêve et la réalité, il sent une chaleur sur son bras :

> Dans sa suprise, il leva tout à coup les yeux vers la petite fenêtre. Il y vit un rayon lumineux, hésita, comprit, se leva d'un bond, poussa de l'épaule la porte bloquée, accourut au dehors — c'était bien le soleil. Oh, à peine lui-même encore, à peine vivant, à peine réjoui du réconfort qu'il commençait d'apporter à toutes les choses transies et demi-mortes, mais à Pierre il parut rayonnant. Ses yeux en reçurent le choc comme une blessure. Il dut les fermer, retenant, imprimée à sa rétine, l'image d'un petit disque rouge qui brûlait. Il se ressaisit, put rouvrir les yeux sur les couleurs retrouvées. Ou peut-être plutôt découvertes [53].

Ce soleil timide, qui pénètre comme un intrus dans « le crépuscule, le constant crépuscule qui est le jour là-bas » [54], fait figure de sauveur. C'est lui qui réveille de leur léthargie Pierre et la nature. Les deux êtres solitaires et sauvages voient soudain se poser sur eux quelques rayons de lumière, tel un signe d'affirmation, un acquiescement, un accord tacite entre l'absolu et le destin humain. Le mystère réside en ce que sur l'horizon se profilent les contours imaginaires de cette hantise latente dans le cœur de l'homme : remise en question de la condition humaine, limitatrice et impuissante, désir inconscient de déité et avec lui du pouvoir de créer. Quand la rêverie s'élève jusqu'à un niveau cosmique, elle tend à transmuer sa puissance en une parcelle de puissance divine. Cette rêverie s'exerce comme naturellement dans un contexte crépusculaire.

> C'est peut-être donc à travers lui encore (son grand-père), à cause de lui ou pour lui que m'émeuvent si profondément les grands horizons en fuite et particulièrement

52. *La source au désert*, dans le *Bulletin des agriculteurs*, octobre 1946, p. 31.
53. *La montagne secrète*, p. 56. On pourrait encore mentionner cette percée symbolique du jour maussade par le soleil au moment où Ian quitte le nouveau Fort-Chimo pour revenir chez lui : « Le soleil perça tout à coup le jour maussade et l'horizon devint éblouissant. Autour de l'homme immobile, le vent soulevait et gonflait la neige pour l'en envelopper de ses fins rideaux transparents. Avec tout ce soleil, maintenant, l'effet était plutôt celui d'un jeu gracieux ou cruel.
Ian eut un geste comme pour se dépêtrer d'un filet. Puis, résolument, il quitta le rivage » (*La rivière sans repos*, p. 249).
54. *La montagne secrète*, p. 166.

le côté du ciel où le soleil se couche, le côté ouest, pour
moi celui des grands appels [55].

S'il est quelque chose du temps perdu que je voudrais
retrouver, c'est bien l'immensité du ciel et aussi, peut-être,
à l'heure où le soleil descend, certaine petite route droite
du Manitoba, qui partage des champs de blé comme sans
limite... Mais ce que je voudrais le plus retrouver de ce
temps, je le sais bien, c'est avant tout un sentiment d'exaltation, ce mouvement de l'âme par lequel, un instant, elle
semble s'accorder à l'infini [56].

Cette tendance à l'autodivinisation exprimée sous la forme d'un
appel de l'horizon, cette volonté d'entreprendre l'impossible voyage
qui ferait d'un désir une réalité, constitue le cheminement ultime
d'un esprit qu'aucun espace réel ne peut satisfaire. Entre cet extrême
et la modestie des aspirations quotidiennes de dépassement se loge
tout l'espace de la plaine, ouverte et accueillante aux songes des
hommes. « Attirée par l'espace, le grand ciel nu » [57], comme l'était
la mère de la narratrice, l'homme, seul avec ses rêves, contemple
la plaine et dans la couleur bleu mauve du soir, il regarde ses fantômes marcher avec lenteur juste au-dessus du sol.

A six heures un quart précisément, le soleil plongea
derrière l'horizon. Une atmosphère de songe envahit la
forêt. Un rougeoiement violent, d'un attrait pourtant plein
de rêve, se propagea le long de l'horizon et couvrit la
moitié du ciel. Les lointains en furent attristés, mais
embellis aussi. On eût dit alors qu'en ces lieux écartés
persistait la mémoire du sang répandu, des coups et des
blessures, de la haine et des échecs, et qu'une fois encore,
avant le sommeil, la terre cherchait à enterrer ses morts.

A moins que ce rouge sanglant, attendu par le monde
chaque soir, ne fût la promesse silencieuse et passionnée
de sa résurrection.

Toutes choses se transformant en tout cas à cette lueur
en silhouettes, devenaient en quelque sorte impérissables
pour le regard qui avait pu les surprendre à l'instant où
elles s'inscrivaient, avec leurs plus menus détails, sur le mur
de feu de l'horizon [58].

---

55. *Mon héritage du Manitoba*, dans *Mosaïc 3:3*, p. 71.
56. *Souvenirs du Manitoba*, dans *Mémoires de la Société Royale du Canada*,
tome XLVIII, troisième série, juin 1954, première section, p. 6.
57. *La route d'Altamont*, p. 163.
58. Gabrielle Roy, *L'Arbre*, p. 24. Elle écrit encore : « Mon grand-père partit de son petit village de montagne, au Québec, pour venir s'installer
avec sa famille au Manitoba, sans doute séduit par l'image qu'il eut d'une
plaine facile à travailler, au sol le plus riche du monde — et peut-être
par quelque autre vision intérieure qu'il ne tenta pas d'exprimer » (*Le
Manitoba*, dans *Maclean*, juillet 1962, p. 32).

« Vieille plaine méditative » [59], « immense plaine songeuse » [60], « plaine ouverte, géante, et cependant si tendre et rêveuse » [61], elle emprunte la voix même de la vie, la voix de l'avenir :

> ... cette longue plaine herbeuse qui s'ouvrait devant leurs yeux, pareille à quelque rêverie sans fin sur les hommes et leur destinée [62].

Le passé linéaire apparaît dans le long pèlerinage qui a conduit les grands-parents de l'écrivain jusqu'à cette petite propriété de la rue Deschambault, isolée entre ville et campagne. La mère de Gabrielle Roy a gardé la nostalgie de ce voyage. L'image du chariot qui cahote pendant que, couchés, les enfants contemplent l'immensité du ciel nu, vit toujours dans sa mémoire. Ce périple de dure fatigue lie au sein du mystère de la destinée humaine le petit village de Saint-Alphonse-de-Rodriguez, dans les contreforts des Laurentides, et Saint-Boniface. A la ligne qui unit l'un et l'autre sont rattachés tous les événements du passé *a posteriori* ordonnés selon la logique. Mais là s'ouvre la plaine. Maison-tampon entre deux univers, la demeure de la famille Roy regarde d'un côté vers hier et de l'autre vers demain. Le passé vient mourir à la lisière de la plaine, elle-même image de toutes les possibilités du futur.

La plaine n'est cependant pas le seul espace immense de l'œuvre de Gabrielle Roy. La ville participe également de cette caractéristique, non plus physiquement, mais sur le plan imaginaire. Elle devient une immensité par sa cohue anonyme et indifférenciée, par le sentiment d'étrangeté qui éloigne les individus les uns des autres et les force à évoluer comme des astres solitaires. De ce fait, la ville est un espace immense mais fermé, sans horizon, sans promesse d'avenir. La ville est inhumaine :

> Les villes sont meurtrières et elles continueront de l'être davantage. Ecrire un livre sur une ville qui serait reposante me semble impossible. Ce que depuis près d'un siècle, on considère comme l'essor économique, cessera peut-être bientôt d'être identifié au progrès. Récemment le *Time* écrivait que l'homme newyorkais, avec tout le confort qui apparemment l'environne, n'était pas nécessairement dans un état de progrès beaucoup plus avancé que l'homme de la campagne. Tout est pollué. L'eau, l'air, etc. L'être humain est traqué. Il faudrait un nouveau Balzac,

59. *La route d'Altamont*, p. 251.
60. *Ibid.*, p. 183.
61. *Le Manitoba*, dans *Maclean*, juillet 1962, p. 38.
62. *Un jardin au bout du monde*, (p. 42 du manuscrit). Plus loin, la romancière écrit : « Elle eut à nouveau cette pensée que la plaine était absorbée dans un grand rêve de choses à venir, et chantait la patience et la promesse que tout en temps et lieu serait accompli » (p. 67 du manuscrit).

jeune, très puissant et dont la vision serait extrêmement
aiguë pour attaquer littérairement la ville d'aujourd'hui [63].

Les miséreux n'échappent pas à sa noirceur. Même la « dompe »
avec ses déchets et ses rats est obligée, par l'intermédiaire de
l'Hygiène publique, de refuser l'hospitalité aux pauvres. Tunnel
pour l'esprit que cette cage de verre dans laquelle Alexandre
s'engouffre chaque matin. Et quoi de neuf après la traversée ?
La guerre et sa mystique, source d'énergie, ou la petite vie rangée et
la fin de l'aventure ou les modestes ressources octroyées par le Gouvernement ou l'invention du bonheur et de son exigence quand déjà
il se fait tard, la découverte de la tendresse quand déjà la mort
s'annonce.

Dans la ville que peint Gabrielle Roy, dans cette « jungle
citadine » [64], les nouveaux venus perdent vite l'illusion qu'ils avaient
pu entretenir d'un Eden ésotérique. Que dire de l'homme délivré
pendant quelques jours de l'obsession bruyante du monde urbain
et qui est forcé de convenir à son retour : « Est-il rien de plus triste
que d'avoir à se dire, revenant de vacances, que les pénitenciers
sont peut-être indispensables ? » [65]

Point d'étonnement ensuite quand se profilent sur les murs de
ces villes-tunnels les ombres des habitants.

L'isolement que chacun porte comme une fatalité dans un milieu
où pourtant hommes et femmes ne cessent de se croiser crée le sentiment d'une immensité point bienveillante, d'une foule incapable de
se transformer en communauté. Ce sentiment d'immensité s'identifie alors à celui d'étrangeté. Parce que les étrangers sont légion,
parce qu'ils se comportent les uns vis-à-vis des autres comme autant
d'univers distincts, chaque homme finit par avoir l'impression d'évoluer dans un cosmos aux proportions gigantesques.

Cependant ces espaces immenses, aussi bien l'espace ouvert de
la plaine que l'espace fermé de la ville, requièrent, pour ne pas se
transformer en de simples images de vertige, la présence de points

63. *Entretien* du 6 février 1970.
64. *Bonheur d'occasion*, p. 32.
65. *Alexandre Chenevert*, p. 256. La réflexion est trop claire pour qu'il soit
nécessaire de préciser l'allusion. Rappelons seulement qu'au moment où
Alexandre quitte Montréal en autobus pour le lac Vert, il est passé près
du pénitencier mais il se trouvait alors regarder du côté de la rivière :
« Et lui, qui ne connaissait pour ainsi dire rien au monde que
la ville, ses poteaux, ses numéros, il la quittait, étonné, troublé comme
s'il sortait de prison » (*Ibid.*, p. 186). C'est tout ce monde où se dissout
l'humain dans la brûlure des souffles d'usines et dans les mirages des
marchés qu'avant Gabrielle Roy, Rainer-Maria Rilke avait évoqué avec
une force extraordinaire : Cf. *Les élégies de Duino et Les sonnets à
Orphée*. Paris, Aubier, Montaigne, 1943, p. 97-98.

de repère. La nature de ceux-ci varie selon les ouvrages où on les retrouve. C'est la montagne qui en est la figure la plus fréquente.

La montagne

Il n'y a guère que *La Petite Poule d'Eau* qui ne présente pas de montagnes à l'attention du lecteur. Toute l'histoire de la famille Tousignant s'écoule au pays des lacs ; *Rue Deschambault* offre au regard émerveillé d'une Christine qui va et vient dans sa balançoire « des collines bleues » [66] ; *Bonheur d'occasion* institue au-dessus du quartier Saint-Henri le Mont-Royal de la santé et de la richesse ; le lac Vert où se réfugie Alexandre est bordé, d'un côté, par « une suite de collines à contour paisible » [67].

A deux reprises, dans les *Nouvelles esquimaudes*, le vieil Isaac est abandonné dans son fauteuil roulant sur une colline où des enfants l'ont conduit. Le mot *montagne* apparaît dans les titres mêmes de deux ouvrages : *La montagne secrète* et *La route d'Altamont* (Altamont, de *alta mons*, la haute montagne). Tous ces monts se dressent au centre d'une œuvre en mouvement. Ils deviennent des pôles permettant aux voyageurs, aux marcheurs éternels créés par Gabrielle Roy, de s'orienter.

L'action de *La montagne secrète* gravite autour de la montagne elle-même. Celle-ci est véritablement l'astre central qui gouverne un cosmos : en premier lieu le cosmos du voyage dans le désert du Nord, en second lieu le cosmos du rêve. Aucune démarche dont l'orientation ne doive rien, dans l'immédiat ou le lointain, à la montagne. Il en va de même dans le récit *La route d'Altamont* de l'ouvrage portant ce titre. Tout s'enracine dans le premier âge, les goûts, les amours et les détestations. Pour la mère de Christine, les montagnes symbolisent l'enfance éloignée. Et dans l'enceinte de ces collines, un petit village, évocation fugitive d'une enfant de jadis, dont la vie n'a d'importance pour personne sauf pour l'adulte qu'elle a engendrée.

Dans le Montréal de *Bonheur d'occasion* et d'*Alexandre Chenevert*, la montagne représente encore la stabilité au sein de la fourmillière humaine. Stabilité cosmique d'abord du pôle naturel qui forme avec le fleuve une sorte d'axe autour duquel s'ordonne Montréal [68] : stabilité arrogante ensuite qui donne à la richesse sur la pauvreté le privilège de la puissance sur la faiblesse. Le souvenir de Chenevert faisant l'ascension du Mont-Royal traduit bien son désir, librement

---

66. P. 42.
67. *Alexandre Chenevert*, p. 190.
68. Cf. *Les deux Saint-Laurent*, dans le *Bulletin des agriculteurs*, juin 1941, p. 8-9, 37, 40.

échafaudé pendant le jeune âge, de se dégager d'un contexte de misère.

Si l'on se souvient que « la pierre symbolise la pure existence et qu'elle est aussi éloignée que possible des émotions, des sentiments, des fantasmes, de la pensée discursive de notre conscience » [69], on comprendra l'aptitude de la montagne à représenter l'immobilité de l'absolu et à devenir, même avec tout le détachement que cela implique, une sorte d'invitation aux « voyages infinis de l'âme » [70].

Il est enfin un texte particulièrement intéressant pour le sujet qui nous occupe. La lecture de *La steppe* de Tchékhov a toujours ému Gabrielle Roy. Elle-même devait d'ailleurs écrire sa propre *Steppe* : elle s'appelle *La vallée Houdou*. Dans cette « plaine s'ouvrant sans fin et sans réserve, à la mesure du ciel lui-même sans limites », s'étendant « d'un seul tenant, d'un horizon plein d'attrait à un autre encore plus attirant » [71], les pauvres exilés des Karpates refusent de s'implanter. En attendant, ils vivent dans le triple encerclement des tentes rondes et des wagons désaffectés, des marais et des moustiques, de la plaine elle-même comme une barrière de vide. Car ils ont besoin des accidents du sol, des montagnes, des dépressions de terrain pour apprivoiser leurs rêves. Aussi l'inévitable réponse de Strekov, de Streliov et de Zibinov, à qui leur demande ce qu'ils ont vu pendant leurs journées de recherches, est-elle une scansion de l'amertume : « Niet. Nous n'avons vu que le plat pays toujours ». Puis, un soir, à l'heure du couchant, la vallée Houdou étale sa trompeuse magnificence devant l'âme instable de ces hommes :

> D'une splendeur insolite, bien plus proche tout à coup de l'orient que de la plaine aux teintes le plus souvent assourdies, elle flamboyait devant eux sous les flots de lumière cuivrée que le soleil de cette fin de jour y déversait. D'innombrables fleurs, entre les ronces et les hautes herbes coupantes, en tiraient un éclat presque insoutenable. Des fleurs dont aucune, à ce que l'on disait, n'avait point un dard, un suc vénéneux, une blessure à infliger, mais

---

69. Marie-Louise von Franz, *Le processus d'individuation*, dans *L'Homme et ses symboles*, p. 209.

70. *Bonheur d'occasion*, p. 33. Il faut rapprocher ce sens de la montagne de l'image d'« immense oiseau de proie aux ailes de roc tendues vers le large » : « C'était à Port-au-Persil, hameau détaché du village de Saint-Siméon, face au fleuve qui s'élargit là sur plus de vingt milles et qui reçoit de la mer ses marées et ses souffles pénétrants. A l'arrière, des montagnes ferment l'horizon. Sur le flanc de l'une d'elles, s'approchant de la côte, je me plaisais à imaginer la forme d'un immense oiseau de proie aux ailes de roc tendues vers le large » (*Les terres nouvelles de Jean-Paul Lemieux*, dans *La vie des arts*, n° 29, hiver 62-63, p. 39). Ici, le mystérieux mouvement de la vie s'est réfugié dans l'image pétrifiée d'ailes ouvertes en direction de la haute mer.

71. *Mon héritage du Manitoba* dans *Mosaïc 3:3*, p. 70.

étrangement somptueuses, énormes, en ombelles de velours
grenat, en capitules d'or sombre, en corolles pourpres ou
laiteuses, avec des feuilles raides et lisses, enduites d'un
vernis qui brillait, des masses et des masses de fleurs inconnues ailleurs.

Au loin des nuages teintés de rouge violent fermaient
cette curieuse vallée en l'entourant comme d'une chaîne de
collines aux replis d'une attirance indescriptible. En effet,
chacun paraissait ouvrir dans le rouge du ciel un passage
secret et mystérieux vers un lieu où devaient enfin régner
la certitude et le bonheur. De minute en minute, d'ailleurs,
sous le ciel qui continuait à flamber, les lointains acqué-
raient plus de profondeur encore et appelaient en silence [72].

Toutes les séductions de l'imaginaire jouent dans ce texte. Là où
l'expérience dit suc vénéneux, dard et blessures à infliger, le rêve
voit des flots de lumière cuivrée, des fleurs dont l'éclat est presque
insoutenable. Là où le réel fait apparaître des nuages, le rêve voit des
montagnes infiniment attirantes. La vallée semble offrir tout à la
fois les montagnes Humides, les fleurs et la lumière pour combler
le désir de voyage et le besoin d'intimité des Doukhobors. Alors,
malgré la logique qui s'exprime par la bouche de McPherson, on
entend les trois hommes s'écrier avec surexcitation : Da, Da. Aux
montagnes du lointain, au soleil rougeoyant, à la rivière dans l'herbe,
à la rare paix et aux oiseaux, ils disent oui. « Ils restèrent longtemps
immobiles, les yeux mouillés, à contempler le paysage et à écouter
leur âme subjuguée » [73].

Ils savent, ou à peu près, rapporta l'interprète, que la
montagne et la rivière ne sont qu'illusion, mais ils disent:
peu importe, puisque nous les voyons. Et si nous trois,
par un grand bienfait du ciel, avons revu ici les montagnes
et une rivière de notre doux pays, pourquoi n'en serait-il
pas de même pour nos femmes, nos enfants, nos vieillards ?
Est-ce qu'eux aussi ne verront pas ces choses ? Et, les
ayant vues, n'en seront-ils pas aussi consolés ? [74]

Cette nouvelle nous ramène d'abord vers le passé, le Caucase de
l'enfance. Puis, elle propose une sorte d'incarnation ténue du rêve
dans tout ce que McPherson appelle « mirage, tromperie, effet de
l'heure et du soleil » [75], enfin l'image brillante gravée au fond de
l'âme et qui gouverne dorénavant la vie. L'horizon de la conscience
devient parallèle à l'horizon de la plaine ; le voyage épouse le rêve.

72. Gabrielle Roy, *La vallée Houdou*, (p. 110-111 du manuscrit).
73. *Ibid.*, p. 113.
74. *Id.*
75. *Ibid.*, p. 112.

Nous avons vu que, jusqu'à maintenant, la plaine était le plus caractéristique des espaces immenses. Nous avons vu aussi que, collines immobiles au bord du ciel profond ou chaîne lointaine des vieilles montagnes les plus rabotées de la terre [76], « pareilles à un campement sans fin de tentes à peu près égales en hauteur » [77], les montagnes soutiennent une ligne d'horizon en fuite et orientent les paysages. Dans l'immensité, elles ont commencé de nous forcer à lever le regard. L'immensité ne porte plus sur le seul domaine de l'étendue. Elle touche celui de l'élévation. Du ciel sans fin, de la transparence de l'éther, de la mobilité extrême de l'air, le vent est l'image.

> — D'où que vienne le vent
> Il rapporte de ses voyages,
> A travers l'infini des champs et des villages,
> On ne sait quoi de sain, de clair et de fervent.
> Avec ses lèvres d'or frôlant le sol des plaines,
> Il a baisé la joie et la douleur humaines
> Partout [78].

Ainsi chantait Verhaeren dans son poème *A la gloire du vent*. Ainsi chantera Gabrielle Roy cinquante ans plus tard. Quand Martha, ce personnage tout de rêve et de mélancolie, gagne la petite chapelle solitaire de Volhyn qu'elle s'efforce de maintenir vivante, le vent vient lier avec elle une étrange conversation :

> Puis Martha devint attentive à quelque souffle d'air qui frémissait sur le seuil ; c'était le vent, comme étonné de trouver ouverte cette porte depuis si longtemps close. On eût dit qu'il se retenait d'avancer ou de reculer, saisi de curiosité. « Qu'est-ce donc qui se passe aujourd'hui ? » semblait chuchoter le vent.

> Et Martha sourit comme si quelqu'un d'amical lui eût adressé un petit signe. Rien ne pouvait être plus câlin et envoûtant que le vent parfois si furieux de ce pays. Tous les mouvements de l'âme, la stérile révolte humaine l'ébranlant presque jusqu'à la folie, les grands coups d'ennui frappant de toutes parts, et aussi l'abandon, la douceur, le calme, il semblait que le vent connût tout cela et tour à tour cherchât à leur donner expression. « Il doit connaître les âmes, un peu de ce qui s'y passe », pensait parfois Martha, car sans cela comment pourrait-il être si changeant, si impétueux, parfois soumis, mais toujours porté à chercher, à chercher. Qu'est-ce donc que nous cherchons, dit-elle,

---

76. Cf. *La rivière sans repos*, p. 314.
77. *Nouvelles esquimaudes*, p. 29.
78. E. Verhaeren, *Choix de poèmes*, avec une préface d'Albert Heumann. Paris, Mercure de France, 1948, p. 159.

comme si elle et le vent eussent été ensemble appliqués à démêler la même histoire. Puis vivement elle dit : « Mais entre, entre donc ».

Et comme si le son de cette voix humaine eût attiré le vent, il franchit le seuil. Un souffle léger, chanteur, embaumé de son passage sur les prairies, à la fois timide et joyeux, envahit la petite chapelle. De côté et d'autre, elle l'entendit voltiger, se cogner doucement aux murs, soulever par terre du papier déchiré, puis se faire immobile quelque part tel un enfant joueur qui prétend se faire oublier [79].

Le vent est une sorte de conscience de l'espace, de l'univers, la conscience cosmique de l'homme. Il évolue parallèlement à la conscience individuelle. A l'instar du narrateur-Dieu, il sait tout, mais de cette science nocturne qui s'appuie davantage sur l'intuition que sur la raison. Science de cet infiniment mobile que sont les sentiments. Aussi sa vocation réside-t-elle dans la manifestation symbolique des nuances de l'âme. Il faut relire les pages 76-77 de *Bonheur d'occasion*. Le baiser dans la tempête s'accompagne des images de vague et de tourbillon provoqués par le vent. Deux sentiments confus agitent l'âme de Florentine : ou bien elle espère que ce baiser lui ouvrira l'avenir qu'elle souhaite, vie heureuse hors du cercle des misères familiales ; ou bien elle craint que, pour Jean, il ne soit tout au plus qu'une faible et passagère émotion dépourvue de signification réelle. Dans un cas, la vague entraîne vers un avenir intimement uni au rêve de bonheur ; dans l'autre, on pressent qu'au sein des horizons fermés, les jeux sont déjà faits.

Ces images de vent, de neige et de tourbillon se révélaient déjà prophétiques dans l'inutilité de leur mouvement dès le début de *Bonheur d'occasion*.

Florentine... Florentine Lacasse..., moitié peuple, moitié chanson, moitié printemps, moitié misère, murmurait le jeune homme. A force de regarder danser la neige sous ses yeux, il lui semblait qu'elle avait pris une forme humaine, celle même de Florentine, et qu'épuisée mais ne pouvant s'empêcher de tourner, de se dépenser, elle dansait là, dans la nuit, et restait prisonnière de ses évolutions. « Ces petites

---

79. Gabrielle Roy, *Un jardin au bout du monde*, (p. 64-65 du manuscrit). Elle confiait à Alice Parizeau : « C'est un temps que j'aime. Vous comprenez, il est merveilleux de marcher dans le vent. Cela m'arrive souvent de partir ainsi à l'aventure. Québec est une si jolie ville... Le vent vient du fleuve. Il est différent de ceux d'ailleurs. Et si je suis à ce point sensible à sa présence, c'est parce que ma mère l'a toujours aimé. Je pense qu'on survit surtout dans ce qu'on a aimé... C'est ça qui nous confère une sorte d'immortalité dans le souvenir des êtres » (*Gabrielle Roy, la grande romancière canadienne*, dans *Châtelaine*, Montréal, avril 1966, p. 44).

filles-là, se dit-il, doivent être ainsi ; elles vont, viennent et courent, aveuglées, à leur perte » [80].

L'image du tourbillon en est une de la mobilité extrême de l'être, mais circonscrite et centrifuge. Mobilité dangereuse parce que génératrice d'aveuglement, parce qu'elle n'offre que l'illusion du mouvement, parce qu'elle isole, étant mobilité de la passion exclusive. Déjà, Florentine avait été jugée par Jean Lévesque, condamnée et perdue.

Le vent sera tantôt amical comme celui qui est répandu sur le quartier où se trouve la succursale J de la Banque d'Economie de la Cité et de l'Ile de Montréal, vent qui souffle le printemps sur la route triste et les âmes inquiètes. Il sait encore prendre l'accent de la douleur tel celui qui pleure absurdement dans la *Tempête* [81] ; tel celui qui assaille le manoir moyenâgeux de Thorbridge dans le Dartmoor, « le douloureux vent des landes, ce vent terrible qu'on dirait coupé de plaintes, de hoquets, traversé d'imprécations et de longs appels de détresse » [82].

Et puis, à côté du vent de douleur paraît le vent de tempête, celui dont la voix jette des « cris sauvages » [83], celui qui « glapit comme un fou furieux » [84], celui qui poussait des « cris horribles » [85] quand les proches de Deborah, après avoir suivi ses pas solitaires dans la neige, furent bien forcés de constater qu'au-delà de la banquise, il n'y avait que « le tumultueux et sombre paysage d'eaux noires » [86].

---

80. *Bonheur d'occasion*, p. 27. Cf. aussi *ibid.*, p. 26.
81. Cf. *Rue Deschambault*, p. 229-230.
82. *Une histoire d'amour*, dans la *Revue moderne*, mars 1940, p. 8.
83. *Bonheur d'occasion*, p. 55.
84. *La Côte de tous les vents*, dans le *Bulletin des agriculteurs*, octobre 1941, p. 42.
85. *Nouvelles esquimaudes*, p. 59.
86. *Id.* Le plus souvent, chez Gabrielle Roy, le dynamisme de la tempête s'exprime en termes de dynamisme animal : « Un passant allait tout seul. Il enfonçait profondément à chaque pas ; autour de lui se soulevaient des formes blanches, glapissantes ; le cou rentré dans les épaules, les pans de son manteau envolés derrière lui, il marchait péniblement contre la tempête » (*Alexandre Chenevert*, p. 306). « Il vint une tempête assourdissante dont les glapissements de meutes invisibles tourmentèrent et terrifièrent les chiens de traîne » (*La montagne secrète*, p. 52). « Et la neige commença de s'étirer à partir du sol, puis de voler, de monter, de remplir l'atmosphère » (*Rue Deschambault*, p. 225). « Tout près de nous, la tempête comme un enfant incompris pleurait et trépignait à la porte » (*Ibid.*, p. 260). « Vers huit heures du soir, la poudrerie se déchaîna. Les volets disjoints battaient ; on entendait parfois comme une déchirure de zinc au toit des maisons ; les arbres noirs se tordaient avec des craquements secs au cœur de leur tronc noueux. Les vitres crépitaient sous des poignées de grenaille. Et la neige continuait à tourbillonner, s'infiltrait sous les portes branlantes, glissait dans les joints des fenêtres et cherchait

Conscience du monde à l'image de la conscience de l'homme, le vent donne un visage aux sentiments humains.

Ainsi, à la maison des espaces intimes a correspondu la plaine des espaces immenses. Cette dernière n'est pas seulement image d'étendue ; elle est image d'espace. Les montagnes proposaient déjà l'élévation comme dimension de l'immensité. Mais c'est surtout la présence du vent et des oiseaux qui assure à l'image aussi bien sa hauteur que sa profondeur. L'oiseau dynamise l'air.

L'oiseau

Le départ pour le plus étrange voyage de *Rue Deschambault* s'accomplit sous de grands vols d'oiseaux. La mère, après avoir placé ses enfants dans diverses institutions, après avoir tout ordonné, se met en route avec la cadette [87].

Le voyage avait toutefois été précédé de ces rapides tournées dans les magasins de Winnipeg où Eveline avait acheté le tissu nécessaire à la confection des costumes. Chaque fois, elle avait vu les mouettes qui poussaient ce que Pierre Cadorai appellera des « cris d'espace » [88]. « Vers le milieu du pont Provencher, maman et moi nous fûmes environnées de mouettes ; elles volaient bas au-dessus de la rivière Rouge » [89]. Et, sans transition, l'auteur continue :

> Maman prit ma main et la serra comme pour faire passer en moi un mouvement de son âme ; cent fois par jour, maman recevait de la joie de l'univers ; parfois ce n'était que le vent ou l'allure des oiseaux qui la soulevaient [90].

---

partout un asile contre la fureur du vent » (*Bonheur d'occasion*, p. 129). « Puis la tempête de neige s'éleva sans que Ian cette fois eût son mot à dire. Le vent le poussait dans le dos comme il eût poussé une maigre touffe de végétation arrachée au sol. Il chassait tout du même mouvement rageur, à l'infini. Les chiens, le traîneau, la neige en pans obliques, tout, malmené et harcelé, passait en fuyant indéfiniment » (*La rivière sans repos*, p. 242-243). « La tempête a toujours exercé une grande influence sur mon esprit. Elle m'a toujours fascinée et plongée dans une intense curiosité. Elle m'apparaît comme une tentative de révolte des éléments. Une grande bête souffrante secoue ses chaînes à côté de nous dans l'invisible et tente de faire entendre le désespoir qui, à certaines heures, assaille, semble-t-il, la création. C'est la révolte, pourrait-on dire si l'on osait, de l'inarticulé » (*Entretien* du 6 février 1970).
87. Cf. *Rue Deschambault*, p. 88 ss.
88. *La montagne secrète*, p. 36.
89. *Rue Deschambault*, p. 88. « Elle se mit à sourire en regardant les mouettes » (*Id.*). « Mais les mouettes accompagnèrent nos pensées... jusque chez Eaton... au rayon des étoffes... » (*Ibid.*, p. 89). « Nous avons retraversé le pont, et les mouettes nous ont accueillies de leur petit cri pointu, si étrange !... » (*Ibid.*, p. 90) « Les mouettes de nouveau, comme nous traversions le fleuve, se sont trouvées sur notre passage... » (*Ibid.*, p. 112).
90. *Ibid.*, p. 89.

Les véritables introductrices au long voyage, ce sont elles, les mouettes, images de la pensée et de la liberté, de l'imagination et de la rapidité des opérations de l'esprit, qui escortent la mère et l'enfant jusque chez Eaton, elles qui font chavirer la longue habitude de docilité maternelle. Ce qui revient en surface, c'est la réaction parfois dure, souvent incompréhensible de la femme — l'homme est-il si différent ? — à son propre vieillissement. La jeunesse éternelle de l'oiseau a ressuscité chez la mère le désir d'oublier le temps corrupteur. Elle le dira à son mari avec fermeté bien qu'indirectement : « Oui, Edouard, jusqu'à ton passé, jusqu'à ton enfance... Sans le passé, que sommes-nous Edouard ? demanda-t-elle... Des plantes coupées, moitié vivantes !... Voilà ce que j'ai compris » [91]. Enfance du mari aussi bien qu'enfance de l'épouse. Les mouettes offrent à la femme penchée sur le parapet du pont Provencher la vision d'une âme délestée de ses années et de sa routine. « Les oiseaux sont des images de l'âme » écrit Jung [92]. A cette vision transformée en appel, la mère n'a pu se résoudre à opposer un refus. Le voyage l'a entraînée dans un temps où l'âge ne pèse plus, où l'âme retrouve la noblesse et la pureté des premières années. La métamorphose de la voyageuse atteint à un tel degré de perfection que, loin d'avoir à subir des reproches, elle parvient à travers le récit de son périple, à envoûter Edouard au point que celui-ci s'approche peu à peu d'elle pour mieux voir son visage où « les souvenirs étaient comme des oiseaux en plein vol » [93].

Ce seront les mouettes encore, mais pathétiques, qui accueilleront Pierre sur les côtes de France. Ce seront des mouettes, calmes, apaisées peut-être pour avoir contemplé la sérénité et le bonheur de ses deux plus fervents visiteurs, que le vieillard et l'enfant verront au lac Winnipeg. Mais lorsque commencera de poindre le désir du retour, lorsque le lac changera en voix d'ombre sa voix de clarté, les mouettes couperont court à leurs évolutions et le huard, qui « ne se plaît qu'en des endroits écartés » [94], fera entendre son cri. L'oiseau devient l'âme du lac. Il communique à l'enfant son sentiment d'étrangeté. Aussi continue-t-il d'habiter l'esprit de Christine quand les deux voyageurs reviennent dans la petite rue écrasée de chaleur [95].

L'image de l'ichtydé [96] permettra à Gabrielle Roy de traduire le mouvement universel qui saisit Florentine et Emmanuel lors de leur

91. *Ibid.*, p. 121.
92. *Métamorphoses de l'âme et ses symboles*, p. 360.
93. *Rue Deschambault*, p. 122.
94. *La route d'Altamont*, p. 132.
95. Cf. *ibid.*, p. 152.
96. Cf. *Bonheur d'occasion*, p. 300.

instant d'intimité dans la petite anse au bord du Saint-Laurent [97]. Le « grondement millénaire » [98] du fleuve épouse le non moins millénaire grondement de la passion dans le cœur de l'homme et de la femme. Il se traduit dans les mouvements de l'oiseau-âme :

> Un ichtydé s'élevait au-dessus des replis argentés de l'eau, et ses ailes de flamme brillaient ; tout ce qui restait de faible clarté semblait suivre cette tache de couleur selon les évolutions de l'oiseau, le retrouver en bas dans les roseaux et, soudain, très haut, parmi les branches d'un orme [99].

L'oiseau-âme, l'oiseau-conscience apparaît de façon précise dans le dernier rêve d'Alexandre sortant de son univers nocturne :

> Mais, à présent, un oiseau lançait quelques notes éparses à travers le sommeil d'Alexandre. Et le dormeur, dont la mémoire avait recommencé de fonctionner, connaissait que les ailes de l'oiseau devaient être tachetées de rouge vif. Les premières manifestations de la vie pénétraient en ce pays muet par une gradation lente vers la conscience. Avant de s'entrevoir lui-même, Alexandre percevait la fraîcheur du matin. L'appel de l'oiseau fut plus fort, plus rapproché. Aussi doucement qu'une longue et dernière vague souple apporte à la rive son écume et ses fleurs, le sommeil déposa Alexandre sur le seuil du jour [100].

Le progrès de la conscience est évident : présence de l'oiseau, présence du rouge sur les ailes, fraîcheur du matin — le corps de l'oiseau fait pour ainsi dire partie de l'espace matinal de telle sorte que, de l'un à l'autre, la progression est régulière — appel de l'oiseau de plus en plus rapproché, enfin vague d'écume et vague de fleurs : le sommeil dépose Alexandre au seuil du jour.

Ce symbolisme général de l'oiseau ouvre la voie à un symbolisme plus étroit relié au fait que la gent ailée vole haut ou bas. Les oiseaux qui volent bas sont considérés comme les symboles des hommes terre-à-terre, les autres comme l'image des êtres plus spirituels. Tout le sermon du Père Joseph-Marie repose sur cette antithèse [101].

---

97. Gabrielle Roy me disait au cours d'une conversation téléphonique, le 9 mars 1970, que, selon le souvenir qu'il lui reste de ce qu'elle avait dans l'esprit au moment de la rédaction de *Bonheur d'occasion*, il n'y avait eu, entre Florentine et Emmanuel, qu'un baiser passionné et rien de plus. « Si j'ai décrit, ajoutait-elle, avec beaucoup de précision cette anse, c'est que tout simplement je me suis souvenue d'un endroit où, seule, je me rendais fréquemment en été. Je prenais le tram et là, je pouvais rester des heures à contempler le fleuve. Souvent même, je me mettais les pieds dans l'eau ».
98. *Bonheur d'occasion*, p. 300.
99. *Id.*
100. *Alexandre Chenevert*, p. 206.
101. Cf. *La Petite Poule d'Eau*, p. 255.

Ainsi, l'oiseau et le vent donnent à l'immensité sa profondeur et sa hauteur.

Dans plusieurs espaces intimes, on a noté la présence du feu. Son action est discrète, sauf, peut-être, dans la cabane du lac Vert. Les éléments dominants des espaces immenses sont la terre — l'étendue figée — et l'air — le vent et les oiseaux. La fréquence de ces images pose la question du tempérament imaginaire de la romancière.

Tempérament imaginaire de Gabrielle Roy

Gaston Bachelard a divisé les tempéraments imaginaires en quatre familles selon que prédominait l'un ou l'autre des quatre éléments traditionnels : l'eau, l'air, le feu et la terre. Ce qui a été dit des espaces immenses ne permet pas de rattacher la vie imaginaire de Gabrielle Roy à un seul élément. En réalité, les quatre éléments donnent naissance à des images spécifiques qui dynamisent, chacune à sa manière, l'œuvre de la romancière. Pour une raison difficile à préciser, le feu ne semble pas exercer sur Gabrielle Roy une fascination déterminante. L'eau joue un rôle plus considérable. Elle apparaît dans la plupart des ouvrages. Le plus souvent comme une évocation du temps, de la vie et de la mort, comme un élément de pacification. Mais elle n'a pas l'importance de l'air ni celle de la terre.

Après avoir terminé la rédaction de L'Arbre, Gabrielle Roy songea, pendant quelque temps, à écrire des textes semblables sur les grandes images qui polarisent son univers imaginaire. Au nombre de celles-ci figurait l'eau. Mais elle renonça bientôt à son projet, prétendant que cette image ne s'enracinait pas assez profondément en elle. L'arbre faisait partie du paysage de son enfance, l'eau, point.

L'imaginaire de Gabrielle Roy est surtout mis en mouvement par la plaine — donc la terre à perte de vue — et le ciel — donc l'air à perte d'espace. Il peut paraître étrange qu'un écrivain soit profondément redevable à des images aussi différentes que celles-là. Mais, outre que les contrastes précisément abondent dans cette œuvre, terre et ciel se fusionnent sous l'image d'immensité. Terre et ciel sont les deux composantes de l'immensité.

De ce monde, Gabrielle Roy a pris conscience à travers les espaces infinis de l'Ouest. Elle ne connaîtra la mer que plus tard. Toute jeune encore, en compagnie d'Alicia, Christine se réjouissait de ce que leurs excursions les conduisaient toujours du côté sauvage de leur rue [102]. Plus tard, elle parcourra, comme un royaume fami-

---

102. Cf. Rue Deschambault, p. 149.

lier malgré son mystère, « les petites routes rectilignes, inflexibles,
qui sillonnent la Prairie canadienne et en font un immense quadril-
lage au-dessus duquel le ciel pensif a l'air de méditer depuis longtemps quelle pièce du jeu il déplacera, si jamais il se décide » [103].

> On peut s'y perdre, on s'y perd souvent. Ce que j'avais
> devant moi, c'étaient, à la fois se rejoignant et se quittant,
> étendues à plat dans les herbes comme les bras d'une croix
> démesurée, deux petites routes de terre absolument iden-
> tiques, taciturnes, sans indication, taciturnes autant que le
> ciel, autant que la campagne silencieuse tout autour qui
> ne recueillait que le bruissement des herbes et, de temps à
> autre, le trille lointain d'un oiseau invisible [104].

Il faut de plus remarquer le peu d'indépendance et d'autonomie
de la rivière dans *La Petite Poule d'Eau* ; combien plus, en revanche,
les éléments dont la croissance exige la présence de la terre humide
retiennent l'attention :

> On s'en allait ensuite au fil de l'eau, tout enveloppé
> d'un silence comme il s'en trouve peu souvent sur terre, ou
> plutôt de froissements de joncs, de battements d'ailes, de
> mille petits bruits cachés, secrets, timides, y produisant
> quelque effet aussi reposant et doux qu'en procure le
> silence. De grosses poules des prairies, presque trop lourdes
> pour voler, s'élevaient quelque peu des bords embroussaillés
> de la rivière pour aller s'abattre aussitôt un peu plus loin,
> déjà lasses de leur paresseux effort.

> Débarquant sur la rive opposée, on devait traverser à
> pied une île longue d'un demi-mille, couverte de foin ru-
> gueux et serré, de bosses et de trous boueux et, si c'était
> l'été, de moustiques énormes, affamés, qui se levaient par
> milliers du terrain spongieux [105].

Cette union substantielle de la terre et de l'eau au sein du marécage
constitue une image de tellurisme. Elle n'est pas la seule. Mention-
nons encore ces mouvements arrêtés qui, chez un rêveur terrestre,
transforment en vagues de la terre, les plis des collines. Dans la
toundra, ces collines deviennent amoncellements de neige :

> Elle revenait à sa baie panoramique, attirée malgré
> elle par l'immense paysage nu. La neige, par les jours sans
> soleil, était livide. Avec ses longues crêtes amassées par le
> vent, que l'on aurait dites figées dans leur déroulement

---

103. *La route d'Altamont*, p. 195.
104. *Id.*
105. *La Petite Poule d'Eau*, p. 13.

telles des vagues à l'infini, elle composait une sorte de mer pétrifiée [106].

... mer infinie de la toundra... [107].

Le tellurisme joue donc un rôle important dans l'imaginaire de Gabrielle Roy. Il s'exerce dans le sens d'un attachement aux réalités stables.

Mais, peut-être justement parce que Gabrielle Roy a toujours refusé le seul réalisme du corps, le seul réalisme de la lourdeur et de l'opacité, sa rêverie emprunte-t-elle à l'air des images de légèreté, d'aisance, d'instabilité. Après avoir parlé du vent et de son « jeu éternel » [108], il faut aussi mentionner la fascination que la lumière exerce sur Gabrielle Roy. Lumière du soleil à l'horizon de la plaine, lumière du matin dans laquelle s'achève *Rue Deschambault* et *La route d'Altamont,* lumière artificielle de « l'œil ardent de la locomotive » [109] qui strie l'obscurité de Shaunavon, et combien d'autres. Il faut faire état de son besoin profond de liberté, de « notre soif de liberté » [110]. Elle veut prospecter tout à sa guise les portions du réel qu'il lui plaît. Il faut s'arrêter à l'exaltation que la plupart des personnages masculins de *Bonheur d'occasion* tirent du pouvoir de la parole, signaler les dons de conteuse de la mère de Christine. Dans les *Jeux du romancier et des lecteurs,* texte reproduit en appendice de ce travail, Gabrielle Roy écrivait : « J'imagine que le premier cercle amical des hommes à se former sur terre a dû se former autour d'un conteur ». Rappeler le respect profond que l'écrivain entretient vis-à-vis de la parole et sa déception quand le verbe devient marchandise de foire :

> Beaucoup ne choisissent donc pas. Beaucoup entendent ces discours vitrioliques de Hyde Park, et ne sont pas empoisonnés. Beaucoup entendent ces discours doux et bons, et ne sont pas touchés. Beaucoup entendent. Peu comprennent. Quelques-uns rient.

> Moi, je n'ai jamais pu rire beaucoup. Cette foire de parole, cette exhibition de sentiments et de convictions, m'a toujours semblé triste. J'y ai toujours erré avec mélancolie, ne comprenant pas que la vérité puisse avoir tant d'apparences décevantes.... et je m'en suis toujours éloignée avec un certain dégoût du bruit, un besoin de silence et de solitude.

---

106. *La rivière sans repos,* p. 189.
107. *Ibid.,* p. 141.
108. *Un jardin au bout du monde,* (p. 61 du manuscrit).
109. *Rue Deschambault,* p. 50.
110. *Le thème « Terre des hommes » raconté par Gabrielle Roy,* (p. 34 du manuscrit).

La foire aux paroles désenchante. Elle décourage en encourageant la parole. Elle est un paradoxe [111].

Il faudrait encore dire l'attrait exercé sur la romancière par le mirage : « J'étais habituée aux mirages de la plaine, et c'était l'heure où ils surgissent, extraordinaires, ou tout à fait raisonnables : parfois de grands espaces d'eau miroitante, des lacs salés, lourds et sans vie, — souvent la mer Morte elle-même apparaît chez nous, au ras de l'horizon » [112]. Mettre en relief ces oscillations, ces balancements, ces tournoiements, cette marche du progrès qui souvent emprunte des voies ascensionnelles : j'ai signalé ces routes qui partent du fond des temps et montent vers aujourd'hui. « Le silence sembla venir intact jusqu'à eux depuis le commencement du monde » [113]. Montrer l'attention portée par Gabrielle Roy à tout ce qui se meut dans l'espace, à cette joie qu'elle reçoit, comme jadis sa mère, du vent, des oiseaux, de l'univers [114].

Si l'on en croit enfin Michel Mansuy [115] pour qui il existerait une harmonie aérienne faite de quatre notes : lumière, musique, parfum et rythme, le texte *Les deux Nègres* (*Rue Deschambault*) serait une illustration intéressante du psychisme aérien de Gabrielle Roy. Tout s'y déroule selon un rythme binaire, le plus souvent dans la lumière du soir — sauf l'arrivée proprement dite du Nègre « par une éclatante journée de juin » [116] — dont le relief est encore accusé par la nuit naissante comme celui des deux Nègres l'était par les Blancs de la rue Deschambault et les cadeaux toujours blancs de « Mister Jackson from C.P.R. » L'odeur nocturne des giroflées s'oppose à l'eau de Cologne du « très honorable employé du Canadien Pacifique » [117]. Le texte s'achève dans l'harmonie des cœurs et des sons :

> Peu après, privé de sa compagne, le Nègre des Guilbert vint au salon rejoindre notre Nègre qui, accompagné par les accords d'Odette, chantait. Alors arriva Gisèle qui prit place près de ma sœur sur le banc du piano, et les deux jeunes filles soutenaient à quatre mains les voix des deux Nègres qui se lançaient en d'admirables variations ; l'une profonde comme la nuit, l'autre seulement comme le crépuscule, elles s'échappaient de toutes nos fenêtres ouvertes, elles roulaient en même temps que des reflets de lune sur nos pelouses frémissantes [118].

111. *Chacun sa vérité*, dans le *Jour*, 27 mai 1939, p. 7.
112. *La route d'Altamont*, p. 201. Cf. aussi *Le Manitoba*, dans *Maclean*. juillet 1962, p. 38.
113. *La rivière sans repos*, p. 198-199.
114. Cf. *Rue Deschambault*, p. 89.
115. *Gaston Bachelard et les éléments*. Paris, José Corti, p. 241.
116. P. 13.
117. P. 12.
118. *Rue Deschambault*, p. 27-28.

Ainsi, tout devient invitation au voyage, invitation à la spiritua-
lisation. Il faut aussi noter que les images jugées dignes par Gabrielle
Roy d'être retenues de son œuvre sont liées au symbolisme aérien :

> Beaucoup d'écrivains, parvenus à la fin de leur vie,
> sacrifieraient une bonne part de leur œuvre au salut de
> quelques pages seulement. Mauriac a dit qu'il ne voudrait
> conserver de la sienne qu'une centaine de pages. Peut-être
> voudrai-je n'en garder qu'une dizaine. Et même, un certain
> nombre de ces pages privilégiées, je les sacrifierais pour
> quelques images qui ne me déplaisent pas trop. Celles du
> « trille » de nuages (*La montagne secrète*, p. 31), ou des
> quelques « harpes de feuillage » (*Ibid.*, p. 75) [119].

Gabrielle Roy apparaît donc principalement partagée, sur le
plan de l'imaginaire, entre les dynamismes propres au psychisme terrestre et au psychisme aérien. Comme elle était antérieurement ap-
parue partagée entre les dynamismes propres aux espaces intimes et
aux espaces immenses. Cependant, on l'a vu, la présence plus importante de certains éléments n'implique pas l'absence des autres.
Tous, à un moment ou un autre, exercent leur action. Eléments et
espaces, dans leur variété, ne créent, à la fin, qu'un seul univers.

Dialectique ou fusion des espaces

« Le drame essentiel en moi se trouve, je pense, dans un tiraille-
ment entre le chez-soi et l'infini » [120]. Pourtant, si l'on se donne la
peine d'approfondir, on s'aperçoit qu'espaces intimes et espaces infinis se valorisent mutuellement. La richesse de la maison et la richesse
de la plaine — pour nous borner aux prototypes — ne sont telles
que parce qu'elles posent l'une en face de l'autre ou l'une dans l'autre leurs valeurs antithétiques. Le va-et-vient qui s'établit entre les
deux espaces les rend profondément dépendants l'un de l'autre. Il
indique deux pôles de l'âme : sa tendance à la méditation et son
inclination à l'action — toute action réelle étant marquée du signe
du futur par sa démarche vers quelque but. Entre la plaine et la
maison — toujours entendues ici, l'une comme signifiant l'immensité,
l'autre l'intimité — s'interposent le seuil et le rituel de son passage.
Quand l'oncle Majorique débouche d'un ailleurs où la furie des éléments se déchaîne, on assiste au rite de l'arrivée : bruit, interrogations sur l'identité du nouveau venu, entrée de l'homme emmitouflé,
reconnaissance, présentations [121]. Même cérémonie à l'arrivée du
vagabond [122]. C'est qu'un vent de rêves et d'aventures accompagne

---

119. *Entretien* du 29 juillet 1969.
120. *Entretien* du 28 janvier 1970.
121. Cf. *Rue Deschambault*, p. 78-79.
122. Cf. *Un vagabond frappe à notre porte*, (p. 3-4 du manuscrit).

le visiteur : aventure du Titanic dans le premier cas, aventures personnelles et évocation de la parenté dans le second. Ainsi l'immensité rejoint l'intimité grâce au voyageur heureux de raconter. Par ailleurs, souvent l'intimité occupe l'esprit de celui qui marche dans le désert. Il suffit de se rappeler la joie de Steve regagnant la cabane, ou encore les pensées du docteur Vincent Raymond en route vers la maison d'Anne. Le passage d'un univers à l'autre est maintes fois précédé de quelques instants d'attente, cette attente si éloignée de la vacuité, cette attente comme un destin qui hésite : l'attente de Florentine à l'orée de *Bonheur d'occasion*, son attente au moment où elle va pénétrer chez elle [123], l'attente de Gédéon avant de traverser le seuil de sa cabane et d'allonger pour la nuit son corps vieilli. Toujours l'attente devant un seuil à franchir. Car l'imprévu dont tant de personnages souhaitent l'avènement ne signifie rien d'autre que l'apparition d'un nouveau temps fort dans le déroulement monotone d'une vie ; un cran d'arrêt temporaire suivi d'un départ neuf. Incessant mouvement d'aller et de retour entre deux pôles qui n'attirent et ne dynamisent que dans la mesure où ils s'influencent réciproquement.

Volhyn et son jardin au bout du monde, l'île de la Petite Poule d'Eau dans le demi-désert du Nord manitobain ; le lac Vert (le simple fait, pour Alexandre, de sortir de Montréal constituait déjà une remarquable plongée dans l'immensité), Saint-Denis sur le Richelieu (ici encore, il s'agit d'un véritable bout du monde pour cette famille habituée à graviter autour des usines et de la gare de Saint-Henri), le cloître pauvre de *Ma cousine économe* « aux confins de la vaste plaine poudreuse » [124], la chapelle solitaire dans la lande inculte et raboteuse du Finistère [125], la flamme de la lampe dans une région privée d'électricité, posée sur le rebord d'une fenêtre et aperçue par la romancière alors qu'elle voyage en avion ; le village de Deborah « à peine plus grand qu'un dé posé dans le pays vide » [126], la cabane de Pierre et de Steve dans l'Arctique : autant d'espaces d'intimité au sein de l'immensité. Il est cependant une autre image du phénomène que nous étudions, plus suggestive que celles qui ont été citées.

Ian, après bien des hésitations, a accepté l'établissement d'Elsa chez lui, au vieux Fort-Chimo. Un jour le policier s'y présente et apprend à la jeune femme que son fils devra fréquenter l'école. Plutôt que de se soumettre à la loi, Ian et Elsa préfèrent gagner la

---

123. Cf. *Bonheur d'occasion*, p. 228.
124. *Ma cousine économe*, dans Maclean, août 1963, p. 26.
125. Cf. *Sainte-Anne-la-Palud*, dans la *Nouvelle revue canadienne*, vol. 1, n° 2, avril-mai 1951, p. 12.
126. *Nouvelles esquimaudes*, p. 28.

plaine blanche sans fin. A la tombée du jour, l'oncle, armé de son seul couteau à large lame, découpe des blocs de neige pour bâtir un abri. C'est dans cette intimité où vacille la lumière, que s'accomplit, comme pour clore l'impossible odyssée du couple, l'union physique de l'homme et de la femme. Pouvait-il exister à la fois une image de plus grande intimité et de plus grande solitude que celle de Ian et d'Elsa dans l'iglou livré au froid, à la poudrerie et au vent ?

> Le vent prit au dehors. Il criait en faisant le tour de l'iglou isolé dans la nuit sans fin. Il s'arrêtait de place en place tel un chien pour flairer une fissure par où entrer. Sa plainte intensifiait chez le petit garçon le sentiment d'être au chaud, en toute sécurité avec ceux en qui il avait pleine confiance [127].

Mais il est une voie grâce à laquelle les deux pôles de la dialectique se fusionnent. Non pas dans la continuité du temps, mais lors d'instants privilégiés. Quand la solitude de l'homme tend vers l'absolu, quand l'espace immense et désert — ou rempli d'humains, étrangers les uns aux autres — en devient une image, quand la solitude intérieure épouse le rythme lent de la grande solitude cosmique, un sentiment intense vient-il occuper l'intimité de l'homme que cette intensité devient immensité. L'espace intime devient espace immense. Ainsi Alexandre Chenevert dans l'intimité du lac Vert :

> Alexandre partit vers le lac ; mais, après cinq ou six pas, il hésita ; il commença d'aller plutôt vers le bois et, de nouveau, il s'arrêta. Il n'avait fait qu'un tout petit tour sur lui-même. Il regarda alors, tout à fait désemparé, l'immensité du monde tel qu'il lui avait été destiné [128].

Ainsi Christine dans la solitude intime de son grenier (*Rue Deschambault*). La vision fugitive qu'elle a eue de son avenir a transformé l'image de cet avenir en une immensité qui contraste avec le grenier où elle s'est cloîtrée. De même pour Pierre Cadorai après la découverte de la Montagne. A cette solitude dans laquelle il vit, font contrepoids ses productions artistiques et les êtres qu'il tire de leur anonymat ou de leur mutisme. Il en est de même pour Elsa après le passage de l'avion ; de même pour Alexandre au lac Vert, quand il voudrait faire connaître à tous les hommes de la terre le bonheur particulier qu'il a goûté en ce lieu.

Dans cette interaction constante entre espaces d'intimité et espaces d'immensité réside une caractéristique essentielle des images spatiales de l'œuvre : les personnages qui sont plus sensibles à la puissance et au dynamisme de l'immensité finissent par chercher le

---

127. *La rivière sans repos*, p. 238.
128. *Alexandre Chenevert*, p. 195.

repos et le calme de l'intimité : le père dans *Rue Deschambault*. Ceux — ou celles — dont la vie s'écoule plutôt dans l'intimité finissent par chercher l'action dans l'immensité : les déserteuses (*Rue Deschambault*). Enfin, certains unissent en eux les puissances de l'intimité et de l'immensité dans l'intensité : Pierre Cadorai.

— o — o — o —

L'univers imaginaire de Gabrielle Roy est donc soumis à l'influence du mouvement. Celui-ci s'exerce dans le temps et l'espace.

Voyages et routes sont les images clés du mouvement dans l'espace. Cet espace est articulé par une première dialectique entre promiscuité et primitivisme ou entre ville et campagne. Celle-ci recoupe en partie une seconde dialectique entre espaces intimes et espaces immenses. Parce qu'elle permet une étude en profondeur de chacun des espaces romanesques, la seconde a retenu plus longuement notre attention.

Le prototype des espaces intimes est la maison. Celui des espaces immenses, la plaine. Mais l'immensité a trois dimensions, que ce soit l'immensité ouverte de la plaine ou l'immensité fermée de la ville. Les images qui créent dans cet univers l'impression de la profondeur et de la hauteur sont surtout celles de la montagne, du vent et de l'oiseau. L'étude des caractéristiques les plus importantes de chacun des espaces permet de conclure à la bipolarité du psychisme de la romancière : terrestre et aérien. Quant aux espaces intimes et aux espaces immenses, ils se fusionnent à la fin dans le sentiment de l'intensité.

Les images spatiales de l'œuvre de Gabrielle Roy forment donc un tout harmonieusement constitué. Il en sera de même des images temporelles.

Chapitre II

IMAGES ET TEMPS

Si le voyage a été l'image clé de la mobilité spatiale, la rêverie sera l'image clé de la mobilité temporelle. Grâce à la rêverie et à la liaison qu'elle établit entre le présent, le passé et le futur ; grâce au voyage et à la liaison qu'il établit entre les espaces, l'univers imaginaire s'articule autour d'images essentiellement dynamiques. Encore faut-il remarquer que le voyage n'exclut pas la dimension temps, pas plus que la rêverie n'exclut la dimension espace. Si j'ai choisi cette forme de présentation, c'est seulement afin de mieux faire ressortir les dominantes.

Le rêve est le lien par excellence entre les *ici* et les *ailleurs* du temps, c'est-à-dire le présent d'une part, le futur et le passé de l'autre. Par l'intermédiaire du rêve, tout peut renaître sous une lumière de présent. Le rêve donne une vie neuve à tout ce qu'il touche. Il fond les ailleurs dans l'ici. En ce sens, la perfection du rêve comme voyage dans le temps est plus grande que celle du voyage proprement dit dans l'espace.

Le rêve

Depuis toujours, Gabrielle Roy et les personnages qui lui doivent l'existence vivent « le bonheur de rêver » [1]. Mais le rêve s'est transformé selon les contextes où il s'enracinait.

Quand le personnage est écrasé par le travail — ou le manque de travail : Azarius — quand il souffre, confiné dans un hôpital ; quand le monde s'est brutalement rétréci à ses limites matérielles et que les problèmes de la vie concrète rivent chacun à sa chaîne d'immédiat, alors, le rêve se fait évasion, Il répond à un appel d'air des hommes. On rêve son destin. On retouche le passé pour le façonner à l'image de ce qu'on avait souhaité, on aménage le futur afin qu'il soit conforme à ses désirs. On quitte le présent et pour

---

1. Charles Baudelaire, *Curiosités esthétiques*, dans *Oeuvres* ; texte établi et annoté par Y.-G. Le Dantec. Paris, Bibliothèque de la Pléiade, Gallimard, 1954, p. 769.

s'en consoler, on le marque fortement du signe du temporaire. Ce milieu où l'homme ne saurait vivre indéfiniment sans se condamner à l'asphyxie, c'est d'abord Montréal et le quartier Saint-Henri. La vie n'y apparaît pas comme découpée dans le rêve ; c'est plutôt le rêve qui s'établit en dehors de la vie, qui chemine parallèlement à elle. Une sorte d'alternance va du réel au rêve et inversement. Parce qu'il est difficile de vivre, on s'évade dans une autre existence librement choisie ; parce que l'imaginaire est une voie de libération, on accepte momentanément la vie telle qu'elle se présente afin d'accéder plus rapidement à celle qu'on espère. Voilà l'état d'âme le plus habituel d'Alexandre Chenevert et des personnages importants de *Bonheur d'occasion*. Il n'en est aucun qui, parfois, n'éprouve le besoin, pour assumer la tristesse de la vie présente, d'aller puiser dans cette réserve d'illusions nécessaires et bienfaisantes qu'est une vie conçue selon le rêve. Les deux univers sont distincts.

Les romans et les nouvelles qui vont de *La Petite Poule d'Eau* à *Cet été qui chantait* et au *Jardin au bout du monde* présentent le rêve sous un jour différent : dans *Bonheur d'occasion* et *Alexandre Chenevert*, l'univers onirique existait en marge du monde réel ; dans les autres ouvrages, le rêve s'incorpore à la trame même des jours.

La manière d'écrire de Gabrielle Roy, la façon de structurer ses ouvrages, les esthétiques particulières du roman et de la nouvelle, enfin la symbolique des milieux décrits ne sont pas sans rapports avec le découpage proposé, relativement à la place occupée par le rêve.

Ce découpage touche d'abord la manière d'écrire de Gabrielle Roy. L'élément dynamique premier qui l'incitera à rédiger un texte de fiction peut se présenter de deux façons.

Si apparaît d'abord une image ou une grappe d'images desquelles se dégage une idée, lourde de multiples implications, raffinements et développements ; si, en même temps, sont révélés les traits majeurs de la physionomie de certains personnages, alors Gabrielle Roy écrit un roman :

> Quand je commence la rédaction d'un roman, je ne sais jamais avec toute la précision qu'on pourrait souhaiter, où elle me conduira. J'ai d'abord à l'esprit un ensemble d'images desquelles se dégage une idée générale : les deux président à la naissance de l'œuvre. Une idée souvent absurde ou paradoxale [2].

Ainsi, un groupe d'images et une idée organique sont nécessaires pour qu'il y ait matière à roman. L'idée se précise et se ramifie à

---

2. *Entretien* du 2 juin 1970.

mesure que la rédaction progresse. Les principaux développements s'articulent autour d'elle.

La démarche est différente lorsqu'il s'agit de nouvelles. Ni *La Petite Poule d'Eau*, ni *Rue Deschambault*, ni *La route d'Altamont*, ni les *Nouvelles esquimaudes* n'ont été écrites sous la régence d'un ensemble d'images reliées à une idée originale et vaste. Le processus de création a été mis en mouvement après qu'une simple image ait surgi devant l'imagination de l'écrivain et l'ait séduite. Un jour, par exemple, Gabrielle Roy a revu un Nègre qui, dans sa lointaine enfance, avait habité la rue Deschambault. Ce souvenir a provoqué *Les deux Nègres*. Mais voici qu'en écrivant cette nouvelle, une image de détresse enfantine l'a saisie. De là naquit *Petite Misère*. Et ainsi de suite. Chaque image ouvre un chemin. Le cas de *La rivière sans repos* ne fait pas de difficulté. Ce sont d'abord les *Nouvelles esquimaudes* qui ont été écrites, s'engendrant les unes les autres. Puis l'idée « multiple » et la grappe d'images — progrès, cheveux qui bouclent, rapports entre Blancs et Esquimaux, etc. — apparurent, structurés, à l'horizon de l'imaginaire, provoquant le roman.

La forme de la nouvelle convient d'autant mieux que l'image originelle est plus dépouillée. Dans le conte ou la nouvelle, les personnages ne s'imposent pas. Pas plus que le temps et l'espace. Si l'imaginaire domine, créant des situations que la psychologie normale refuserait, le texte se fait conte. Si, au contraire, la vraisemblance l'emporte, fondue dans un écrit où la force du destin est omniprésente, alors paraît la nouvelle. Il existe entre ces deux positions de multiples nuances qui ne facilitent pas le choix de l'étiquette.

Les nouvelles s'engendrent donc les unes les autres, se provoquent les unes les autres, s'emboîtent les unes dans les autres. Non pas nécessairement dans l'ordre que nous connaissons aujourd'hui. Encore que les textes qui composent *La Petite Poule d'Eau* et *La route d'Altamont* aient été écrits selon leur ordre actuel. Quant aux autres recueils, Gabrielle Roy en a ordonné chaque composante selon son importance et de façon à ce que l'ensemble décrive une longue courbe :

> Il me semble qu'aussi bien mes textes courts que mes romans sont écrits de manière à former une sorte de longue courbe. Il y a d'abord longue ascension puis lent retour au point de départ. Cette même courbe se retrouve dans la disposition des textes de *La Petite Poule d'Eau, La route d'Altamont, Rue Deschambault*. Ainsi, en ce qui concerne ce dernier ouvrage par exemple, il me semble que le sommet de la courbe soit atteint avec *Le puits de Dunrea* [3].

---

3. *Entretien* du 23 avril 1971.

La qualité et l'ampleur de l'intuition première déterminent donc la forme que prendra l'œuvre. Il existe cependant deux autres éléments qui influencent le choix de cette forme : le nombre des personnages et le temps.

Le roman de Gabrielle Roy a besoin d'un nombre de personnages d'autant plus grand que le laps de temps pendant lequel se déroule l'action est plus restreint. Si, au contraire, la durée de l'action s'étend sur une longue période, le nombre des personnages diminue proportionnellement. Retenons les deux exemples extrêmes : *Bonheur d'occasion*, dont les personnages sont nombreux, se déroule en quatre mois. L'action de *La rivière sans repos*, où les protagonistes sont peu nombreux, porte sur plus des trois quarts de la vie d'Elsa [4].

Il en va autrement dans les nouvelles. Les événements décrits impliquent un petit nombre de personnages et occupent un laps de temps très court. *Le vieillard et l'enfant* se déroule en moins d'un mois. *Le déménagement* en une journée. *Les déserteuses* en quelques semaines. Quant à *Ma tante Thérésina Veilleux*, c'est un texte essentiellement composé d'images spatiales. Le temps n'y exerce qu'une action secondaire. L'argument consiste dans la marche vers le ciel californien, marche ponctuée d'arrêts que rapporte le récit. Ainsi, temps et personnages prennent des dimensions tout à fait différentes selon qu'il s'agit d'un roman ou d'une nouvelle.

Le rêve, dans ces romans et nouvelles, se rattache à la symbolique des lieux et à la puissance du passé comme objet onirique.

Les ouvrages de Gabrielle Roy sont soumis à une alternance constante entre les romans fermement structurés et les ensembles de textes reliés les uns aux autres par les personnages ou les cadres géographique et historique. On a d'une part : *Bonheur d'occasion*, *Alexandre Chenevert*, *La montagne secrète*, *La Rivière sans repos* ; et d'autre part : *La Petite Poule d'Eau, Rue Deschambault, La route d'Altamont, Cet été qui chantait* et *Un jardin au bout du monde*.

Cette alternance est en partie fondée sur le désir de la romancière, dans la prospection des visages divers du réel, de ne se laisser enfermer ni dans le seul concret ni dans le rêve seul, et, en partie,

---

4. Il est intéressant de signaler ici que Gabrielle Roy a tenté d'écrire une longue fresque romanesque où le nombre de personnages aurait été élevé et la portion de temps requise par le déroulement de l'action très étendue. Après la publication de *La montagne secrète*, elle consacra même deux années complètes à rédiger ce livre. L'œuvre devait raconter l'installation et la vie d'une famille québécoise dans l'Ouest canadien. Malgré son acharnement et sa persévérance, elle dut admettre à la fin que ce genre ne lui convenait pas. Elle abandonna le projet.

sur le besoin de faire succéder aux moments de tension que sont les romans des périodes de détente représentées par les recueils de nouvelles. Le mouvement de sa création s'articule en *arsis* et *thésis*. L'idée originale d'*Alexandre Chenevert*, de même qu'une première esquisse de l'œuvre sous forme de nouvelle, précéda *La Petite Poule d'Eau*, mais cette ébauche fut jugée mauvaise et mise de côté. Aux ouvrages portant sur la réalité concrète ont toujours répondu des ouvrages qui faisaient plus large la part du rêve. *La Petite Poule d'Eau* elle-même est d'abord une œuvre de rêve. Gabrielle Roy y décrit un milieu tel qu'elle aurait souhaité en connaître un en 1937. La réalité fut très différente. La romancière s'ennuya beaucoup pendant les quelques semaines qu'elle passa en ces lieux. Les gens qui l'hébergèrent ne péchaient par excès ni de courtoisie ni de délicatesse. *La Petite Poule d'Eau*, *La montagne secrète*, *La rivière sans repos* et les textes inédits sont de plus en plus marqués par l'espoir et le rêve. Ce dernier n'y apparaît pas comme en dehors de la vie. Il prend plutôt place en elle, de façon très raffinée, alors que les réalités circonscrites dans *Bonheur d'occasion* et *Alexandre Chenevert* avaient donné lieu à la création d'univers où l'espoir était trop rare pour que les rêves puissent constituer la trame même de la vie. Ils demeuraient plutôt marginaux.

Luzina fournit des traits caractéristiques de ce complexe vie-rêve.

Armand Dubreuil raconte l'histoire romancée d'une expédition au pôle nord. Les misères, le froid, l'isolement qu'endurent les personnages fictifs bouleversent maman Tousignant. Plus les malheurs accablent les pauvres aventuriers et plus le poële rend sensible cette sécurité qu'on éprouve dans la maison, pendant que sur l'île les rafales de pluie fouettent rageusement les vitres. Luzina a les larmes aux yeux. Elle « n'entendait plus le vent pousser sa propre porte et, tout près, les coyotes qui hurlaient à la pleine lune (...) Bien qu'elle tînt les créatures des livres pour aussi réelles qu'elle-même, aucunement inventées, Luzina bénissait le talent qu'il devait être nécessaire de posséder pour expliquer tout cela qui était vrai » [5].

La raison essentielle de cette unité dans la dualité vie concrète-vie onirique réside dans la soumission des êtres aux rythmes de la vie universelle. Lors de notre entretien du 14 février 1970, Gabrielle Roy citait de mémoire ce texte de Béatrice Didier : « L'imagination, ce don de l'analogie, établit entre le passé et le présent, le brusque lien qui rend au passé sa saveur acide et fraîche ». Et elle enchaînait : « C'est que, voyez-vous, le chemin le plus court pour atteindre le vrai passe par la fiction. Comme l'écrivait Chateaubriand, l'ima-

---

5. *La Petite Poule d'Eau*, p. 120.

gination est la « science du vrai ». Par une image longtemps cherchée et enfin trouvée, l'art repêche des émotions communes, même
si les expériences varient d'un individu à un autre ».

Gabrielle Roy m'a raconté un fait de cette vie sous le signe du
rêve qu'elle connut au temps de son enfance :

> Chez nous, on vivait sous le signe des rêves, des ima-
> ginations. Un jour, on apprit que la culture des pois était
> florissante près de Winnipeg. Aussitôt, on s'embarqua
> pour ce rêve. On en vécut pendant de longues semaines.
> Il polarisait nos esprits. Mais il fallut bien se résoudre à
> connaître le long et le court de l'affaire. Ma mère fut délé-
> guée pour le voyage. Pour se rendre à l'endroit en ques-
> tion, il fallait traverser une rivière. Aucun pont ne l'enjam-
> bait. Ma mère avait toujours craint de s'aventurer sur
> l'eau. Elle gagna cependant les terres qu'on lui avait dési-
> gnées, mais la rivière devint l'obstacle insurmontable sur
> lequel notre rêve édifié pendant six longs mois vint se
> briser. Nous connûmes deux mois de tristesse, de vacance
> d'esprit. Puis, un nouveau rêve germa... [6]

Ainsi, dans la famille, le rêve jouait un rôle important. « Le rêve,
c'est la réalité ; rêver, c'est créer », disait la romancière, lors de l'entretien du 14 février 1970. La vie s'organise autour du rêve et le
rêve, en retour, métamorphose la vie. Le rêve propose des pôles
d'attraction à la vie. Il crée des « champs de pois ». Pour Ian, ce
sera la terre de Baffin [7] ; pour Vincent Raymond, le Mexique [8] ;
pour Chenevert, les îles du Pacifique [9] ; pour Thérésina Veilleux, la
Californie [10]. Ces buts éloignés que jamais l'on atteint, ou que l'on
touche à la fin de son existence, émettent des appels mystérieux,
semblables à ceux des couchers de soleil aux limites de la plaine,
semblables à ceux des cargos venus imposer aux carrefours beso-
gneux « le poignant rappel des horizons qui dorment au fond des
êtres » [11]. Vers ces lointains, l'imagination fait voile : « Quand mes
personnages ne peuvent voyager, ils rêvent ; le voyage par excellence,
c'est le voyage de l'âme » [12]. Le rêve devient ainsi voyage essentiel
entre présent et passé, entre présent et futur. *Un vagabond frappe à
notre porte* illustre le rêve servant de trait d'union entre le présent
et le passé.

6. *Entretien* du 8 juillet 1969.
7. Cf. *La rivière sans repos*, p. 238.
8. Cf. *La source au désert*, dans le *Bulletin des agriculteurs*, nov. 1946,
   p. 13.
9. Cf. *Alexandre Chenevert*, p. 102, 145, 360.
10. Cf. *Rue Deschambault*, p. 169.
11. *Bonheur d'occasion*, p. 221.
12. *Entretien* du 28 janvier 1970.

L'automne avait ramené les semaines pluvieuses. Le père s'était retranché, farouche, dans son ennui. Un jour, l'étranger paraît. Il se dit le cousin Gustave, fils de l'oncle Gustave qu'on avait cru mort mais qui avait simplement gagné les Etats-Unis. L'accueil est réservé. Il prétend encore venir de Saint-Alphonse. Le nom de cette paroisse ranime le père qui veut en savoir davantage sur les parents du nouveau venu. On fait la connaissance de Marcelline, de Philomène, d'Aristide, de l'oncle France, de la tante Luzina, du cousin Brault. Il y a aussi Eustache et Anaïs, Alfred et Edouard. Enfin, un soir, surgit Ephrem Brabant, le fameux guérisseur. Tous ces êtres viennent unir leurs ombres fraternelles à celles des gens de la maison. Que Gustave le vagabond ait été un cousin ou non importe peu à l'affaire. Par lui, par la magie de sa parole, le passé a donné la main au présent [13].

Deux textes nous montrent le rêve devenu lien entre le présent et un futur qui n'est pas hypothétique refuge. D'abord *Ma coqueluche* [14]. Au fond du hamac, dans le mouvement régulier de celui-ci, Christine a découvert presque tout ce qu'elle n'a

> jamais cessé de tant aimer dans la nature : le mouvement des feuilles d'un arbre quand on les voit d'en bas, sous leur abri ; leur envers, comme le ventre d'une petite bête, plus doux, plus pâle, plus timide que leur face. Et, au fond, tous les voyages de ma vie, depuis, n'ont été que des retours en arrière pour tâcher de ressaisir ce que j'avais tenu dans le hamac et sans le chercher [15].

Si tous les voyages de la vie n'ont été que des retours à ce que l'enfant avait tenu dans le hamac, c'est que le rêve, bien à l'insu de la fillette, avait éclairé les voies futures de son destin.

Vient ensuite l'autre texte, celui de la méditation dans le chant humide des grenouilles [16]. L'enfant n'annonce pas à sa mère son désir d'écrire mais plutôt : « je devais écrire » [17]. Rien ne lui imposait ce devoir (surtout que Gabrielle Roy mettra plusieurs années avant d'en commencer l'accomplissement) si ce n'est la voix du rêve

---

13. Cf. Gabrielle Roy, *Un vagabond frappe à notre porte.* Il faudrait encore signaler le petit cimetière solitaire de *La rivière sans repos* qui faisait entendre dans les feuilles de ses arbres la voix des disparus : « Etrangement, comme ils approchaient, le bruissement des petits arbres parut se faire plus secret. (...) Le pauvre cimetière, s'il parlait de la cruelle vie d'autrefois, parlait aussi comme peu d'endroits au monde de fraternel accord » (p. 201-202).
14. *Rue Deschambault,* p. 70ss.
15. *Ibid.,* p. 73.
16. Cf. *La voix des étangs (Rue Deschambault),* p. 218ss.
17. *Ibid.,* p. 221.

forant les ténèbres de l'avenir. Une des fonctions du rêve, selon
Jean-Paul Sartre, consiste justement à « inventer le cœur des choses,
si l'on veut un jour le découvrir » [18]. Les véritables inventions pro-
cèdent de l'imaginaire.

« Otez au génie les visions du monde merveilleux, écrit Charles
Nodier, et vous lui oterez ses ailes. La carte de l'univers imagina-
ble n'est tracée que dans les songes. L'univers sensible est infiniment
petit » [19]. C'est à la prospection de cet univers sans limites que se
livrent les principaux personnages de la romancière. Combien tou-
chantes ces paroles de Thaddeus, le sculpteur de *La rivière sans
repos* : « J'apprendrai ton visage dans un de mes rêves, c'est toujours ainsi que j'apprends le mieux. Je me lèverai, un matin, tout
prêt » [20]. Alors l'artiste sculptera, pour ainsi dire, la pureté d'une
essence, car il aura entrevu ce qui se cachait derrière l'apparence
de l'être. Ses gestes subséquents moduleront l'hymne à « la louange
de la seule vie indéniable, prodigieuse et riche, la vie du rêve » [21].

Ainsi, le rêve, qui n'a guère été qu'une évasion dans *Bonheur
d'occasion* et *Alexandre Chenevert*, une sorte de refuge pour les très
rares moments de liberté octroyés par la vie pénible que connaissent
les protagonistes, devient partie intégrante de cette vie pour les
personnages des autres œuvres. A la rigueur, on peut imaginer
Bonheur d'occasion et *Alexandre Chenevert* sans la propension au
rêve de Rose-Anna, d'Azarius et du caissier. Mais on ne peut imaginer *La Petite Poule d'Eau* et les autres écrits — surtout *Un jardin
au bout du monde* et *Cet été qui chantait* — sans cette inclination.
Le rôle joué par la réalité concrète dans *Bonheur d'occasion* et
Alexandre Chenevert, dans *La montagne secrète* et *La rivière sans
repos*, le rôle joué par le rêve dans ces deux derniers ouvrages, dans
La Petite Poule d'Eau et surtout dans *Rue Deschambault* et *La route
d'Altamont* témoignent en faveur d'un attrait profond pour la totalité du réel.

Le rêve, qu'il soit parallèle à la vie des personnages ou qu'il
s'inscrive dans le tissu même de cette vie, permet de briser, au moins
en esprit, les limitations de temps et d'espace. Il permet de superposer à la vie des images d'espoir, de bonheur, de succès. Le rêve
permet l'espoir du recommencement. Mais il existe aussi une tragé-
die du recommencement : celui qui dans une existence ou d'une
existence à l'autre apparaît comme promu par la fatalité d'un destin.

---

18. Cité par Gaston Bachelard, dans *La terre et les rêveries du repos. Essai
    sur l'imagination de l'intimité*, p. 25.
19. *Rêveries*, dans *Oeuvres*, tome 5, Genève, Slatkine Reprints, 1968, p. 162.
20. *La rivière sans repos*, p. 182.
21. *La source au désert*, dans le *Bulletin des agriculteurs*, octobre 1946,
    p. 10.

Il y a le « tragique désir de recommencement » [22]. Semblable ambivalence se retrouve fréquemment dans l'œuvre de Gabrielle Roy.

Destin et recommencement

Le docteur Vincent Raymond est en route pour Lachine. Depuis cinq ans, il n'a revu Anne, sa bien-aimée de jadis. Un hasard
lui a révélé le lieu où elle habite. Il se dirige aujourd'hui vers elle
malgré la tempête. Vincent rêve. La vie a commencé de remonter
vers sa source. Ennui, drogue et découragement ont bien souvent
écrasé le médecin. Dans son entourage, il est pourtant devenu dis-
pensateur d'espoir. Il a offert, aux femmes surtout, la médication
par excellence : l'espérance d'un recommencement.

> Un homme, lorsqu'il est devant le désespoir, se tue
> d'un seul coup, ou bien, le fait à petit feu, se livrant à
> l'alcoolisme ou encore comme lui à cette mort graduelle,
> inévitable par la drogue. Mais ne savait-il pas les femmes
> d'une trempe différente. En vérité, elles étaient capables
> d'une chose que les hommes réussissent rarement : recom-
> mencer leur vie. Oui, avait-il songé maintes et maintes fois,
> quand il ne restera sur cette terre plus rien de solide,
> d'humain, elles auront encore ces grands mots à la bouche.
> Elles l'emploieront devant l'abîme. Refaire leur vie ! L'ins-
> tinct de durer, de se terrer. Une plus abjecte soumission à
> la vie que celle même de l'homme.

> Sa longue pratique médicale lui en avait offert
> d'innombrables exemples. Les femmes entretenaient vrai-
> ment la soumission sur terre. La soumission à la vie quelle
> qu'elle fût, mauvaise, destructive ou simplement malheu-
> reuse. Ainsi, il avait vu des femmes occupées à saccager
> l'existence d'autrui, amèrement désabusées jusqu'au jour
> où une fraîche occasion leur avait été offerte de reprendre
> en neuf leur œuvre néfaste. Il avait eu devant les yeux,
> dans son cabinet de consultation des êtres brisés, pitoyables.
> Et il n'avait eu qu'à prononcer la formule magique :
> « Allons, il faut recommencer votre vie », pour voir un feu
> lointain s'allumer dans des prunelles abattues. Mais il avait
> vu des vieilles femmes, laides et grotesques, le bénir parce
> qu'il leur avait, en riant en lui-même comme un damné,
> signalé le grand remède gratuit : le recommencement [23].

La fascination du recommencement s'exerçait déjà chez les primitifs qui vécurent sous l'empire de ce que Mircea Eliade appelle
« le mythe de l'éternel retour ». Selon cet historien des religions,
mythes et archétypes n'ont cessé de hanter le monde moderne ;

---

22. *Bonheur d'occasion*, p. 309.
23. *La source au désert*, dans le *Bulletin des agriculteurs*, octobre 1946,
    p. 10-11.

il n'est que de les reconnaître. Dans toutes les fêtes qui saluent un « commencement », on retrouve aujourd'hui encore la nostalgie de la « renovatio », l'espoir que le monde se renouvelle, qu'on peut commencer une histoire neuve dans un univers régénéré [24].

C'est cet espoir que vendait le docteur Raymond. Presque partout, Gabrielle Roy présente tantôt des ébauches, tantôt des structures complètes de ces recommencements dans lesquels les personnages entrevoient une forme privilégiée de salut.

Pour le mythologue, « l'éternel retour » des cultes religieux primitifs consiste dans ce qu'on nomme un retour au Temps mythique ou au Grand Temps, temps des naissances illustres et cosmiques. Ces cultes sont collectifs. L'aspiration au grand recommencement — l'Age d'or des Latins — a marqué profondément l'univers des rêves où les hommes vont alimenter leurs espoirs. Chez Gabrielle Roy, la rêverie de recommencement passe de la collectivité à l'individu. Mais, même individuelle dans sa forme, elle traduit encore les désirs de la société à laquelle appartient le personnage qui rêve. Ce dernier espère se dégager des liens d'une réalité torturante pour se remodeler une existence selon un schème où le bonheur occupe une place privilégiée. Rêver signifie être heureux. Dans bien des cas cependant, le personnage n'a du bonheur que l'espoir, et du recommencement que le rêve. Dans d'autres cas, la marche vers le bonheur est lente, ponctuée de brusques retours en arrière.

Bonheur d'occasion offre un exemple de ces recommencements marqués par la fatalité.

Le destin touche trois générations. D'abord la grand-mère des rives du Richelieu. Elle a élevé une nombreuse famille sous le signe du devoir plutôt que sous celui de la tendresse. Puis, Rose-Anna, au centre. Elle croit discerner dans les gestes de la vieille madame Laplante un secret désir de faire oublier les défaillances de l'éducation donnée à ses enfants. Et le futur s'entrouvre. Rose-Anna se voit reproduisant dans ses relations avec Florentine un scénario identique à celui qu'elle vit dans ses relations avec sa propre mère ; elle s'aperçoit tout à coup « qu'elle esquissait sur le bord de sa chaise, le même geste futile que sa vieille mère » [25]. Florentine ne peut s'empêcher de superposer à ses traits enfantins fortement maquillés « l'image de la vieille femme qu'elle deviendrait » [26]. Devant sa mère enceinte,

---

24. Cf. Mircea Eliade, *Le mythe de l'éternel retour* et, du même auteur, *Mythes, rêves et mystères*, p. 28ss ; *Traité d'histoire des religions*, p. 326ss ; *La nostalgie des origines ; méthodologie et histoire des religions*.
25. *Bonheur d'occasion*, p. 177. Cf. aussi, p. 231.
26. *Ibid.*, p. 17.

une vision d'elle-même ainsi déformée s'implantera dans son esprit [27]. En dépit du désir plusieurs fois exprimé par la jeune fille de ne pas modeler sa vie sur celle de Rose-Anna, elle devra entrer dans le rang.

De ces recommencements ambigus, influencés tantôt par la foi de l'écrivain et tantôt par la réalité dont elle est une observatrice attentive, la roue est l'image la plus importante.

Azarius n'est pas encore de retour. Rose-Anna est occupée à coudre. Près d'elle, Florentine fume et rêve. On ne se parle guère : « La roue de la machine se reprit à tourner ; elle tournait contre l'ennui de Florentine et la rêverie décousue de Rose-Anna, elle tournait comme les années avaient tourné, comme la terre tournait, ignorant dans son cycle éperdu ce qui se passe d'un pôle à l'autre. Ainsi la maison semblait prise dans ce mouvement inlassable de la roue » [28]. La roue tourne comme un destin auquel les hommes seraient liés. Sur les deux femmes tombe la lumière du cercle de la lampe suspendue au-dessus de la machine à coudre. On retrouve une prolongation cosmique de la même image dans le récit que fait Isaac de la mort de la Vieille :

> Et il se prit à décrire la Vieille, telle que maintenant il se la représentait, intacte, assise au milieu de son socle de glace — un îlot blanc sur la furieuse mer noire — et qui continuait à tourner, tourner au bout du monde, dans les dernières eaux libres de la terre, tout comme ces satellites aujourd'hui, ces curieux objets, dit-il, que l'on allait suspendre dans le ciel pour que jamais plus ils n'en descendent [29].

Ainsi seront consommés dans la symbolique d'une éternité circulaire ces recommencements perpétuels que Gabrielle Roy aime appeler tantôt le « cycle vivant » [30], tantôt « la ronde de la vie » [31]. Elle-même en a fait une caricature dans la « ronde des sundaes » à laquelle se livrait « cette grande nigaude de Marguerite » [32]. Quand se brise l'union du corps et de l'âme, la ronde de la vie se métamorphose — pour le rêveur — en une ronde d'éternité où l'être tourne à jamais.

27. Cf. *ibid.*, p. 306.
28. *Ibid.*, p. 149.
29. *Nouvelles esquimaudes*, p. 49.
30. *La source au désert*, dans le *Bulletin des agriculteurs*, oct. 1946, p. 40.
31. *Entretien* du 28 janvier 1970. On peut lire dans *La route d'Altamont* : « En quoi pouvait-il être bon, à soixante-dix ans, de donner la main à son enfance, sur une petite colline ? Et si c'est cela la vie : retrouver son enfance, alors, à ce moment-là, lorsque la vieillesse l'a rejointe un beau jour, la petite ronde doit être presque finie, la tête terminée. » p. 206-207).
32. *Bonheur d'occasion*, p. 16.

En réalité, cette image du recommencement est lourdement hypothéquée par le « pessimisme » de la romancière, comme si le conscient régissait l'espoir et l'inconscient, une certaine forme de désespoir. Jean Lévesque joue, pour Florentine, le rôle d'instrument de la fatalité.

Florentine est en état d'attente. Une attente qui s'exaspère et que traduit l'image de la fille-tourbillon [33]. Elle s'épuise vainement, son usure n'étant faite ni de commencement ni de recommencement mais seulement d'expectative du destin [34]. La ronde de sa vie, elle l'a vingt fois imaginée, différente de celle de Rose-Anna et toute tendue par un amour puissant. Mais une telle vie serait contraire à la logique de sa situation. C'est pourquoi Jean Lévesque paraît comme une sorte de messager du destin. Par son rôle auprès de Florentine, il anéantit les espoirs de la jeune fille et la remet sur la route qui fera d'elle une femme semblable à sa mère [35].

Ainsi Jean Lévesque, qui n'aimait pas Florentine, lui accorde, par curiosité et sensualité, une certaine forme d'attention. Florentine, qui n'aime pas Emmanuel, lui accorde, par besoin de sécurité, une certaine forme d'attention. Florentine n'aime pas l'enfant qu'elle porte. En cela, ce dernier trouvera un surcroît de ressemblance avec son père qui, lui non plus, ne fut pas particulièrement aimé pendant son enfance. La roue tourne toujours et la fin de *Bonheur d'occasion* nous offre la coïncidence de deux événements qui s'inscrivent dans un contexte de continuité, la mort de Daniel et l'accouchement de Rose-Anna. Simultanément, une mort et une naissance. C'est d'ailleurs la même roue qui va tournant dans l'esprit des Esquimaux pour leur rappeler la Vieille qu'on a abandonnée sur la banquise au bord des eaux noires et pour amener plus tard Deborah à s'en-

---

33. Cf. *ibid.*, p. 26.
34. Cf. *ibid.*, p. 9. Emmanuel connaîtra lui aussi, plus tard, cette même expectative orientée vers un signe du destin : « Sans cesse, il s'imaginait qu'une parole allait être prononcée entre eux, un geste ébauché, qui soudainement, changeraient le cours de leurs vies sans qu'il leur fût possible d'intervenir, et il glissait de bon gré dans cette espèce d'acquiescement à leur destin » (*Ibid.*, p. 289).
35. C'est à ce destin de pauvre dans la grande roue de l'ordre établi que fait allusion ce texte de Gabrielle Roy : « Les femmes ont l'âme moins voyageuse que les hommes. Elles partent petit à petit, jamais tout d'un coup. Ce sont elles qui éternisent les adieux, elles qui s'accrochent au passé de toute la force de leur âme. Craignent-elles le changement comme un mauvais coup du sort ? Toujours, elles vont vers l'inconnu avec des regrets qui voudraient emporter et le présent et l'avenir. Et les plus humbles sont les plus tenaces. Par mille attaches insoupçonnées, celles-là restent liées à leur destin de pauvres, ayant l'intuition peut-être d'entrer ainsi dans le rythme profond des choses et de ne déranger en rien le grand ordre établi » (*La terre secourable*, dans le *Bulletin des agriculteurs*, novembre 1941, p. 11).

gager sur une voie semblable [36]. La même roue qui a entraîné Martha et Stépan, pendant trente années d'existence à Volhyn, à reproduire « l'atmosphère presque exacte de la petite ferme d'où ils venaient, dans leur Volhynie natale » [37]. Elsa fume maintenant comme Winnie sa mère et de plus en plus s'isole dans le rêve. Déjà, elle avait commencé de se voir « relayant un jour Winnie dans cette interminable et toujours solitaire procession des générations » [38] et plus tard, elle avait imaginé que, « tout comme son père un soir d'ennui, Jimmy avait bien pu lui aussi attirer à l'écart une timide jeune fille. Les roseaux touffus devaient offrir de bonnes cachettes et sans doute aussi les insectes voraces y pullulaient. Tout se répétait dans la vie » [39]. Alexandre, dans son désir de se disculper, « en arrivait à agir comme sa mère » [40]. Il constate non sans stupeur que sa fille Irène lui ressemble sauf dans sa taille [41]. La même roue a poussé Vincent Raymond jusqu'à cette maison enneigée et solitaire : « L'épisode final de *La source au désert* se voulait, pour moi, non pas la chute dans la folie ou l'abandon à un implacable destin, mais l'instant où la possibilité d'un recommencement serait enfin entrevue » [42]. Ce commentaire illustre mes propos antérieurs. En réalité, la seule lecture du texte en question ne laisse nullement l'impression que le docteur Vincent Raymond est promis à une résurrection. Une fois de plus, l'inconscient a exprimé autre chose que le conscient. On serait même tenté d'écrire que l'inconscient a contredit le conscient.

L'image de la roue est, de plus, inscrite dans les structures mêmes de quelques textes. D'autres emprunteront la forme répétitive.

Une illustration intéressante de la forme circulaire apparaît dans un texte inédit intitulé *La petite faïence bleue*. L'histoire se déroule dans le clan des Finnerty, Irlandais d'origine, établis sur les pentes les plus rudes du pays de Rawdon. Vers 1930, demeuraient dans le canton huit sœurs dont les relations étaient très changeantes. Pendant l'été, Hattie et Aggie gardaient des pensionnaires. Or il arriva qu'une jeune fille laissa en cadeau à la vieille Hattie une petite faïence bleue. Hattie se réjouit de ce don sans grande valeur. A Noël, Stella remit un présent à Hattie par l'entremise de son fils Nat. Hattie lui refila la faïence en guise de remerciement. Mais Stella, le soir même, envoya l'objet par Nat à Emily au bout du canton. Les mois passèrent. Un jour éclata la sourde rivalité qui opposait Emily à Stella. Stella dut reprendre la faïence. La potiche s'engagea alors

36. Cf. *Les satellites*, dans *Nouvelles esquimaudes*, p. 15-59.
37. *Un jardin au bout du monde*, (p. 50 du manuscrit).
38. *La rivière sans repos*, p. 269.
39. *Ibid.*, p. 299.
40. *Alexandre Chenevert*, p. 50.
41. Cf. *ibid.*, p. 136.
42. *Entretien* du 8 juillet 1969.

sur une autre piste et s'en fut entre les mains de Meg qui l'avait déjà aperçue chez Emily. Après la Noël de cette année-là, la faïence partit pour Fanny qui avait épousé Tom l'Abbé, un Canadien français. A la Noël suivante, la faïence revint en cadeau à Aggie. C'est alors que Hattie, dans un mouvement de bonté peu ordinaire, décida de réunir ses sept sœurs pour une fête de famille. Chacune offrit un cadeau. De la part d'Aggie, Hattie reçut la faïence. L'objet revenait ainsi à son point de départ. La boucle était bouclée. La faïence continua cependant à bourlinguer de la campagne à la ville puis de la ville à la campagne, jusqu'au moment où, lors d'une âpre discussion entre Stella et Hattie, la faïence leur glissa des mains et se brisa en trois morceaux. On la répara et depuis, « elle se trouve toujours au parloir de Hattie, posée sur une nappe brodée, entre le globe qui couvre une poignée de cheveux et une tirelire venue d'Irlande ». J'ai tenu à résumer ce texte parce qu'il constitue un exemple typique de composition circulaire.

D'autres écrits de Gabrielle Roy rappellent la ronde des recommencements en ce sens qu'ils évoquent ou ramènent nommément des éléments semblables. Ils se présentent ordinairement sous forme de parallèles ou d'antithèses, de répétitions ou d'énumérations.

Deux exemples mettront en relief un parallélisme qui tend à s'ouvrir et un autre exemple, celui qui tend à se fermer.

Les deux nègres [43] présentent la famille de la narratrice et celle des Guilbert. La mère — j'entends par cette expression, la mère de la narratrice — accepte un Noir comme pensionnaire. Madame Guilbert, bientôt après, fait de même. Un soir, Odette est vue sur le trottoir en compagnie du Nègre. Madame Guilbert s'en scandalise, mais voici que sa propre fille Gisèle est aperçue auprès du pensionnaire des Guilbert. La musique unit ce jeune monde jusqu'au jour où l'un des Nègres fut rappelé au service d'une compagnie de chemin de fer entre Halifax et Montréal et que l'autre dut rallier Calgary : le parallélisme se brisait.

Pour empêcher un mariage place d'abord chacune des droites : c'est Georgianna, follement éprise, qui a décidé de se marier malgré l'opposition de sa mère [44]. Ce sont ensuite les Doukhobors qui, pour protester contre une loi du Gouvernement, ont détruit un pont, causant ainsi d'importants retards aux voyageurs [45]. Les deux lignes finissent par se rejoindre et donner la clé de l'étrange rapprochement Georgianna-Doukhobors : les deux « prennent le mauvais chemin pour faire sans doute le bien » [46].

---

43. Cf. *Rue Deschambault*, p. 8ss.
44. Cf. *Rue Deschambault*, p. 48-52.
45. Cf. *ibid.*, p. 53-55.
46. *Ibid.*, p. 56.

Les textes *Un bout de ruban jaune* et *Le Titanic* utilisent encore la forme de parallèles.

Du récit à forme antithétique, voici deux exemples. En premier lieu *Le puits de Dunrea*. De structure binaire, ce texte offre en première partie [47] le « paradis terrestre » [48], et en seconde [49], la « terre de feu » [50], « l'enfer » [51] de Dunrea.

Autre exemple : *La lune des moissons* [52]. Ce conte peut être divisé en trois parties. Une première partie nous montre Nick Cheredrik battu par sa femme et ses enfants qui veulent s'emparer de son argent, cette scène étant suivie de l'épisode où tout ce monde, au bureau de la Gendarmerie royale, se ligue contre le père. Les deux époux se séparent [53]. Une seconde partie raconte l'euphorie des retrouvailles à l'époque des moissons [54]. Vient la troisième partie, antithèse de la première : la mère, ligotée sur le lit, est battue jusqu'à ce qu'elle révèle l'endroit où elle a caché les huit cents dollars que lui ont procurés les récoltes [55].

Enfin, de la composition en énumérations ou répétitions, plusieurs exemples pourraient être fournis. Signalons dans *L'Arbre* les divers groupes qui se succèdent sous le chêne ; dans *La montagne secrète*, les compagnons de Pierre ; dans *Le fauteuil roulant* (*Nouvelles esquimaudes*), les femmes et les enfants qui promènent le vieil Isaac ; dans *Le téléphone* (*Nouvelles esquimaudes*), tous les gens que contacte Barnaby ; dans *La Petite Poule d'Eau*, les voyages de Luzina et les trois professeurs. De ces derniers Gabrielle Roy disait :

> J'ai dû me borner dans la série des maîtres. Vous avez certainement remarqué une forme d'humour dans le texte, là où leur action s'exerce. C'est qu'en effet, si je m'étais écoutée, j'aurais fait croître encore leur nombre pour montrer d'autres visages du progrès. J'aurais aimé amener un Néo-Canadien.

---

47. Cf. *ibid.*, p. 124-133.
48. *Ibid.*, p. 128.
49. Cf. *ibid.*, p. 133-143.
50. *Ibid.*, p. 133.
51. *Ibid.*, p. 142.
52. Dans la *Revue moderne*, septembre 1947, p. 12-13, 76-80. De ce texte, Gabrielle Roy me disait : « Le fait réel de *La lune des moissons* est assez mince : j'avais simplement entendu dire qu'un Ukrainien avait été battu par sa femme et ses enfants dans le but de lui tirer de l'argent. A cela, j'ai ajouté toute la deuxième partie qui constitue le renversement de la situation » (*Entretien* du 17 février 1970).
53. Cf. *La lune des moissons*, p. 12, 13, 76-77.
54. Cf. *ibid.*, p. 77-80.
55. Cf. *ibid*, p. 80.

> L'important de ces allées et venues des instituteurs à
> la Petite Poule d'Eau, c'est qu'elles y ont apporté l'élan
> qui devait plus tard conduire au départ des enfants [56].

Les images du destin, du recommencement, de la roue, sont complexes. Cette complexité provient de ce que l'imaginaire ne peut éviter totalement la puissance attractive des deux pôles dont je parlais dans la première partie de ce travail : foi et observation de la réalité. Quand elle écrit sous la dictée de son observation immédiate et dans la liberté de l'inconscient, Gabrielle Roy incline à considérer les recommencements comme des signes de la fatalité. *La route d'Altamont* consacre de nombreuses pages à l'étude de ce problème. On peut même dire que tous les textes développent ce thème.

> Et elle me promettait que je connaîtrais moi aussi plus
> tard ce que c'est que de partir, de chercher à la vie sans
> trêve un recommencement possible — que peut-être même
> je pourrais en devenir lasse [57].

Lassitude semblable à celle de Florentine qui, sans même avoir vraiment commencé, parlait déjà de recommencer.

> Et elle se tourna vers lui comme pour avouer : « Je
> peux recommencer à mon âge. Tu peux me pardonner
> bien des choses [58].

Toutefois, Gabrielle Roy essayiste, tient un langage différent :

> C'était une conteuse, et j'ai appris beaucoup d'elle...
> Et ce qu'elle avait vu, ce qu'elle avait découvert dans ce
> voyage à travers la plaine, ce qu'elle a conservé jusqu'à sa
> vie, jusqu'à la fin de sa vie, et ce qu'elle m'a fait partager,
> je ne sais trop, mais ce devait être la magie, la fascination
> de l'espoir humain, toujours recommençant, du recommen-
> cement de l'expérience humaine, toujours possible. Parce
> que pour chaque génération, le monde est neuf à nouveau,
> et scintillant [59].

Ainsi, le phénomène de polarisation noté dans la première partie reparaît ici intégralement, non seulement dans ses couleurs tranchées, mais jusque dans ses nuances, puisque cet espoir d'un recommencement qui soit autre chose que la répétition du passé se trouve dans les œuvres de fiction sous une forme voilée : « Voici que se réveillait

---

56. *Entretien* du 24 janvier 1970.
57. *La route d'Altamont*, p. 164.
58. *Bonheur d'occasion*, p. 304.
59. *Interview par Judith Jasmin* à l'émission télévisée *Premier-Plan*, 30 janvier 1961. Cf. aussi *Allons, gai, au marché*, dans le *Bulletin des agriculteurs*, octobre 1944, p. 19 : « C'était l'humanité qui se pressait là, tout
autour, avec son visage vrai tel que le surprend le grand recommencement, la grâce infinie d'un nouveau jour ».

en lui l'espoir, le sentiment d'un recommencement possible — peut-être des chimères, mais non, la bonne certitude qu'il avait encore à sa disposition un peu de temps pour s'acquitter envers le monde » [60].

Il suffirait peut-être de relire la dernière page de chacun des ouvrages et de s'arrêter à certaines images clés : l'arbre de *Bonheur d'occasion*, le Nord de *La Petite Poule d'Eau*, la vie liée à la parole et au souvenir dans *Alexandre Chenevert*, le matin de *Rue Deschambault*, la convergence des routes vers Altamont dans *La route d'Altamont*, le sourire d'Elsa à la vue des graines voyageuses qu'emporte la lumière du soir dans *La rivière sans repos*. La variété même de ces images, tantôt optimistes et tantôt pessimistes autorise à penser que le cercle de la fatalité ne se referme jamais totalement, que la roue du destin finit plutôt, dans sa course, par tracer la figure de la spirale « selon les ordres de la nature, dans l'immense et infatigable cycle de la création » [61].

Mais si la roue et la spirale expriment l'idée de la possibilité d'un nouveau départ, il semble que pour Gabrielle Roy, l'image absolue du recommencement soit l'enfance. Cette période de la vie incarne, pour la plupart de ses personnages, la perfection d'un retour aux sources. L'angoisse de la romancière s'atténue quand le rêve permet la réintégration de l'enfance.

Enfance et fleurs

Dans un texte récent, Gabrielle Roy a parlé en termes on ne peut plus clairs de son enfance :

> Onze enfants étaient nés à mes parents. Trois moururent jeunes. Les aînés étaient déjà dispersés quand je vins au monde, moi la petite dernière, telle on m'appela longtemps. C'était à Saint-Boniface, dans cette courte rue Deschambault dont je me suis efforcée de traduire la douce rusticité dans mon livre qui a précisément pour titre *Rue Deschambault*. Y suis-je parvenue ? Est-il seulement possible de mettre dans un livre le pouvoir enchanteur de l'enfance qui est de faire tenir le monde dans la plus

---

60. *La montagne secrète*, p. 220.
61. *La source au désert*, dans le *Bulletin des agriculteurs*, octobre 1946, p. 40. De la spirale, Gabrielle Roy disait : « Je me souviens d'avoir employé l'image de la spirale dans *Rue Deschambault* ainsi que dans ma présentation du thème *Terre des Hommes*. J'avais alors rencontré Teilhard chez qui la spirale était une image qui revenait souvent dans le langage. Celle-ci est l'image du progrès. L'effort humain agit comme la flamme qui brûle. Son mouvement en est un de torsion. Il répond à l'élan de l'être » (Entretien du 11 mars 1970). Cf. aussi Jacques Blais, *L'unité organique de « Bonheur d'occasion »*, dans *Etudes françaises*, février 1970, p. 49.

petite parcelle de bonheur ? Les images les plus sincères de mes pages les plus vraies me viennent toutes, j'imagine, de ce temps-là [62].

L'enfance joue, dans l'œuvre de Gabrielle Roy, un rôle essentiel. De tout le passé qui alimente le rêve, elle est la part la plus importante. Même un jeune âge difficile se prête aux métamorphoses du rêve. Ainsi, la réalité de l'enfance prend-elle, pour le rêveur, l'apparence de la réalité totale.

L'enfance n'est pas d'abord l'âge de la pureté mais celui de la plénitude et de la vérité. A cause de ces qualités, l'enfance du rêveur devient cosmique. Elle participe de la grande évolution de l'Univers. La jeunesse de l'homme s'unit à la jeunesse du monde et toutes deux se fondent aux confins du conscient et de l'inconscient avant de pénétrer dans l'œuvre d'art.

C'est pourquoi les joies de l'enfance aussi bien que ses peines prennent un caractère absolu. Christine est un centre d'univers. Autour d'elle gravitent le Nègre, la mère, l'oncle, le père, Alicia, la grand-mère et les autres. La joie ou la détresse de Christine sont les joies ou les détresses du monde. Conquête du monde par la petite déserteuse, détresse du monde dans *Alicia*, amour du monde dans *Wilhelm*, mystère du monde dans *La voix des étangs*, colère du monde dans *La tempête*, rythme du monde dans *Le jour et la nuit*.

On comprend dès lors que rien ne soit plus pénible à l'adulte que la falsification systématique de cette enfance. C'est la destruction froide et raisonnée de l'univers des virtualités et, à ce titre, d'un univers d'espoir. Il faut citer au long une des confidences les plus poignantes qu'un personnage consente sur ce sujet :

> C'était sans doute ce qui le (Vincent Raymond) piquait au plus vif. Car elle le méprisait dans ce qui lui était le plus douloureux, le plus sensible. Sa jeunesse laborieuse et ardue, lorsqu'il approchait cette femme, lui paraissait une période ingrate dont il eût à se cacher. Tout ce qu'il aurait librement raconté à Anne, sans fausse gêne et même avec un certain plaisir, ses maigres dînettes d'étudiant, l'habit du soir emprunté à un ami plus fortuné, les ressources qu'il déployait d'année en année pour continuer ses cours, ses modestes ambitions d'alors, tout cela, comme il avait craint que Nathalie le découvrît. Sa vie lui était devenue pénible au regard de cette femme, et il l'avait tue.
>
> Cependant elle la devinait en partie. Et alors, pour l'égarer dans ses recherches, il s'était humilié jusqu'à lui mentir. Il s'était composé un être qui eût pu jusque dans

62. *Mon héritage du Manitoba*, dans *Mosaïc 3:3*, p. 74.

le passé le plus lointain mériter l'admiration de Nathalie. Il avait ainsi paré sa jeunesse de motifs cyniques et railleurs jamais éprouvés. Nathalie l'avait perverti jusque dans l'idéal de ses vingt ans, jusque dans l'amitié qu'un homme d'âge mûr garde pour l'intransigeance de sa jeunesse [63].

L'espoir dans le remède magique du recommencement peut passer outre à ses éclipses dans la mesure où il permet de considérer les déconvenues d'une vie comme des erreurs temporaires d'aiguillage. Recommencer signifie alors remonter jusqu'à la dernière croisée des chemins, puis s'engager sur une voie différente. Cependant cette marche arrière va généralement bien au-delà : elle atteint l'enfance où les jeux se sont faits. Et comme sur toute vie pèse plus ou moins un constat d'échec, il n'est personne qui ne souhaite, en un sens, la reprendre. D'où cette tendance, chez l'adulte qui jette un regard sur son passé, à plonger ordinairement jusqu'à sa première enfance. « Les souvenirs d'enfance se ravivent quand on atteint la moitié de la vie » [64]. Dans le spectacle de sa propre enfance ou dans l'enfant qu'il coudoie, l'homme retrouve l'énergie de l'espérance.

S'il est exagéré de réduire l'âge mûr à la seule conscience d'un échec, il est rare d'autre part qu'une vie reproduise intégralement le modèle qu'avait d'abord proposé l'imagination. Cette perspective explique l'amitié du vieil homme pour l'enfant. Celui-là retrouve en Christine cet autre lui-même qui a vécu l'époque des esquisses, des préludes, des possibles. En réalité, le vieil homme est plus rapproché de l'enfant que la personne d'âge moyen :

— La fin, le commencement ? Tu en poses de ces questions ! La fin, le commencement... Et si c'était la même chose au fond !

Il regarda lui-même très loin en me disant cela, et répéta :

— Si c'était la même chose !... Peut-être que tout arrive à former un grand cercle, la fin et le recommencement se rejoignant.

(...)

Toutefois, je me rappelai qu'il m'avait dit que le lac était plus long que large. Je lui demandai si, le lac n'étant pas rond, le commencement et la fin pouvaient quand même se toucher. Il me répondit que cela ne changeait rien à la mystérieuse rencontre, que la fin et le commencement avaient leur propre moyen de se retrouver [65].

63. *La source au désert*, dans le *Bulletin des agriculteurs*, octobre 1946, p. 33.
64. Gérard de Nerval, *Les filles du feu*, Angélique, 6e lettre, dans *Oeuvres*, tome 1 ; texte établi, annoté et présenté par Albert Béguin et Jean Richer. Paris, Gallimard, Bibliothèque de la Pléiade, p. 211.
65. *La route d'Altamont*, p. 121-122.

D'une part, conscience de ses échecs — « Azarius, il n'était pas allé comme elle au fond de la douleur pour comprendre que la mort et la naissance y ont presque le même sens tragique » [66] — d'autre part, souvenir de sa propre enfance et réalité de l'enfance d'autrui entretenant au foyer de l'âge mûr le feu d'une jeunesse retrouvée, caractérisée par une attitude positive en face de la vie. N'est réellement vieux que celui qui a renoncé.

Si l'ambiance imaginaire du *Vieillard et l'enfant* est polarisée par le lac, plusieurs autres textes sont placés sous le signe de la fleur. C'est qu'en effet, la fleur est une des plus importantes images de l'enfance mystérieusement liée à la vieillesse et à la mort.

Si éphémère que soit sa durée, si faible son pouvoir de résistance, elle est une image de vie. C'est pourquoi sont impressionnantes, ces « quelques fleurettes (qui) poussaient leurs corolles hors d'une terre galeuse » [67], devant la petite gare à tourelle de Saint-Henri ; celles aussi, inconnues ailleurs, que Pierre voit s'étendre « en nappes comme une bruyère rousse » [68]. Fleurs courageuses venues apporter leur contribution à la lutte contre le vieillissement et le froid de l'Univers. Emouvante encore cette image du *Fauteuil roulant* (*Nouvelles esquimaudes*) [69], où les enfants, après avoir « oublié » une première fois, dehors, le vieil Isaac, ont néanmoins obtenu d'Esméralda l'autorisation de repartir avec lui. Chemin faisant, ils lui mettent dans les mains, parures combien rares en ce rude pays, de petites fleurs et un papillon.

L'image de la fleur n'est pas liée qu'à un symbolisme global. Elle se spécialise, pour ainsi dire, s'identifiant au temps et aux éléments les plus dynamiques de la vie. Telles sont les images de réussite et de bonheur que présentent les fleurs des femmes doukhobors dans *Le puits de Dunrea* [70]. Mais jamais pareil rapprochement n'avait été aussi sensible que dans *Un jardin au bout du monde*.

Martha et Stepan Yaramko, originaires des Karpates, vivent maintenant à Volhyn, petite agglomération excentrique du Nord albertain. La femme y entretient avec beaucoup d'amour un jardin de fleurs. Elle, autrefois coléreuse, est devenue douce et résignée tandis que Stépan, au contraire, est toujours maussade et maugréant. Les longues soirées se passent pour lui à lire de vieux journaux ukrainiens publiés à Codessa, pour Martha à feuilleter le catalogue de chez Eaton.

---

66. *Bonheur d'occasion*, p. 330.
67. *Ibid.*, p. 218.
68. *La montagne secrète*, p. 30.
69. P. 105.
70. Cf. *Rue Deschambault*, p. 128.

Un jour, devenue inquiète à cause du mal qui la ronge, Martha songe à s'en ouvrir à Stepan. Mais le silence s'est à ce point épaissi entre les deux époux que force lui est d'abandonner son projet et de se reposer dans le dialogue presque ininterrompu qu'elle entretient avec ses fleurs.

Puis, des lys écarlates plein les bras, elle pénètre dans la petite chapelle qu'elle remet en état de propreté pour qu'il ne soit pas dit que Volhyn est mort avant Martha.

Stépan se rend à Codessa et y descend à la taverne. Il est inquiet de ce que sa femme, si elle meurt avant lui, puisse fournir au Père éternel, des renseignements qui lui soient défavorables.

Pendant ce temps, Martha va traire les vaches. Au retour, elle s'adonne à une longue méditation sur le sens de la vie. Revenu de ses ribotes, Stépan se demande pourquoi Martha demeure confinée dans sa chambre à l'étage. Il finit par lui porter un bol de gruau. Mais aucune parole n'est échangée.

L'hiver s'apprête. Martha voit un jour la main calleuse de son mari désherber l'enclos de fleurs. Elle meurt avec le vent comme unique témoin.

Ce texte est un proche parent du *Vieillard et l'enfant* de *La route d'Altamont*. Dans les deux cas, la question centrale porte sur le sens de la vie. Dans les deux cas, l'adulte semble puiser la meilleure part de ses énergies dans le souvenir de ses dynamismes d'enfant [71]. C'est une image de sa lointaine enfance que Christine apporte au vieillard. Grâce à la petite fille, M. Saint-Hilaire recommence sa propre vie. La situation est semblable dans *Un jardin au bout du monde* sauf qu'ici, le contact s'établit par la médiation de la fleur.

Le mystère des fleurs remplit *Un jardin au bout du monde*. Elles donnent — ou redonnent, selon le cas — à Martha et à la chapelle une sorte de vie un peu folle, c'est-à-dire qu'elles rendent présent le côté riche et exalté de l'enfance. Cette exaltation est liée aux deux grandes vertus que Gabrielle Roy reconnaît comme l'apanage

---

71. Même situation dans *La montagne secrète* : « Ce qu'il peignit avec un tel acharnement à cette époque, c'était la partie éloignée, naïve et jeune de sa vie. Elle lui revenait, lui était entière restituée. Ou plutôt avait-il l'impression de se rencontrer lui-même, tel il avait été, voyageant avec confiance vers l'avenir. Descendant vers le passé, il se croisait allant de l'avant. Et les deux hommes un instant lui semblaient s'arrêter au bord d'une rivière pour se consulter, échanger des nouvelles. C'était le plus vieux des deux évidemment qui en avait le plus à dire, mais ce qu'il avait à dire, c'était toujours ce que le plus jeune avait vu, aimé, chéri au-delà de tout » (p. 198-199).

de la jeunesse : la foi et l'espérance. « Le haut vent en parlait dans le ciel et les plantes vivaces, jadis semées par Martha quand elle avait eu foi et espérance, témoignaient toujours de santé et de jeunesse » [72]. C'est Martha qui, poussée par sa jeunesse, sa confiance et son optimisme, avait incité Stépan à gagner le Canada [73]. La fleur devient ainsi image de jeunesse. Martha caresse chacune comme elle eût fait d'un enfant [74]. Les fleurs du *Jardin*, à l'instar de son enfance, n'ont de signification pour personne sauf pour Martha elle-même. Pour Martha ainsi que pour cet inconnu qui lui tint un long discours dans une langue qu'elle ne comprenait pas et pour Loubka : deux étrangers qui firent, de retour chez eux, parvenir des graines de fleurs à l'Ukrainienne du bout du monde, comme en un obscur remerciement.

Enfin, l'absolu de la vieillesse — le dernier été de la vie — se confond avec l'absolu de l'enfance : « Martha fut à nouveau émue de l'infinie variété des fleurs. Elle rêva de les voir cet été, peut-être le dernier de sa vie, toutes représentées dans son jardin » [75].

Ainsi, pour Martha, cultiver ses fleurs signifie entretenir en soi quelque chose de la jeunesse passée. Quelque chose de la foi et de l'espérance du premier âge.

La fleur n'est cependant pas seule à évoquer l'enfance : « C'était vraiment étonnant tout ce qui dans l'univers créé lui faisait penser à l'enfance : les fleurs, le vent parfois, les oiseaux. Pour elle étaient vieux l'hiver, la colère, l'ennui, mais d'une inaltérable jeunesse l'été et la tendresse » [76]. L'été participe du mystère de la fleur parce qu'il en est le jardin. Souvent Martha s'interrogera sur l'été, sa nature, le pourquoi de sa brièveté. Mais jamais avec autant d'anxiété qu'au moment où cette saison, « saison de la vie, saison du cœur ! » [77], s'apprête à céder la place à l'automne. Car l'automne qui dépossède l'Univers de sa « lumière dorée, (de) ce bien-être de l'air et des feuilles, (de) cette santé de toutes choses, (de) cette ardeur à vivre, (de) cette joie muette, secrète, infinie » [78], est l'image de l'homme lentement soustrait à la chaleur de la vie. L'automne dépossédant l'Uni-

---

72. *Un jardin au bout du monde*, (p. 45 du manuscrit).
73. « Sa jeunesse lui apparut, confiante, hardie jusqu'à la témérité. C'était elle qui avait souhaité le départ, pesant sur la volonté de Stépan que le long voyage vers l'inconnu effrayait, elle qui l'avait entraîné par l'ardeur de sa foi en ce pays à découvrir et dont ils ne connaissaient au vrai que le nom et l'immensité » (*Ibid.*, p. 62-63 du manuscrit).
74. « De la main, Martha les caressait, comme elle eût caressé quelqu'un de trop naïf, de trop jeune pour comprendre, un enfant par exemple » (*Ibid.*, p. 57 du manuscrit).
75. *Ibid.*, (p. 54 du manuscrit).
76. *Ibid.*, (p. 65 du manuscrit).
77. *Ibid.*, (p. 98 du manuscrit).
78. *Ibid.*, (p. 57 du manuscrit).

vers de l'été, c'est le vieil âge dépossédant peu à peu l'homme de la
foi et de l'espérance :

> Elle pensait à l'été, à tout ce qu'elle avait fait dans
> sa vie en faveur de cette courte saison, pour la retenir,
> l'embellir, la voir resplendir. Combien en effet ne l'avait-
> elle pas chérie, comme si pour l'été seulement il valait la
> peine de se mettre en frais d'espoir. L'été est un grand
> mystère, pensait-elle, autant que l'espoir, autant que la jeu-
> nesse. Car, vieille, brisée, presque morte en vérité, voici
> que Martha retournait, comme pour se chercher elle-même,
> dans les lointaines régions de sa propre jeunesse. Elle
> s'apercevait alors que sa robuste santé perdue, son énergie
> vitale, son amour et son ardeur à vivre étaient à ses yeux
> la part vraie d'elle-même. Elle se disait à propos de cet
> être jeune, presque totalement disparu : pourtant, c'était
> bien moi. C'est maintenant que je ne suis plus moi. Et elle
> en éprouvait de l'étonnement et de la peine comme si elle
> se fût trouvée devant l'essentielle injustice faite à la vie
> humaine [79].

L'essentielle injustice faite à la vie humaine coïncide avec celle
qui est faite à l'Univers. Aussi la fleur finit-elle par traduire non
seulement l'enfance individuelle mais « une sorte d'enfance éternelle
de la création » [80]. Rilke déjà admirait dans la fleur « le bonheur de
l'éternelle enfance » [81].

Un jardin au bout du monde confirme l'intuition de Hugo
McPherson qui parlait des valeurs du jardin comme étant l'enfance,
l'innocence et le passé. Le critique ajoutait : « There can be no
return to the garden, but meekness and love can plant flowers in the
cage and the wasteland » [82].

Pour Martha, ce jardin commencé dès sa jeunesse — « Pourquoi son jardin, entrepris dans la jeunesse, la contraignait-il à travailler encore ? Pourquoi dans sa vieillesse tant de fatigue encore à
l'aide de la vie ? » [83] — et qui a, pour ainsi dire, poussé aux confins
de son âge et du monde, « était en quelque sorte la véritable histoire
de sa vie » [84]. Les fleurs ont allégé le fardeau que devait porter la
pauvre Ukrainienne. Elles lui ont permis de traverser sans trop s'abî-
mer « cette étrange vie humaine » [85].

---

79. *Ibid.*, (p. 94 du manuscrit).
80. *Ibid.*, (p. 58 du manuscrit).
81. *Sonnets à Orphée II*, n° XIV, dans *Les élégies de Duino et Les sonnets
    à Orphée*, p. 221.
82. Cité dans *Gabrielle Roy*, Dossiers Fides, p. 18.
83. *Un jardin au bout du monde* (p. 45 du manuscrit).
84. *Ibid.*, (p. 70 du manuscrit).
85. *Ibid.*, (p. 86 du manuscrit).

Ainsi, dans le *Jardin au bout du monde* dont l'image centrale rappelle en importance celle de la montagne dans *La montagne secrète,* l'influence de la jeunesse — de l'enfance — par la médiation des images d'été et de fleurs est primordiale. Faire appel à l'enfance, c'est tenter de retourner à la plénitude de l'être, une plénitude que les années ont entamée peu à peu au point que le vieillard ne parvient plus à reconnaître en lui l'être de jadis. C'est pourtant sa communion avec cet être de foi et d'espérance qui lui permet de survivre. Dans le cycle des années, l'enfant et le vieillard tendent à se rapprocher.

Cependant, l'image de la fleur n'est pas seule reliée à l'enfance. Une lecture attentive du *Puits de Dunrea,* par exemple, montre combien l'image de l'eau provoque la résurrection du passé. Alors que le feu habitait les espaces intimes, que l'air et la terre remplissaient les espaces immenses, l'eau est surtout une image temporelle.

L'eau

L'« eau vivante » [86] est de tous les éléments le plus fécond, le plus féminin, le plus maternel. Lui rendre hommage, c'est rendre hommage à la vie, à la fête de son commencement, à la Célébration de son renouvellement. « Si nous aimons tellement la mer, c'est sans doute surtout parce qu'en elle nous pressentons le grand vieux berceau de toute vie » [87]. Le fleuve devenu arbre, dont parle Valéry [88], traduit l'idée que toute chose s'enracine dans l'eau essentielle ; et qu'une eau essentielle est sœur de l'eau primordiale dont parle Jung [89]. L'eau est symbole de l'inconscient. Retourner à l'eau signifie souvent revenir au tout premier âge de la vie, pendant lequel l'être neuf se préparait, dans la plus grande quiétude, à la

---

86. *Le thème « Terre des hommes » raconté par Gabrielle Roy* (p. 28 du manuscrit).
87. *Ibid.*, (p. 34 du manuscrit). « Du reste, dans le silence encore si profond de ces collines, j'ai pu entendre le même bruit d'eau, la même chanson de la rivière dont ma mère, au bout de cinquante années, se souvenait si parfaitement » (*Souvenirs du Manitoba*, dans *Mémoires de la Société Royale du Canada*, tome XLVIII, juin 1954, p. 6). C'est encore cette eau, cette « eau ronde » mystérieusement génératrice que célèbre Savard dans *L'étang, la brume, la lune* (Cf. F.-A. Savard, *L'Abatis*, p. 97-98).
88. « Comment ne pas vénérer cet élément essentiel de toute VIE ? Combien peu cependant conçoivent que la VIE n'est guère que L'EAU organisée ?

   Considérez une plante, admirez un grand arbre, et voyez en esprit que ce n'est qu'un fleuve dressé qui s'épanche dans l'air du ciel. L'EAU s'avance par l'ARBRE à la rencontre de la lumière. L'EAU se construit de quelques sels de la terre une forme amoureuse du jour. Elle tend et étend vers l'univers des bras fluides et puissants aux mains légères » (*Oeuvres*, tome I. Paris, Gallimard, Bibliothèque de la Pléiade, 1957, p. 203).
89. Cf. *Métamorphoses de l'âme et ses symboles*, p. 428 ; 352, réf. 3.

révélation de la lumière. Le dialogue de l'enfant et du vieillard, dans *La route d'Altamont*, a trouvé réellement son cadre le plus approprié sur les rives du lac Winnipeg, cette Mer intérieure, immense et circulaire, sans commencement ni fin, toute à l'exemple de l'idée que le vieillard se fait de la vie. Il en est de même pour Alexandre qui avait imaginé, longtemps avant de venir au lac Vert, le voyage à travers la « forêt profonde » et « le silence parfait », l'apaisement de la maison au son bienheureux du chant de l'eau dans les arbres des environs [90]. Parvenu en cette oasis de paix, Alexandre se repose, librement bercé par la vague d'une conscience qui sommeille :

> Il s'en alla de ce monde, les paupières tranquilles, les bras doucement allongés à ses côtés, tel un noyé dont la face est tournée vers le ciel. Sur ses traits apaisés ne se jouaient plus qu'un reflet d'eau et la clarté de la lune. Il descendit un long fleuve d'oubli et lui-même était ce fleuve libre et noir [91].

C'est encore près du fleuve que commence vraiment la décevante vie à deux d'Emmanuel et de Florentine [92]. Comme c'est dans les flots, ainsi qu'en une réserve d'où elle pourra renaître sur l'écran du souvenir, que va la douceur des mots échangés :

> Un peu de soleil, comme une brume dorée, frémissait à la surface de l'eau. Parfois, quand leur regard cherchait à en franchir la distance et à distinguer au loin les contours de l'autre rive, ils restaient tout aveuglés. L'après-midi fraîchissait... (...) Bientôt la douceur de ce jour se serait enfoncée dans les replis mouvants du fleuve, comme chaque mot qu'ils avaient dit, chaque geste qu'ils avaient eu, dans les mystérieux abîmes du souvenir [93].

C'est enfin tout près de la Koksoak, dans les buissons et sous la brûlure des moustiques, qu'a lieu, entre le G.I. et Elsa, cette intimité qu'aucun amour n'éclaire.

Gabrielle Roy rejoint le courant de la symbolique universelle qui unit l'eau et la femme lorsqu'elle conduit Pierre Cadorai et Nina au bord de la rivière pour la séance de pose dont résultera l'esquisse du portrait de la serveuse. La même fidélité aux grands schèmes symboliques reparaît quand, par réserve, Pierre se contente d'imaginer la jeune fille nue. L'eau chantante évoque dans l'âme la nudité féminine et naturelle, la nudité innocente.

Cependant Nina est partie et l'eau a continué sa course entraînant avec elle la vie qui fuit. « Le meilleur du cœur semble destiné

90. Cf. *Alexandre Chenevert*, p. 24.
91. *Ibid.*, p. 203.
92. Cf. *Bonheur d'occasion*, p. 299ss.
93. *Ibid.*, p. 297.

à s'user en regrets, à se perdre comme les ruisseaux, les sources, les rivières, toute l'eau vive et fraîche de la terre dans l'amertume de l'océan » [94]. Le mouvement de l'eau devient le mouvement irréversible de la mort quotidienne, de la mort horizontale.

L'abandon à la rêverie de l'eau signifie parfois, grâce à la mélancolie qui l'accompagne, une détente de l'être emporté dans le courant des choses. Deborah a connu le refus et la soumission en face de l'avenir. A la fin, elle s'est inclinée, elle s'est engagée sur la route de la banquise. Il semble bien qu'Elsa suivra, elle aussi, les traces de sa mère Winnie, après être venue si souvent en entendre l'indistincte voix aux bords de la Koksoak. Le drame de *La rivière sans repos* s'est cristallisé dans l'image de la rivière elle-même. Une de ses rives offre le progrès du nouveau Fort-Chimo ; l'autre, un retour à la tradition incarnée par Ian et le vieux Fort-Chimo. Alternance entre un aller et un retour qui cherche le visage du présent ; écoulement et rêverie où percent déjà les traits du futur.

Eau de mort qui porte en elle son pouvoir de métamorphose en eau de vie. Tout est là : mort et vie, perspectives de mort et de renaissance composent le mystère de l'eau. A travers elle, l'homme entend l'appel de « la mer toujours recommencée, miroir de l'infini de nos espoirs insondables, l'image aussi de notre soif de liberté » [95].

> La traversée s'achevait. Avec ses pensées, le vieux William, et le bruit de la mer toujours présent à son oreille, il avait atteint cet approfondissement de soi auquel convie l'océan et qui, pour quelque temps, tant s'est creusée l'âme, apparaît comme une sorte de vide — et c'est en effet comme un vide: la place faite à l'accroissement — et qui aspire à être comblé [96].

Croissance cosmique [97], parce que l'eau, tout comme l'arbre, incite à un approfondissement et à un dépassement de soi. Les deux mouvements ébranlent Pierre Cadorai quand, à Paris, sur les rives de la Seine, il songe à ses territoires de chasse du Nord canadien :

> Qu'était-ce donc au fond que cette eau ! Avec chaque vague de surface semblait venir du ventre profond de la

---

94. *Alexandre Chenevert*, p. 148.
95. *Le thème « Terre des hommes » raconté par Gabrielle Roy*, (p. 34 du manuscrit).
96. *La montagne secrète*, p. 149.
97. « Elle revoyait la mince passerelle jointe aux bidons vides qui montait et descendait avec les mouvements légers de l'eau comme une chose qui respire » (*Nouvelles esquimaudes*, p. 40). « La « mer » baisse, comme on dit par ici, et mon propre cœur subit une sorte de baisse ; elle monte, et avec elle mon être attristé retrouve encore une sorte d'élan » (*Mon héritage du Manitoba*, dans *Mosaïc 3:3*, vol. 3, n° 3, Spring 1970, p. 78).

mer un vaste soupir. Pierre entendait une voix hier inconnue, aujourd'hui déjà confondue à ses pensée, comme s'il
l'eût attendue toute sa vie. Cependant il n'aurait pu encore
avoir idée de capter par des images la mer. Sans doute
entre l'homme et certains aspects de l'univers y a-t-il des
ententes secrètes dont rien ne transpire. Les vagues venaient, se brisaient au flanc du navire, se reformaient et,
avec chacune, la mer chantait le connu et l'inconnu de la
vie [98].

L'ambivalence de Gabrielle Roy continue donc de se manifester
dans l'image de l'eau. L'eau, puissance de vie, est surtout célébrée
dans sa source. Elle rejoint la fleur comme image d'enfance. Cependant, cette source se situe plus en amont encore. L'eau devient
image de l'inconscient, de la lente préparation de la vie dans le sein
maternel. L'eau est féminine. Qu'on se rappelle certains moments
clés des vies d'Elsa et de Nina.

Mais elle est aussi image de mort. Mort lente et quotidienne.
Dans cette mort aquatique elle-même réside pourtant une promesse
de vie. L'eau prépare les résurrections. Elle renvoie donc aux
éternels recommencements.

Elle n'est cependant pas la seule image de renaissance universelle. L'arbre en est une aussi.

L'arbre

Mouvement, spirale, recommencement : l'arbre est une autre
image du cycle de la vie. A travers lui se manifeste l'archétype de
la renaissance universelle. « L'arbre ayant (...) une *signification
d'origine,* comme la mère, représente commencement et source de
vie » [99]. Par sa propriété de reverdir au printemps, il régit l'apparition périodique de la vie. Ainsi se situe-t-il dans l'axe symbolique
des éternels retours. L'arbre, aussi bien ce « quelque chose de
prodigieux » [100] dont parle Pierre Cadorai que l'arbre-renaissance
qui, au bord du fleuve, offrit la protection de sa ramure à l'instant
d'amour de Florentine et d'Emmanuel [101].

Les arbres, comme symboles, sont hermaphrodites. Le latin
suggère leur caractère bisexuel par la désinence masculine et le genre
féminin de leurs noms [102]. « Je crois, disait Gabrielle Roy, que
l'arbre peut être aisément mâle ou femelle comme il peut être jeune

---

98. *La montagne secrète*, p. 145.
99. C.G. Jung, *Métamorphoses de l'âme et ses symboles*, p. 432.
100. *La montagne secrète*, p. 128.
101. Cf. *Bonheur d'occasion*, p. 300.
102. Cf. C.G. Jung, *Métamorphoses de l'âme et ses symboles*, p. 371-373.

ou vieux. Les jeunes bouleaux sur mon terrain de la Petite-Rivière-Saint-François me font étrangement penser à des adolescentes à la chair blanche, tendre et pure » [103]. Ce sont des bouleaux féminins et quasi maternels qui gardent l'entrée de l'école de la Petite Poule d'Eau [104]. Pierre verra un jour, au Louvre, le portrait d'une Eve délicate et nue dont le corps, semblable à une amphore mystérieuse, s'animera soudain, frémira « tel un petit bouleau blanc à toutes les misères humaines qui en lui avaient dû retentir » [105]. C'est encore l'arbre féminin, l'arbre apparenté à l'eau féminine, l'arbre-fontaine qu'aimera Anne dans cette toile de Toulouse-Lautrec « où les arbres et leurs branches retombent comme en une chanson fluide. (...) Ces grands arbres qui ruissellent de toutes leurs branches me plaisent infiniment » [106].

En contraste, l'œuvre de Gabrielle Roy présente le grand chêne du Sud [107]. L'arbre géant a traversé mille ans d'existence. Il devient l'image de la grand-mère, l'âge excepté, qui, parvenue au terme de sa vie, continue de ressembler au « pauvre vieux chêne isolé des autres, seul sur une petite côte » [108].

Si l'on poursuit l'investigation en fonction des différentes essences forestières, on aperçoit bientôt la mère de la narratrice debout auprès d'un sapin torturé et solitaire [109], symbole de la résistance au passage du temps. Le voyage de la vieille femme dans les collines encerclant Altamont se transforme en un retour imaginaire vers le premier âge. Devant la perspective tragique de la mort, l'arbre torturé et constamment battu par le vent dit le torturant et non moins tragique désir d'immortalité.

Tout près du sapin se dresse l'« épinette roussie à laquelle restaient trois branches squelettiques toujours occupées à griffer l'air » [110] comme l'incarnation perpétuelle de la résistance et de l'agressivité de Ian face au nouveau Fort-Chimo.

Quant aux peupliers, aux peupliers trembles et aux trembles, ils appartiennent, avec le pin, à la famille des arbres musiciens ; les premiers suggèrent plutôt la longue patience féminine, le dernier, l'active résistance masculine. Alexandre, revenu chez le médecin, se revoit au lac Vert, un an et demi auparavant : « Là-bas, un grand

103. *Entretien* du 28 janvier 1970.
104. Cf. *La Petite Poule d'Eau*, p. 54.
105. *La montagne secrète*, p. 156.
106. *La source au désert*, dans le *Bulletin des agriculteurs*, octobre 1946, p. 32.
107. Cf. *L'Arbre*.
108. *La route d'Altamont*, p. 54. On comprend la misère et la faiblesse de ce pauvre Chenevert privé de son accent circonflexe comme d'une couronne !
109. Cf. *La route d'Altamont*, p. 206.
110. *La rivière sans repos*, p. 205-206.

pin se dégageait un peu des autres. Quand il n'y avait de vent nulle part ailleurs, il s'en trouvait toujours un peu dans ce pin. Même dans les jours les plus calmes, Alexandre entendait un bruit lointain, doux, bien joli » [111].

Le peuplier tremble, l'épinette et le bouleau rachitique sont les seuls arbres qui bravent le froid des Territoires du Nord-Ouest. Maigrelets et efflanqués, leur courage les ennoblit. Mais de ces trois, c'est « le chant si lointain (du) feuillage » du peuplier tremble qui revient hanter l'esprit de Pierre quand le spectacle de l'agitation perpétuelle des hommes lui fait désirer revivre dans son Nord canadien [112].

Les branches du tremble chantent la mélodie de la pluie :

> Je réfléchis un moment, le menton dans mes mains. Je revoyais avec plaisir, enserrant la maison de mon oncle Cléophas, un gentil bois de jeunes trembles dont le murmure imprégnait toutes les journées d'été là-bas et qui me faisait m'écrier un peu tristement le matin en me levant : « Tiens, il pleut ! » À quoi on riait de la petite citadine ne sachant pas encore démêler du bruit de la pluie celui assez pareil, au fond, des feuilles trop sensibles agitées au moindre souffle de l'air. On disait: « Mais non, il fait beau, au contraire ; ce n'est que le vent dans les trembles. » — Mais il ne vente pas. » — « Si, un peu, dans les trembles... écoute... » [113].

Enfin, songeant au peuplier, il faut évoquer celui de *La steppe* de Tchékhov, infiniment solitaire et infiniment patient dans sa silhouette élancée, sur la colline [114]. J'ai demandé à Gabrielle Roy l'influence exercée sur elle par le peuplier de la plaine russe :

> Reportez-vous à la fin du *Jardin*. Martha qui sent venir la mort, met de l'ordre dans sa vie et dans le milieu où elle a vécu : chapelle, maison. Puis elle paraît sur son

---

111. *Alexandre Chenevert*, p. 290. « Je trouve infiniment séduisante la musique que fait le vent dans les arbres. J'y suis particulièrement sensible depuis que nous possédons notre maison entourée d'arbres de Petite-Rivière-Saint-François. Chaque arbre d'ailleurs produit une musique spéciale. Quelle merveille que celle des bouleaux quand leurs feuilles s'agitent au vent ! C'est à Petite-Rivière que, dans un pin, j'ai entendu le bruit d'un train au loin » (*Entretien* du 17 février 1970).

112. Cf. *La montagne secrète*, p. 183. « Pierre s'approcha de la berge, planta sa pagaie debout dans l'eau peu profonde, près du bord, pour examiner à loisir, en détaillant sa forme, le frêle peuplier tremble. Très penché au-dessus de l'eau, l'arbre avait l'air de considérer comment pour lui tout allait bientôt finir » (*Ibid.*, p. 24). « L'arbre souffrant met un comble à l'universelle douleur » (Gaston Bachelard, *L'air et les songes. Essai sur l'imagination du mouvement*, p. 247).

113. *La route d'Altamont*, p. 82.

114. Cf. Anton Tchékhov, *La steppe*, p. 30-31 ; 68.

seuil et voit se dégager au loin sur l'horizon du soir, un petit arbre qui lui semble être en marche pour toujours. Cette idée de l'arbre qui s'avance au loin me vient, je pense, de ma première jeunesse, de l'époque où j'avais entre onze et treize ans. J'allai alors souvent passer mes vacances chez un oncle dont la maison était située dans un boqueteau totalement encerclé par la plaine immense et nue. Je me rendis un jour au bout de la route qui conduisait à la ferme, et alors je vis comme perdu dans le lointain, un étranger qui venait vers la maison. Je me hâtai de revenir, et j'annonçai à ma cousine que de la visite venait. Nous avons attendu mais personne ne s'est présenté. Je refais le même parcours, revois le même énigmatique personnage et reviens dire la même chose à ma cousine. Pourtant personne ne se présentait. Alors un jour ma cousine vint pour voir l'étrange visiteur: c'était un arbre assez loin dans la plaine. Il faudrait rapprocher de ceci le passage de *La route d'Altamont* où Christine, chez son oncle, entendant un bruit derrière la fenêtre, croit qu'il s'agit de l'eau, alors qu'en réalité, ce sont les feuilles des arbres qui s'agitent.

　　　　Lors de l'enquête menée par Paul Wyczynski, j'ai répondu avec beaucoup de sincérité d'ailleurs, que ç'avait été pour moi une grâce de lire, étant encore très jeune, *La steppe* de Tchékov. Mais aujourd'hui, quand j'y songe, je crois qu'une mystérieuse alchimie du temps a joué, et m'a amenée à fausser légèrement les faits réels. Je n'ai probablement pas lu *La steppe* avant l'âge de dix-sept ou dix-huit ans ; c'était l'époque où un jeune ami ukrainien me proposait la lecture des auteurs russes. Mais comme cette image de l'arbre était profondément enracinée en moi, je crois avoir reporté sur la première période de ma vie, et sans le faire exprès, cette lecture qui a eu lieu un peu plus tard [115].

L'arbre de la steppe russe et son congénère de la plaine canadienne posent la question essentielle : l'arbre et l'homme entretiennent-ils des relations directes sur le plan onirique ? La lecture de l'œuvre de Gabrielle Roy ne permet aucun doute à ce sujet. L'arbre est frère de l'homme. Selon sa prestance, il sera fier ou découragé, arrogant ou humble. C'est pourquoi vient l'instant où la rêverie hésite : «... par moments, on aurait pu croire les hommes arrêtés et que c'étaient les arbres qui précautionneux avançaient » [116]. Le saule minuscule, pleureur et éploré, ressemble à un « petit arbre-personnage d'une féerie de pierre, de béton, de soleil et de verdure » [117]. Enfin, Pierre devient « véritablement un homme-arbre,

---

115. *Entretien* du 28 janvier 1970.
116. *La montagne secrète*, p. 42-43.
117. *Le thème « Terre des hommes »* raconté par Gabrielle Roy, (p. 28 du manuscrit).

poussé en hauteur, dont l'épiderme usé, fendillé, asséché, était de
l'écorce » [118]. Tel est le cheminement qui exhausse l'arbre — ou
le groupe d'arbres — de son état naturel jusqu'à en faire une
remarquable image de l'homme :

> De place en place, chichement la (la plaine) cou-
> paient de petits groupes d'arbres en rond, des petits chênes
> souvent, que je trouvais attirants au possible, peut-être
> parce que du plus loin que je puisse me souvenir ils ont
> toujours évoqué pour moi la rencontre fortuite de voyageurs
> engagés dans la traversée de la plaine et qui, un moment,
> se sont arrêtés pour échanger leurs nouvelles. Qu'ils fussent
> jour après jour au même endroit, que leur cercle jamais ne
> se modifiât ne nuisait pas à ma fantaisie : c'était là des
> gens en train de se raconter le monde, tout ce qu'ils avaient
> vu et retenu [119].

Puis, le tableau emprunte sa lumière à la fin du jour. Au bord du
ciel rouge, arbres ou hommes reprennent le fil de leurs conversations.
L'arbre, le petit rassemblement d'arbres ou d'hommes se détachant
sur fond de lumière apparaissent comme une image de communion
dans la solitude mystérieuse de l'univers :

> Le crépuscule était depuis longtemps venu, grave et
> poignante illumination répandue sur tout le ciel à l'ouest.
> L'horizon lui-même alors ne semblait pouvoir s'arracher à
> la contemplation de son propre enchantement. A cette
> heure que Martha aimait de plus en plus, elle restait assise
> face au ciel rouge, se demandant ce que pouvait signifier
> cette incandescence sur laquelle toutes choses se découpent
> en noir et paraissent plus que jamais à la fois transitoires et
> magnifiques [120].

Intimité et immensité sont valorisées par leurs rapports réciproques.

—— o —— o —— o ——

118. *La montagne secrète*, p. 217.
119. *Mon héritage du Manitoba*, dans *Mosaïc 3:3*, p. 74. Cette image revient
fréquemment : « Il y aurait partout dans les ruelles sombres, au fond
des impasses obscures, dans la grande tache mouvante des arbres, des
silhouettes réunies » (*Bonheur d'occasion*, p. 189). « Ils se tenaient tous
les cinq serrés à ne former qu'une seule tache minuscule contre l'horizon
le plus vaste et le plus désert du monde » (*La Petite Poule d'Eau*, p. 19).
« Elle me disait, lorsque nous approchions de nos petits chênes : « Regarde, ils ont l'air de conspirateurs enveloppés de leurs longs manteaux
sombres » (*Rue Deschambault*, p. 149). « Cependant, même les épinettes
et les bouleaux se firent rares. Ils n'apparaissent plus qu'en petites touffes isolées, presque noires sur le sol rocailleux et formaient là comme
des groupes de personnages rassemblés au hasard dans le grand désert »
(*La montagne secrète*, p. 30). « ... le bruissement des petits arbres parut
se faire plus secret, de même le murmure d'un groupe de gens causant à
l'écart, lorsque quelqu'un vient » (*La rivière sans repos*, p. 201-202).
120. Gabrielle Roy, *Un jardin au bout du monde*, (p. 84 du manuscrit).

La nouvelle de Gabrielle Roy intitulée *L'Arbre* conduit à la notion archétypale de l'arbre de vie.

« Un symbole maternel presque aussi fréquent que celui de l'eau, écrit Jung, est celui du bois de vie et de l'*arbre de vie*. L'arbre de vie est en premier lieu sans doute *un arbre généalogique portant des fruits*, donc une sorte de mère des générations » [121].

« Arbre généalogique portant des fruits »... Telle est la grand-mère de *La route d'Altamont* :

> Je rêvais, à mon tour assise près de grand-mère, je rêvais aux arbres, je pense. Puis j'entrevis un spectacle singulier : je croyais voir, en bas, de jeunes arbres nés peut-être du vieil arbre sur le coteau, mais qui eux, avec toutes leurs feuilles, chantaient dans la vallée. C'est cette image, je crois, qui me suscita la plus brillante des idées. Je courus au salon chercher l'album de photographies. C'était un gros livre recouvert de velours vert, à fermoir doré. Je remontai, le livre serré sur ma poitrine. Je me rassis près du lit. Je tournai des pages.
>
> Presque à chacune je tombais sur quelqu'un qui était, comme on disait, de la descendance de mémère. J'allais lui mettre le livre sous les yeux. Je disais :
>
> — T'en as du monde à toi, hein, mémère. Regarde [122].

Les photos et les noms continuent ensuite la danse étrange de la vie qui se perpétue de la grand-mère à ses enfants et petits-enfants comme elle se perpétuait, dans le rêve, du vieil arbre aux arbres jeunes nés en lui.

Arbre maternel et arbre refuge. Il a offert l'hospitalité de ses branches non seulement aux « épiphytes, cette curieuse plante appelée là-bas mousse espagnole, (...) pareils à d'innombrables haillons gris mis à sécher du haut en bas de l'arbre » [123], mais aussi surtout aux oiseaux qui dans ses branches habitent « comme dans une maison à plusieurs étages et à multiples logements » [124], « une maison résonnante de mille créatures affairées et insoucieuses » [125]. Et ce que l'arbre de Floride offre en amitié, apaisement et douceur aux oiseaux et aux autres végétaux, son frère, l'arbre de Ramatuelle, l'offre aux villageois :

121. C.G. Jung, *Métamorphoses de l'âme et ses symboles*, p. 366, 368. Cf. aussi Gaston Bachelard, *L'eau et les rêves. Essai sur l'imagination de la matière*, p. 97-99.
122. *La route d'Altamont*, p. 54-55.
123. Gabrielle Roy, *L'Arbre*, p. 5.
124. *Ibid.*, p. 5.
125. *Ibid.*, p. 3.

Le car était sur la place à deux pas de l'orme qui est la gloire et la poésie de Ramatuelle. Pensez : un orme autour duquel, délaissant l'auberge enfumée, les villageois depuis des siècles sont venus s'asseoir le soir pour siroter le café fin ; un arbre qui dans le murmure de ses bras fatigués garde l'écho de toute leur vie... de celle de leurs ancêtres... et qui en connaîtra d'autres ; un arbre autour duquel on conclut des marchés, danse la farandole, les soirs de mai [126].

Arbre cosmique, plein de patience, de sérénité et d'une sorte d'éternité, animé de cette grande vie lente et calme de la nature, « cette mystérieuse existence se perpétuant non sans dures luttes, mais hors la loi des sens et du cœur, et qui pour cette raison paraissait un refuge » [127]. Arbres qui rappellent au souvenir ému d'Elsa, dans le petit cimetière du vieux Fort-Chimo, le nom et peut-être le visage brumeux et imprécis des ancêtres vénérés. L'arbre fait entendre aux humains attentifs, les « soupirs d'une vieille mémoire végétale » [128]. Il va, le soir venu, « encore chercher de faibles restes du jour prisonniers des filets nocturnes des nuages » [129].

Arbre enfin dont la vie symbolique devient comme une dominante dans l'existence de l'écrivain :

Il se peut que, dans mon œuvre, certaines parties soient pour ainsi dire le couronnement d'un long processus de rêveries qui s'était amorcé pendant l'enfance. Ainsi, il me semble que L'Arbre couronne cette longue amitié qui a peut-être commencé de se nouer lors de mes démarches d'enfant vers l'arbre de la plaine quand je demeurais chez ma cousine Léa [130].

Arbres profondément émouvants dont Pierre Cadorai et Emmanuel Létourneau emporteront le souvenir en Europe. Image d'une vie fragile et tenace, image de l'espoir et de l'amitié, sujets d'étranges dialogues : « J'écoute ! Qu'est-ce que disent les arbres qui savent tout ? » [131]

Omniprésente dans l'œuvre de Gabrielle Roy, l'image de l'arbre apparaît comme l'une des plus valorisées. A l'instar de l'eau et des

126. *En vagabondant dans le midi de la France, Ramatuelle à Hyères*, dans le *Jour*, 2 décembre 1939, p. 7.
127. *L'Arbre*, p. 23.
128. *Ibid.*, p. 12.
129. *Ibid.*, p. 27.
130. *Entretien* du 17 février 1970.
131. Paul Claudel, *Tête d'or*, dans *Théâtre*, tome 1, introduction et chronologie de la vie et de l'œuvre par Jacques Madaule. Paris, Gallimard, Bibliothèque de la Pléiade, p. 257.

fleurs, elle est surtout image temporelle. Image de commencement et image de permanence. Le commencement étant assimilé à l'enfance, la permanence à l'immortalité. Cependant, aucune forme d'immortalité n'existe qui ne soit conquise de haute lutte. C'est pourquoi, l'arbre, qu'il soit mâle comme l'orme ou femelle comme le bouleau, est en guerre contre le temps. La fleur ne pouvait aspirer, sur le plan de l'imaginaire, à cette dimension. Elle n'avait d'existence que pour quelques semaines. L'arbre, dans le rythme des saisons, passe à travers le temps. Quand il gagne le Nord, il crée proprement le temps. Il institue un rythme saisonnier dans un temps et un espace que l'écrivain incline à considérer comme mythiques, soumis au cycle de l'éternel retour et polarisé par un grand Centre où se fait le passage entre Ciel et Terre.

Comme on pouvait s'y attendre, l'arbre représente à la fin l'homme lui-même. A l'image du vent, il emprunte la parole. Et voilà les groupes d'arbres devenus des groupes humains qui devisent, contre le ciel rougeoyant, de la grande vie de l'Univers.

Enfin, le texte précisément intitulé *L'Arbre* nous conduit à l'arbre de vie. Image de la grand-mère de *La route d'Altamont*. Arbre maternel, arbre-refuge, arbre riche de progéniture. Arbre cosmique que l'on vénère à cause de sa vieille mémoire végétale.

Ainsi, toutes les images rattachées au temps sont en rapport étroit avec l'image du recommencement et du destin. Tantôt liée à l'espoir et tantôt au désespoir selon qu'elle porte sur le futur ou sur le passé, la hantise du recommencement gouverne l'œuvre de Gabrielle Roy. Elle la gouverne parce qu'elle peut changer de visage selon que la romancière écrit un texte de fiction — de « désespoir » — ou qu'elle rédige un essai — texte d'espoir. L'observation lui a appris que l'espoir du recommencement n'est que très rarement satisfait par la réalité du recommencement. Tandis que dans l'essai, cette foi en un recommencement peut reporter indéfiniment le jour de sa réalisation.

Cependant, dans l'imaginaire de la romancière, recommencer peut signifier un retour à l'enfance symbolisé par les images de la fleur, de l'eau et de l'arbre. Enfin, on ne recommence qu'après avoir connu une certaine forme de mort. Les trois mêmes images traduisent le cycle de la mort et du retour à la vie.

Les images liées à la notion de temps obéissent donc à la logique de l'imaginaire et forment un tout articulé. Il en a été de même des images spatiales. A l'immensité de la terre est jointe l'immensité de l'atmosphère ouverte par la montagne, l'air et les oiseaux. Images de temps et images d'espace constituent les articulations majeures de

l'univers imaginaire de la romancière. Après les louanges de Virgile
à l'endroit du philosophe :

> Felix qui potuit rerum cognoscere causas [132].

il faut redire celles de Baudelaire à l'endroit du poète :

> Heureux celui (...)
> — Qui plane sur la vie, et comprend sans effort
> Le langage des fleurs et des choses muettes ! [133]

Cependant, les images sont des données évanescentes qui, pour
prendre place au sein d'une œuvre littéraire, exigent la présence d'un
artiste, la longue patience et le long travail des mots. Pauvre sur le
plan imaginaire, l'homme ne pourra guère dépasser le stade de l'artisan. La richesse d'imagination et la richesse de métier font l'artiste.

132. *Géorgiques*, livre II, vers 490, dans Maurice Rat, *Les Bucoliques et les
   Géorgiques*. Paris, Classiques Garnier, Garnier et frères, 1944, p. 128.
133. *Les fleurs du mal*, dans *Oeuvres complètes*, texte établi et annoté par
   Y.-G. Le Dantec. Paris, Gallimard, Bibliothèque de la Pléiade, p. 86.

Troisième partie

L'ESTHÉTIQUE
DE GABRIELLE ROY

Chapitre I

GABRIELLE ROY :
LE MÉTIER D'ÉCRIVAIN

L'étude des univers social et imaginaire de l'œuvre de Gabrielle Roy devait naturellement conduire à l'étude de son esthétique. C'est grâce aux œuvres d'art que le social et l'imaginaire connaissent une forme d'existence paradoxalement liée aux réalités des deux ordres et en même temps détachées d'elles. « Le monde de l'art, écrit Gabrielle Roy, (...) était vaste, embrassait l'homme tout entier : son ennui, sa pensée, ses rêves, sa souffrance, des joies douloureuses, des sommets, des abîmes » [1]. Il n'appartient pas à n'importe qui d'avoir accès à un tel univers. Et pourtant, l'artiste véritable « n'est pas homme à dédaigner de travailler un peu — et peut-être surtout — au profit de son frère, le simple profane » [2].

La montagne secrète retiendra surtout notre attention dans cette partie. Ce roman, qui a provoqué des réactions très diverses à sa parution, est une des œuvres les plus révélatrices du cheminement de son auteur.

Pierre Cadorai s'avance vers le Nord. Il rencontre d'abord Gédéon, un vieux chercheur d'or solitaire ; puis, à Fort-Renonciation, Nina, la petite serveuse dont il fait le portrait ; enfin, Steve, en compagnie de qui il passera deux hivers, vivant de trappage et dessinant dans ses moments libres. Les deux compagnons reviennent au Grand Lac des Esclaves pour l'été. Les Sigurdsen y forment un véritable clan. Au printemps, Pierre et Steve se séparent. Cadorai poursuit infatigablement son odyssée malgré des revers nombreux. Un jour, enfin, il atteint sa merveilleuse montagne. Les pochades succèdent aux pochades. Tant et si bien qu'à la fin, surpris par le mauvais temps, il doit abattre un caribou pour ne pas mourir de faim. Malade, il gagne lentement la côte. Après y avoir fait la connaissance du

---

1. *La montagne secrète*, p. 146-147.
2. Gabrielle Roy, *Les terres nouvelles de Jean-Paul Lemieux*, dans *Vie des arts*, no 29, hiver 1962-1963, p. 43.

Père Le Bonniec, il se rend en Europe. Paris l'écrase ; au Louvre, il est désemparé. La rencontre fortuite de l'étudiant-peintre Stanislas Lanski conduit Pierre jusqu'à Maître Meyrand. Mais il ne s'acclimate guère. Le Nord continue de peser sur sa vie autant que sur sa peinture. Après un voyage dans le Midi, Pierre rentre à Paris. Mais la maladie le mine. Il fait encore quelques peintures dont un autoportrait bizarre et meurt au moment où, dans un brouillard de rêve, s'éloigne sa montagne secrète du Nord canadien.

La montagne secrète est bien plus l'histoire d'un peintre que celle d'une peinture. A aucun moment, l'attention du lecteur n'est sollicitée par l'intérêt pour une nouvelle manière ou une nouvelle école. Au contraire, sur ces plans, l'auteur accumule comme à plaisir ce qu'on est forcé d'appeler des demi-échecs, puisque Pierre ne peint jamais sa montagne avec tout le bonheur espéré ; puisqu'il aspire à la peinture alors qu'il n'excelle vraiment que dans le dessin ; puisqu'il a été refusé à l'Ecole des Beaux-Arts à cause de son âge ; puisque Maître Meyrand lui-même s'est tourné vers l'enseignement après avoir constaté sa propre faiblesse créatrice. La fin poursuivie par Gabrielle Roy se révèle ainsi plus vaste que l'immédiate peinture et que le peintre lui-même. L'art et l'artiste en général sont au confluent de ces démarches que les apparences pourraient faire croire axées autour d'une recherche d'ordre pictural.

Le premier chapitre de cette section portera sur la romancière et son métier. Tous les textes pertinents seront mis à contribution : ouvrages publiés, interviews, entretiens. La confrontation des témoignages recueillis, à quelque époque qu'ils appartiennent, permettra de découvrir certains points de convergence de sa pensée. Ainsi serons-nous conduits au cœur même de la question artistique, soit la conception de l'art, les relations entre conscient et inconscient, art et nature, parole et silence, solidarité et solitude. Nous aborderons ensuite l'artiste Pierre Cadorai lui-même, véritable être mythique qui gouverne tout le développement de La montagne secrète.

Mais d'abord, Gabrielle Roy porte témoignage de son métier.

L'artiste et l'écriture

Gabrielle Roy a traité à deux reprises, en 1955, de son métier d'écrivain. Une première fois par le biais de la fiction, une seconde par celui de la conférence. Les deux textes, tant à cause du point de vue que des renseignements qu'ils fournissent, comptent parmi les plus importants sur le sujet.

La voix des étangs (Rue Deschambault), ce chant des grenouilles, d'abord épars, puis fondu en une musique étrange, a pris possession, un soir, de l'âme de l'adolescente. A travers leurs cris de détresse et leurs cris de triomphes, les grenouilles faisaient entendre à la jeune fille l'appel de toutes les puissances qui souhaitent accéder à l'existence. La voix des étangs, c'est celle de la vie complexe, proliférante et humble en quête d'un héraut [3]. Gabrielle Roy pensa devoir écrire. Comme la manifestation d'un amour latent, l'idée avait à peine assailli sa conscience que la décision était arrêtée : « J'écrirais » [4]. Les mises en garde de sa mère touchant la condamnation à la solitude, les exigences de l'écriture, que même la réalité de la vocation ne parvient pas à adoucir, furent vaines. Lors de l'entretien du 6 août 1969, je demandais à Gabrielle Roy la part de souvenir contenue dans *La voix des étangs* : « Cela est difficile à préciser. A seize ans, on ne sait pas encore avec certitude ce que l'on fera ni surtout ce que l'on dira à supposer que soit connu son désir de devenir écrivain. Pourtant, il y a une prescience de l'avenir qui peut exister dès cet âge ».

La lumière de la seizième année devait subir une assez longue éclipse. Dans une interview accordée à Pauline Beaudry, Gabrielle Roy dit avoir écrit quelque peu pendant ses années d'enseignement mais, ajoute-t-elle, « j'étais indécise sous ce rapport. Je me suis cherchée assez longtemps et, à vrai dire, je me cherche toujours. Se trouve-t-on jamais totalement ?... [5]. Le désir seul ne fait pas l'écrivain. Ecriture et connaissance de soi exigent un long apprentissage.

Toujours en 1955, Gabrielle Roy prononce, devant l'Alliance française, à l'hôtel Ritz Carlton de Montréal, une conférence intitulée *Jeux du romancier et des lecteurs* [6].

L'écrivain traite d'abord et plus longuement du livre lui-même. Nous demandons aux œuvres de nous révéler le visage de la vie. Pour cette raison, les grands personnages romanesques — le père Goriot, Eugénie Grandet, Anna Karénine, Raskolnikov, Madame Bovary — s'installent en nous et nous enrichissent à un point que nous ne soupçonnons pas. Nous n'épuiserons jamais toutes les significations de ces ouvrages de fiction, dont la beauté demeure un secret entre elles et nous. A cause de cette plurivalence de sens, elles enrichissent notre connaissance du monde. Dans l'existence hautement individualisée des personnages romanesques, le lecteur découvre quelque chose de lui-même dont la révélation est d'autant plus passionnante que rien ne la laissait prévoir. L'œuvre, si lente qu'en soit la cadence, épouse le rythme de la vie, mais aussi s'en détache dans la mesure où il est nécessaire de tirer de l'ombre et de mettre en relief

3. Cf. aussi *Témoignage*, dans *Le roman canadien-français*, Archives des Lettres canadiennes, tome III, Montréal, Fides, 1965, p. 306.
4. *Rue Deschambault*, p. 219.
5. Dans *Terre et Foyer*, vol. XXVII, n° 7, décembre 1968-janvier 1969, p. 7.
6. Gabrielle Roy en a autorisé la reproduction d'extraits majeurs. Cf. *Appendice A*, p. 263.

ce que l'habitude nous cache. Et d'abord l'homme lui-même qu'elle aide à triompher de sa solitude.

Gabrielle Roy est demeurée fidèle à cette conception de l'écrivain. Dans son *Discours de réception du prix David* (1971), elle imaginait la première cérémonie d'octroi d'une distinction littéraire sur terre et s'interrogeait sur les motifs que l'on pouvait avoir de louer l'ancêtre-écrivain :

> Il est important de tâcher de s'en faire une idée, car peut-être s'agit-il toujours du même mérite. Sans doute on le remerciait de savoir montrer aux hommes ce qu'ils ont sous les yeux et ne savent pas toujours voir. Mais peut-être aussi que les hommes d'alors, que l'on a appelés des brutes, des barbares, avaient déjà à cœur de remercier celui d'entre eux qui avait su les distraire un instant de leur effroyable solitude d'êtres pensants au milieu d'animales frayeurs.

Montrer aux hommes ce qu'ils ne savent plus voir, les faire communier à l'Univers : « Au fond, qu'est-ce qu'un roman, sinon le portrait sans cesse renouvelé de son semblable ? Pourquoi plaident-ils depuis si longtemps si ce n'est pour plus de justice, plus de compréhension, plus de vérité ? » [7] Cette approche de l'œuvre d'art est fondamentale. Gabrielle Roy est opposée à la thèse de l'art pour l'art autant et peut-être plus qu'elle l'est à la thèse de l'obligation faite à l'artiste de s'engager dans le provisoire à moins qu'il ne tende à dégager de ce provisoire la part d'éternité qui s'y trouve.

Cette conception de la littérature recoupe la notion de progrès telle que développée non seulement dans les essais mais encore dans *Le vieillard et l'enfant* (*La route d'Altamont*). J'ai montré dans la première partie de ce travail, que, pour Gabrielle Roy, le progrès réel réside dans le développement de la connaissance et de l'amour. Or, en proposant comme but à l'écrivain de « montrer aux hommes ce qu'ils ont sous les yeux et ne savent pas toujours voir », elle propose à sa connaissance des éléments neufs et en même temps à sa portée. Cette connaissance, qui est un fruit de l'attention, oriente vers la considération de l'autre, vers son amour, vers le bris de la solitude. Connaissance et amour servent donc les fins ultimes de la littérature et du progrès.

Mais que sont donc ces ouvrages auxquels on peut, selon la romancière, proposer des fins d'une telle envergure ?

L'œuvre littéraire

L'œuvre littéraire est mystérieuse. La logique ne parvient jamais à en montrer avec évidence la nécessité ou la futilité. Gabrielle Roy

---

7. Cf. *Appendice A, Jeux du romancier et des lecteurs*, p. 269-270.

parlera des productions d'un artiste comme de « choses sérieuses »
de « sortilèges » [8], de « tapis magiques » [9].

Si on en croit Valéry, il se trouve, à la source des œuvres d'art,
un *désir*, une *idée*, une *action*, une *matière* : « La noblesse d'un art
dépend de la pureté du *désir* dont il procède et de l'incertitude de
l'auteur quant à l'heureux succès de son *action*. Plus l'artiste est-il
rendu incertain du résultat de son effort par la nature de la *matière*
qu'il tourmente et des agents dont il use pour la contraindre, plus
pur est son désir, plus évidente sa vertu » [10].

Un *désir*. Ou plutôt, chez Gabrielle Roy, un besoin. Ou, mot
qui serait encore plus juste, une soumission. Car, déjà avant *La
route d'Altamont*, elle songea à mettre un terme à sa carrière d'écrivain. Mais une force mystérieuse la relança. C'est ce qu'elle appelle
« recevoir sa commande ». Face à l'œuvre qui s'annonce, son attitude en est une d'attention et de ferveur. Une sorte de sphère incan-
descente tourne devant son esprit et le fascine. Soudain l'essentiel
lui est donné. L'essentiel, c'est-à-dire une image — ou une grappe
d'images — une idée et une tonalité. S'engage alors le long processus
de transfert de l'imaginaire à l'écriture.

Le besoin d'écrire est soumis à un impérieux besoin de donner.
Les « flots humains qui, à courte distance les uns des autres se dévisagent avec stupeur, en étrangers venus de planètes différentes et ne
sachant plus comment communiquer » [11], adressent à l'artiste un
pressant appel pour qu'elle les dise à la face du monde et surtout à
la face les uns des autres afin d'oublier, ne serait-ce qu'un instant,
qu'ils ont pu être, les uns l'enfer des autres.

« Ecrire, c'est un besoin. C'est presque physique. On ne peut
éviter de prendre la plume. De toucher à la page blanche qui est là,
étendue. Toute prête à recevoir... Et on écrit justement parce qu'on
veut donner. Parce qu'on veut partager avec les autres. Parce qu'on
a ressenti, ou compris, la vérité de certains êtres et qu'on doit la
dire » [12]. « Le romancier est un créateur de liens » disait-elle encore
lors de l'entretien du 12 août 1969. Il unit des parcelles de vie ap-
paremment inconciliables. L'expression rappelle Saint-Exupéry. Parlant de Pierre Cadorai, la romancière avait d'ailleurs écrit : « L'art

8. *La montagne secrète*, p. 19.
9. *Ibid.*, p. 172.
10. Paul Valéry, *Pièces sur l'art*, dans *Oeuvres*, tome II, p. 1241.
11. *Le thème « Terre des hommes » raconté par Gabrielle Roy*, (p. 39 du ma-
    nuscrit).
12. Entrevue avec Alice Parizeau publiée sous le titre *Gabrielle Roy, la gran-
    de romancière canadienne*, dans *Châtelaine*, avril 1966, p. 137.

se plaisait donc à ces rencontres imprévues d'objets naturellement si loin les uns des autres. Créer des liens était sa vie même » [13].

Une *idée*.

Tout n'est jamais d'une parfaite clarté quand je commence la rédaction d'une nouvelle ou d'un roman. D'abord est intervenue une intuition, une lueur merveilleuse. Elle m'a montré, pendant un court instant, le chemin à suivre. Puis la grande lumière est disparue. Il reste néanmoins un souvenir et quelques indications dont certaines sont assez précises. Commencer à rédiger, c'est se mettre en route pour retrouver cette lumière [14].

L'œuvre d'art est régie par un complexe d'idées et de mouvements inconscients. Aux premières appartiennent les commentaires qu'un écrivain peut faire de ses ouvrages, tout ce qui l'a guidé, de l'esquisse à l'œuvre terminée. Des seconds relèvent entre autres les bouleversements imprévus d'un plan initial — comme ce fut le cas pour la place occupée par Rose-Anna dans *Bonheur d'occasion* — de même que toutes les interprétations et significations dégagées par la critique et auxquelles le romancier n'a le plus souvent pas songé.

Une *action*. Les artistes, « ce sont d'abord des êtres pourvus de mains » [15]. Toute œuvre d'art est une action. Chez Gabrielle Roy, cette action est lente et tendue. Ecoutons plutôt l'écrivain :

Un roman, c'est l'entreprise humaine la plus téméraire et la plus insensée ! J'ai rédigé en tout trois versions (l'auteur parle de *Bonheur d'occasion*), dont la première avait 800 pages. Au premier jet, on se hâte pour saisir au vol cette charpente invisible qui est comme dans les airs. On se sent comme un jongleur avec ses assiettes. Il s'agit de capter, sans trahir la vie secrète et mystérieuse, l'impondérable et le mystère. J'appellerais l'inspiration « le bon vent » qui déclenche en nous ce qui s'y trouve de forces psychiques. Ou encore, l'inspiration pourrait se comparer à ces éclairs très brefs qui illuminent les nuits d'été en révélant des paysages fugitifs et infinis dans une clarté éblouissante, quelque chose qui éclaire l'intérieur, ce qu'on peut appeler « la mémoire involontaire », ce qu'on porte en soi dans des cavernes profondes et secrètes. C'est une illumination qu'il faut saisir aussitôt, en prenant soin de ne rien blesser, de ne rien perdre, d'être à la hauteur. On a le trac... C'est affreux ! Puis commence le véritable travail : ordonner, organiser,

13. *La montagne secrète*, p. 200.
14. *Entretien* du 6 août 1969.
15. Henri Focillon, *Vie des formes*, p. 111. « ... œuvre de cette main devenue patiente » (*La montagne secrète*, p. 204).

agencer, polir. On se coupe du reste du monde, on est comme un forçat dans un cachot [16].

Quand j'écris, je fais ordinairement trois ébauches. La première, à bien des points de vue, n'est pas montrable. Pour une raison très simple : je ne cherche pas une forme parfaite. Ce qui est alors important, c'est la saisie de la vie. Je deviens assez facilement nerveuse. Tout doit aller vite. Prendre à gauche, prendre à droite. Saisir le mouvant et tenter de lui conserver sa mobilité malgré les liens de l'écriture. Dès que j'en suis à la seconde ou à la troisième ébauche, je délaisse la première où il se trouvait pourtant beaucoup de lumière en même temps que beaucoup d'obscurité. Il ne me reste plus aujourd'hui aucune page manuscrite de *Bonheur d'occasion.* De *La Petite Poule d'Eau,* quelques pages seulement que Marcel a sauvées de l'hécatombe. Mais depuis lors, je me suis imposée de les conserver...

Je n'aime pas me relire. Revoir des épreuves m'est justement une épreuve. Je veux toujours aller plus loin. Créer un, peut-être deux nouveaux personnages. Je n'aime pas revenir sans cesse ni fignoler avec toujours plus de sérieux. Certains peuvent refaire cent fois la même page : moi, je préfère écrire quelque chose de neuf. J'aime mieux écrire dix nouvelles pages que d'en corriger une ancienne. Pendant longtemps, j'ai eu crainte que les chercheurs ne découvrent mes premiers écrits, ceux du *Jour,* du *Bulletin des agriculteurs* et de divers autres périodiques. J'avais espoir qu'ils restent dans l'ombre, mais j'ai compris que cet espoir était vain. La rédaction de la plupart de ces récits et reportages a été rapide. Et puis, il y a dans toute vie d'écrivain, un âge où l'on se fait la main...

La meilleure façon de disposer la pensée en ma faveur, c'est de marcher. Je marche beaucoup. Cela active l'esprit. Puis j'entre précipitamment et j'écris. Et je reviens marcher et j'entre de nouveau. La difficulté, c'est l'alternance de plus en plus pressée des deux mouvements. D'ailleurs, la marche m'a toujours ravie. Je vais et viens souvent sur la voie ferrée à la Petite-Rivière-Saint-François [17].

Pierre Emmanuel, écrivant peu de temps après le décès de François Mauriac, dit de la mort qu'elle *rassemble.* Ce mot très juste m'a amenée à réfléchir sur les der-

16. *Interview par Pauline Beaudry,* dans *Terre et Foyer,* vol. XXVII, n° 7, décembre 1968-janvier 1969, p. 8. Le 8 juillet 1969, elle me disait : « L'important, pour le romancier, c'est la saisie de la vie. La saisir dans toutes ses manifestations et remonter le plus possible vers sa source. S'il devait se produire un conflit entre la vie et la forme de l'œuvre, je dis qu'il faut sauver l'efflorescence de la vie ».
17. *Entretien* du 8 juillet 1969.

nières lignes d'un ouvrage. Elles sont de la plus haute importance parce qu'à l'instar de la mort, elles aussi rassemblent. Elles rassemblent la multitude des éléments épars dans le roman. Pour la seule *Rivière sans repos,* j'ai écrit quatre fois la dernière page. Malgré le contexte, j'aurais aimé finir dans la lumière d'un matin. J'ai toujours apporté une attention particulière à la dernière page de mes livres. En plus de « rassembler » l'œuvre, elle laisse pressentir l'avenir [18].

Une *matière.* Pour le roman, elle est infinie. C'est toute la vie qui s'offre. Qu'elle appartienne à la réalité banale ou se présente sous les couleurs du rêve. Le fou et le saint, le mécréant et le héros s'y côtoient. Gabrielle Roy a indiqué, dans la *Préface* de *La Petite Poule d'Eau* [19], les sources de cet ouvrage. Pareillement celles de *Bonheur d'occasion* sont connues. Voici la « matière première » de *La rivière sans repos* :

> J'ai vécu pendant environ une semaine à Fort-Chimo. J'ai pu y voir le petit jardin que cultivait le prêtre catholique. J'ai aussi vu décoller un avion qui emportait une Esquimaude malade. Le hasard me fit rencontrer un employé de la Compagnie Bell du Canada. Je lui demandai s'il croyait sérieusement pouvoir installer le téléphone chez les Esquimaux. « Eh bien, me répondit-il, c'est déjà fait et presque tous l'ont maintenant ». Voilà des éléments de vie réelle mis à contribution pour écrire les *Nouvelles esquimaudes.* Je rédigeai *Le téléphone,* puis *Le fauteuil roulant,* enfin *Les satellites. Le fauteuil roulant* relève entièrement de l'imagination. Je l'ai écrit pendant ce juillet. J'étais fatiguée et partagée puisqu'en même temps, je devais préparer *Mon héritage du Manitoba* qui paraîtra dans un numéro spécial de *Mosaïc 3: 3* à l'occasion du centenaire du Manitoba [20].

> Mon bref séjour à Fort-Chimo en 1961 m'a inspiré *La rivière sans repos.* J'ai d'abord visité le nouveau Fort-Chimo puis le vieux Fort-Chimo en compagnie d'un policier du reste très aimable. Pour ce faire, nous avions forcément traversé la Koksoak. Parvenus sur l'autre rive, nous avons pénétré dans une maison pauvre mais propre. Une Esquimaude faisait la toilette de son fils. J'ai eu l'impression qu'il était d'un sang mêlé. De là à imaginer dans mon récit, la relation avec le soldat américain — il y eut réellement des soldats américains pendant la dernière guerre, à Fort-Chimo — il n'y avait qu'un pas. L'Esquimaude portait une

18. *Entretien* du 11 septembre 1970.
19. Paris, Editions du Burin et Martinsart, coll. Les portes de la Vie, 1967, 257p.
20. *Entretien* du 29 juillet 1969.

attention infinie aux cheveux du bébé ; elle les bouclait avec un plaisir évident. Le bébé avait des cheveux blonds et fins, ce qui en soi racontait toute une histoire [21].

Matière diversifiée à l'exemple de la vie et de l'univers eux-mêmes. Matière mystérieuse qui, de réalité matérielle et concrète, se transmue en réalité de parole.

Oscar Wilde écrit : « Il y a deux mondes : celui qui est sans qu'on en parle ; on l'appelle le monde réel parce qu'il n'est nul besoin d'en parler pour le voir. Et l'autre, c'est le monde de l'art ; c'est celui dont il faut parler, parce qu'il n'existerait pas sans cela » [22]. Le monde de Pierre Cadorai, à portée de la main créatrice de l'homme, s'identifie au second. Une victoire de l'univers artistique constitue une consécration de l'univers concret qui reçoit ainsi, comme ce fut le cas pour la montagne Sainte-Victoire, une forme d'immortalité. L'artiste plonge ses racines dans un contexte physique et social dont il ne peut se couper totalement. Il transpose dans l'art des portions de vie réelle. Chaque fois qu'elle se répète, l'opération entraîne une sorte de déperdition de cette même vie réelle.

> Pourtant, sans cesse Stanislas insistait sur ce point : l'art c'est de couler de la vie dans un moule, au détriment, il est vrai, d'une part de la vie, et, du reste, chacun selon son moule.

> D'abord Pierre avait été horrifié par cette idée. Comment ! l'art exigerait le sacrifice de la vie chaude, vraie, souffrante et suppliante ! A présent il convenait que c'était vrai, qu'une part du moins de la vie mourait en se fixant dans la beauté — et de là dans son âme une sorte de blessure grave [23].

Ainsi, désir, idée, action et matière s'unissent pour former l'œuvre d'art, cette sorte de mystère dont l'étude de chacune des parties ne parvient jamais à expliquer la totalité, pas plus qu'une image poétique ne se réduit strictement aux termes qui la composent.

Car, au-dessus du désir, de l'idée, de l'action et de la matière, il existe un autre élément, global celui-là, en qui ils s'unifient. Un autre élément dont l'importance est de premier ordre. Gabrielle Roy l'appelle l'émotion. Ainsi s'exprime-t-elle dans le *Discours de réception du prix David* :

> Peut-être aussi faudrait-il tenter de ne pas trop l'oublier, de nos jours où nous sommes tellement portés à mettre de côté cette vérité élémentaire : ce n'est pas par la techni-

21. *Entretien* du 6 août 1969.
22. Cité dans Jean Berthélémy, *Traité d'esthétique*, p. 281.
23. *La montagne secrète*, p. 206.

que, par l'extérieur, par le dehors que se renouvellent essentiellement l'art et les formes. Mais par l'intérieur, par le centre et le cœur, par la vision que suscite une émotion fraîche. En somme, par le contenu d'émotion qui déborde de chaque instant de notre existence et qui donne à nos œuvres le souffle.

L'émotion met en branle les facultés créatrices. Cependant, il importe de préciser que l'émotion à laquelle fait appel l'artiste, n'est pas immédiatement consécutive à un choc premier et brut. C'est une émotion seconde étroitement liée au regard.

Chapitre II

ÉMOTION ET REGARD

L'œuvre d'art est profondément tributaire de l'émotion. A plusieurs reprises, Gabrielle Roy a cité la définition de Matthew Arnold : « L'art est une émotion revécue dans la tranquillité ». Cette définition implique une forme de distanciation entre l'émotion brute, immédiate et l'émotion particulière qui est attachée au souvenir. « S'il veut réellement faire œuvre d'art, l'artiste doit s'éloigner de sa source première d'inspiration et ne la retrouver que plus tard, dans le calme » [1]. Semblable distanciation est liée au problème du regard. Je l'étudierai surtout dans le contexte de *La montagne secrète*.

« *L'art est une émotion revécue dans la tranquillité* »

Pour Gabrielle Roy, l'émotion naît des intuitions du regard intérieur ou de l'harmonie des réactions provoquées par l'objet de vision extérieure et les sentiments de l'âme.

Le regard de l'artiste, « ce regard si particulier du peintre » [2], est en réalité, double. Le premier est celui qui se projette sur l'entourage, faisant provision de formes, de couleurs, d'impressions de toutes sortes. Très rapproché du regard usuel, il n'en diffère peut-être que par une certaine gratuité. On pourrait le qualifier d'« extérieur ».

Le regard second, ou « regard intérieur » [3], puise dans les réserves de l'inconscient. Les visions qui en émergent débouchent dans la conscience. Ce sont les inspirations ou intuitions. L'artiste peut les avoir cherchées, désirées et souhaitées pendant longtemps. Elles n'obéissent qu'à leur dynamisme propre. Rarement, le concret arrive à les traduire. De là viennent maintes déceptions. Car la montagne, en plus de symboliser l'objet du pouvoir créateur, peut signifier cet absolu de la vision intérieure que Pierre tentera de réactualiser dans ses peintures sans jamais y parvenir entièrement.

---

1. *Entretien* du 29 juillet 1969.
2. *La montagne secrète*, p. 106.
3. Cf. *ibid.*, p. 183.

« Les fines couleurs éphémères n'avaient plus d'abri et de vie que dans ce regard fixe qui en lui-même les poursuivait » [4].

Entre le regard extérieur et le regard intérieur, entre le regard intérieur et le moment de traduire la vision en mots, couleurs ou sons, un laps de temps plus ou moins long doit s'écouler. Sinon, à supposer que l'artiste puisse reproduire intégralement et dès l'instant où elles lui sont offertes, les données du regard extérieur, le résultat serait d'ordre photographique. « Voyait-il seulement ce qu'il regardait avec ce curieux regard perçant et rêveur ? Peut-être ne faisait-il qu'enregistrer sans le savoir ce que plus tard seulement il verrait — après coup — lorsque sorti de l'état de transe où le mettaient les événements, une vie si nouvelle, le cadeau d'une belle amitié, pareille bifurcation donnée à sa destinée » [5]. Ces intervalles rendent possible l'« onirisation » des données du regard extérieur.

Qu'on se souvienne du sujet de *La Petite Poule d'Eau*. La tranche de vie dans laquelle Gabrielle Roy a puisé les éléments de son roman était achevée longtemps avant que l'œuvre ne paraisse en librairie. Même phénomène pour *La rivière sans repos*. Cet ouvrage rédigé après *La route d'Altamont*, n'a été publié qu'en 1970 bien que la visite à Fort-Chimo qui l'a inspiré remonte à 1961. Il en va de même pour Pierre : au début de son pèlerinage artistique, il avait dessiné une Nina toute personnelle, « petite nomade que consolait de sa vie le splendide inconnu du monde » [6], s'inspirant d'une Nina serveuse de restaurant, trop souvent en butte aux plaisanteries des hommes pour n'être pas craintive et réservée. C'était en été. Il ne termine le portrait que sept ou huit mois après la rencontre de la jeune fille. Ce n'est pas non plus devant la lointaine montagne du Nord-Est canadien que Pierre crée *sa* montagne mais plus tard à Paris ; le tableau ne restera d'ailleurs qu'à l'état d'ébauche.

Ainsi, l'émotion n'est-elle jamais revécue en toute tranquillité avant que le rêve et la personnalité de l'artiste n'aient imprégné la donnée initiale. En termes de psychocritique, ce processus est celui de la sublimation étant entendu que l'illumination, l'inspiration naît de quelque frustration.

Création et inconscient

Peu de temps après la parution de *La Petite Poule d'Eau*, Ringuet obtint de l'auteur une entrevue dont le texte, publié d'abord dans *Flammes* (Bulletin d'information des Editions Flammarion) de mai 1951, fut reproduit dans la *Revue populaire* d'octobre 1951 sous le

---

4. *Ibid.*, p. 57.
5. *Ibid.*, p. 169.
6. *Ibid.*, p. 39.

titre *Conversation avec Gabrielle Roy*. Parlant des personnages de son livre, la romancière indique leur provenance : le Québec français, Lwow, les Highlands d'Écosse, la Baltique. Elle ajoute : « En fait, pourtant c'est de moi qu'ils sont venus. Ils n'existaient pas. Je les ai créés ». Ce qu'elle corrige plus loin en précisant :

> Ou plutôt, non, encore ! Ils sont apparus en moi sans que j'aie eu à faire un geste, un acte de volonté. Je les ai aperçus qui, déjà vivants, s'agitaient comme l'eau sous le soleil. Je n'ai eu qu'à suivre, qu'à laisser couler le récit qui sourdait en moi. Car, j'en suis convaincue, chez l'écrivain, chez l'artiste, l'inconscient a plus de part à la création que le conscient. Infiniment [7].

Ce dernier mot fait rêver. Bien sûr, on peut reconnaître à l'inconscient un rôle prépondérant dans la création littéraire tout en refusant l'interprétation freudienne, ainsi que l'a fait Gabrielle Roy elle-même, lors de l'interview accordée à Gérard Bessette, en septembre 1965 [8]. Il est alors intéressant de lire, dans cette perspective, la nouvelle intitulée *Les petits pas de Caroline* [9]. Judith — c'est le nom réel de la jeune fille, Caroline n'étant que son pseudonyme d'écrivain — en veut à cette autre elle-même qui a donné à ses personnages tous les bonheurs auxquels semblait la convier son âme exaltée. Entraînée sur cette voie royale de l'imagination, elle a, jusqu'à ce jour, raté la petite dose de bonheur impartie à chacun. Elle comprend maintenant que sa vie, passée dans l'atmosphère d'une solitude déprimante, n'a connu que la joie diffusée dans ses écrits. Mais la situation s'apprête à changer. Elle éprouve de la difficulté à se reconnaître dans l'image que lui renvoie la glace suspendue au-dessus de la cheminée. L'ap-

---

7. P. 7-8 dans *Flammes* et p. 4 dans la *Revue moderne*.
8. Cf. *Une littérature en ébullition*, p. 306. Gabrielle Roy est revenue sur ce sujet lors de l'entretien du 8 juillet 1969 : « La création est un fruit de l'ombre. Un jour Gérard Bessette est venu me rendre visite. Il m'a demandé ce que signifiait la montagne dans *La montagne secrète*. Je lui ai répondu qu'elle signifiait la montagne... Les choses sont souvent ce qu'on entend qu'elles soient, sans plus. Et une montagne n'est-elle pas déjà dans la création une énigme assez grande pour qu'on ne veuille pas la charger d'un poids accru de mystère. Une lumière trop crue projetée sur la vie et l'écrivain le gêne. Son œuvre pour s'épanouir part de la pénombre puisque aussi bien son but est d'aller vers la clarté, de faire de la clarté. D'ailleurs, tant ce besoin est grand et naturel à la création artistique, arriverait-on à violer la pénombre qu'elle se reformerait d'elle-même autour de l'œuvre à venir comme une eau souterraine, protectrice des songes.
   C'est pourquoi « démystifier » comme on dit de nos jours à propos de tout, à supposer que cela soit possible, est loin d'être toujours souhaitable. De toute façon, ce n'est guère faisable dans ce qui est pour nous de la plus haute importance. Comment démystifier par exemple le sexe, mystère au sein du mystère de l'existence humaine. Pendant une certaine phase de la création artistique, l'artiste se cache pour ainsi dire de tous pour travailler... A l'égal presque d'un coupable ».
9. Dans le *Bulletin des agriculteurs*, octobre 1940, p. 11, 45-49.

parition d'Alain a bouleversé Caroline. Lentement reparaît la Judith d'autrefois. Et voici que maintenant elle ne peut plus tolérer la concurrence de ses créatures romanesques qui, par procuration, avaient agi à sa place et risquaient de menacer un fragile espoir de bonheur.

Le freudisme ne dit rien d'autre. Dracoulidès écrit : « La psychologie de l'insconscient nous prouve sans conteste que la création artistique dans toutes ses manifestations, n'est qu'une manifestation d'ordre biopsychique, une compensation sublimée des désirs instinctifs fondamentaux qui sont restés insatisfaits en raison d'obstacles provenant du monde intérieur ou extérieur » [10]. Il ne suffit évidemment pas de souffrir d'un quelconque traumatisme pour que l'art devienne une puissance de compensation. Aucun traumatisme n'a jamais créé un artiste. Il en rend tout au plus la manifestation possible. Sans dispositions préexistantes, rien n'aboutirait à l'art véritable.

Les « artistes » improvisés de l'œuvre de Gabrielle Roy existent en fonction d'une protestation ou d'une compensation. Pitou, dans les rares accords d'une guitare, dit sa colère ou sa résignation morne à une société qui le laisse crever. Que débutent les jours bienheureux où il fera les cent pas devant la caserne du Mont-Royal et sa guitare n'appartiendra plus qu'à un lointain passé. Que cessent les traquenards autour de Wilhelm et de Christine, et Thaïs ne traduira plus l'amour et la naïveté. Quant à Orok, sa tentative est vaine : il n'arrive pas à maîtriser les couleurs, se trouve heureux dans sa vie de primitif et, de toutes façons, a déjà choisi, à l'instar des gens de son peuple, la pierre pour s'exprimer. A tous, il a manqué la tendance artistique innée. Ou ils n'ont pas de talent, ou ils n'ont pu le mettre en valeur. Lui seul est susceptible de développement. Que l'on impose un enseignement à la seule tendance artistique innée et elle perd bientôt la vérité, la spontanéité qui la caractérisaient ; elle s'étiole sans bruit [11].

---

10. *Psychanalyse de l'artiste et de son œuvre*, p. 13. Freud lui-même a écrit : « Les hommes heureux ne se complaisent jamais à des imaginations. Seuls les hommes insatisfaits agissent de cette façon, parce que le désir insatisfait est la force conductrice qui se trouve derrière les illusions. Chaque illusion contient la réalisation d'un désir et améliore une réalité qui n'est pas satisfaite » (*The relation of the Poet to Day-Dreaming*, dans Coll. Papers, Volume IV, London, 1925, cité dans *Ibid.*, p. 98).
11. « Ajoutons même, que, contrairement au talent artistique, la tendance artistique innée n'est pas susceptible de développement et n'est pas capable de bénéficier d'un enseignement qui lui permettrait d'atteindre un niveau de création purement artistique. Si on soumet les artistes improvisés à une discipline destinée à les former et à les perfectionner artistiquement, on les voit perdre leur spontanéité et les remarquables aptitudes de leur tendance artistique innée » (Dr N.N. Dracoulidès, *Psychanalyse de l'artiste et de son œuvre*, p. 14).

La théorie psychanalytique de la compensation nous apprend que la source la plus importante des frustrations réside dans une sexualité brimée. Toute la vie de Pierre a été sacrifiée à la conquête de la montagne. Pour elle, il a renoncé à la femme et à l'amour. Nous savons que Nina n'aurait pas déplu à l'âme sensible de l'artiste. Nous savons que, devant elle, il s'est troublé et que, longtemps après leur séparation, son souvenir est revenu le harceler. Il semble aussi que l'émotion du peintre, au Louvre, devant cette « Eve, nue, fragile, aux seins menus, à la petite tête ronde, debout et pensive au milieu d'une verdure sombre, luxuriante et presque tragique » [12] fut grande parce qu'elle lui rappelait son souhait de jadis, près du Mackenzie, sous ce ciel immense et un peu triste, de peindre, nue, la jeune Nina. Nina et Eve ne conviaient-elles pas Pierre, sans égard pour sa vocation d'artiste, à l'amour et à la félicité du couple ?

Rodin disait que « le nu est d'or » [13]. Pierre s'étonnait devant l'« amphore mystérieuse » [14] du corps féminin. On peut bien admettre la pureté du regard artistique. Ce regard eût peut-être dû composer avec des sentiments plus obscurs si Nina avait posé nue devant Pierre. D'ailleurs, le manque d'audace du peintre à le lui demander ne traduit-il pas cette crainte vis-à-vis de la femme et de l'amour dont parle Dracoulidès [15] ?

Quoi qu'il en soit, l'ardeur de Pierre à l'endroit de la montagne est empreinte de sexualité. C'est en compagnie de Nina, lorsque la jeune fille parle de son rêve des Big Rockies, que Pierre se rend clairement compte qu'il cherche une montagne. Il se produit alors chez lui, par association, un transfert psychologique. Les sentiments qu'il éprouve pour Nina sont étendus à la montagne. Il se prosterne devant elle, désire la saisir, la posséder, la créer à sa portée. De plus, la coquetterie toute féminine du discours que la montagne tient à Cadorai et sa colère quand elle s'aperçoit n'avoir pas été, dans l'immédiat, aussi bien servie qu'elle l'aurait souhaité contribue à lui donner des caractères féminins et sexuels.

Les deux renoncements de Pierre à la femme, l'un temporaire, l'autre définitif (puisqu'à Paris, il renoncera également aux faiblesses des artistes) ont été sources de créations dont la perfection, dans le premier cas, fut relative, et, dans le second, absolue. En effet, après la rencontre avec Nina, après le portrait, Pierre se remet en route

---

12. *La montagne secrète*, p. 156.
13. Rodin, cité dans *Les plus beaux écrits des grands artistes*, présentés par Pierre du Colombier. Paris, La Colombe, Éditions du Vieux Colombier, 1946, p. 372.
14. *La montagne secrète*, p. 156.
15. Cf. Dr N.N. Dracoulidès, *Psychanalyse de l'artiste et de son œuvre*, p. 27.

vers sa montagne. Mais l'obstacle de l'éloignement n'est pas infranchissable et rien n'indique qu'un jour leurs voies ne se croiseront pas à nouveau. On sait que Cadorai, de passage un peu plus tard dans le village, cherchera, mais en vain, la petite serveuse. Ce qu'il dessine ou peint après cette rencontre n'a aucun des caractères définitifs susceptibles de le satisfaire. Un jour lui parviennent les lettres de Sigurdsen. Son ancien compagnon a épousé Nina. Tous les espoirs sont évanouis [16]. Désormais, la voie est libre: Paris, la montagne de rêve, la mort.

Toujours dans le sens des indications de la psychanalyse selon lesquelles bonheur, richesse et paix intérieure sont incompatibles avec la création artistique, on doit remarquer qu'aucun dessin important ne ponctue l'été passé auprès des Sigurdsen. Quelques portraits des membres de cette famille, si semblables les uns aux autres, des recherches plutôt techniques sur la façon de rendre les irisations de l'eau, voilà à quoi s'est réduite alors la vie artistique de Pierre.

Ainsi, est-ce à travers l'art que l'artiste, grâce au dédoublement et à la projection, connaîtra ce que la vie courante lui refuse, à condition qu'elle ne devienne pas soudain clémente et ne condescende à lui faire don de ce qu'elle lui avait jusque-là refusé. Lydia Krestovsky parle des écrivains qui

> s'abritent à l'ombre des personnages qu'ils ont imaginés. Ils peuvent ainsi se libérer de certains refoulements qui les étouffent et être amenés à des confessions très audacieuses par le canal des êtres imaginaires. Dissimulé derrière eux l'écrivain prend l'aspect d'un souffleur ; il devient leur Moi second, tout en étant en réalité le Moi premier et principal » [17].

L'émotion qui ébranle les facultés artistiques de l'homme n'est donc jamais, selon Gabrielle Roy, l'émotion première attachée à l'événement lui-même. Elle serait alors trop embrouillée. Il faut une certaine distanciation, celle que permet le regard second ou intérieur pour détacher de l'ensemble du souvenir ce qui constituera la matière d'une œuvre artistique.

---

16. « N'empêche qu'à cette minute il perçut que s'éteignait pour lui quelque faible et cependant tenace petite flamme qu'il lui semblait avoir vue briller quelquefois en son intérieure vie — de même, marchant, la nuit, en forêt, on croit apercevoir au loin, entre les arbres, la lueur d'une bougie derrière une fenêtre, mais, tout à coup, elle a disparu, les arbres la cachant, ou quelqu'un l'a soufflée... ou alors ce n'était qu'une illusion... » (*La montagne secrète*, p. 138).
17. Lydia Krestovsky, *Le dédoublement esthétique*, dans *Psyché*, mai 1951, citée dans Dr N.N. Dracoulidès, *Psychanalyse de l'artiste et de son œuvre*, p. 175.

Alors que le regard premier avait comme objet l'émotion brute
surgie de l'événement lui-même, le regard second porte sur un objet
« onirisé », c'est-à-dire plus ou moins transformé déjà par la puissance du rêve et par les jeux de l'imagination. Cet objet second est
en général plus fidèle aux dominantes de l'imaginaire qu'à la réalité
de l'émotion première.

Ainsi en va-t-il dans la plupart des textes de *Rue Deschambault*,
plus attentifs à cette réalité imaginaire de Gabrielle Roy qu'à la réalité concrète du Manitoba natal. C'est par la nécessité de cette distanciation et de cette onirisation que l'on peut expliquer le laps de
temps qui sépare les événements décrits dans les ouvrages de fiction
de la rédaction des mêmes ouvrages.

Cette distanciation joue également à l'insu de la romancière.
Le conscient et l'inconscient sont des univers à ce point différents
de nature qu'ils paraissent très éloignés l'un de l'autre. Pourtant, la
rêverie chemine aux confins de l'un et de l'autre. Elle s'alimente
aux deux. L'inconscient accueille ce dont le conscient ne peut
autoriser ouvertement l'action. Par la puissance presque sans limite
de la rêverie, les désirs instinctifs fondamentaux reparaissent dans
l'univers imaginaire, revêtus en images ou déguisés sous des modèles
de conduites acceptables par le conscient.

Les frustrations obtiennent de la sorte compensation. Nina
d'abord, la montagne ensuite, ont créé chez Pierre un trouble de
cette nature. Pour devenir véritablement compensation, la création
artistique imposait à Pierre qu'il renonçât à Nina et à la montagne.
Il a accepté et chaque renoncement a été suivi d'une plus grande
perfection dans la création artistique. Non pas que les seules frustrations créent l'artiste mais plutôt parce qu'elles sont de nature à
éveiller de leur léthargie des puissances qui sommeillaient.

C'est ainsi, comme on l'a montré plus haut, que la liberté du
romancier peut être dite plus grande que celle de l'essayiste. Alors
que celui-ci parle en son nom personnel et que, pour cette raison,
il exerce sur lui-même une constante vigilance, celui-là s'abandonne
avec plus d'aisance aux mouvements de l'imaginaire parce que vivent,
interposés entre lui et le lecteur, les personnages du roman.

Cette vie de l'imaginaire, incarnée essentiellement dans la parole,
pour le cas qui nous occupe, condamne cependant l'artiste à d'irré-
médiables tensions entre solidarité et solitude.

Chapitre III

SOLIDARITÉ ET SOLITUDE

La vie de l'artiste, selon Gabrielle Roy, est constamment partagée entre solidarité et solitude. Si l'artiste doit être fidèle à un réalisme total, c'est-à-dire aussi bien matériel que spirituel, il doit aussi demeurer en contact avec les autres par la solidarité et avec lui-même, par la méditation en solitude. La vie se recrée dans le silence. Recréation qui puise en soi d'abord les matériaux utilisés. Cela pose le problème de la nature vis-à-vis de l'art.

Art et nature : solidarité

« La beauté de la nature n'est en rien comparable à celle de l'art », écrit Jean-Paul Sartre [1]. Nature et art sont deux univers complets en eux-mêmes. A la nature on reconnaît l'exubérance et la profusion ; à l'art, l'économie et l'ordonnance. La nature est d'une prodigieuse richesse. Elle ne s'offusque pas des êtres ratés, étant assurée de produire une majorité de créatures normales. Différente, la beauté de l'œuvre d'art en est une de reflet. Aucune nuance péjorative n'entache cette expression. L'œuvre d'art est même le double reflet de la nature et de l'artiste.

A ce dernier, l'univers s'offre comme un cadre de référence.

Toutefois, il n'*imite* pas, mais *exprime*. Il exprime la nature qu'il a transfigurée d'après sa vision, ses besoins, ses hantises. Cette théorie n'est pas neuve : Socrate la recommandait à ses disciples [2]. Aristote de même [3]. Pierre, tombé à Paris comme un aérolithe égaré, ne peut pas ne pas donner à la ville les caractères mêmes de ce Nord qu'il porte infiniment vivant en lui. « Aucun artiste ne tolère le réel [4].

La nature devient réserve de matériaux. De là l'idée de Meyrand et de Stanislas contre laquelle Pierre s'insurge : « L'objet n'est rien

---

1. *Qu'est-ce que la littérature ?* p. 61.
2. Cf. Xénophon, *Mémorables*, 1. III.
3. Cf. Aristote, *Poétique*, XV, 14.
4. Nietzsche, cité dans Albert Camus, *L'homme révolté*, p. 303.

en peinture » [5]. Rien qu'un « prétexte à définir une sorte de résonance intérieure avec l'univers — elle-même au reste indéfinissable » [6].

Pour que s'accomplisse cette fusion entre les données de la
nature et les exigences de l'âme artiste, il y a nécessité, au sens où
Claudel entendait le mot, de « co-naissance » avec l'objet naturel
avant sa métamorphose par l'art. Entre artiste et chose, une con-
naturalité spirituelle doit exister. De cette communion, la parole
est le signe sensible. Pour Gabrielle Roy, l'art doit être la vie et
la vie, la parole. Ce point est essentiel. Redonner la vie aux êtres
signifie, pour Pierre Cadorai, leur donner ou redonner la parole.
Comme une revanche, comme une possibilité de dire l'injustice des
êtres et des choses. Parfois aussi, hélas ! pour exprimer la morgue
et la suffisance. Ici, on entend parler les montagnes [7], là, le feu [8],
l'eau [9], la rivière [10], la nature et le soleil [11], le vent [12], le chien [13],
Pierre qui s'adresse au caribou [14].

Tout l'être du monde, s'il rêve, rêve qu'il parle. Il
aspire sans cesse à l'expression. Ce qui lui pèse et le maintient dans son obscure inexistence, là où les éléments demeurent encore figés, c'est le silence intact dont son immobilité est couverte, silence antérieur à tous les silences,
puisqu'il n'a pas eu d'origine, l'univers en ces lieux du
monde s'étant toujours tu, depuis le commencement [15].

La parole que Pierre Cadorai souhaite pour tous les êtres
devient ainsi parole d'existence. Parce que l'existence s'identifie
au mouvement. Parce que la Montagne qui parle devient la Montagne qui vit. La puissance de la parole l'a tirée de sa passivité
d'être contemplé. La parole va plus loin encore : elle humanise.
Le chien avait mouvement et vie. Par la parole, il s'élève jusqu'à
acquérir, sur le plan de l'absolu où évolue la rêverie, le statut d'être
de dialogue. Pluie, feu, oiseau, vent, toutes ces images tendent
vers la parole. Et c'est peut-être dans leur accession au verbe que
réside le couronnement de la rêverie, son couronnement et sa vérité.

Les dialogues que l'homme noue avec la nature sont des dialogues avec sa propre conscience. La nature est telle dans sa

----

5. *La montagne secrète*, p. 180.
6. *Id.*
7. Cf. *La montagne secrète*, p. 102, 111 ; Cf. aussi *Bonheur d'occasion*,
   p. 286-287.
8. Cf. *Alexandre Chenevert*, p. 216.
9. Cf. *La montagne secrète*, p. 159.
10. Cf. *ibid.*, p. 13.
11. Cf. *Alexandre Chenevert*, p. 190.
12. Cf. *Un jardin au bout du monde*, (p. 64 du manuscrit).
13. Cf. *Alexandre Chenevert*, p. 219.
14. Cf. *La montagne secrète*, p. 115ss.
15. Henri Bosco, *L'Antiquaire*, Paris, Gallimard, 1954, p. 121.

multiplicité prodigieuse que, malheureux, l'homme ne peut s'empêcher de découvrir dans le vent, l'eau, le feu ou n'importe quel autre élément, l'image d'un bonheur ou d'un malheur semblable au sien. La création totale participe de la dignité humaine.

Lors d'une conférence qu'il prononçait au congrès de philosophie de Bologne, le 10 avril 1911, Bergson invitait ses auditeurs à essayer de s'« installer dans la pensée du philosophe au lieu d'en faire le tour » [16]. La communion intime et prolongée à une doctrine en amenuise les complications. Comme la limaille en vrac se découvre bientôt des lignes de force et s'organise autour du pôle magnétique de l'aimant, ainsi les diverses parties d'un système finissent par s'emboîter les unes dans les autres et s'ordonner autour d'un point unique. « En ce point est quelque chose de simple, d'infiniment simple, de si extraordinairement simple que le philosophe n'a jamais réussi à le dire. Et c'est pourquoi il a parlé toute sa vie » [17]. Ainsi en est-il de l'artiste.

Toute œuvre importante découle d'une idée et d'une image ou d'une grappe d'images très simples à peine entrevues l'instant d'un éclair. Puis l'obscurité s'est refaite. Le souvenir de la lumière brève continue de hanter l'artiste. Il n'aura plus de repos qu'il n'ait retrouvé et fixé dans une forme de langage choisie par lui quelque chose de cette clarté.

Une des intuitions qui gouvernent la production littéraire de Gabrielle Roy est le désir de transcender la mort grâce à la métamorphose et à la recréation de la vie par l'art. Cette intuition est devenue un lieu commun. Tel est le but de l'artiste : non pas une idée rare, mais une manière rare. Une manière unique, personnelle de formuler une idée commune et de la rendre signifiante pour tous les hommes. Cette préoccupation émerge de la remarque qui clôt *Alexandre Chenevert*. Elle se retrouve fréquemment dans *La montagne secrète* [18], mais jamais avec plus de force peut-être que dans cet échange fraternel entre Shakespeare et Pierre Cadorai :

> If thou didst ever hold me in thy heart,
> Absent thee from felicity awhile,
> And in this harsh world draw thy breath in pain,
> To tell my story [19].

16. Cf. *La pensée et le mouvant, essais et conférences*, dans *Oeuvres*, p. 1346-1347.
17. *Ibid.*, p. 1347.
18. Cf. p. 14, 147, 158.
19. L'extrait cité par Gabrielle Roy dans *La montagne secrète*, p. 147, se trouve à la scène II de l'acte V de *Hamlet*. En voici la traduction par André Gide : « Si jamais je fus cher à ton cœur, diffère encore l'instant de ta béatitude, et, dans ce monde affreux, réserve avec douleur ton souffle afin de raconter mon histoire » (Shakespeare, *Oeuvres complètes*, tome II, textes de présentations d'Henri Fluchère. Paris, Gallimard, Bibliothèque de la Pléiade, p. 701).

"To tell my story", répété quatre fois par Pierre, devient une sorte de leitmotiv. Gabrielle Roy devait préciser cette pensée lors d'un entretien, le 12 août 1969 : « La phrase qui clôt *Alexandre Chenevert* exprime une aspiration très profonde du cœur humain : le désir d'une survie au moins dans l'esprit des hommes, de quelques hommes. Ce désir, avec celui de voir son Créateur, constitue une des plus grandes hantises de l'homme ».

La création tout entière veut vivre et survivre. Vivre d'abord. Bien sûr, les montagnes du pôle existent et nul n'aura la prétention de croire que le regard de Pierre les a créées. L'idée est plus subtile. Chaque parcelle de la création aspire confusément à cette sorte de vie que sa réflexion dans le miroir d'une conscience peut octroyer. Une vie seconde dont l'homme est seul capable de gratifier le reste de l'univers. Nous sommes, pour reprendre le mot de Sartre, des « dévoilants » [20]. Tel est le sens premier du dialogue que la montagne engage avec Pierre. Un sens second se rattache à celui-là. La montagne exige plus que la simple admiration. Elle souhaite une survie : celle que peut lui assurer l'artiste-peintre pour s'en tenir à la seule *Montagne secrète*. Son cri est tout semblable à celui de la steppe dans la nouvelle du même nom de Tchékhov :

> Et, dans le triomphe de la beauté, dans l'excès du bonheur, se sentent tension et angoisse comme si la steppe avait conscience qu'elle est solitaire, que sa richesse et l'inspiration qui l'anime se perdent inutilement sans que nul ne les célèbre ni n'en profite, et dans le bourdonnement joyeux, on entend son imploration douloureuse, désespérée : un chantre ! un chantre ! [21]

Chanter, célébrer, immortaliser. L'artiste apparaît déjà comme celui qui « conscient (...) à chaque moment de l'insécurité humaine et de la précarité des choses » [22], souffrant de voir « la brillante couleur des choses éteintes » [23], tente par son art de fixer objets, personnes ou sentiments dans le contexte d'une vie qui se perpétuerait à l'intérieur même des gestes, des mots ou des sons. La grande pitié et la grande injustice résideront alors dans la multitude des êtres qui, après avoir tournoyé dans le temps et l'espace, iront, à l'instar des papillons nocturnes, se brûler et mourir dans la flamme qui consume l'existence. « Ce qui meurt d'inexprimé, avec une vie, lui parut la seule mort regrettable » [24].

20. *Qu'est-ce que la littérature ?* p. 50.
21. Anton Tchékhov, *Oeuvres (1888 à 1891)*. Paris, Les Editeurs français réunis, 1960, p. 74.
22. *Les terres nouvelles de Jean-Paul Lemieux*, dans *La vie des arts*, n° 29, hiver 1962-63, p. 43.
23. *La route d'Altamont*, p. 134.
24. *La montagne secrète*, p. 222.

Pierre Cadorai est un *primitif*. J'entends par là qu'il saisit l'élan spirituel dès l'instant où il se manifeste. L'élan d'une âme vierge jaillissant au sein d'une nature vierge et engageant avec celle-ci un dialogue de début de monde. L'humain dans la nature et la nature humanisée, c'est-à-dire rendue consciente de sentiments diffus par la présence même de l'humain.

> Il gardait les yeux fermés sur une minute de répit consolateur. Il savait pourtant bien qu'il n'était pas en forêt. Mais il comprenait que cette fière et noble place savait éveiller dans le cœur de l'homme des images de liberté. Il imaginait que les hommes de Paris, enfermés en tant de beauté, de tous côtés contenus, devaient peut-être en traversant cette place retrouver parfois un élan primitif de l'âme [25].

L'artiste est la conscience de l'univers. Grâce à l'acuité de ses facultés de perception, à son intuition, à l'universelle sympathie du monde, il devient le médium des êtres en quête d'expression, le plus efficace des agents humanisants et l'instaurateur d'une sorte de panthéisme : « Il avait dit qu'il entendait donner la parole aux bêtes comme aux hommes, à tout ce qui connaissait la souffrance de vivre » [26].

L'enthousiasme de Pierre éclate quand, un soir d'avril, l'eau se libère. Il est soulevé par la grande liturgie de la nature, par le « chant fluide » [27], par l'univers des sons, par le spectacle de la nuit. Toutes les sources secrètes de joie disséminées dans la nature ne requièrent que l'affinement d'une conscience pour se manifester.

C'est d'abord l'émerveillement devant une donnée naturelle, qu'elle appartienne à l'ordre concret ou à l'ordre imaginaire. Vient ensuite l'alternance d'inquiétude, de souffrance, d'enthousiasme, provoquée par l'inutile espérance d'une correspondance complète entre l'idée première et la réalisation en cours. Enfin, c'est une « certaine » joie proportionnelle au degré de perfection atteint par l'œuvre.

Cette joie éclate, joie faite passion, joie faite fièvre :

> Il resta un moment silencieux, s'efforçant de voir ce qui était là et non dans la fièvre de l'esprit, s'efforçant de réprimer un enthousiasme prématuré dont il avait appris de quelle tristesse ombrageuse il est parfois suivi. Oui, il s'efforçait de rester un peu indifférent à soi. Mais, bientôt, à cet homme, la vue de son propre travail arracha un cri de bonheur, enfin [28].

---

25. *Ibid.*, p. 158.
26. *Ibid.*, p. 127.
27. *Ibid.*, p. 67.
28. *Ibid.*, p. 111.

S'il faut considérer l'extase comme le critère fondamental de l'art [29], ce doit être dans les limites tracées pour la joie. Gabrielle Roy accepte certes, que le chef-d'œuvre réjouisse l'auditeur ou le spectateur, mais elle croit que cette joie devient ambiguë quand elle se rapporte au créateur : ou bien la perfection de l'œuvre à laquelle il a donné vie et la connaissance approfondie qu'il en a lui causent une profonde satisfaction ; ou bien, plus sensible à la beauté du projet initial, l'œuvre concrète le déçoit par l'un ou l'autre de ses aspects ; la mélancolie teinte alors les jugements qu'il porte sur sa création.

L'artiste a conscience d'un devoir de rédemption vis-à-vis de tous les êtres : libérer les hommes, libérer les animaux et les choses, libérer, venger peut-être l'arbre malingre dessiné par Pierre [30].

C'est encore vers une libération que tend inconsciemment le portrait de Gédéon. Le choc a réveillé, dans le vieillard, un être qui somnolait depuis longtemps. Il se voit, dans la fulgurance de l'instant, pauvre et démuni, livré au temps qui n'épargne rien ni personne. D'un seul coup il découvre sa lointaine jeunesse et s'aperçoit dans un présent qui ne résiste que grâce à une inlassable patience. Le moment de la vision se confond avec celui de l'intelligence. D'où cet « étrange chagrin merveilleux », cette « douce tristesse » [31] pascalienne de celui qui, sur le pauvre ignorant, a l'avantage d'être un pauvre se connaissant comme tel. Le vieillard a sondé son âme. Peut-être a-t-il pleuré parce qu'il a soudain pressenti l'effervescence qui s'emparerait bientôt de son esprit et le terme de sa course. Le dessin de Pierre représentait un Gédéon dans lequel Gédéon lui-même avait peine à se reconnaître tellement il était difficile de savoir si le personnage du portrait regardait vers le passé ou vers l'avenir.

Autre fonction de l'art : humaniser l'univers. Pierre souhaitait de riches captures « pour pouvoir donner tout son temps et toute son énergie à illustrer de dessins la création étrange » [32].

---

29. Cf. Denis Huisman, *L'esthétique*, p. 69.
30. Cf. *La montagne secrète*, p. 24.
31. *Ibid.*, p. 20. Au cours de l'entretien du 29 juillet 1969, Gabrielle Roy disait : « Gédéon ne me semble pas un personnage épisodique. A Paris, il hante encore l'esprit de Pierre. Gédéon, c'est l'incarnation de la rêverie inutile, de la souffrance inutile. Gédéon représente le type de folie que l'on trouve dans les régions nordiques du Canada. Gédéon, c'est encore l'incarnation du besoin aigu de son frère, de son semblable ».
    Et le 12 août 1969 : « On a dit de Gédéon qu'il est un personnage difficilement justifiable. Je pense qu'il est déjà suffisamment justifié par l'attention que lui accorde Pierre. Bien sûr, ce n'est qu'un pauvre type, mais la délicieuse cordialité de Pierre à son endroit le rehausse singulièrement ».
32. *La montagne secrète*, p. 44.

L'art veut aussi répondre à la hantise écrite dans les yeux de chaque créature anxieuse de savoir « ce qu'il y a, peut y avoir, au-delà de l'horizon » [33]. L'art incline à briser les limitations de temps, d'espace, de matière qui enserrent l'homme. Il aspire à l'épiphanie de l'être, infiniment simple, caché derrière les apparences.

Si l'on veut toutefois qu'à partir du vrai naturel naisse le vrai artistique, « il y a lieu quelquefois de forcer un peu le trait, de souligner. Que les choses se mettent à en dire un peu plus dans l'image que sur nature, là était sans doute le souhait absorbant de son être » [34]. Comme le « petit défilé vers la lumière » [35], frêle et écrasé par l'entourage, disait l'accès subit à la maîtrise, l'indice du génie.

Défilé vers la lumière ou arbre ou animal ou homme, l'art personnalise. Il distingue chaque être de ses voisins en lui conférant une existence unique, une sorte de langage, une vertu de lumière que seule connaît la transposition artistique.

C'est peut-être à cause de cette sur-vie propre à l'œuvre d'art que les faits et gestes racontés au vieux Sigurdsen se sont enracinés dans sa mémoire avec plus de force que ceux dont il avait été le témoin immédiat [36]. C'est peut-être pour la même raison que Maître Augustin Meyrand éprouve le besoin de comparer les croquis d'animaux de son élève avec les originaux du Jardin des Plantes ; que le vieillard de *La route d'Altamont* se considérera aussi heureux d'entendre Christine lui raconter les paysages et les spectacles de ce monde, que s'il les avait vus lui-même.

Ainsi, l'artiste, par le mouvement qui le fait tendre vers la création de la vie, vers la libération universelle de la parole, vers cet état particulier qui le constitue conscience de l'univers, vers une sorte de rédemption du monde, l'artiste vit dans la plus grande des solidarités. Solidarité non seulement des humains mais encore de tous les êtres du monde. Pourtant, elle n'est possible que moyennant de longues heures de solitude.

Solitude

Tel est le paradoxe pour l'artiste que sa solidarité des humains est solidaire de sa solitude. L'une ne va pas sans l'autre. Aux dialectiques écartelantes dont l'homme est la proie, désir de liberté et réponse à la « vocation », voie du destin et voie de l'imaginaire, vie souhaitée et vie réelle, résignation et révolte, l'artiste ajoute l'amour de l'homme et la nécessité périodique de s'en séparer. Pierre,

33. *Ibid.*, p. 128.
34. *Ibid.*, p. 47.
35. *Ibid.*, p. 172.
36. Cf. *ibid.*, p. 74.

« l'Homme-Seul » [37], « ce solitaire à l'allure singulière » [38], « l'homme de la solitude » [39], l'isolé qui dans le « froid de la solitude »[40] remercie le trappeur inconnu en sarclant son jardin abandonné et en épinglant un dessin à la porte de sa cabane, s'engage seul sur la dernière piste qui doit le conduire à la montagne. Pourquoi ce retrait du milieu des hommes quand il travaille pour les hommes ? Ainsi que l'écrit Camus, « l'art n'est pas (...) une réjouissance solitaire. Il est un moyen d'émouvoir le plus grand nombre d'hommes en leur offrant une image privilégiée des souffrances et des joies communes » [41]. Pierre s'éloigne afin de pouvoir échanger avec les hommes, non par l'intermédiaire de paroles, de sourires ou de gestes, mais à travers des œuvres au langage autonome.

La première raison qui retient l'artiste loin du monde, c'est le contexte de silence et de méditation exigé par son métier. L'esprit, pour prendre son vol, réclame la solitude tout au moins psychique. Bernanos a beau écrire sur les tables des restaurants, en consommant à longueur d'année des cafés-crème douceâtres avec une mouche dedans [42], l'environnement ne lie pas son esprit aux cliquetis du tiroir-caisse ni au va-et-vient des serveuses. La pensée est rarement féconde dans le bruit. « Il n'empêche que la tâche de penser soit une tâche solitaire » [43]. La création requiert l'isolement, l'abstraction du monde kaléidoscopique, une attention tout entière tournée vers les nuances, lueurs et fantasmagories de l'univers intérieur. « J'ai besoin de comprendre ; et on ne comprend presque jamais que seul » [44], exprime le regard obstiné de Pierre arrivé au soir de sa vie.

Gabrielle Roy a illustré, dans La voix des étangs, le sacrifice de ces exclusions périodiques du monde [45]. Mais on ne s'extrait pas impunément du courant de la vie commune. L'artiste ne trouve bientôt plus devant lui que l'angoisse et la hantise de créer, inexorables compagnons de route. La solitude devient alors « bonne fille » [46] et pédagogue. Elle fait pressentir celle d'autrui [47] parfois

37. *Ibid.*, p. 93.
38. *Ibid.*, p. 95.
39. *Ibid.*, p. 170.
40. *Ibid.*, p. 57. Rilke écrit : « Les œuvres d'art sont d'une infinie solitude » (*Lettres à un jeune poète*, p. 33).
41. *Discours de Suède*, p. 13.
42. Cf. Georges Bernanos, *Les grands cimetières sous la lune*. Paris, Plon, coll. Le livre de poche, n° 819/820, 1938, p. 6.
43. *Le thème « Terre des hommes » raconté par Gabrielle Roy*, (p. 4 du manuscrit).
44. *La montagne secrète*, p. 218.
45. Cf. *Rue Deschambault*, p. 222. Cf. aussi F.-A. Savard *L'Abatis*, p. 13.
46. Cf. *La montagne secrète*, p. 27.
47. « Le sentiment que l'on a de sa propre solitude, c'est ce qui nous fait pressentir la solitude des autres » (*Le thème « Terre des hommes » raconté par Gabrielle Roy*, p. 3 du manuscrit).

très lourde à porter parce que, chez l'homme ordinaire, elle confine trop souvent à la vacuité de l'esprit et du cœur. A cause de son itinéraire personnel, l'artiste est disposé à la compréhension des autres. « Plus on se serre contre soi-même, plus on risque d'atteindre d'âmes fraternelles » [48].

Cette solitude comporte cependant son poids d'épreuves parce qu'elle ne trouve pas en elle sa fin et qu'elle enserre l'artiste dans un dilemme : s'éloigner des hommes pour les mieux aimer : « Peut-être... peut-être faut-il être loin des hommes pour vraiment les aimer » [49]. Gabrielle Roy ne cache pas le pénible isolement auquel la condamne souvent son métier d'écrivain. Mais face à la vie comme le Visiteur du soir de Lemieux l'est à la plaine [50], la souffrance même de l'isolement finit par chanter quand prennent forme la protestation contre un monde agonisant, la réponse à un appel au secours. « Mais quel bonheur étrange : solidaire de tout ce qui appelle au secours, Pierre, en définitive, se sentait tout à coup l'homme le plus seul » [51].

L'urgence existentielle de l'œuvre s'appuie sur le dynamisme spirituel. « Répondre à l'appel intérieur » écrit Gabrielle Roy [52]. Elle parlera encore de l'« impérieux désir intérieur » [53] et du « débordement intérieur » [54] qui ont entraîné Pierre sur cette route de solitude, « la route à faire en moi-même » [55]. La tâche à accomplir émet des signaux exerçant une influence déterminante sur celui qui les capte. Son existence ne sera plus qu'une vaste tentative pour répondre aux appels de « cette autre vie de sa vie » [56] qui ignore des contingences comme le bonheur et la paix.

---

48. Goethe, cité dans Jean Berthélémy, *Traité d'esthétique*, p. 50.
49. *Conversation avec Gabrielle Roy* (Interview par Ringuet), dans la *Revue populaire*, octobre 1951, p. 4.
50. Il est intéressant de noter que sous les traits du Père Le Bonniec, c'est ce Visiteur étrange de Lemieux que Gabrielle Roy a dépeint dans *La montagne secrète* : « Un autre soir, c'est du Père Le Bonniec qu'il se plut à parler. Il le peignit, une grande ombre solitaire se détachant contre le sombre jour crépusculaire du Nord. Engoncé dans son lourd paletot, un immense bonnet de fourrure sur la tête, presque sans forme, un monolithe en marche, un bloc d'homme, il arrivait, la barbe enneigée, deux touffes de frimas en guise de sourcils, mais le cœur à l'intérieur de cet homme-glace, dit Pierre, était un printemps perpétuel » (p. 201-202). Gabrielle Roy à qui je signalais l'étrange coïncidence confirma l'existence de ce parallèle en précisant toutefois que l'idée ne lui en était pas venue au moment même de la rédaction de *La montagne secrète*. Ce n'est qu'à l'occasion d'une nouvelle lecture qu'elle fit le rapprochement.
51. *La montagne secrète*, p. 39.
52. *Interview par Pauline Beaudry*, dans *Terre et Foyer*, vol. XXVII, n° 7, décembre 1968-janvier 1969, p. 5.
53. *La montagne secrète*, p. 77.
54. *Ibid.*, p. 111.
55. *Ibid.*, p. 164.
56. *Ibid.*, p. 222.

L'artiste aspire toujours à la création de l'œuvre parfaite capable d'exprimer tout de lui, sa conception de la vie, de la mort, de l'amour : « mettre enfin tout l'objet, tout le sujet ; tout de soi : toute son expérience, tout son amour, et combler ainsi l'espérance infinie, l'infinie attente des hommes » [57]. C'est pourquoi le fractionnement des esquisses et des tableaux auquel la montagne contraint Pierre lui est douloureux. Enfin, quand il peut embrasser d'un regard l'essentiel de sa production, l'artiste sent un étrange détachement envahir son âme ; il ne tient plus qu'à peu de choses, quelques poèmes, quelques images, quelques tableaux.

Avant de mourir, comme pour prendre possession d'un être qui n'a été que fuites et tensions vers le futur, Pierre Cadorai peint son propre portrait. Hélas ! il ne devait pas permettre à l'artiste d'atteindre la lumière vaguement pressentie au bout du corridor d'ombre de sa vie. L'autoportrait renvoyait vers « les torturantes énigmes de l'être » [58]. Mais peut-être, à l'instar du croquis racontant la vie chimérique de Gédéon [59], la beauté résidait-elle dans cette ferveur de l'âme à sonder sa condition.

La vie entière de Pierre trouve justification dans la création, la plus efficace, au dire de Camus, de toutes les écoles de patience et de lucidité. Qu'il dessine ou peigne Gédéon, l'arbre, Nina, les chiens, le soleil, Steve, les Sigurdsen, les reflets de la rivière, Paris et ses arbres grelottants, les animaux du Jardin des Plantes, le Midi riant de la France ; qu'il fasse un autoportrait ou trace les contours de sa montagne idéale, le mouvement est identique : la création fournit à Cadorai sa raison d'être en ce monde [60].

Cette existence se place sous le signe de la révolte métaphysique. Car l'odyssée de Pierre n'est pas significative dans le seul uni-

---

57. *Ibid.*, p. 104.
58. *Ibid.*, p. 213.
59. Cf. *ibid.*, p. 207.
60. Nous nous sommes attardés ici à la forme de création qui s'est mérité les titres de noblesse les plus flatteurs. Mais elle n'est pas la seule. Presque tous les hommes créent sans réaliser la grandeur de leur ministère. *Le thème « Terre des hommes » raconté par Gabrielle Roy* leur rend hommage : « Sont d'ailleurs créateurs beaucoup qui l'ignorent : créateur, l'enfant qui invente un beau jeu ; créatrice, la mère qui imagine un conte pour l'enfant malade, un mets délicat pour le mari harassé ; créateur, l'homme sans identité des foules innombrables qui, le soir, rentrant du bureau ou de l'usine, se reprend pourtant à croire en lui et en la Terre, et le voilà qui soigne ses fleurs, plante un arbre, garnit sa demeure. Est créateur sans doute tout être qui aide, selon ses moyens, à laisser le visage de la terre un peu plus agréable à regarder à cause de lui » (p. 5-6 du manuscrit).

vers de l'art [61]. Que savons-nous de la vie du héros avant le début
de son actuelle aventure ? Rien, ou si peu que rien. Comme s'il
n'avait pas existé. Comme si tout avait commencé avec ce long périple, image des épreuves que l'homme doit affronter s'il veut devenir
le maître de sa destinée. Epreuves proprement initiatiques.

La montagne secrète porte sur l'essence de l'artiste. Le drame
de Pierre Cadorai peut se formuler dans les termes shakespeariens
« to be or not to be ».

Sans cesse, Pierre est la proie de doutes sur son talent, de re-
mords d'avoir accepté offres et invitations du Père Le Bonniec ; il
songe un moment à tout abandonner pour vivre la vie simple des
simples gens du peuple. L'obsession du temps qui passe, la stérilité
des années écoulées le hantent de même que l'œuvre toujours à venir
mais qui ne voit jamais le jour, l'œuvre rêvée à laquelle il s'attache
désespérément ainsi qu'à la preuve de l'utilité de ses efforts. Elle
conditionne son existence. D'une part le temps coule sans égard
pour le travail à accomplir. D'autre part, malgré les risques qu'il
prend, tempête, carence de nourriture, bris de toile, maladie, mort,
l'œuvre par excellence qui révélerait d'un seul coup l'homme total,
tarde indéfiniment à paraître. Ebauches et pochades se succèdent et
ne font que laisser présager la grande aurore : « Sa douleur vive, sa
vraie douleur, elle ne lui venait pas cependant d'avoir perdu tout ce
qu'il avait fait, mais bien plus de n'avoir rien encore réussi de si
parfait que, même l'ayant perdu, il eût été heureux de l'avoir accompli » [62]. Alors l'étreignent le doute et le découragement. Pierre
est-il vraiment celui qu'il croit être ? Ne se serait-il pas grossièrement
abusé en tissant lui-même, de ses propres mains, une légende dorée
mais mortelle ? Est-il seulement sensé de mettre au service d'une
montagne fascinante des moyens si faibles, permettant des réalisations
si pauvres ? Lassitude qui livre l'âme au tourment de la défaite.
Pourquoi faut-il que le souci de célébrer la vie soit forcé de prendre
appui sur des instruments qui défaillent ? Cette souffrance de l'artiste divisé contre lui-même, devenu le carrefour d'appels d'âme ironiques et contradictoires [63], Gabrielle Roy l'a notée non seulement
dans *La montagne secrète* mais encore chez son ami, l'artiste-peintre
Jean-Paul Lemieux : « Certains jours, à son front obscurci, à ses

---

61. « Quelqu'un m'a écrit, et je crois qu'il a raison, que *La montagne secrète*
c'est tout à la fois, l'aventure créatrice, l'aventure spirituelle, l'aventure
humaine de l'homme. On peut les dissocier mais le sens complet est là.
Le rêve créateur de chacun au jour le jour s'y retrouve. C'est pourquoi
je ne pouvais mettre en scène qu'un artiste instinctif » (*Entretien* du 6
août 1969).
62. *La montagne secrète*, p. 99.
63. « Il lui apparut que n'avaient peut-être jamais été que des ennemis, appliqués à le railler, ces appels d'âme qu'il avait tant de fois reçus » (*La
montagne secrète*, p. 85).

yeux obsédés, on pouvait sentir combien Jean-Paul Lemieux s'estimait loin encore de son but, et combien il ne pouvait s'empêcher de s'en blâmer. Nous assistions, impuissants, à cette misère d'âme tournée contre elle-même » [64]. La conscience d'avoir trop peu fait est d'autant plus crucifiante que plus nette était l'idée de ce que l'on voulait faire.

La grande œuvre de Pierre Cadorai sera toujours « ces humbles dessins réalisés avec de simples crayons de couleur » [65]. Il est douteux qu'une de ses peintures atteigne jamais à l'innocente perfection des croquis rapidement esquissés et qui rendent pour ainsi dire sensible le passage du temps. Mais le désir demeure qui est de capter enfin « une millième part du songe » [66]. Par là l'artiste devient prospecteur d'avenir et donne à son ambition des proportions démesurées.

Ainsi, partagé entre ses besoins de solidarité et de solitude, Pierre vit dans le déchirement et greffe sur ce déchirement ses aspirations les plus hautes : donner la vie, donner la parole, devenir conscience de l'univers, libérer, humaniser et rédimer tous les êtres.

Semblable aspiration dépasse le seul pouvoir humain. Aussi n'est-il pas étonnant de découvrir qu'à son insu peut-être, l'artiste s'arroge certains pouvoirs divins. Il aspire à la création de la vie ; il aspire à l'annihilation de la mort ; il aspire à la possession de tous les temps et espaces. Ces ambitions sont très profondément enracinées dans l'âme humaine. Chaque époque les a incarnées en des images diverses. Mais de toutes, c'est peut-être celle de Prométhée qui a eu la meilleure fortune. Nous intéressent, dans *La montagne secrète*, autant la présence de ce motif mythologique que les transformations auxquelles, inconsciemment, la romancière le soumet.

---

64. *Les terres nouvelles de Jean-Paul Lemieux*, dans *La vie des arts*, n° 29, hiver 1962-63, p. 41.
65. *La montagne secrète*, p. 208.
66. *Ibid.*, p. 189.

Chapitre IV

PIERRE-PROMÉTHÉE

Pierre Cadorai est un personnage hors du commun. Solitaire et ardent, il n'a de préoccupations que pour une montagne mystérieuse. Il est tout à la fois emprunté à la réalité, emprunté au rêve et emprunté à l'humanité tout entière.

Emprunté à la réalité, Pierre l'est puisque son existence doit beaucoup à la vie mouvementée que le trappeur et peintre René Richard mena dans le lointain Nord-Ouest canadien. Gabrielle Roy était encore journaliste au *Bulletin des agriculteurs* lorsqu'elle rencontra, pour la première fois, l'artiste de Baie-Saint-Paul.

Emprunté au rêve de Gabrielle Roy, *La montagne secrète* l'est également puisque la romancière a communiqué à son héros ses espoirs et désespoirs, hantises et élans, découragement et enthousiasmes personnels.

Emprunté à l'humanité enfin, Pierre Cadorai l'est puisque sa conduite s'articule sur l'archétype de l'homme soucieux de s'emparer d'une parcelle de la puissance créatrice de Dieu.

Pierre fait d'abord l'expérience d'une « nuit » — précédée d'un long « soir » — sorte d'introductrice à la période la plus féconde de sa vie artistique. L'étude de cette expérience, où les activités tant consciente qu'inconsciente sont très fortes, est suivie de l'étude du régime mythique proprement dit de l'œuvre. Pour Gabrielle Roy aussi bien que pour plusieurs autres écrivains d'ici, la signification de l'axe Nord-Sud dépasse les données de la géographie physique et débouche sur l'attrait d'un Nord mythique. Enfin, je montrerai les parentés étroites qui unissent le Pierre Cadorai québécois au Prométhée antique.

L'artiste, son « soir » et sa « nuit »

On entend généralement par « nuit » la révélation subite et imprévue, dans un climat de crise ou de recherche passionnée, d'une orientation neuve qui change le cours d'une pensée ou d'une vie. Le

10 novembre 1619, le 23 novembre 1654 et le 5 octobre 1892 sont passés à l'histoire de la littérature et de la philosophie comme des jours d'illumination mystique ou artistique qui ont bouleversé les vies de Descartes, de Pascal et de Valéry. Comme eux, et comme aussi saint Augustin, Mallarmé et Tolstoï, Cadorai a connu semblable bouleversement [1].

Cependant, la « nuit » de Pierre est précédée d'un « soir » d'attente au cours duquel la révélation de son destin personnel devient perceptible à travers des images dont la totale puissance évocatrice ne sera connue que plus tard, quand la lumière, le jour et les couleurs confirmeront ce que la chaleur d'âme inopinément montée du futur avait plus tôt laissé pressentir.

Voilà maintenant plus de deux semaines que Pierre a quitté Gédéon. Après avoir voyagé en canot pendant tout le jour, après avoir, vers le soir, traversé des rapides, il accoste et se repose. « Son âme aussi parut entrer dans une eau calme » [2]. Partout règne la pénombre caractéristique du Nord, celle qui laisse « au bout de la terre, entre le jour et la nuit, au bas du ciel, une sorte de plaine illuminée, contrée intermédiaire d'un attrait indicible » [3], celle qui agit différemment sur les voyageurs, plongeant les uns dans la mélancolie tandis qu'elle rend les autres « comme fous de confiance : leur destin leur paraît grandir » [4]. Soir d'attente, prélude à la « nuit » qui viendra — et que suggèrent déjà les images de « contrée d'un attrait indicible » et de « destin (qui) paraît grandir », — comme un temps qui hésite entre le passé et le futur, comme un seuil entre deux âges. Le passé, ce sont, revenus « le harceler dans son repos, les visages, les êtres et les choses aperçus au passage puis dépassés » [5]. Le futur émerge dans cet « appel d'une beauté qui n'existait pas encore » [6] et qui explique la « fébrilité intense mais sans objet apparent » [7] de l'homme « empli d'une attente extrême » [8].

Déjà, à son insu, Pierre évolue dans le champ de gravitation de la « nuit ». Toute cette étape que j'appelle « soir » consiste dans la prise de conscience progressive de la polarisation nocturne.

Prélude à la « nuit ». « Ni un reproche, ni ce coup de vent qui met en branle les facultés créatrices » [9]. Seulement l'impression d'un

1. Cf. *La montagne secrète*, p. 28 ss.
2. *Ibid.*, p. 26.
3. *Ibid.*, p. 27.
4. *Id.*
5. *Ibid.*, p. 28.
6. *Id.*
7. *Id.*
8. *Id.*
9. *Id.*

brasier se consumant dans le lointain d'un futur imprécis. Comme une prescience de la route à suivre, du but à atteindre. « A une distance indéterminée quel était donc ce bonheur à venir dont il recevait déjà une telle chaleur d'âme ? » [10] Au passé se rattachent des images de froideur, d'intangibilité. En premier lieu, « il eut l'impression d'un vaste paysage, d'une splendeur étrange et froide » [11]. Puis, après s'être retourné sur sa couche de branches, « il revit ces étranges lacs encerclés par les Rocheuses dans les hauteurs solitaires de l'Alberta, qui, entourés de pics glacés, élèvent tout à coup au milieu de leur eau glaciale un geyser bouillant » [12]. Faisant contraste dans ce contexte imaginaire de froideur, de fixité, l'image du geyser bouillant, qui allie la mobilité de l'eau et celle du feu, évoque le futur. Ce soir de l'attente hésite entre l'eau glaciale d'hier et l'eau bouillante de demain. Hésite mais aussi les contient tous deux, passé et futur.

Dans l'image du geyser, il entrevoit son propre destin, libéré de toutes les entraves qui l'ont retenu jusqu'à maintenant. Alors, il se lève et s'élance sur la rivière paisible, attentif à la « palpitation des herbes », à « l'éclat soyeux de l'eau », à « l'ample respiration de la vallée », à tout ce qui traduit les « vastes appels » [13] du futur. Mais Pierre doit d'abord se soumettre à l'épreuve proprement initiatique d'un désert à franchir. Il n'accédera à la connaissance et à la maîtrise de son destin qu'après avoir goûté l'âcreté du « désir du désir perdu » [14], qu'après avoir triomphé de cette maladie — celle du corps aussi bien que celle de l'âme : « La débilitante maladie atteignait l'âme aussi » [15] — qui l'a rivé pendant plusieurs jours à la cabane solitaire et à l'impuissance de dessiner autre chose qu'une porte close.

La grande révélation, la « nuit » — terme paradoxal — coïncide avec la « découverte » du soleil, de la lumière, des couleurs naturelles. Alors, le passé, l'ère de la chrysalide s'achève et l'appréhension de son destin personnel s'opère dans le ravissement :

> Perdu d'extase, il regardait au loin le mauve délicat qui pénétrait dans la forêt et l'animait. Sur la neige au reflet bleu tremblait l'ombre fine des jeunes buissons. Depuis si longtemps il n'avait vu ces jeux exquis auxquels se livrent les choses les plus ordinaires sous l'effet de quelque lumière. Il voyait dans l'étendue grise du ciel s'ouvrir comme un petit lac d'eau claire ; des nuages roses en formaient les rivages. Il y avait dans cette eau du ciel une couleur à laquelle n'eût pu convenir aucun nom connu, quelque doux

---

10. *Id.*
11. *Id.*
12. *Ibid.*, p. 29.
13. *Id.*
14. *Ibid.*, p. 55.
15. *Id.*

mélange de bleu et de vert déjà difficile à définir en la pensée.

Avait-il donc jamais auparavant vu des couleurs ? Leur enchantement éclatait en sa tête, sans commander de formes, libres et pures, en elles-mêmes un chant de la création. Couleurs, enivrement, long cri profond de l'âme éblouie [16].

Aux lacs dans les Rocheuses, entourés de pics glacés, a succédé un petit lac d'eau claire, dont les rivages étaient faits de nuages roses. Le geyser d'eau et de feu est devenu lumière et couleur. Leur découverte est l'image de la prise de conscience du peintre par lui-même. L'exaltation qui en découle est telle qu'elle incite Pierre à croire que pour lui tout recommence — « avait-il donc jamais auparavant vu des couleurs ? » Il entre dans un cycle neuf de la vie. Le caractère d'absolu qui marque cette révélation, sa totale liberté — « leur enchantement éclatait en sa tête, sans commander de formes, libres et pures, en elles-mêmes un chant de la création » — lui confèrent une résonance mythique. Nostalgie et prestige des origines... La pureté, la liberté et la perfection de l'univers entrevu provoquent un « long cri profond de l'âme éblouie ».

A cette révélation primordiale, à cette « nuit » de feu, à cette découverte d'une exigence et d'une puissance personnelles neuves, Steve fournira peu après l'indispensable complément matériel : les crayons de couleurs [17].

Désormais, Pierre n'aura plus de répit. Sur le chemin de ses pôles intérieur et extérieur, son engagement sera total. Aussi s'efforcera-t-il sans cesse de perfectionner les moyens dont il dispose pour les atteindre.

Axe Nord-Sud

Antoine Sirois a publié sur *La montagne secrète* une étude de ce qu'il appelle « Le mythe du Nord » [18]. Sa notion de « pèlerinage vertical » est particulièrement intéressante. Il passe en revue quatre images importantes : la nuit, l'eau, l'arbre et la montagne. Il considère l'aventure matérielle de ce roman comme le soutien de l'aventure spirituelle.

La société et la littérature, pour traduire une part importante de leurs aspirations, ont fait appel à deux « mythes » nommés d'après des points cardinaux : le mythe du Nord, que Desrosiers, Ringuet,

---

16. *Ibid.*, p. 56-57.
17. Cf. *ibid.*, p. 64.
18. Dans la *Revue de l'Université de Sherbrooke*, vol. 4, n⁰ 1, octobre 1963, p. 29-36.

Savard, Thériault, Gabrielle Roy et Gilles Vigneault ont illustré, et le mythe du Sud, que Desrosiers a brutalement posé dans l'actualité de l'époque avec *Nord-Sud*. Cet ouvrage a eu, entre autres mérites, celui d'établir de façon très nette les deux pôles qui se sont partagés les inclinations de plusieurs générations de Canadiens français, inclinations tantôt encouragées, tantôt combattues par la majorité des œuvres que l'on a maintenant accoutumé d'appeler « la littérature du terroir ».

Sur cet axe vertical, tendu entre le Nord et le Sud, se trouve le Québec. Le Québec, pays de survivance ; le Nord, pays de rude « vivance », sain, un peu primitif et un peu mystérieux ; le Sud, pays de mort parce que pays de facilité, exutoire des trahisons de nos gens, source des secrètes connivences entre les désirs plus ou moins conscients de fuir le carcan des traditions, des pauvretés, et les espoirs souvent exagérés mis en une terre d'autant plus belle qu'elle est plus éloignée.

Le Nord, pôle à la fois magnétique et spirituel. Non pas d'abord parce qu'il ouvre à l'aventure des horizons illimités, mais plutôt parce que la rudesse de son climat, l'aridité de son sol et l'immensité de son désert blanc offrent à l'ascète et à l'aventurier le mystère d'un inconnu présenté comme dangereux et un terrain dont nul ne revient victorieux pour l'avoir trouvé sans périls. Comme l'écrit Savard : « Du Nord me viennent le vent d'automne, toute la saveur d'un air irrespiré, toute limpidité dans la lentille de l'air, et le triangle ailé des oiseaux migrateurs, et ce grand fleuve d'ailes qui coule des toundras, et ce grand souffle blanc de neiges, et de frimas qui donne endurance et vigueur » [19].

La conquête de ce pays, non par l'aventurier en quête d'or ou de pétrole mais par celui dont les préoccupations tiennent compte de l'ordre spirituel, restitue une grâce qui redouble la puissance d'aimer en la délestant du poids d'inutiles conventions : « Plus il était monté haut dans le Nord, et plus il avait été libre d'aimer » [20].

A.-W. Schlegel, analysant la surdétermination mythique du Nord, y voyait « l'image du mieux et de l'immobilité, de l'étoile fixe, de la direction de l'aiguille aimantée, de l'immortalité, de l'identité et de la connaissance de soi » [21]. C'est au nord de Berthier, dans les Hauts, que s'établit le Maxime Auray de *Nord-Sud*. C'est vers le nord du Québec que s'installent, autant dans la réalité que dans *L'Abatis*, les colons qu'accompagne Mgr Savard. C'est encore en Abitibi, vers « la terre secourable » que vont émigrer, en 1941, tous

19. *L'Abatis*, p. 82.
20. *La Petite Poule d'Eau*, p. 272.
21. Cité dans Roger Caillois, *Le mythe et l'homme*, p. 32-33.

ces Madelinots dont Gabrielle Roy partage la compagnie. « Là, il y a du beau boa et de la belle taï, pourquoi donc se ronger le cœu', sa mé ? » [22] Si Savard a pu parler de Charlevoix comme du « comté métaphysique de la province de Québec » [23], peut-être ne s'abuse-t-on pas en appliquant le même qualificatif à la région du Septentrion. C'est enfin vers le nord du Nord que se dirige le mystérieux pèlerin de la chanson de Gilles Vigneault.

Tandis que c'est vers le Sud — sauf pendant le court laps de temps que dure l'équipée du Klondike — que s'orientent ceux qui refusent les charges, lourdes elles aussi, de la survivance. Vont vers le Sud, les malades, les faibles, les mendiants d'un bonheur immédiat. Vers le Sud, Vincent, Olivier et Prisque dans *Nord-Sud*. Vers le Sud, Euchariste Moisan et son fils, le premier pour y mourir, ruiné et dépossédé.

Le Nord mythique et mystique est bien différent du Nord des aventuriers.

Pierre Cadorai est un être solitaire. Le roman s'ouvre et se ferme sur sa solitude : au début, il glisse sur les eaux de la rivière ; à la fin, il s'éteint à Paris dans les brumes du rêve, la main tendue vers le tableau. Au cours de son odyssée, Pierre a rencontré des hommes avec lesquels il aurait pu nouer des liens d'amitié durables si le but poursuivi n'avait été trop absolu pour se pouvoir atteindre autrement que dans la solitude : c'est pourquoi Gédéon, Steve, Orok, Stanislas ne connaîtront pas le terme du pèlerinage du héros. Il faut cependant attirer l'attention sur le seul personnage féminin de l'œuvre, sur cette Nina dont Pierre a fait le portrait. Cadorai rêvait de la présenter nue, frissonnante de froid, « en cet envers du paradis terrestre » [24]. Cette évocation du paradis terrestre convie à un important commencement, à la naissance de l'artiste Pierre comme elle convie aussi au dépassement des misérables pièges — se rappeler le torturant dilemme de Cadorai, obligé de tuer pour survivre, mais ne parvenant jamais à s'absoudre totalement de ce geste — que le besoin ou la cupidité des hommes ont tendus.

Quelques autres allusions de *La montagne secrète* inclinent à présenter Pierre comme un être à part, un être marqué par le doigt divin, irréductible à l'homme de la masse : « A cet homme Dieu devait parler mieux qu'à Orok. Il n'y avait pas à en être envieux. Dieu parlait à qui il voulait. Du reste, ce n'était pas toujours souhaitable d'être celui à qui Dieu parle. Ne s'expliquant pas nécessai-

22. *La terre secourable*, dans le *Bulletin des agriculteurs*, novembre 1941, p. 11.
23. *L'Abatis*, p. 145.
24. *La montagne secrète*, p. 39.

rement avec clarté, Dieu était néanmoins mécontent de n'être pas compris » [25]. Même Stanislas, qui n'a pourtant pas connu la grande désolation des terres nordiques, reconnaît en Pierre « le favorisé des dieux » [26]. Tout, de son enfance tenue volontairement dans l'ombre jusqu'à sa mort, concourt à faire de lui un être mythique.

C'est dans cette « étonnante grande ville » [27], « ce Paris d'une manière plus vaste que tout le Haut et le Bas-Mackenzie réunis » [28], ce Paris qui, à l'artiste épuisé, « apparaissait comme un grand lion assis, fatigué et rêveur » [29], c'est dans cette ville que s'achèvera sa vie tourmentée. Après avoir admiré les chefs-d'œuvre du Louvre, après avoir connu leur beauté accusatrice, la merveilleuse montagne du Nord se profilera encore une fois dans le dernier rêve de l'artiste.

Ainsi s'achèvera sa douloureuse et en même temps féconde épopée.

Pierre-Prométhée

Il n'est pas nécessaire de connaître toutes les œuvres littéraires inspirées du mythe de Prométhée pour savoir combien l'esprit qui s'incarne dans ce surhomme à la poitrine déchirée hante les principaux carrefours de la pensée moderne [30]. Tous ces assoiffés de liberté, ces jaloux d'une identité et d'une indépendance considérées comme inviolables, ces êtres soucieux de créer seuls leur destin même s'il doit les écraser, tous, chacun à sa manière, viennent témoigner devant le tribunal de la dignité humaine, en faveur d'une volonté de création voisine de la volonté de déité.

S'il est vrai, pour reprendre l'idée de Camus, que les mythes — « Les mythes n'ont pas de vie par eux-mêmes. Ils attendent que nous les incarnions » [31] — doivent être incarnés pour connaître une existence réelle, la rivalité sourde qui s'établit entre le Dieu créateur et l'homme créateur prend corps dans le personnage de Pierre Ca-

---

25. *Ibid.*, p. 108.
26. *Ibid.*, p. 171. .
27. *Ibid.*, p. 167. La ville de Paris elle-même apparaît comme mythique. Déjà Rimbaud écrivait : « Voilà la Cité Sainte, assise à l'Occident ! » (*Poésies*, dans *Oeuvres complètes*, texte établi et annoté par Rolland de Renéville et Jules Mouquet. Paris, Gallimard, Bibliothèque de la Pléiade, p. 81). Roger Caillois, dans *Le mythe et l'homme* a consacré plusieurs pages à cette idée d'un Paris mythique (Cf. p. 184ss).
28. *La montagne secrète*, p. 164.
29. *Ibid.*, p. 193.
30. Pour m'en tenir à la seule littérature, voici trois études sur le prométhéisme dans les Lettres : *La mystique du surhomme* de Michel Carrouges, *La révolte des écrivains d'aujourd'hui* de René-Marill Albérès. Paris, Corrêa, 1949, 253p. et *Le mythe de Prométhée dans la littérature française contemporaine (1900-1960)* de Laurent Prémont.
31. *Noces*, suivi de *L'Eté*, p. 125.

dorai et l'archétype de la tension de l'homme entre ses limitations naturelles et son désir de toute-puissance devient aussi évident aujourd'hui qu'aux siècles de la Grèce antique.

Les sources premières du mythe de Prométhée demeurent une énigme ; mais il est certain que la popularité du héros grec doit beaucoup au génie poétique d'Eschyle. Je tenterai de recomposer les traits de cette grande figure en joignant les données fournies par le *Prométhée enchaîné* d'Eschyle à celles de la *Théogonie* d'Hésiode.

Prométhée, créateur de la race humaine, personnification de l'intelligence de l'homme, génie du feu, était un Titan. Il fut l'auteur de toute civilisation. Grâce au concours d'Athéna, il façonna l'homme avec de l'argile et l'anima en dérobant une parcelle du feu céleste. Il inventa les premiers arts. Zeus, qu'à plus d'une reprise il avait offensé, le punit pour les bienfaits dont il gratifia les humains : il le fit clouer par Héphaïstos sur un rocher du Caucase et le condamna à l'éternel supplice de voir ronger par un aigle son foie sans cesse renaissant. Après des années de tortures, Héraclès tua l'aigle et délivra Prométhée. Zeus lui pardonna parce qu'il consentit à livrer son secret : si le Maître des dieux épousait Thétis, il serait détrôné par le fils de cette union.

Le nœud de l'analogie entre Prométhée et Pierre Cadorai se trouve aux pages 112-113 de *La montagne secrète :*

> Du même coup, il avait atteint autre chose, de vaste, de spacieux, où il était tel un oiseau à travers l'espace. Alors, il souhaita vivement un autre regard que le sien sur son œuvre. Ah! que n'avait-il gardé auprès de lui Orok ! A cet instant, il lui dirait : Regarde. Orok s'approcherait, regarderait, et dans les yeux de l'Esquimau il verrait monter la lumière de l'assentiment si chère à l'âme humaine. Mais Orok devait être loin déjà. Voici que l'œuvre de Pierre était un peu comme avait été la montagne avant qu'il ne la contemplât ; belle peut-être, mais qui le savait, qui la connaissait ?

> Pierre s'assit sur la mousse, pensant à ces choses, et troublé. Il se découvrait au fond désireux d'une bien plus haute appréciation que n'en pouvait donner Orok. Il s'aperçut qu'il pensait à des hommes, des inconnus, une multitude. Il rêvait d'eux, d'une entente entre eux et lui, d'une entente avec des inconnus, — lui qui, toute sa vie, jusqu'ici, s'était sans cesse éloigné des hommes.

> Eloigné ? Ou rapproché ?

> Tout à coup, l'inonda le sentiment d'avoir fait pour eux seulement ce qu'il avait fait. Pour qui d'autre l'eût-il pu faire ?

Il pensait à cette impression qu'il avait maintes fois éprouvée d'avoir en la poitrine un immense oiseau captif — d'être lui-même cet oiseau prisonnier — et, parfois, alors qu'il peignait la lumière ou l'eau courante, ou quelque image de liberté, le captif en lui, pour quelques instants s'évadait, volait un peu de ses ailes. Songeur, à demi étendu sur la mousse, Pierre entrevoyait que tout homme avait sans doute en sa poitrine pareil oiseau retenu et qui le faisait souffrir. Mais, lorsque lui-même se libérait, pensait Pierre, est-ce que du même coup il ne libérait pas aussi d'autres hommes, leur pensée enchaînée, leur esprit souffrant ?

L'image de l'oiseau apparaît dès le début du passage. Comme l'aigle avide dévorant le foie de Prométhée, l'oiseau ne cesse de torturer Cadorai. Cependant, particularité importante, Pierre et cet oiseau ne font qu'un. Le supplicié et le suppliciant sont unis dans un même destin : image de cette souffrance que l'artiste ne peut éviter de se créer à lui-même. L'être unique Pierre-oiseau traduit les deux forces qui polarisent l'artiste en l'écartelant. D'une part — que j'appellerai *Pierre* — on retrouve l'humain, celui qui, comme tous les hommes, subit la douce fascination du repos et de la paix. D'autre part — *l'oiseau* — l'indéfinissable mais tellement impérieux devoir qui pousse l'artiste vers l'au-delà de l'œuvre actuelle jamais pleinement satisfaisante. Cette dissociation intime devient sa grande souffrance. Comme Prométhée, il l'accepte pour les hommes. Pour cette multitude d'inconnus à qui il songe, étendu sur son lit de mousse. Eux pour qui il n'a cessé d'agir. Eux dont il souhaite voir se rompre les chaînes qui brisent l'élan de la pensée, s'achever les tourments de l'esprit.

Et voilà le dilemme : il ne peut en même temps se libérer et libérer autrui. Son asservissement personnel conditionne la délivrance des autres. Prométhée se rapproche de Sisyphe sauf qu'aucun désespoir ne s'infiltre dans les mobiles de ses actions. Il répétera sans cesse le geste de la souffrance — le geste de la création — car là seulement sa vie trouve justification à ses yeux.

Le captif peut s'évader, battre de l'aile dans un grand mouvement circulaire, dans l'infinie perspective de l'acte créateur. Cependant, il est rare que l'œuvre atteigne à la perfection du modèle proposé par l'imagination. Alors tombent les enthousiasmes, et les serres de l'oiseau intérieur mortifient davantage l'âme.

Je veux encore faire état de plusieurs autres points communs à la légende de Prométhée et à l'aventure de Pierre.

Prométhée — son nom l'indique — est celui qui voit d'avance, celui qui prévoit. A cette perspicacité, il sera redevable d'avoir pu briser l'éternité de son tourment. Ainsi, Pierre, sous l'inspiration d'une lumière intérieure, va toujours de l'avant, de nord-ouest en nord-est, vers la mystérieuse montagne.

Prométhée, par ses origines, appartient à une dynastie divine ; Pierre vit à l'ombre d'une enfance dont il ne parle guère, quasi mythique, qu'on soupçonne toujours prête à affleurer mais discrètement maintenue dans le mystère par volonté de solitude et d'indépendance.

Pour punir l'humanité créée par Prométhée, Zeus demande à Vulcain de façonner une femme — « ce mal si beau » [32] — qu'il enverra parmi les hommes pour les perdre [33]. Pierre tout aussi bien crée — artistiquement — la petite Nina, mais il ne la retient pas auprès de lui.

Après avoir dérobé le feu, Prométhée le ramène dans le creux d'une férule pour l'offrir aux hommes. Pierre, pour les offrir à la civilisation, transportera ses toiles dans un coffret. Peu de temps avant sa mort, il en fera don à ses amis.

C'est afin de donner vie à l'homme et lui permettre de subsister que Prométhée a ravi le feu au ciel. C'est aussi pour assurer une vie plus longue, pour empêcher autant que possible cette « seule mort regrettable » [34] qu'est la disparition dans l'inexprimé, que Pierre lutte.

Zeus déteste les hommes, veut les faire disparaître et en créer ensuite une race nouvelle. Le prophète Prométhée, lui, a déposé dans leurs cœurs d'« aveugles espérances » [35]. La montagne se dresse dans l'éloignement de toute civilisation. Elle est « la Solitaire » [36]. Elle ne se manifeste que capricieusement et semble beaucoup plus rapprochée de préoccupations narcissiques que d'inquiétudes pour le mieux-être humain. Pierre diffuse l'espérance. Il n'est pas que « l'Homme-Seul », « l'Homme de la solitude », il est aussi « l'Homme-au-crayon-magique » [37]. Le Bonniec, Stanislas, Meyrand ont subi sa fascination.

---

32. Hésiode, *Théogonie, Les travaux et les jours, Le bouclier*, p. 53.
33. « Il est remarquable, en effet, que l'humanité de l'âge d'or était exclusivement masculine ; c'était là, faut-il croire, un des aspects de la félicité de l'homme, ainsi que de ses prérogatives inouïes, car la femme, en véritable déshéritée, n'a jamais connu ce bonheur d'être seule.
    Ces premiers hommes résidaient auprès des dieux, leurs « frères plus puissants », et même « ils vivaient comme des dieux, chante Hésiode, le cœur libre de soucis, à l'abri des peines et des misères » (Louis Séchan, *Le mythe de Prométhée*, p. 25).
34. *La montagne secrète*, p. 222.
35. Eschyle, *Prométhée enchaîné*, p. 25.
36. *La montagne secrète*, p. 103.
37. Cf. *ibid.*, p. 93, 170.

Zeus envoie le déluge pour punir les hommes. Pour les sauver, Prométhée leur enseigne l'art de construire un bateau. Orok avertit Pierre de se défier des colères de la montagne. Cadorai n'en a cure et subit un rude châtiment. Il faut noter son aventureuse odyssée sur la rivière déchaînée, odyssée qui se termine par la perte de ses peintures.

A la fin du drame d'Eschyle, Prométhée brave la mort par orgueil. C'est pour obéir à l'impérieuse voix de son destin que Pierre se refuse aux concessions qui auraient pu lui sauver la vie.

Prométhée a libéré les hommes de leurs craintes de la mort. Pierre Cadorai agit de même en immortalisant par l'art l'être que le temps implacable conduit vers sa fin.

Prométhée rend à Zeus le service de l'informer du secret que lui a confié Thémis-Gê tout comme Pierre Cadorai rend à la montagne le service de la faire « exister » [38]. Ainsi, la réconciliation finale avec le maître de l'Olympe ressemble-t-elle à la réconciliation spirituelle, *in extremis,* de la montagne onirique à peine esquissée sur la toile et de Pierre mourant. Prométhée connaîtra la délivrance après trente ans — d'aucuns disent trente mille ans — tandis que la carrière de Pierre semble sombrer définitivement dans les ombres de la mort : en réalité, Pierre se perpétuera dans et par son œuvre.

Prométhée apparaît comme un symbole du triomphe des puissances de la vie sur celles de l'anéantissement. Ainsi en va-t-il pour Pierre au moment suprême de signer ses peintures.

« Nul n'est libre hormis Zeus » lit-on dans *Prométhée enchaîné* [39]. Et pourtant, au-dessus de celui qui se dit le maître des dieux, règne la Moïra, cette nécessité universelle, impersonnelle et inflexible dont nul ne transgresse la loi sans mettre l'ordre du monde en péril. C'est beaucoup plus à son triomphe qu'à celui de Zeus ou de Prométhée qu'on assiste. Prométhée lui-même le reconnaît. S'adressant au Coryphée, il dit de Zeus : « Il ne peut échapper à son destin » [40]. Semblablement, la montagne paraît libre. Mais elle est soumise à cette forme de destin que sont pour elle les lois et les caprices de la nature : climats, alternance de lumière et d'obscurité, succession des saisons.

La femme de Prométhée est un personnage obscur. Son nom varie selon les auteurs : Célaeno ou Clymenè ou Pyrrha. Elle n'exerce aucune influence sur son mari. Quant à Pierre, sa route l'éloignera définitivement de Nina après en avoir fait le portrait.

---

38. *Ibid.,* p. 102.
39. Eschyle, *Prométhée enchaîné,* p. 18.
40. *Ibid.,* p. 35.

Inachos, dieu-fleuve d'Argolide foudroyé par Zeus, avait une fille du nom de Io dont s'était épris le maître des dieux. Pour s'unir à elle et dans l'espoir de détourner l'attention de sa propre femme Héra, Zeus prit la forme d'un nuage. Ainsi métamorphosé, il abusa de Io [41]. On peut difficilement éviter les rapprochements Inachos-Gédéon et Io-Nina. Bien que responsable en bonne partie de la situation, Gédéon [42] souffre de sa solitude, de l'éloignement de sa femme et de sa fille [43]. Rongée par l'ennui ou poussée par un autre motif, Nina s'est enfuie. Elle devait apprendre bientôt que le séduisant Métis qu'elle avait suivi était marié. Une autre aventure passagère allait suivre. Mais l'homme nouveau ne payait pas d'apparence. Ainsi, de cours d'eau en cours d'eau, de village en village, espérait-elle atteindre un jour ces Big Rockies qui ne cessaient de hanter son esprit à la façon d'une chimère bienfaisante. De la même manière, Io avait été condamnée par la jalousie de Héra à des courses vagabondes tout à travers le monde jusqu'à ce qu'elle et ses enfants puissent enfin fonder, selon l'expression de Prométhée [44], sur la « terre triangulaire », la « lointaine colonie » [45].

Il faut signaler encore le parallélisme entre les visites que Prométhée reçoit sur son rocher et les rencontres de Pierre au

---

41. Pierre Grimal écrit : « Les historiens ont cherché, dans l'antiquité, à interpréter historiquement la légende et ont expliqué que Io était la fille du roi Inachos, et qu'elle avait été enlevée par des pirates phéniciens et emmenée en Egypte ; à moins qu'elle ne fût la maîtresse du capitaine du bateau phénicien, et qu'elle ne se fût enfuie de son plein gré » (*Dictionnaire de la mythologie grecque et romaine*, art. Io, p. 231).

42. Il est intéressant de noter la curieuse mise en garde de Prométhée à Io contre le fleuve Plouton qui roule l'or dans son lit : « Ecoute encore le danger d'un autre spectacle : fuis les chiens de Zeus au bec aigu et qui n'aboient pas, les griffons ; puis aussi l'armée des Arimaspes à l'œil unique, cavaliers habitant sur le cours du Plouton qui roule de l'or dans son lit » (Eschyle, *Prométhée enchaîné*, p. 47).

43. Inachos, lui, avait dû subir les foudres de Zeus pour s'être opposé à ses désirs vis-à-vis de Io.

44. Eschyle, *Prométhée enchaîné*, p. 47.

45. Le nom de Nina apparaît plus d'une fois dans la mythologie universelle. Les Incas adoraient le feu qu'ils appelaient Nina (Cf. *Mythologie générale*. Paris, Larousse, 1935, p. 401). Dans la mythologie assyro-babylonienne, Enki ou Ea, dieu de l'Apsou, était la principale divinité de l'élément liquide. Mais il avait une fille, la déesse Ninâ, « la dame des eaux », qui partageait ses attributions. Elle était la déesse des sources et des canaux. » Ninâ avait pour emblème un vase dans lequel nageait un poisson (Cf. *ibid.*, p. 53). Enfin, la légende parle d'une Nina, poétesse sicilienne de la seconde moitié du XIIIe siècle, considérée comme la plus ancien poète de la langue italienne ; sa beauté et son esprit étaient si célèbres que Dante da Majano s'en serait épris sans la voir, et aurait échangé avec elle un sonnet. Cette légende date de la Renaissance et le sonnet conservé est d'un homme (Cf. *La Grande Encyclopédie ; inventaire raisonné des sciences, des lettres et des arts par une société de savants et de gens de lettres*, tome 24. Paris, Société anonyme de la Grande Encyclopédie, (s.d.), p. 1120).

hasard de ses cheminements dans le Nord. Un premier contact où
la bonne volonté ne manque à personne mais dont les résultats sont
minces : celui de Prométhée et de l'Océan, qui prodigue ses conseils
de dieu sage, mûri par l'âge, mais ne comprend rien à la grandeur
de la mission prométhéenne ; celle de Pierre et de Gédéon, ce dernier
désireux de retenir le jeune homme en lui parlant d'or, de vie
heureuse et simple mais qui ne soupçonne même pas l'étrange destin
auquel son visiteur est soumis. Autres rencontres où les effets
psychologiques et matériels sont plus précieux pour les héros :
celles de Prométhée et des Océanides, de Prométhée et de Io. La
faiblesse des créatures féminines, tremblantes ou révoltées devant
Zeus, est évidente : la sympathie qu'inspire leur démarche s'en
trouve accrue ; les rencontres de Pierre et de Nina, de Pierre et de
ses temporaires compagnons d'aventures, Steve, Orok, Stanislas,
tous conscients à divers degrés du « mystère » de l'artiste.

Ainsi, au fur et à mesure que progresse Pierre-Prométhée, le
combat de sa vie nous devient plus sensible, comme nous deviennent
plus sensibles ses souffrances. Artiste, son âme est difficile à déchiffrer, mélange complexe d'humilité et d'orgueil :

> Autour de lui, un silence total, comme un recueille-
> ment de la nature, un encouragement du ciel à tenter
> l'effort. Est-ce qu'en effet, là-bas, pendant qu'il travaillait,
> tout, d'un profond accord, ne le louait pas d'oser trans-
> porter la montagne sur du papier.
>
> (...) Et le solitaire, à s'embarquer sur des traces faites,
> lui qui toujours avait ouvert son propre passage, hésitait,
> se méfiait [46].

Homme de foi et homme d'espoir, l'artiste pressent que n'auront
pas été stériles ses efforts prolongés en vue d'apporter quelque
élément nouveau de réponse aux interrogations sur la vie et la mort.
Il prévoit le jour où sa quête patiente se traduira en une clarté plus
grande et une compréhension meilleure de l'écheveau embrouillé
des causes et des buts de toute existence.

Gabrielle Roy n'a cependant pas écrit une simple traduction du
vieux drame eschyléen. Son Pierre-Prométhée, m'a-t-elle dit, est
chrétien. L'affirmation a de l'importance et mérite qu'on s'y arrête.

Souvent dans ses écrits relatifs à l'art, Baudelaire est revenu
sur l'idée de l'artiste protestataire. Selon l'auteur des *Fleurs du mal,*
l'artiste doit tenter de substituer l'homme à la nature et de protester
contre elle. Gabrielle Roy reprend l'idée en lui donnant une portée

---

46. *La montagne secrète*, p. 177.

plus universelle. La protestation touche tous les hommes, confrontés qu'ils sont au scandale de l'existence du mal.

— Des protestataires, mumura-t-il, comment se fait-il que tout ce qui s'accomplit de meilleur dans ce monde soit un acte de protestation. Créer, se dit-il, comme s'il ne le découvrait qu'à l'instant, n'est-ce pas de toute son âme protester ? A moins... à moins, ajouta-t-il, songeur, que ce ne soit une secrète collaboration... [47]

Au cours de l'entretien du 8 juillet 1969, Gabrielle Roy parla de cette « secrète collaboration » :

Vous avez raison de dire que Pierre Cadorai est en quelque sorte prométhéen. Mais il ne l'est pas intégralement. Il demeure dans la main du Créateur. Le Créateur est toujours au-dessus de lui. L'artiste est un chasseur pourchassé. Un chasseur qui tente d'arracher le plus grand nombre possible d'êtres au temps qui passe. Il est de plus pourchassé par Dieu, le Créateur dont il doit immortaliser la création, et par le temps. En ce sens, l'artiste est un collaborateur. Mais il est aussi protestataire. Contre l'immense douleur du monde pour laquelle il a tendance à demander des comptes...

L'artiste est un « chasseur pourchassé ». Il voudrait traquer la création entière afin de l'immortaliser. Il a pour ainsi dire reçu mission de participer au salut de l'univers, de lui conférer une perfection qu'en soi il n'a pas. Dans la tension qui le pousse à vouloir instaurer le règne du beau intégral, il témoigne en faveur de la soumission au Créateur.

Cette tentative, peut-être inconsciente, de christianisation du vieux mythe n'est pas neuve dans l'histoire. Déjà Tertullien, Lactance et saint Augustin avaient noté les ressemblances entre le crucifié du Golgotha et l'enchaîné du Caucase. Les deux personnages sont placés sur une butte rocheuse ; le bec de l'aigle perpétuant la blessure au flanc de Prométhée rappelle la lance ouvrant le côté du Christ. Les saintes femmes sont sœurs des Océanides. Enfin, pendant les deux supplices, la terre devient la proie de convulsions et de tremblements.

Il faut toutefois reconnaître qu'aucune ligne ne sépare avec exactitude le champ de la création humaine de celui de la création divine. La même imprécision touche la « secrète collaboration ». De plus, cette action collaboratrice de l'artiste n'est exprimée que sous une forme dubitative par le Père Le Bonniec. En réalité, la revendication de l'artiste va beaucoup plus loin. Elle manifeste la révolte

47. *Ibid.*, p. 131.

de l'homme contre ce qu'il incline à considérer comme les injustices de la divinité. Révolte contre le mal, surtout contre la mort. Contre l'écoulement du temps, contre la fragilité du bonheur toujours en voie de dissolution, l'artiste érige sa protestation. Vouloir sauver les êtres de la mort, c'est beaucoup plus prendre parti contre Celui qui a permis cette mort que collaborer avec Lui dans une œuvre de vie qui n'aurait d'éternelle que l'apparence. Le critique catholique Stanislas Fumet écrit : « L'art, quel que soit son but, fait toujours une coupable concurrence à Dieu » [48]. Le plus important titre de gloire de Pierre réside peut-être dans ce désir invaincu de créer seul, loin des compromissions, une vie parfaite, lui, faible et dépourvu de moyens, face au Créateur divin qui dispose de tous pouvoirs. Quand revient à la mémoire de Pierre l'idée de Le Bonniec selon laquelle tout artiste est protestataire, il n'est plus question de secrète collaboration : « Puis lui était venu le sentiment qu'à l'homme tout est vite arraché. Il avait entrepris de lutter contre l'anéantissement de chaque instant. Est-ce ainsi que l'entendait le Père Le Bonniec lorsqu'il s'écriait : « L'artiste est protestataire ; et d'abord contre le sort humain qui est de finir » [49]. Quoi qu'il en soit de la formule, c'est sans doute cette noblesse dans la faiblesse, chez l'artiste, qui fait écrire à la romancière : « L'une et l'autre étaient des prodiges. La montagne, un prodige de Dieu, et ceci, sur le carton, un prodige d'homme. Du reste, un plus grand prodige peut-être que l'œuvre de Dieu, songea Orok, si l'on considère que Dieu a tous les moyens, et l'homme, peu » [50]. Déjà Van Gogh disait : « Je puis bien, dans la vie et dans la peinture aussi, me passer du bon Dieu. Mais je ne puis pas, moi souffrant, me passer de quelque chose qui est plus grand que moi, qui est ma vie, la puissance de créer » [51].

Collaboration ou protestation : nous touchons ici à l'un de ces vastes problèmes pour lesquels il n'existe point de solution unique. Lors de l'entretien du 17 septembre 1969, Gabrielle Roy disait s'être arrêtée à cette question pour tenter d'y voir clair :

> Depuis que nous avons parlé de ce problème, j'y suis souvent revenue. Je crois réellement qu'il y a collaboration. Encore faudrait-il préciser. (Je rappelle à Gabrielle Roy les passages de L'homme révolté où Camus étudie cette question et cite Stanislas Fumet et Albert Thibaudet. Gabrielle Roy me dit alors tout son respect à l'endroit de Camus).

---

48. Cité dans Albert Camus, *L'homme révolté*, p. 310. Albert Thibaudet écrit, au sujet de Balzac : « La *Comédie humaine*, c'est l'*Imitation* de Dieu le père » (Cité dans *ibid.*, p. 310). Et Roger Caillois : « Ce faisant, il (l'artiste) agit pour son compte, pour son plaisir, et devient *concurrent de l'univers dont il participe* » (*Esthétique généralisée*, p. 27).
49. *La montagne secrète*, p. 148.
50. *Ibid.*, p. 105.
51. Cité dans Albert Camus, *L'homme révolté*, p. 308.

L'artiste collabore peut-être inconsciemment à l'œuvre divine. Même quand il nie l'existence ou l'influence de Dieu, l'homme témoigne encore en faveur de l'Etre divin. La collaboration existe peut-être davantage du point de vue de Dieu que de celui de l'homme.

Que le prométhéisme incline à la collaboration, à la protestation ou à une alternance entre les deux attitudes importe moins encore à l'artiste que le mouvement qui l'entraîne vers l'absolu, un absolu indiqué dans la légende par l'image du feu et dans le roman par celle du mont igné.

Du feu mythologique à la montagne mythique

La mythologie grecque a entouré « la légende, en soi bien pauvre, du père du Feu » suivant l'expression de Bachelard [52], d'une révolte en quelque sorte métaphysique. Prométhée, en arrachant à la divinité le feu dont les hommes ont un impérieux besoin, lui ravit, au propre et au figuré, un attribut divin. Le geste est aussi important que l'objet du rapt. L'objet, ce sont, sous le manteau des vertus du feu, les puissances de la vie. Le geste signifie l'indignation contre Celui qui permet la mort ; il signifie aussi une tentative d'autodivinisation par l'acquisition ou l'amplification de son pouvoir créateur.

L'odyssée de Pierre Cadorai revêt un sens identique.

Deux aspects retiennent d'abord l'attention. En premier lieu, la description de la montagne laisse au lecteur l'impression d'un mont igné. En second lieu, cette montagne, qui participe de la divinité et du mythe, offre quelques analogies avec l'Olympe, séjour des dieux grecs. Pierre donne à la montagne le nom de « Resplendissante » [53]. Celle qui dispense lumière et chaleur. Le voyageur l'aperçoit aux dernières heures du jour : « Devant lui se dressait une haute montagne isolée que le soleil rouge embrasait et faisait brûler comme un grand feu clair » [54]. Quand ces bouleaux dont les feuilles ont « l'éclat furtif d'une eau qui court au soleil », abandonnent l'ascension, ce sont des « lichens flamboyants » qui prennent la relève et s'attachent au « roc fauve » [55] des flancs des rochers. Plus haut, un bleu qui va s'assombrissant finit par occuper toute la place et devient la base du dernier flamboiement, le plus pur, le plus rare et le plus précieux : « Elle se terminait en une pointe de neige et de glace qui étincelait comme un joyau » [56]. Enfin, à ses

52. *La psychanalyse du feu*, p. 25.
53. *La montagne secrète*, p. 103.
54. *Ibid.*, p. 100.
55. *Ibid.*, p. 101.
56. *Ibid.*, p. 101-102.

pieds, s'agitent « dans leur naïve beauté d'un jour des pavots de l'Arctique » [57]. Ces quelques notations autorisent le rapprochement feu-montagne. La conquête de la montagne par Pierre se fera selon des voies différentes de la conquête du feu par Prométhée.

J'ai parlé de parentés entre l'Olympe et la montagne secrète. Les deux, du moins dans certaines circonstances, déchirent les nuages de leur pic [58]. C'est le cas pendant les jours de vents et de neige que connaît Pierre après avoir abattu le caribou. La montagne apparaît alors découronnée et tronquée [59]. Semblablement, toutes deux baignent, l'une dans les eaux de la mer Egée, l'autre dans celles de la petite rivière conduisant au lac qui s'étend à ses pieds [60].

Prométhée a enfermé dans la tige d'une plante la semence du feu. Pierre séduira et ravira, grâce aux filets de son art, cette montagne tour à tour reconnaissante et dédaigneuse. C'est par l'opération conjuguée de l'œil et de la main que s'accomplit l'enlèvement lourd de risques comme le laissent entendre les propos de la montagne : « Je n'existe qu'un moment, lorsque je suis belle et calme. Et toi qui m'as vue ainsi, tu n'as pas su fixer l'instant, la splendeur, l'exceptionnelle splendeur qui est ma vérité » [61]. Le sort pénible de Pierre, obligé d'abattre le caribou mâle pour survivre, et la longue marche du héros dans la neige, semblable à un interminable chemin de croix, sont deux aspects de son supplice prométhéen. Bref, malgré les récriminations et les affirmations de la montagne qui soutient le contraire, Pierre l'a volée et liée dans les traits de ses crayons et pinceaux tout comme l'artiste, dont les mots sont le matériau, s'empare d'une vie diffuse composée partie d'éléments réels et partie d'éléments imaginaires pour la recréer en la nommant.

« Les montagnes sont les cathédrales de la terre » écrivait Ruskin [62]. L'archéologie, l'anthropologie et l'histoire des religions ont longuement étudié la symbolique de la montagne. Elle a été le hautlieu de l'humanité, l'archétype de tous les temples. Chaque littérature en a célébré l'excellence. Comme le mont Meru chez les Hindous, la tradition place la montagne cosmique au centre du monde connu. Au-dessus d'elle brille l'étoile polaire. Elle est l'axe d'un système cosmogonique. La comparaison alors s'impose. Bien sûr,

57. *Ibid.*, p. 102.
58. « ... presque parmi les nuages, elle se terminait... » (*La montagne secrète*, p. 101). « A la ligne des sommets (...) s'accrochent des lambeaux de nuages » (au sujet de l'Olympe) (*Mythologie générale*, p. 86).
59. « Décapitée par les nuages, la fière montagne n'était plus qu'une masse terne, presque invisible au centre de l'épais brouillard que dégageait le lac, à ses pieds » (*La montagne secrète*, p. 122-123).
60. Cf. *ibid.*, p. 103.
61. *Ibid.*, p. 123.
62. Cité dans Marthe Meyer, *L'homme devant la montagne*, p. 330.

la montagne secrète n'est pas au centre du monde connu, habité, mais elle se trouve au centre de cette toundra désertique qui emprunte à l'art une partie de son existence. Elle polarise le monde à connaître et l'univers spirituel de Pierre. Elle reviendra composer l'ultime vision de l'artiste mourant.

Montagne secrète, rouge de feu prométhéen, sorte d'Olympe [63], montagnes-cathédrales, où les grandes divinités de la terre déposent leurs fardeaux pour accéder à la paix, tel est l'ordre que le regard doit suivre s'il veut comprendre le mythe dont je parle. Mircea Eliade écrit que le mythe raconte l'histoire des commencements absolus, qu'il rapporte ce qui s'est passé *in illo tempore* [64]. La montagne raconte ici l'enfance de l'esprit humain et le cheminement fiévreux de l'idée d'autodivinisation [65]. Si le héros de *La montagne secrète* n'appartient pas à la légende des Etres surnaturels, il ne s'inscrit pas davantage dans les rangs des Etres naturels. Il chemine plutôt sur une crête où se départagent eaux divines et eaux humaines. Toute la densité du personnage et sa séduisante instabilité trouvent peut-être leur explication et leur justification dans le caractère de « fable » que Gabrielle Roy elle-même a reconnu à *La montagne secrète* [66].

—— o —— o —— o ——

Désir, idée, action et matière forment donc, liés à la dynamique de l'émotion, les quatre composantes de l'œuvre d'art. Ce n'est cependant pas l'émotion première, spontanée, qui met en branle les facultés artistiques. C'est une émotion seconde, née du regard second et revécue dans la tranquillité. Quant à l'artiste lui-même, il est constamment partagé entre solidarité et solitude afin de donner la vie et la parole, de rendre la liberté et le salut à tous les êtres d'un univers dont il est la conscience. Semblable hantise l'incite à se dépasser lui-même, à devenir, pour ainsi dire, supra-humain, en quelque sorte, divin. Gabrielle Roy a poussé son Pierre Cadorai vers ces sommets. Non seulement, il a connu cette « nuit » qui lui a ouvert

---

63. On se souvient que c'est aussi sur un mont escarpé surplombant la mer que Saint-Exupéry a placé le bloc de granit noir, symbole de la divinité (Cf. *Citadelle*. Paris, Gallimard, 1948, p. 199).

64. Cf. *Traité d'histoire des religions*, p. 345, 349 ; Cf. aussi *Aspects du mythe*, p. 14-16, 21-22.

65. Une symbolique de la montagne axée sur un retour à l'enfance, à la mère, a souvent été mise en relief. Marthe Meyer rapporte cette pensée d'un sage chinois, écrite bien avant les découvertes de la psychanalyse : « Quand je gravis la montagne, je monte vers ma mère » (*L'homme devant la montagne*, p. 334). Et François Mauriac : « ... La passion de la montagne, chez un homme, c'est d'abord son enfance en lui qui ne veut pas mourir » (Cité dans *ibid.*, p. 339).

66. *Entretien* du 29 juillet 1969.

le chemin de l'absolu, mais encore, il est devenu un être mythique, un Prométhée évoluant dans un Nord lui-même mythique. La puissance créatrice de l'artiste en fait un concurrent de Dieu. L'artiste aspire à façonner un monde d'où les imperfections seraient bannies.

L'art, anti-destin selon Malraux, redit, chez Gabrielle Roy, la même protestation contre la souffrance. A la roue sans fin des recommencements stériles, il oppose la liberté de l'homme, maître de sa vie. Maître aussi de son tourment intérieur qu'il peut orienter vers l'œuvre à créer, riche de ses déboires et de ses espérances. A l'instar de Proust, l'artiste, selon Gabrielle Roy, sait qu'il ne jouira pas d'une véritable immortalité [67]. Mais dans la démarche résidait déjà la victoire. Le « tourment d'être homme » [68] lui aura inspiré une création à son image, noble et précieuse à cause de la fragilité du visage offert. Et dans la réalité d'un monde qui ne cesse de mourir parce qu'il ne cesse de naître, l'artiste occupera une place de démiurge tendu dans l'effort de régénérer l'univers. Comme l'institutrice de Cardinal, dont la trace des pas disait la marche sur les bancs de neige, il verra dans ses œuvres les « grandes traces visibles » [69] de son séjour parmi les hommes. Elles constitueront le témoignage de son amour, lui dont l'office, selon le mot de Stravinsky, n'aura pas été de « cogiter, mais d'opérer » [70].

Influencé par la société et l'imaginaire, influençant à son tour — dans une mesure qu'il est difficile de déterminer — la société et l'imaginaire, l'art, ou bien se considère lui-même comme but ultime, ou bien est accompli et couronné par l'univers moral et religieux. Pour Gabrielle Roy, l'art est un moyen, une fin intermédiaire, mais non la fin ultime.

---

67. « Sans doute mes livres eux aussi, comme mon être de chair, finiraient un jour par mourir. Mais il faut se résigner à mourir. On accepte la pensée que dans dix ans soi-même, dans cent ans ses livres, ne seront plus. La durée éternelle n'est pas plus promise aux œuvres qu'aux hommes » (Marcel Proust, *A la recherche du temps perdu*, tome III, texte établi et présenté par Pierre Clarac et André Ferré. Paris, Gallimard, Bibliothèque de la Pléiade, 1954, note de la page 1043).
68. *La montagne secrète*, p. 179.
69. *Rue Deschambault*, p. 258.
70. Igor Stravinsky, *Poétique musicale*, p. 36.

Quatrième partie

LE PROBLÈME MORAL
ET RELIGIEUX

Chapitre I

ÉVOLUTION RELIGIEUSE
DE GABRIELLE ROY

La montagne secrète n'a pas de signification qu'artistique. Ce roman s'inscrit dans une évolution qui était à la rigueur prévisible. L'absolu de la montagne apparaît au terme d'une démarche que les romans précédents laissaient présager. La ville n'avait guère offert aux Lacasse et aux Chenevert que des bonheurs transitoires. Pourtant, leur recherche semblait occuper tout à la fois le conscient et l'inconscient des personnages.

La montagne secrète est issue directement d'*Alexandre Chenevert*. *Alexandre Chenevert*, c'est la quête du bonheur dans un milieu où le salut est impossible. *La montagne secrète* a purifié le milieu aussi bien que l'absolu lui-même. Le milieu, en prenant comme cadre un Nord très éloigné de la ville, pur de cette pureté propre à l'espace mythique originel. L'absolu, en le présentant sous forme d'image. Ainsi, *La montagne secrète* va-t-elle au-delà d'une exégèse qui se cantonnerait dans la seule dimension esthétique.

Etablir une équation d'interprétation entre Montagne = Absolu = Dieu, c'est poser le problème moral et religieux de toute l'œuvre. *Bonheur d'occasion* et *Alexandre Chenevert* ont été des étapes du cheminement intérieur sur ce plan. Les autres ouvrages de même : *La Petite Poule d'Eau*, grâce à la prise de conscience et au début d'appropriation d'un Nord mythique ; *Rue Deschambault*, par un retour aux enchantements et à la magie du premier âge, mythique dans la mesure où, par les jeux de l'imaginaire, il tend à se confondre avec le matin de l'humanité.

La montagne secrète va plus loin que la seule découverte de l'espace intérieur. Ce roman est le signe de l'aventure spirituelle de l'écrivain.

« *La montagne secrète* » ou *l'aventure spirituelle de Gabrielle Roy*

Pendant ses premières années de vie, Gabrielle Roy, fille de parents catholiques, a été elle-même croyante et pratiquante. Mais, au moment de gagner l'Europe, en 1937, elle abandonne la pratique religieuse. Après son retour, en 1939, ses contacts avec certains prêtres, préoccupés autant des affaires matérielles que spirituelles, ne sont pas de nature à la rapprocher de l'Eglise. Pas plus que l'ensemble du catholicisme québécois formaliste.

> Une des principales causes de mon abandon de la pratique religieuse lors de mon départ pour l'Europe fut cette sorte de discrimination religieuse dont trop souvent les prêtres étaient coupables. Cette attitude m'incitait à la révolte. Une sorte de révolte latente qui a fait long feu en moi. Que de fois, j'ai entendu dire du haut de la chaire que « hors de l'Eglise, il n'est point de salut ». J'ai entendu des sermons entiers contre les protestants. On est même allé jusqu'à faire intervenir des questions de races, de peuples. J'ai entendu des prêtres identifier les Anglais à des personnes pour qui tout salut était impossible [1].

Cet éloignement de la religion durera plusieurs années. Cependant,

> trois éléments ont contribué à me reconduire à la pratique religieuse. Et d'abord, ma rencontre avec Teilhard de Chardin. J'ai été profondément impressionnée par sa vision d'une religion pour tous les hommes de la terre, d'une Eglise qui se voue au salut de tous les hommes. Teilhard de Chardin a donné une vigueur neuve à ma foi. Le second élément fut le mouvement œcuménique instauré par Jean XXIII. Il me semblait qu'une des aspirations les plus profondes de mon âme recevait comme une réponse personnelle de l'Eglise.

> Mais il n'y eut pas en moi qu'un mouvement de refus face au christianisme. Il y eut aussi et en même temps — comprenne qui pourra ! — un mouvement d'adhésion à cette religion chaleureuse que ma mère nous fit connaître. Je me souviens qu'elle nous amenait souvent en semaine, à la messe. Je revois encore le vacillement de la flamme des lampions dans la demi-obscurité du matin. Il me semblait, dans ces moments, approcher d'une vie mystérieuse et chaude. C'était une religion sensible, me direz-vous peut-être, mais c'était ainsi. Quant à mon père, il pratiqua une religion très pure. Une religion qui l'a transformé, qui l'a rendu grand et beau.

> En ce qui touche la foi proprement dite, la foi en Dieu, je ne l'ai jamais perdue. Tout au plus m'est-il arrivé de douter de l'institution divine de l'Eglise.

---

1. *Entretien* du 2 avril 1971.

Le troisième élément, et peut-être le plus spectaculaire, qui contribua à me ramener à la pratique religieuse fut la mort de ma sœur Anna en 1963. Elle était l'aînée de la famille. Elle ne semblait pas entretenir d'espoir en une survie. Du moins son regard le laissait entendre et je ne pouvais le supporter. Cette vie qui s'achevait m'a profondément bouleversée. Je ne pouvais pas accepter que pour Anna qu'on avait aimée, qui avait tenu une place parmi nous, qui avait vécu sa vie avec joies et douleurs, tout allait finir. Que demain elle ne serait plus rien. L'angoisse m'étreignait. Si Dieu existe, me suis-je alors dit, ce dont je n'avais jamais douté, il a certainement délégué quelqu'un pour indiquer aux hommes comment on peut parvenir jusqu'à lui. Pour moi, ces indications devaient venir de la religion chrétienne. Alors, d'un seul mouvement, j'ai accepté tout ce que cette religion mettait à ma disposition pour rejoindre Dieu. Ce fut une des étapes les plus importantes de ma vie [2].

La connaissance de ces données permet de considérer *La montagne secrète* comme un roman à la fois historique et prophétique.

Pour montrer le parallélisme existant entre la destinée de Gabrielle Roy et celle de Pierre Cadorai, je diviserai en six étapes la vie de ce dernier et disposerai, en regard de chacune d'elles, les étapes correspondantes de l'évolution spirituelle de la romancière.

En premier lieu, l'enfance et les débuts de l'âge adulte. Pierre est avare de renseignements sur cette période de sa vie. Tout au plus se contente-t-il de parler une fois de son père [3], fin psychologue dans les questions commerciales. On sera peut-être tenté de considérer Gabrielle Roy comme diserte sur ses premières années : ce serait errer. Il convient d'être prudent dans l'étude de *Rue Deschambault* et de *La route d'Altamont* et considérer chacun de ces textes comme redevables plus à l'imagination de l'écrivain qu'à la réalité de sa vie passée. Nous ne connaissons donc que peu de choses des premières années de Pierre Cadorai et de Gabrielle Roy. Nous savons toutefois que cette dernière était pratiquante.

Deuxième étape. C'est celle des cheminements obscurs de Pierre. Cheminements qui ont commencé bien avant le début du roman et se poursuivent jusqu'à la page 27 du deuxième chapitre. Pierre y fait la rencontre de Gédéon et continue ensuite son chemin vers Fort-Renonciation. Dans le cas de Gabrielle Roy, cette étape commence avec le départ pour l'Europe et l'abandon de la religion. Elle durera près de dix ans et sera faite de déplacements incessants.

---

2. *Entretiens* du 2 avril et du 6 juillet 1971.
3. P. 58.

Autre parenté entre Gabrielle Roy et Pierre Cadorai : l'un et l'autre évitent de rappeler les événements de la première étape, Pierre Cadorai en paroles, Gabrielle Roy en écrits (La première édition de *La Petite Poule d'Eau* est de 1950). Remarquons, par exemple, que les enfants jouant un certain rôle, dans *Bonheur d'occasion*, ou meurent jeunes — Daniel — ou sont maladifs — Yvonne. Ils ne parviennent pas à ce que l'on pourrait appeler la plénitude de l'enfance : ni Yvonne ni Daniel dans la réalité quotidienne, ni Rose-Anna dans sa tentative avortée de revivre une part de son enfance écoulée à Saint-Denis sur les rives du Richelieu. Il semble que sur cette enfance pèse une culpabilité diffuse.

Troisième étape. « Soir » et « nuit » de Pierre Cadorai. Elle s'étend de la page 27 (chapitre II) à la fin du chapitre VI. Après avoir été malade et claustré, Pierre redécouvre le soleil et les couleurs. Des images de « vaste paysage » [4], de lacs d'eau glaciale dont jaillissent des « geysers bouillants » [5] se présentent devant son esprit. Il entend de « vastes appels » [6]. Parallèlement, la troisième étape de la vie de Gabrielle Roy est principalement polarisée par sa rencontre avec Teilhard de Chardin. Les vues de l'illustre jésuite coïncident avec celles de la romancière. L'optimisme du Père marque l'auteur de *Bonheur d'occasion*. D'étroit qu'elle l'avait vu, voici que le monde religieux devient plus vaste. Aucune trace de légalisme chez Teilhard mais plutôt une ardeur et une foi bouillantes comme un geyser :

> Ma rencontre avec Teilhard a eu lieu peu de temps après l'obtention du Fémina. C'était à l'occasion d'une réception offerte par l'ambassade canadienne à Paris. A un certain moment où j'étais seule, j'ai vu cet homme s'approcher de moi. Jusqu'alors, il n'avait rien publié. J'ai été très impressionnée par le feu de son regard, par sa chaleur, par sa douleur. Il brûle d'amour, de joie, de douleur aussi. Il a entrevu dans l'univers une vie immense, englobante, unifiante. Dans sa perspective, il ne peut être question de passivité. Chacun collabore et aide à la création du monde. Le monde est en marche. Participer à sa création, c'est participer à l'œuvre de Dieu. Il n'est aucun effort qui soit totalement perdu. Même ceux que ne coiffe une option religieuse. L'œuvre simplement humaine est sœur de l'œuvre de Dieu. L'œuvre de l'artiste, par exemple [7].

Cette rencontre amorce une réconciliation de Gabrielle Roy d'abord avec sa jeunesse puis avec son enfance. Avec sa jeunesse,

4. P. 28.
5. P. 29.
6. P. 29.
7. *Entretien* du 23 juin 1970.

puisqu'elle puise dans les événements qui ont immédiatement précédé son départ en Europe l'inspiration de *La Petite Poule d'Eau* ; avec son enfance, puisque paraît en 1955, *Rue Deschambault*. Le voile de l'interdit a donc été en bonne partie levé, mais au prix d'un livre tout de tension : *Alexandre Chenevert*.

Après avoir traité des répercussions de la guerre à Montréal *(Bonheur d'occasion)*, Gabrielle Roy s'est ressouvenu du texte que la vue des réfugiés de guerre, à Paris, lui avait inspiré. Elle le reprend, le transforme en profondeur en le situant à Montréal, et écrit *Alexandre Chenevert*.

Une des différences majeures entre *Bonheur d'occasion* et *Alexandre Chenevert* a trait au problème spirituel. Les contextes urbains des deux romans se ressemblent. Mais alors que *Bonheur d'occasion* ne reflète guère que la religion formaliste de l'heure, *Alexandre Chenevert* fait le procès du Dieu de cette religion. En d'autres mots, alors que la religion n'était, à l'époque de *Bonheur d'occasion* qu'un objet d'observation comme n'importe quel autre, elle est devenue, dans *Alexandre Chenevert,* un objet de préoccupations personnelles. Les questions qu'Alexandre se pose sont celles mêmes de Gabrielle Roy, questions d'une actualité intérieure brûlante pour la romancière.

Quatrième étape. Après sa « nuit », Pierre se remet en route vers la montagne (chapitres VII-XI). Longue marche dans la solitude et les épreuves. Dans la vie de Gabrielle Roy, cette période s'étend de 1955 à 1961. Période de méditation pendant laquelle elle lira de Teilhard de Chardin, *Le phénomène humain* (1955), les *Lettres de voyage* (1956), *Le milieu divin* (1957), *Construire la terre* (1958) *L'avenir de l'homme* (1959), l'*Hymne de l'univers* (1961) et *Genèse d'une pensée (Lettres 1914-1919)* (1961).

A l'influence de ces lectures, il faut ajouter, événement important dans le retour de Gabrielle Roy à la pratique religieuse, le pontificat de Jean XXIII (inauguré en octobre 1958). L'œcuménisme que prêche le nouveau pape séduit la romancière. Les principaux obstacles qui l'empêchaient de renouer intérieurement avec ses convictions des années antérieures à 1937 sont maintenant levés.

Cinquième étape. Pour Pierre Cadorai, c'est la découverte de la montagne (Chapitres XII-XIV). La découverte de l'Absolu. Il en va de même pour Gabrielle Roy, après la mort de sa sœur aux Etats-Unis, sauf qu'il n'y eut pas vraiment découverte de Dieu mais plutôt retour à Lui.

Remarquons cependant que le décès de la sœur de Gabrielle Roy a lieu en 1963. *La montagne secrète* est déjà publiée depuis deux ans. Quel sens prend alors l'antériorité du roman par rapport aux autres événements en cause ?

La rencontre avec Teilhard, la lecture de ses œuvres et l'avènement de Jean XXIII avaient troublé les sources de l'indifférence religieuse de la romancière. *Alexandre Chenevert* avait amorcé le procès de Dieu. Sans que l'on puisse parler de triomphe, ce dernier n'avait pourtant pas perdu sa cause. Et d'ailleurs, dans l'âme de Gabrielle Roy, la mort d'Alexandre n'entraînait nullement la fermeture du dossier. Dès cette époque, l'écrivain avait eu comme un pressentiment de la possibilité de son retour à l'Eglise. Tel est du moins l'avis de Gabrielle Roy aujourd'hui (en 1972). « Croyez-vous, lui demandais-je un jour, que sans Teilhard et sans Jean XXIII, il y aurait eu quand même, de votre part, retour à la pratique religieuse après la mort de votre sœur ? » Elle me répondait :

La mort de ma sœur m'a profondément bouleversée. Unamuno, dans *Le sens tragique de la vie,* parle de cette soif de vie pour nous et pour les nôtres. Et ailleurs : la vie est en guerre contre la raison. Aussi m'est-il difficile de répondre avec les certitudes et les équations de la logique. Ce que je sais, c'est que dans toute vie, il y a des schèmes d'événements dont on découvre *a posteriori* qu'ils ne pouvaient pas ne pas être ainsi structurés. Je crois que le schème de mon retour à la pratique religieuse ne pouvait être autre qu'il ne fut. Pendant toute mon enfance, j'avais souffert de ce que j'appellerais la ségrégation catholique ; j'avais souffert encore de ce salut que l'on considérait comme une affaire étroitement personnelle. Teilhard d'abord, à titre individuel et Jean XXIII ensuite, à titre officiel, ont enlevé ces épines de mon âme. Mon cheminement devait passer par eux. Je suis à peu près convaincue que le terme de cette portion de ma route dont on parle aurait été différent si Teilhard et Jean XXIII n'avaient pas existé.

Claudel, au sujet de sa conversion, a parlé de coup de foudre. J'arrive difficilement à le croire. Les événements nous façonnent autant que nous les façonnons ou croyons les façonner [8].

La connaissance de ce qui précède m'incite à considérer *La montagne secrète* comme une œuvre prophétique. Ce que le conscient ne faisait que pressentir, l'inconscient en avait déjà saisi et transposé certains éléments. Pierre Cadorai annonce la route à suivre par la romancière. Ce grand rêve qu'est *La montagne secrète* est prémonitoire. Deux ans avant que les faits ne lui donnent raison, il propose des réponses — sibyllines — aux interrogations du

---

8. *Entretien* du 7 mars 1972.

conscient. Il annonce, à travers la longue et rude marche de Pierre vers la montagne symbolique, le retour de l'auteur à Dieu et à la religion.

Cette hypothèse me semble d'autant plus valable que la dernière étape du roman continue de présenter des affinités profondes avec l'époque qui, dans la vie de la romancière, va de 1963 à nos jours.

Sixième étape. Dans *La montagne secrète,* elle s'étend du chapitre XV au chapitre XXVI. Période pendant laquelle alternent difficultés et succès. Pierre s'éloigne de sa montagne pour la mieux traduire artistiquement. Juste avant de mourir, le héros la verra apparaître puis s'éloigner définitivement. Dans la vie de Gabrielle Roy, cette période est également marquée par des alternances de certitude et de doute. La première étape, celle de l'enfance, est désormais en étroite communion avec la mentalité actuelle de la romancière. C'est en 1966 que paraît *La route d'Altamont* dont le texte le plus important est un dialogue entre la vieillesse et l'enfance. C'est enfin en 1970 et 1971 que Gabrielle Roy rédige *Cet été qui chantait,* ensemble de nouvelles dont les proportions varient et qui sont destinées « aux enfants de toutes saisons » de la même façon que l'étaient *Le petit Prince* de Saint-Exupéry, *Le merveilleux voyage de Nils Holgersson à travers la Suède* de Selma Lagerlöf et *Platero et moi* de Juan Ramon Jimenez. Ces textes scellent la réconciliation de Gabrielle Roy avec sa propre enfance.

Cependant, *Un jardin au bout du monde* témoignera de l'angoisse qui continue d'habiter la romancière.

> Et était-ce possible, osa-t-elle se formuler, se pouvait-il que Dieu ne fut aussi qu'un rêve, un désir né de la solitude ? [9]

> Comment s'attaquer à pareille solitude ? Ils s'y étaient essayés pourtant, oh ! on ne pouvait leur faire le reproche de n'avoir pas tenté, avec leurs mains nues au besoin, de créer, devant le silence de Dieu et des hommes, leur petite vie tendre, intime et domestique [10].

> A genoux sur le plancher, elle entreprit de le faire reluire comme jadis. Pourquoi ? Ce ne devait pas être en tout cas pour le Seigneur. A supposer qu'il fût vivant et présent, elle l'imaginait plus à l'aise au dehors, sur les ailes du vent, dans la fraîcheur de l'air, qu'en cette petite chapelle où, quoi qu'elle fît, il subsisterait une odeur de moisi [11].

---

9. *Un jardin au bout du monde*, (p. 62 du manuscrit).
10. *Ibid.*, (p. 63 du manuscrit).
11. *Ibid.*, (p. 67 du manuscrit).

Ainsi peut-on remarquer un étroit parallélisme entre les diverses étapes romanesques de *La montagne secrète* et celles de l'évolution spirituelle de Gabrielle Roy. La conclusion la plus importante qui se dégage de ce rapprochement se rapporte à l'enfance comme source d'inspiration : la rupture avec la pratique religieuse en 1937 a écarté pendant dix ans l'enfance personnelle de Gabrielle Roy comme matière romanesque. Il a été nécessaire à l'écrivain d'amorcer le processus du retour à cette pratique pour qu'il y ait raccord entre l'univers imaginaire de l'adulte et le monde de l'enfance, pour qu'il y ait plénitude de communion entre « le vieillard et l'enfant ». Chaque étape de ce retour a conduit à la rédaction d'ouvrages dont la matière était empruntée aux événements des premiers âges.

Ce mouvement permet de comprendre l'évolution de l'œuvre, évolution elle aussi influencée par la question du bonheur et du salut.

Trois problèmes connexes, trois optiques

André Rousseaux établit, dans *Littérature du XXᵉ siècle* [12], une distinction entre ce qu'il appelle « la littérature de salut » et la « littérature de bonheur ». Quand l'homme dépasse la vision d'un bonheur uniquement terrestre, reparaît, urgente, la nécessité du salut. L'ordre du monde et l'ordre des valeurs changent.

> L'idée de salut et l'idée de bonheur inspirent deux familles littéraires très diversement orientées. Qui ne voit que Pascal ressortit de la façon la plus caractéristique à la littérature de salut, et Montaigne à la littérature de bonheur ? Du côté de la littérature de bonheur, on trouve Ronsard, Rabelais, La Fontaine, Voltaire, qui pose dans *Candide* le thème essentiel de cette littérature, celui de l'optimisme: il se peut fort bien d'ailleurs que l'optimisme soit amèrement déçu.
>
> (...)
>
> Tandis que la littérature de bonheur dose les raisons qu'elle a de composer la vie entre le pessimisme et l'optimisme, la littérature de salut met en jeu notre destin entre l'angoisse et l'espérance.
>
> (...)
>
> Notre siècle (...) est celui d'une rentrée foudroyante de l'idée et de la littérature de salut. D'abord, les catastrophes sur lesquelles il s'est ouvert donnent mieux aux hommes le sentiment d'une vie à sauver que celui d'un bonheur à étreindre. Nous sommes entrés dans un temps où le problème du salut se pose aux individus, aux peuples, aux civilisations [13].

---

12. André Rousseaux, *Littérature du XXᵉ siècle*, tome III, p. 65ss.
13. *Ibid.*, p. 65-66.

Au lieu de constituer un jalon sur la route de l'au-delà, l'ici s'érige en but ultime pour l'écrivain d'une littérature de bonheur. L'écrivain d'une littérature de salut refuse, lui, d'enraciner la totalité de son espérance dans le monde actuel.

Rousseaux verra en Malraux, contrairement à une opinion issue d'apparences trompeuses, un homme de bonheur et non un homme de salut. L'équivoque malruxienne sur cette question est la conséquence directe d'une défaillance de la foi au monde, de l'espérance dans le monde. Le monde est absurde et pourtant il faut découvrir un *modus vivendi* acceptable.

Ce courant de la pensée moderne a trouvé son expression la plus juste dans l'œuvre d'Albert Camus. Mais Kierkegaard avait précédé l'auteur du *Mythe de Sisyphe*. A côté de liens de parenté évidents, leurs philosophies sont marquées par des divergences profondes. Pour Camus autant que pour Kierkegaard, l'absurde met en accusation la raison humaine. Cependant, il apparaît à Kierkegaard comme le signe d'un ordre de valeurs supérieur à celui de la connaissance rationnelle. Il découvre la sécheresse de ce dernier. L'homme alors cherche ailleurs des motifs d'exister. Pour Camus au contraire, la raison est l'ultime recours ; au-delà, c'est le vide. Seul un savoir absolu comblerait l'homme. Le divorce entre ses désirs et la réalité engendre le sentiment de l'absurde. Les personnages de Camus refusent d'en appeler à un au-delà imaginaire conçu comme une Vérité absolue. Ils refusent de « faire le saut ». Pour les deux philosophes, le plus clair du problème gravite autour de la question foi-raison. Ainsi, cette phrase clé de *Crainte et tremblement* : « Il laissa une chose, sa raison terrestre, et en prit une autre, la foi » [14] traduit chez Kierkegaard la plus grande admiration tandis que chez Camus, elle engendrerait plutôt mépris ou pitié.

Littérature de salut ou littérature de bonheur, absurde ouvert sur l'au-delà ou absurde fermé sur les limites de la raison : où se situe Gabrielle Roy ? Sa position est complexe, partagée qu'elle est entre le pôle de l'observation et celui de la foi.

Si Teilhard de Chardin a confirmé l'écrivain dans sa foi, il est certain que Camus a influencé sa vision du monde. Qu'on établisse seulement un parallèle entre l'abbé Marchand et Paneloux, entre l'Alexandre Chenevert du lac Vert et Joseph Grand. Mais, plus profondément, c'est l'atmosphère même de *Bonheur d'occasion* et d'*Alexandre Chenevert* qui traduit l'absurdité du monde.

Le raz-de-marée de la guerre, s'il nous a atteints avec moins de dureté que les Européens, n'en a pas moins perturbé l'évolution d'une

---

14. P. 18.

société en quête de son équilibre. Il est à noter que chez Gabrielle
Roy, l'absurde semble plus virulent sur le plan social que sur le plan
individuel, comme si l'optimisme l'emportait au niveau de la personne
mais se détériorait au niveau de la société. « Cette décision (d'épouser Florentine), il lui (Emmanuel) paraissait maintenant qu'il l'avait
retenue depuis longtemps et qu'il était aussi vain de lutter contre
elle qu'il était inutile à cette heure de combattre la folie, le désordre
qui s'emparaient du monde » [15]. Monde que la guerre a affolé, en
proie au désordre de ses propres convulsions. Car de cet absurde
social, la guerre est en bonne partie l'explication. Quand Emmanuel
veut tuer la guerre par la guerre, il oublie que le mal ne s'extermine
pas par le mal. S'il lui est douloureux de voir la souffrance marquer
imperceptiblement le visage des ouvriers, comme apitoyés sur un
malheur dont ils n'ont pas encore conscience qu'il s'apprête à les
toucher — « Emmanuel se sentit replongé dans l'absurde » [16] —,
combien plus pénible le spectacle de la générosité du jeune homme
appliqué à défendre une cause avec des armes dont il semble ignorer
l'impuissance.

   Alexandre Chenevert présente des témoignages accordés à ceux
de *Bonheur d'occasion* : « Le docteur Hudon voyait parfaitement le
non-sens, la fatalité, la gratuité de la misère humaine de son époque » [17]. C'est d'ailleurs la conscience aiguë des misères du monde
qui contribue le plus à créer la misère personnelle d'Alexandre. L'absurdité consiste en ce qu'individuellement les hommes veulent la paix
alors que partout sévit la guerre : « Presque tous sur terre, si Alexandre avait pu les interroger cette nuit, auraient répondu : la paix,
c'est la paix que nous voulons » [18].

   Cependant, le drame profond de Chenevert dépasse la réalité
des misères concrètes et porte sur la réalité des misères spirituelles.
Alexandre ne comprend pas plus l'absurdité du monde qu'il ne comprend les raisons de foi auxquelles il pourrait s'attacher pour la dépasser. Gabrielle Roy a abandonné la ville comme plus important
contexte de ses romans au moment où de partout montait un absurde
qui risquait de menacer gravement sa foi. Un pas de plus dans le
sens d'*Alexandre Chenevert* et Gabrielle Roy eût dû écrire son *Etranger*. La romancière s'est alors tournée vers la prospection d'autres
portions de la réalité d'autant plus aisées d'accès que, d'étape en
étape, elle se rapprochait de la religion et se réconciliait ainsi avec
son passé. Cette orientation nouvelle est conforme au désir maintes
fois exprimé par l'écrivain d'être attentive à tous les aspects de la vie.

---

15. *Bonheur d'occasion*, p. 303.
16. *Ibid.*, p. 254.
17. *Alexandre Chenevert*, p. 164.
18. *Ibid.*, p. 18.

Il faut de plus remarquer — je l'ai fait ressortir plus haut — que la ville continue d'être présente dans ses œuvres mais vue de l'extérieur et abordée de façon plus transitoire. L'absurde ne se résout pas totalement dans la foi. L'espérance n'éclipse pas l'inquiétude. L'antidote contre l'angoisse paraît être beaucoup plus la quête du bonheur que la sécurité de l'espérance appuyée sur les certitudes de la foi. Aucun des termes de la dialectique bonheur-salut ne s'impose sans conteste. Tous deux influencent profondément l'œuvre mais ce n'est que dans une recherche d'innocence qu'ils parviendront à s'harmoniser.

Littérature d'innocence

Dans un récent texte de fiction, Gabrielle Roy a traité du bonheur en des termes qui seraient tout aussi valables pour le salut :

> Le bonheur ! Une autre expression à n'y rien comprendre ! Si le bonheur vivait seulement quelque part sur la terre, où était-ce ? Arrivée dans le Sud, elle avait pu croire pendant quelque temps que c'est ici, au milieu de la grâce et de la richesse. Mais bientôt elle avait cru comprendre qu'il y en avait encore moins que par chez elle. Maintenant, à ce propos, elle était toujours perplexe.

> — Au fond, le pasteur fut-il amené à l'admettre, on ne pouvait rencontrer le bonheur dans tout son éclat que sur l'autre versant de la vie.

> C'était bien ce qu'elle avait l'air de penser, le regard à présent presque toujours avide de l'inconnu.

> Là-bas, dit-il encore, sera compris ce qui nous a été obscur. La clarté régnera. Aussi l'abondance. A personne ne manquera plus rien [19].

Ainsi, le véritable bonheur s'achèverait en un salut. Le bonheur, selon les mots mêmes du pasteur, ne peut se trouver « dans tout son éclat que sur l'autre versant de la vie », le versant polarisé par le salut. Le bonheur sous condition, propre au premier versant de la vie, perd ses qualités essentielles du seul fait qu'il est transitoire : « L'idée que ce n'était pas pour toujours qu'il (Alexandre) avait ce bonheur en faisait une souffrance [20]. Littérature de bonheur et littérature de salut présentent ces caractéristiques. Pour Gabrielle Roy, l'optimisme, trait essentiel de la première, n'atteint à sa pleine signification que dans l'espérance fondée sur la foi de la seconde.

Une étude de l'image *couloir d'obscurité — éclatement de lumière* débouche, en ce qui a trait au salut et au bonheur, sur des

19. *Nouvelles esquimaudes*, p. 54.
20. *Alexandre Chenevert*, p. 220.

conclusions similaires, mais aussi incite à les dépasser et à chercher au-delà le terme qui les unifierait.

> Il (Pierre Cadorai) se leva d'un élan brusque, avant que ne lui en fût ravie l'impulsion. Il prit son canot, le souleva au-dessus de sa tête, remonta suivre le rebord périlleux du roc. Toute la paroi était à présent assombrie, le soleil ayant décliné derrière elle. Mais il devait luire non loin en une échancrure profonde. Pierre voyait grandir devant lui une tache lumineuse. Il fit quelques pas encore, tourna le flanc sombre du rocher. Devant lui se dressait une haute montagne isolée que le soleil rouge embrasait et faisait brûler comme un grand feu clair [21].

Image d'absolu. Au terme d'un long et pénible voyage, Pierre atteint le but qu'il s'était fixé. L'éclatement de la lumière après la marche dans la demi-obscurité traduit un bonheur souverain [22].

Une image semblable mais liée cette fois au salut apparaît dans *La montagne secrète* et dans *Rue Deschambault*. Pierre malade a l'intuition que sa fin approche :

> Il approchait de son but — l'ignorant encore, mais assuré qu'en le voyant, il le reconnaîtrait. Il éprouvait la sensation d'une lumière venant à soi et, parfois, ce sentiment de contourner une masse sombre avant d'entrer dans le plein jour. Et ce que l'on croyait loin va se découvrir avoir tout le temps été proche [23].

Même lumière au terme du défilé dans le clair-obscur. L'accent est mis sur le salut. La situation est identique mais plus explicite encore, s'il se peut, dans *Rue Deschambault*. Alicia, dont l'esprit sombre lentement dans le rêve, a été placée dans une maison qui aux visiteuses « parut n'avoir d'issue nulle part » [24]. La mère espère que Christine pourra tirer son autre enfant du danger de noyade psychique qui la menace. Mais, à l'image de la craintive lueur, l'espoir de succès est mince :

> On aurait dit qu'une lumière de l'intérieur tentait de venir jusqu'aux yeux ; j'ai pensé alors à ces longs corridors obscurs que l'on parcourt une lampe à la main... Alicia avait-elle donc si long à parcourir, seule dans ces passages noirs ? Et était-ce le souvenir, cette petite lueur que de temps en temps je voyais luire à l'arrière de ses yeux ?
>
> (...)

---

21. *La montagne secrète*, p. 100.
22. On retrouve à deux reprises cette image dans *La montagne secrète* : Cf. p. 132, 172.
23. *La montagne secrète*, p. 203.
24. *Rue Deschambault*, p. 155.

> Un seul instant donc, nous fûmes nous-mêmes en
> Alicia, et Alicia fut elle-même en nous, et nous étions sur
> une même rive, proches à nous toucher, à nous voir... Puis
> le désespoir a emporté Alicia. Elle a commencé de s'éloi-
> gner ; et, tout à coup, une sombre rivière invisible s'est
> creusée entre nous. Alicia, sur l'autre rive, prenait de la
> distance... mystérieusement... elle se retirait. J'ai eu le goût
> de l'appeler, tant elle était loin déjà. Et elle, comme quel-
> qu'un qui va disparaître, elle a levé la main, elle l'a agitée
> vers nous [25].

Dans le premier cas, l'accent était mis sur le bonheur. Dans le
second, sur le salut. *La vallée Houdou* contient un passage où semblable distinction devient impossible :

> Et puis, soudain, à McPherson échappa une vive excla-
> mation de dépit. Le pays changeait brusquement. A la
> sortie en effet d'une sorte de boyau d'ombre où ils étaient
> engagés depuis quelques minutes, luisait une lumière intense
> venant à leur rencontre [26].

Ainsi cheminent l'une auprès de l'autre et parfois se fusionnent
inextricablement l'image du bonheur et celle du salut.

En réalité, aucune ne prime sur l'autre. Le 13 juillet 1970,
Gabrielle Roy me confiait : « Jamais je ne mettrais tous mes efforts
à posséder un bonheur dont toute la destinée s'achèverait avec la vie
en ce monde. Mais je ne puis pas davantage affirmer que pour le
seul salut éternel, j'aurais accepté de bon gré de sacrifier tous les
bonheurs d'ici-bas ». Cette confidence précise l'interdépendance du
bonheur et du salut. Mais le héros de Gabrielle Roy tend à les dépasser en les soumettant à la notion d'innocence. Aussi suis-je amené
à proposer, comme élément supérieur de synthèse des concepts de
littérature de bonheur et de littérature de salut d'André Rousseaux,
celui de *littérature d'innocence*. Dans *L'Arbre*, on peut lire :

> Ce qu'ils voient est un vieil arbre, de corps pesant,
> tout cassé, presque livré à la nuit ; pourtant il garde au
> cœur un noyau de clarté qui lui parvient d'une faible trouée
> entre ses branches chargées de mousse et qui l'illumine
> encore de loin, d'aussi loin que sa jeunesse [27].

Toujours la même image contrastée. Mais le « noyau de clarté » au
cœur de l'arbre « presque livré à la nuit » n'est plus d'abord image
de bonheur ou de salut. Il est symbole d'énergies vitales, premières,
jaillies d'une source aussi lointaine mais aussi vive en ses renaissances
que l'enfance (appliqué à l'arbre, le mot *jeunesse* est synonyme

---

25. *Ibid.*, p. 157-158.
26. P. 110 du manuscrit.
27. *L'Arbre*, p. 20.

d'enfance). La lumière, image d'innocence, est plus élémentaire, plus originelle que la lumière, image de bonheur ou de salut. L'unité, la singularité de cette image permet de supposer qu'au triple niveau du symbolisé — bonheur, salut, innocence — des liens de parenté existent. L'innocence est ici considérée comme une puissance primitive, comme un fluide, comme un agent de vie. Parce que située au commencement d'une existence. Et que tout commencement se place sous le signe du parfait, de la plénitude, de l'absolu.

Par *littérature d'innocence*, j'entends une littérature qui, le plus souvent à l'insu des auteurs, se fixe comme but le retour vers la perfection édénique. Ainsi comprise, l'innocence englobe le salut, le bonheur et le moyen de les atteindre l'un et l'autre : la pureté. Dans la mesure où la pureté constitue un absolu, bonheur et salut deviennent des bonheurs et des saluts d'occasion. Les personnages aspirent à une innocence qui serait tout à la fois ce bonheur et ce salut. Le texte, peut-être le plus émouvant, où l'on voit le bonheur s'éloigner puis disparaître tandis que le salut se profile sur un fond d'innocence, est *La source au désert* : « Ou plutôt, il voyait au fond de lui-même deux existences parallèles qui ne pouvaient avoir entre elles aucun point de rapprochement. L'une était courte comme un rêve. Elle avait été ce rêve de salut que l'homme tombé le plus bas fait et refait au fond de son désespoir. L'autre, sans fin, plus longue qu'une marche forcée dans le désert » [28]. C'est le récit de la douleur rédemptrice :

> — Je vous vois, Vincent, toujours avec votre visage malheureux et cela chasse de mon cœur jusqu'au goût des plus simples joies. Il n'y a pas de joies qui durent d'ailleurs lorsqu'on ne peut les partager. Les miennes m'ont pesé... si vous saviez, Vincent. Si vous saviez ! Voir un soir une étoile au-dessus du Louvre, une seule étoile qui brille au-dessus de ces pierres harmonieuses et pénétrées d'histoire, et se dire : « Non, cette émotion que je ressens est inutile, elle m'est inutile parce qu'elle est pour moi seule ; je ne peux pas la donner à d'autres ». Vincent, si vous saviez ! Apercevoir un jour un vitrail de la Sainte-Chapelle et détourner la vue en songeant : « Non, ce ravissement m'est de trop ; seule, je n'arriverai jamais à le supporter ». Vincent, être à Nîmes un soir de printemps et voir le ciel entrer sur la ville par toutes les arcades des arènes et ressentir au même moment que la joie ne s'endure pas lorsqu'on est seule ! Ainsi arriver à la redouter. Les arbres ruisselants de Toulouse-Lautrec maintenant me font mal. Je ne peux pas les haïr, mais leur ruissellement me fatigue. Que voulez-vous, je suis en dehors de la joie, parce que votre souffrance m'appelle. Elle m'appelait peut-être depuis le commence-

---

28. Dans le *Bulletin des agriculteurs*, octobre 1946, p. 34.

ment de ma vie. Je ne sais. Votre malheur m'appelle. Nathalie me l'a fait comprendre il y a bien longtemps. Et maintenant que vous savez, Vincent, partez. Ne revenez jamais [29].

Par l'acceptation de sa souffrance, de sa solitude, Anne fait don à Vincent d'une innocence neuve, et à Nathalie, à travers Vincent, d'un geste à peine esquissé de tendresse. Multiples sont les voies qui conduisent à l'innocence retrouvée : le rêve, la souffrance, le pardon, entre autres.

Cette tension vers l'innocence se traduit par une quête véritablement archétypale du Paradis terrestre.

Dans *Bonheur d'occasion*, elle prend la forme du voyage sur le Richelieu. Pour Rose-Anna, revenir vers Saint-Denis, c'est revenir vers son enfance. Tous deux, dans l'esprit de cette femme qui rêve, sont des images d'une perfection paradisiaque faite de spontanéité, de liberté et de rencontre facile avec les « dieux » du premier âge. Chaque notation temporelle témoigne de l'espoir d'un grand recommencement. Azarius, « cet homme extraordinaire » [30], est le maître de « la fête » [31]. A cause de lui, Rose-Anna a connu toutes les formes de la misère. Pourtant, c'est encore lui qui, dans les moments critiques, a ranimé l'espérance, invitant sa femme à entendre dans le chant des oiseaux à l'aube [32] la promesse du printemps. Il a décidé que le départ s'effectuerait « drette de bonne heure à la première petite lueur de l'aube » [33]. Le moment est bien choisi puisque les sucres commencent. Le printemps est là. Sur ce chemin d'aventures, on parvient à « se regarder avec des yeux neufs » [34]. Dans son rêve, Rose-Anna voit des troncs humides où les gouttes « scintillaient comme des perles du matin » [35].

De plus, l'attention que porte Rose-Anna à chaque village — « un à un, elle reconnaissait les villages de la vallée du Richelieu » [36] — Saint-Hilaire, Saint-Mathias, Saint-Charles, suggère l'image d'une sorte d'échelle reliant Montréal à Saint-Denis. Echelle dont les petites agglomérations villageoises que traverse la famille Lacasse sont les barreaux. Cette image — échelle ou escalier — apparaît souvent dans les mythes paradisiaques primitifs. Elle y exprime le passage d'un mode d'être à un autre, d'un monde profane à un monde

---

29. *La source au désert*, dans le *Bulletin des agriculteurs*, oct. 1946, p. 45.
30. *Bonheur d'occasion*, p. 151.
31. *Ibid.*, p. 159.
32. Cf. *ibid.*, p. 151.
33. *Ibid.*, p. 150.
34. *Ibid.*, p. 157.
35. *Ibid.*, p. 151.
36. *Ibid.*, p. 168.

sacré. Ici, le passage se fait entre le monde adulte et profane de Montréal et le monde sacré de l'enfance tel que connu à Saint-Denis. Lieu sacré, secret, ésotérique en quelque sorte — « Rose-Anna et Azarius (...) souriaient d'un air entendu » [37] ; « son ancienne joie de jeune fille (...) soufflait des remarques que seul Azarius comprenait » [38]. De ce monde, l'érablière est l'espace privilégié.

Dès l'arrivée cependant, les signes évidents de la grossesse de Rose-Anna l'empêchent d'accueillir l'illusion de sa jeunesse retrouvée. Peu après, cette même grossesse sera le motif allégué par la vieille madame Laplante pour retenir sa fille et l'empêcher de « courir les bois ». Le seul sentiment d'enfance qu'elle éprouvera n'aura goût ni de bonheur ni de plénitude, mais de faiblesse et de démission. « Elle se sentait presque honteuse, tout à coup, honteuse d'être venue vers sa mère, non pas comme une femme mariée avec ses responsabilités, ses charges et la force que cela suppose, mais comme une enfant qui a besoin d'aide et de lumière » [39].

J'ai expliqué plus haut les motifs qui, à l'époque de *Bonheur d'occasion*, détournent Gabrielle Roy de son enfance comme source d'inspiration. La même cause rend illusoire l'espoir qu'une image de paradis terrestre modelée sur le visage de l'enfance puisse devenir réalité. Cette portion de l'existence, tant pour Gabrielle Roy que pour ses personnages, est demeurée scellée aussi longtemps que n'a pas été amorcé le processus de retour vers les sources religieuses de sa vie.

Le cas de *La Petite Poule d'Eau* diffère de celui de *Bonheur d'occasion*. Ce n'est plus en un lieu excentrique mais sur le théâtre principal de l'action que peut être découverte dans cette œuvre l'aspiration et la participation — relative bien sûr — à l'état édénique. Luzina est une Rose-Anna heureuse. Elle parle volontiers de son bonheur et incline les gens à s'apercevoir qu'ils ont des raisons d'être heureux [40]. De tous les professeurs qui passent à la Petite Poule d'Eau, le plus adapté à son cadre d'évolution est sans doute Armand Dubreuil qui enseignait « la nature, la fantaisie, la liberté » [41]. Les notes spécifiques que Mircea Eliade [42] reconnaît à l'homme de l'époque paradisiaque se retrouvent presque intégralement ici : liberté et spontanéité — le marchand Bessette n'a jamais été vraiment un trouble-fête pour les Tousignant —, proximité du Ciel au sein de ce Nord mythique, amitié avec les animaux, poules d'eau, sternes, ca-

37. *Id.*
38. *Id.*
39. *Ibid.*, p. 172.
40. Cf. *La Petite Poule d'Eau*, p. 31, 117.
41. *Ibid.*, p. 122.
42. *Mythes, rêves et mystères*, p. 82.

nards, moutons. Gabrielle Roy elle-même a fait ressortir la liberté, la pureté et l'atmosphère de recommencement qui baignent ce roman. Dans la *Préface* qu'elle écrivit pour cette œuvre [43], on peut lire :

> Et, pour se détendre, pour espérer, sans doute, mon imagination se plaisait-elle à retourner au pays de la Petite Poule d'Eau, intact, comme à peine sorti des songes du Créateur. Là, me dis-je, les chances de l'espèce humaine sont presque entières encore ; là les hommes pourraient peut-être, s'ils le voulaient, recommencer à neuf. Mais hélas ! ai-je aussi pensé, avec une certaine tristesse, ce n'est que très loin au bout du monde, dans une très petite communauté humaine que l'espoir est encore vraiment libre.

Les mots mêmes — « très petite communauté humaine », « très loin au bout du monde » — suggèrent le cadre géographique fondamental de *La Petite Poule d'Eau* : l'île. Dans un contexte de paradis mythique, cette image de l'île joue un rôle important. C'est vers un bonheur, une innocence pour ainsi dire insulaires que tendent les hommes. Qu'on se rappelle les îles Fortunées des auteurs grecs et latin, l'île des Pommiers des Celtes ou encore l'île des Bienheureux des Guaranis. L'île isole et protège l'objet de la quête. L'île de la Petite Poule d'Eau, solitaire au nord du Manitoba, encerclée par les rivières de la Grande et de la Petite Poule d'Eau, apparaît dans un éclairage de mythe paradisiaque.

La principale différence entre *Bonheur d'occasion* et *La Petite Poule d'Eau* réside en ceci que la quête de l'Eden n'accapare dans la structure du premier qu'une faible partie de texte (chapitres XIII et XV), tandis que dans le second, au contraire, ce sont les exigences du monde actuel qui, s'imposant ici et là, crée un malaise dont l'action cependant ne ruine pas l'économie de bonheur de l'œuvre.

Au cœur de *Bonheur d'occasion*, l'épisode du Richelieu et plus particulièrement l'érablière apparaissent comme l'île lointaine d'un inaccessible bonheur. Dans *Alexandre Chenevert*, l'image n'est pas fondamentalement de nature différente. L'épisode qui retient ici l'attention est celui du lac Vert, lac encerclé, protégé, isolé. De cette expérience, le héros espère une renaissance sous le signe de l'innocence et du bonheur. Il éprouve d'abord l'impression d'une fin : « Alexandre en était à ce point du voyage où ce que l'on éprouve n'est pas encore une illusion de recommencement, mais bien plutôt une fin » [44]. L'image du livre jeté dans le lac clôt une étape de la vie d'Alexandre [45]. L'immersion dans le sommeil consomme cette

---

43. *Préface* écrite pour l'édition scolaire de *La Petite Poule d'Eau*, Londres, George G. Harrap, 1957 ; reprise dans *Canada*, Paris, Editions du Burin et Martinsart, collection Les portes de la vie, p. 68-69.
44. *Alexandre Chenevert*, p. 190.
45. Cf. *ibid.*, p. 202.

rupture. Son émersion le rend à une existence neuve : « La vie lui parut innocente » [46]. « Une impression d'enfance enveloppa Alexandre » [47]. « Il se sentit jeune » [48]. Il se reconnaît heureux [49].

Rose-Anna n'avait connu que le bonheur distillé par son rêve. Elle n'a pas atteint l'érablière. Tandis qu'Alexandre aura été heureux, jeune et innocent pendant une pleine journée au lac Vert. Eclaircie brève mais rassurante : « La grande affaire, c'était que le lac Vert fût et qu'Alexandre l'eût vu de ses yeux. Après, il en garderait toujours la possession. Croire au Paradis terrestre, voilà ce qui lui avait été indispensable [50].

On trouve, dans *Alexandre Chenevert*, mais au retour du caissier cette fois, une série de villages et de points de repère qui reconstituent l'image de l'échelle découverte dans *Bonheur d'occasion*. Chertsey... Rawdon... Sainte-Julienne... Saint-Esprit, la rivière des Mille-Iles, les panneaux-réclame de toutes sortes : Player's Mild, Seven Up, Light lunch, Vulcanisation, Dry Cleaning, Corn flakes. Contrairement à la famille Lacasse, Alexandre Chenevert descend l'échelle qui relie le monde primitif et sacré du lac Vert au monde profane de Montréal. Dans un cas, sortie des Enfers, dans l'autre, retour aux Enfers.

La possession d'un Paradis terrestre lié à l'enfance, impossible dans *Bonheur d'occasion*, est devenue réalité d'un jour dans *Alexandre Chenevert*. Ce retour en un domaine jadis interdit, rendu possible par le commencement de la longue marche qui devait reconduire Gabrielle Roy vers la religion de son enfance, se fait cependant sous le signe d'une prise à partie de Dieu. « En un bref et glorieux instant, Alexandre avait reçu la révélation que c'étaient les hommes qui, au lac Vert, plus que Dieu lui-même, continuaient à le servir, à l'appuyer » [51]. A l'observation attentive — et en quelque sorte objective — de *Bonheur d'occasion* a succédé une observation soumise à la dialectique Dieu-homme. *La Petite Poule d'Eau*, écrite après la rencontre de Teilhard, avait seulement remis le Dieu du premier âge et de la jeunesse dans le paysage spirituel et littéraire. *Alexandre Chenevert* s'attaque aux problèmes que cette active et incriminante présence ne pouvait manquer de faire lever.

Rue Deschambault et *La route d'Altamont* racontent certains moments clés de l'enfance-Paradis terrestre de l'auteur tels que perçus par l'adulte, tels, au besoin, que transformés par son imagination.

46. *Ibid.*, p. 206.
47. *Ibid.*, p. 206.
48. *Ibid.*, p. 211.
49. Cf. *ibid.*, p. 212.
50. *Ibid.*, p. 229.
51. *Ibid.*, p. 241.

La montagne secrète présente une quête du Paradis qui s'opère dans une quête d'absolu et de soi total. Cette recherche, sur le plan mythique, consiste dans la tentative de réappropriation d'une plénitude d'être propre au Temps primordial et à un espace sacré, c'est-à-dire polarisé par un centre de monde — montagne, ville, temple ou maison — grâce auquel s'établit le contact entre le Ciel et la Terre. Dans ce temps et cet espace premiers, l'homme communie à la puissance et à la réalité par excellence, celles du sacré. Hors d'elles, tout est informe et amorphe. L'homme primitif soumis au temps circulaire, cyclique, aspire à la réintégration de cet état premier, édénique, alors que dieux et humains se côtoyaient et participaient d'un bonheur qui hantera l'imaginaire des générations suivantes.

La démarche de Pierre est du même ordre. Il tend à l'invention de son être absolu et tout-puissant. Il tend vers un état qui fera de lui un contemporain du commencement du monde. Il tend vers le commencement de son monde. Sa démarche rappelle la tradition bouddhique évoquée par Mircea Eliade [52] : « Aussitôt né, le Bodhisattva plante ses pieds à plat sur le sol et, tourné vers le Nord, fait sept enjambées, atteint le pôle et s'écrie : « C'est moi qui suis à la pointe du monde..., c'est moi qui suis l'aîné du monde ». Pôle ici, montagne dans le roman de Gabrielle Roy, les deux constituent des centres d'Univers et impliquent, en plus de l'espace sacré, le retour au Grand Temps, c'est-à-dire aux temps des commencements. Le dialogue de Pierre avec la montagne [53] évoque cette cordialité qui, dans la mentalité primitive caractérise, au début d'un cycle de temps, les relations entre les dieux et les hommes. Cette plénitude d'être, ce salut, ce bonheur ne peuvent cependant échapper au temps cyclique dans lequel un état de perfection initiale se dégrade jusqu'au chaos avant qu'une cosmogonie neuve ne réinstaure l'état de première perfection. De cette dégradation, le chapitre XV de *La montagne secrète* témoigne. Après l'obscurité et les incertitudes d'une longue démarche, Pierre aspire à la découverte d'un univers nouveau où il serait une sorte de héros capable, comme Prométhée, de répondre aux besoins des hommes : *to tell my story.*

Tout comme *Alexandre Chenevert, La rivière sans repos* contient une allusion directe au Paradis terrestre. Pour permettre à Jimmy d'échapper aux exigences scolaires des Blancs, Ian et Elsa s'enfuient avec l'enfant dans la toundra désertique. Mais la santé de Jimmy résiste mal à la dureté du voyage. Vient le moment où le délire s'empare de lui. Alors l'inaccessible terre de Baffin, dont

---

52. *Traité d'histoire des religions*, p. 318.
53. Cf. *La montagne secrète*, chapitre XII.

l'oncle avait parlé comme lieu ultime de refuge, se pare de tous les prestiges édéniques :

> Elsa avait réussi à faire fondre la glace qui aveuglait son enfant. Il vit ce mouvement de fuite — tel qu'en cette image du paradis terrestre que lui avait un jour montrée sa mère, où l'on voyait Adam et Eve, pliés de honte, quitter le jardin. Mais, pour Jimmy, le jardin inconnu auquel on tournait le dos, dont on s'éloignait à chaque pas, cruellement fouettés par le vent, que jamais peut-être on n'arriverait à retrouver, c'était la terre de Baffin [54].

Jimmy, l'« enfant divin » du peuple esquimau ne peut entraîner ce dernier vers l'Age d'or d'une civilisation neuve qui tiendrait à la fois du primitivisme esquimau et de la civilisation blanche. Car entre eux deux, il n'est pas de synthèse possible mais seulement triomphe de la civilisation blanche et annihilation du primitivisme sous le couvert d'un progrès souvent plus illusoire que réel. Tel est d'ailleurs le sens des deux grandes odyssées du roman, celle de la toundra — du Nord — interrompue à cause de la maladie physique de Jimmy et celle du Sud — des USA — dont le Jimmy aux commandes de l'avion revient psychiquement malade, du moins selon le Père Eugène : « A lui, cette fanfaronnade dans le ciel avait donné l'impression d'une jeunesse devenue tôt cynique et désaxée » [55].

Cette omniprésence d'une quête de Paradis terrestre confirme l'hypothèse de « littérature d'innocence ». Les personnages de Gabrielle Roy, aspirent au bonheur et au salut dont un retour à l'innocence édénique de l'*illo tempore* serait le garant. Quels que soient par ailleurs les traits de cette innocence : enfance, absolu, Dieu. Qu'on y accède ou non importe peu. Je rappelle André Rousseaux cité plus haut : « Il se peut fort bien d'ailleurs que l'optimisme soit amèrement déçu » [56]. L'aspiration à l'innocence n'atteint pas toujours son objet chez Gabrielle Roy. J'ai indiqué quelques raisons à cet état de choses. Le caractère dramatique de son œuvre vient d'ailleurs en partie de cette disproportion entre l'aspiration et la réalisation. Comme l'être déchiré est tragique dans la mesure où il tend à reconquérir l'unité première, ainsi, l'être malheureux est tragique dans la mesure où refusant la fatalité de ce malheur, il souhaite retrouver l'harmonie, la plénitude et l'innocence originelles.

—— o —— o —— o ——

---

54. *La rivière sans repos*, p. 243.
55. *Ibid.*, p. 312.
56. *Littérature du XXᵉ siècle*, tome III, p. 65.

La montagne secrète n'est donc pas un roman dont la dimension artistique soit exclusive. Au contraire, cette œuvre apparaît comme un document de premier ordre pour comprendre la vie de la romancière et son œuvre. Comme on peut diviser en six étapes l'existence de Pierre Cadorai, ainsi peut-on faire de l'évolution spirituelle de Gabrielle Roy.

La foi douloureuse de l'écrivain n'a cependant rien en commun avec celle d'un Paul Claudel, par exemple. Jamais d'accents triomphants. Fréquemment, Dieu est pris à partie. Sa hantise du bonheur et du salut qui, plus largement, est une hantise de l'innocence paradisiaque, se heurte sans cesse au problème du mal.

Chapitre II

DIEU, LE MAL, LA MORT

On ne saura peut-être jamais jusqu'à quel point Gabrielle Roy a vécu le drame de l'écartèlement entre l'humain et le divin. Une chose cependant demeure certaine : après sa rencontre avec Teilhard de Chardin, elle tendra vers leur réconciliation. Mais comment concilier l'Absolu et l'imperfection de ses ministres, comment concilier le bonheur et le salut, comment concilier l'innocence et le mal ? Le drame de Gabrielle Roy vient de la difficulté d'accorder sa foi en Dieu à son observation d'un monde créé par Dieu.

« J'interroge beaucoup tout ce qui m'entoure. Et même ce qui souvent est loin de moi. J'interroge le monde, j'interroge l'univers, j'interroge aussi Dieu. Je prends souvent Dieu à partie » [1]. Son œuvre tout entière est une interrogation passionnée, une recherche souvent angoissée. L'univers ne se présente pas comme un ensemble de dossiers où les questions et incertitudes humaines seraient venues trouver réponse. Il ne cesse plutôt de poser à la conscience des hommes les problèmes les plus épineux pour lesquels il n'existe point de solutions définitives.

Bonheur d'occasion et *Alexandre Chenevert* reflètent la romancière et son époque. Je signalais, un jour, à l'écrivain, la faible densité de la présence divine dans *Bonheur d'occasion*. Il me fit remarquer que la pauvreté de l'atmosphère spirituelle correspondait à la situation du milieu décrit. Dieu y paraît beaucoup plus sous les traits de la Justice que sous ceux de l'Amour. L'approche de la divinité par le biais de la justice gouverne un ensemble de relations différent de celui où prédomine l'amour ; un ensemble sous la domination du chiffre. Les relations se réduisent à des relations de comptable. Débit et crédit doivent s'équilibrer :

> Elle disait toutes sortes de choses à la fois sans se soucier de les mettre en ordre, mais avec une tendance bien naturelle à se justifier et à désarmer la puissance divine. « J'ai fait mon devoir, Notre-Seigneur. J'ai eu onze enfants.

---

1. *Entretien* du 2 septembre 1969.

J'en ai huit qui vivent et trois qui sont morts en bas âge,
peut-être parce que j'étais déjà trop épuisée. Et ce petit-là
qui va naître, Notre-Seigneur, est-ce qu'il sera pas aussi
chétif que les trois derniers ? [2]

> Puis elle se calmait et, par mille approches féminines,
> cherchait à mettre la Vierge de son côté. « Je ferai une
> neuvaine, disait-elle, si je le rencontre aujourd'hui même ».
> La peur de s'engager sans espoir de réussir lui vint au cœur
> comme une vague glacée. Elle ajouta : « Je ferai les neuf
> premiers vendredis du mois aussi. Mais rien que si je le
> rencontre aujourd'hui. Autrement, ça compte pas » [3].

> Alexandre remua ses lèvres sèches.

> — Ah ! oui, dit-il, prudent, je veux me mettre en règle,
> balancer mes colonnes... [4].

La vie spirituelle de ces personnages, jamais alimentée ailleurs qu'« à
de sèches brochures de piété » [5], a versé à la fois dans le formalisme
et le puritanisme. On sent une crainte diffuse qu'il s'agit de dissiper
autant que possible par la soumission à un code strict. Ce code pa-
raîtra d'autant plus susceptible de satisfaire et d'apaiser la Divinité
que ses exigences seront plus radicales et la marge de liberté con-
sentie, plus restreinte. D'où l'étroite relation entre le formalisme et
le puritanisme. Ces deux attitudes ne portent cependant jamais at-
teinte à la foi comme telle, qui demeure vivante et pratique. Vivante
dans une société où Dieu, s'il n'occupe pas toujours le conscient de
ses fidèles, en occupe au moins l'inconscient selon un enracinement
qui remonte loin dans le temps ; pratique en ce sens que dans un climat de relations qu'on veut soumises à un équilibre entre le donné
et le reçu, il importe, si l'on octroie quelque chose, de s'assurer un
retour au moins égal en importance. Cela n'est garanti que par une
connaissance précise de ses besoins, de ses possibilités et de son
pouvoir de négociation.

Le témoignage porté par *Bonheur d'occasion* touche au moins
autant la société que la romancière. Gabrielle Roy vit alors dans
une presque totale désaffection vis-à-vis de l'Eglise-institution. Tout
son être la pousse à l'observation attentive du milieu dans lequel elle
vit. La religion de ce milieu est un objet comme un autre. C'est

---

2. *Bonheur d'occasion*, p. 89.
3. *Ibid.*, p. 125.
4. *Alexandre Chenevert*, p. 309.
5. *Bonheur d'occasion*, p. 309. Cette façon de concevoir les relations hom-
mes-Dieu avait déjà été abordée par Gabrielle Roy dans *Sécurité* (*Revue
moderne*, mars 1948, p. 12-13, 66, 68-69), mais ici le texte frôlait la caricature. On en retrouve un écho affaibli dans *Alexandre Chenevert* : « Il
lui sembla qu'il n'avait pas trop mal mené sa barque entre le temporel
et comme disait l'abbé « les surprises de l'éternité » (p. 354).

peut-être davantage dans le détachement dont elle fait preuve en rendant compte de ce qu'elle observe que dans les points observés eux-mêmes qu'elle témoigne le plus de son propre état d'âme. *Alexandre Chenevert* est différent. Les traces de l'inquiétude religieuse de l'auteur y sont plus aisément repérables. Gabrielle Roy y met en scène cet abbé Marchand qui, beaucoup plus qu'un messager de la tendresse divine, se présente « comme la police de Dieu » [6]. Il n'appartient pas à cette sorte de prêtres venus à Dieu par une ardente compassion pour l'homme ; au contraire, solitaire, il est plutôt de ceux pour qui les hommes ne sont jamais supportables qu'à cause de Dieu. « Son regard protecteur laissait percer à son insu un air de supériorité sur l'âme souffrante » [7]. Mais, et c'est ici un renversement significatif, venu pour convertir Alexandre, si tant est qu'Alexandre avait besoin de conversion, la véritable conversion s'est faite en sens inverse : Alexandre a converti l'abbé Marchand beaucoup plus que l'abbé Marchand n'a converti Alexandre. La supériorité de l'ecclésiastique se transforme imperceptiblement en une humilité plus chrétienne, sa foi fait place nette d'un orgueil dont il n'était peut-être pas tout à fait conscient :

> Et alors, enfin, le prêtre avoua :
>
> — Je ne sais pas ce que cela signifie... mais vous, vous le saurez bientôt... Ayez confiance... C'est vous qui allez connaître la réponse.
>
> — Mais je ne pourrai pas vous la donner, gémit Alexandre.
>
> — Peut-être me l'avez-vous déjà fait comprendre, dit l'abbé, penchant la tête [8].

Désormais, ces grâces que le prêtre rendait à Dieu pour sa bonne santé, pour son indépendance de liens trop humains, seront ramenées à une plus juste mesure. Alexandre lui aura fait comprendre que nul n'a le droit d'interpréter Dieu aux hommes s'il ne connaît lui-même la souffrance d'être homme : « A moins de souffrir autant, sinon plus que tous, de quel droit pouvait-il servir d'interprète entre Dieu et l'humain ! » [9]

Cette conversion du convertisseur est d'autant plus significative qu'elle a trait à un prêtre et que, d'après le témoignage de Gabrielle Roy, c'est l'attitude de certains prêtres qui aurait le plus contribué à l'éloigner de la religion de son enfance. La création de l'abbé Marchand lui a permis de libérer une part importante de son passé.

6. *Alexandre Chenevert*, p. 313.
7. *Ibid.*, p. 312-313.
8. *Ibid.*, p. 369.
9. *Ibid.*, p. 370.

Parmi les autres ouvrages que la réconciliation avec les premières années de vie a rendus possibles, il s'en trouve deux qui présentent des personnages de prêtres. Ce sont *La Petite Poule d'Eau* et *La montagne secrète*. Joseph-Marie et Le Bonniec reflètent le côté optimiste de la foi de Gabrielle Roy. « La douleur du monde restait pour lui intacte, toujours indéchiffrable ; mais de même la joie et l'amour » [10]. La création de Joseph-Marie prend place dans la période qui suit la rencontre avec Teilhard ; celle de Le Bonniec, dans la période qui suit l'avènement de Jean XXIII. Quant à la période postérieure à 1963, elle donne naissance, entre autres, au pasteur de *La rivière sans repos*. Du prêtre d'*Alexandre Chenevert*, celui-ci n'aura que les dernières attitudes, cette foi humble à cause d'une invincible ignorance concernant les solutions aux problèmes fondamentaux de la vie humaine.

En bref, on remarque que chaque étape du retour de Gabrielle Roy vers la pratique religieuse est marquée par des ouvrages ou des personnages romanesques en qui s'incarnent ces deux attitudes de la romancière : inquiétude et optimisme. La situation même de l'écrivain pouvait difficilement faire qu'il en soit autrement. Elle qui, par profession, cherchait les causes de ce qu'elle observait, a dû, par foi, accepter une réponse qui échappait à toutes vérifications. Les deux mouvements sont divergents ; aussi ont-ils créé une sorte de distorsion dans l'être intime de Gabrielle Roy dont la cause principale réside dans le problème du mal.

On ne peut parler longtemps de la souffrance, ni non plus de la mort, sans toucher les portes du mystère : « A vouloir à tout prix l'expliquer, ces pauvres hommes, il lui avait semblé, ne rendaient que plus ténébreux le mystère de la souffrance » [11]. La souffrance semble faire fi de la logique et frapper en aveugle. Qui n'a senti monter la colère et la révolte au spectacle de la douleur autour de lui ; qui n'a connu la tentation de reprocher à Dieu « la souffrance jetée si libéralement aux quatre coins du monde » [12]. Le désespoir d'Alexandre côtoie parfois la révolte : « — Dieu va plus loin que nous autres. C'est lui qui a inventé de faire souffrir... Il s'y connaît encore mieux que nous autres... personne n'a encore été aussi loin que lui... Curieux ! Curieux ! Même les Nazis... » [13]. L'optique de l'homme coïncide avec l'optique de Dieu dans la relation qu'ils établissent entre souffrance et justice. Mais le point de vue diffère. L'homme ne peut parvenir à une connaissance complète de l'économie divine. Les vues de Dieu sont universelles dans le temps et dans

10. *La Petite Poule d'Eau*, p. 243.
11. *La montagne secrète*, p. 130.
12. *Alexandre Chenevert*, p. 239.
13. *Ibid.*, p. 368-369.

l'espace ; elles embrassent la totalité des hommes et l'homme dans sa totalité. Tandis que les vues et conceptions humaines ne sont jamais que partielles ; toute une portion du temps et de l'espace leur échappe. Il devient alors difficile d'évaluer la souffrance des hommes, apte qu'elle est à servir aussi bien à leur châtiment qu'à leur salut. Qui peut décider du signe dont il faut l'affecter, signe négatif de punition ou signe positif de salut ? A l'homme elle tend à apparaître presque exclusivement comme un châtiment. Outre que l'adulte a difficulté à accepter le bien-fondé d'une punition qui le frappe, celle-ci déjoue totalement sa logique quand, par exemple, elle s'abat sur un enfant. C'est là qu'on touche la plénitude du mystère ou de l'absurdité, selon que l'on est croyant ou pas. Je ne parle pas de cette absurdité qui s'attache aux actions coutumières des hommes, mais d'une absurdité plus universelle, plus métaphysique pourrait-on dire, qui semble faire de l'homme une sorte de proie entre les mains de quelqu'un dont les mobiles de l'activité échappent à l'entendement. En face de la souffrance, de la mort, le prêtre lucide rengaine les réponses passe-partout qu'une tentation de facilité lui proposait de servir au patient [14].

Ici, je veux, avec le plus grand respect, évoquer un souvenir personnel. Au début de l'été 1970, Gabrielle Roy apprenait la mort de sa sœur Bernadette — la Dédette de *Rue Deschambault*. Ce furent des heures cruelles dans la vie de la romancière. Voici ce qu'elle m'écrivit quelques semaines plus tard :

> A force de faucher autour de nous, de plus en plus près, au cœur de nos affections les plus chères, la mort finit par avoir raison de notre joie de vivre.

> S'installe alors en nous une inguérissable mélancolie. Tôt ou tard, nous devons commencer un jour à nous survivre à nous-mêmes, la douleur prenant le pas dans l'âme sur la grâce, la légèreté, la faculté d'oubli sans laquelle la vie n'est guère plus vivable. Il faut alors en venir à accorder à Dieu, à la création, une confiance aveugle.

> Pourtant cette confiance ne me paraît pas plus stupide que la négation de tout, que le « néant » des athées.

> Au contraire, la confiance malgré tout reste la démarche la plus intelligente parce que alliée aux forces motrices de l'âme, à ses grandes convictions secrètes, parfois inconnues d'elle-même.

> En dépit de toute apparence, en dépit du bon sens pourrait-on dire, l'espoir reste le sentiment le plus raison-

---

14. Cf. *ibid.*, p. 369. Cette attitude rappelle les deux prêches de Paneloux dans *La peste* de Camus.

nable qui puisse habiter notre âme. En fin de compte, je
pense pouvoir dire que j'ai de l'espoir malgré mon manque
d'espoir [15].

Ces lignes révèlent le choix délibéré, la lucidité de la foi, le saut
conscient en Dieu. Le drame essentiel du monde se dénoue selon
Gabrielle Roy, dans la foi parce qu'en définitive la foi seule parvient
à donner de l'origine et de la fin de l'univers, une explication valable. La foi magnifie l'humain en le couronnant. Elle redonne à
l'homme la certitude que ne sont pas vaines ses aspirations et qu'un
jour viendra où elles seront comblées [16]. Fréquemment, j'ai entendu
Gabrielle Roy reprendre avec ferveur les paroles de Cléopâtre dans
Antony and Cleopatra de Shakespeare :

> Give me my robe, put on my crown, I have
> immortal longings in me [17].

Telle est l'attitude optimiste, consciente de Gabrielle Roy. Elle ne
doit pas faire oublier l'angoisse d'Alexandre sur son lit de mort ni
non plus celle de Martha dans *Un jardin au bout du monde*.

Quant à la mort elle-même, je n'en veux rien dire sans avoir
auparavant cité le texte d'une prière de Teilhard de Chardin que
Gabrielle Roy porta à ma connaissance lors de l'entretien du 17 mai
1970 et qu'elle se plaît à redire : « Faites, Seigneur, que je vous
reconnaisse dans chaque puissance qui semblera vouloir me détruire,
l'usure de l'âge, le mal qui amoindrit ; à toutes ces heures sombres,
faites-moi comprendre, mon Dieu, que c'est vous qui écartez douloureusement les fibres de mon être pour m'emporter vers vous ». La
mort apparaît comme une puissance ambivalente. D'une part, c'est
elle qui annihile les dernières énergies que « l'usure de l'âge » et « le
mal qui amoindrit » avaient épargnées. D'autre part, malgré le paradoxe de l'expression, la mort s'inscrit dans « le cycle de la vie ». J'ai
dit déjà le contexte cosmique de ce cycle. Tout ce qui prend place
dans le cosmos et s'harmonise à lui reçoit chez Gabrielle Roy la
consécration d'une plénitude que rien d'autre ne peut octroyer. Se
soumettre avec lucidité au mouvement cosmique, c'est se soumettre
à l'expression la plus claire de la volonté divine. C'est aussi s'imbriquer sans prétention à l'endroit précis du complexe global où on
était destiné à évoluer. Or l'expérience que nous avons du bonheur
et du malheur et la certitude de la mort nous incitent à croire qu'il
suffirait de fort peu de choses pour qu'une vie, si elle ne peut échap-

---

15. *Lettre* du 13 juillet 1970.
16. « Le monde est absurde, oui, mais cette absurdité se dénoue en Dieu.
    Sans Lui, pourquoi se débattre, pourquoi tenter de vivre ? » (*Entretien*
    du 2 juin 1970).
17. Act V, Sc. II.

per à l'anéantissement, échappe du moins à la douleur. Les souffrances semblent encore plus révoltantes, s'il se peut, que la mort elle-même. La mort exerce sur les personnages de Gabrielle Roy la fascination d'une porte donnant sur l'au-delà.

> — Et, continua-t-il, c'est un peu triste, malgré tout, de mourir jeune. Parce qu'on n'a pas eu le temps d'apprendre, d'aimer assez... Comprends-tu ? Mais, vieux, c'est naturel.
>
> — C'est naturel ?
>
> — Tout ce qu'il y a de plus naturel. On a fait sa vie. On a comme le goût d'aller voir maintenant de l'autre côté [18].

La mort conduit à une grande fraternité. S'il est impensable que les hommes, parlant si souvent d'amour parviennent si rarement à en vivre, la foi fait espérer dans le monde d'outre-tombe l'accomplissement de ce désir trop universel pour n'être qu'un leurre : « Mais le pauvre cimetière, s'il parlait de la cruelle vie d'autrefois, parlait aussi comme peu d'endroits au monde de fraternel accord » [19]. La mort se colore des teintes de l'espérance. Dans le cycle de la vie, elle représente ce pays au bout de l'horizon dont l'enfance d'une jeune fille de Saint-Boniface connut la séduction, ce pays vers lequel on tend avec une constance qui ressemble à de l'entêtement.

L'éloignement d'Emmanuel Létourneau dans *Bonheur d'occasion*, l'imprécision dans laquelle le roman laisse le lecteur au sujet de l'avenir du héros « vertueux », étaient conformes à la stricte volonté d'observation de la romancière. Quant à la mort d'Alexandre, elle s'opère dans un contexte de « déraisonnable tendresse humaine » [20] : ce contexte marque un progrès sur la fin de *Bonheur d'occasion*. Dans *La montagne secrète*, le héros, avant de mourir, peut apercevoir une dernière fois l'Absolu. Les *Nouvelles esquimaudes* nous montrent Deborah s'acheminant en toute tranquillité de conscience vers le lieu de sa mort : dans ce respect des rites archaïques de son peuple, on discerne un rite religieux auquel l'héroïne se soumet. Ainsi y aurait-il progrès d'une œuvre à une autre, mais progrès au sens précis de Pascal, que je citais au début de ce travail : *itus et reditus*,

18. *La route d'Altamont*, p. 135. Il faut signaler la très belle image de Gabrielle Roy pour dire l'inquiétude des hommes devant la mort : « A peine entendit-il à son oreille ce bruit de soupir, d'inquiétude, que fait le temps qui passe » (*La montagne secrète*, p. 73).
19. *La rivière sans repos*, p. 202. On pouvait encore lire dans *Alexandre Chenevert* : « Quant aux hommes, de quel profit serait-ce jamais de les empêcher de vieillir ? Ils en auraient pour plus longtemps à s'écorcher les uns les autres, voilà tout » (p. 286). Et encore dans *La route d'Altamont* : « Probablement. J'ai comme l'idée qu'on va se retrouver tous ensemble par là, les gens et les choses qu'on aime » (p. 136).
20. *Alexandre Chenevert*, p. 373.

alternance d'optimisme et d'inquiétude. Peut-être ce progrès est-il le signe d'une tension vers l'unité.

Gabrielle Roy : le partage et l'unité

Albert Le Grand publiait, en juin 1965, un important article [21] consacré à l'auteur de *Bonheur d'occasion.* Il y faisait ressortir les pôles principaux entre lesquels la pensée de Gabrielle Roy est tendue : besoin de sécurité et désir de liberté ; vie implacable et tendresse humaine ; « double attraction du haut et du bas, de l'âme civilisée et de l'âme primitive, de la clarté et de l'ombre, de l'informe et du formel ; balancement entre l'enfance et l'âge adulte, l'instant et la durée ; oscillation de l'œuvre entre l'Est et l'Ouest, le Sud et le Nord ».

Cependant, au-delà de ces déchirements réels et profonds, il y a chez Gabrielle Roy une tension vers l'unité, la hantise d'un être enfin réconcilié avec lui-même. Le chemin vers cette réconciliation passe par le « pays de l'amour » dont il fut question, pour la première fois, dans *Le vieillard et l'enfant* de *La route d'Altamont* [22].

Entre M. Saint-Hilaire et Christine, personnages dont les caractères antithétiques résument symboliquement toutes les autres oppositions de l'œuvre, il s'établit une atmosphère d'amitié et de ferveur qui incite le vieillard à transmettre à sa protégée les quelques leçons que la vie lui a apprises.

Si « toute idée de l'homme est une idée de l'amour » [23], toute idée de l'amour chez un écrivain projette une lumière décisive sur sa conception de l'homme. Les personnes que l'amitié rattache ici sont un enfant et un vieillard : conjonction de la promesse et de la sagesse. La sagesse instruit la promesse pour que la promesse devienne réalité. M. Saint-Hilaire trouve en Christine une nouvelle et personnelle promesse de vie. L'inclination du vieillard pour l'enfant et sa réciproque complètent le cycle de la vie. Dans l'enfant, le vieillard désormais vivra un peu et dans le vieillard, l'enfant désormais trouvera une sorte d'épanouissement. Il faut encore noter que si le cycle de la vie se noue dans l'amitié, le sujet dont M. Saint-Hilaire entretient Christine, comme un legs précieux qu'il veut faire à sa jeune amie, est justement l'amour, ce point de convergence de toutes les énergies. Les beautés de la nature et celles de la civilisation apparaissent comme fausses au regard de celui qui les a considérées comme but de sa vie. Il doit aller plus loin ; peut-être même faut-il dépasser le cadre de l'existence terrestre pour atteindre ce terme. Cette

21. *Gabrielle Roy ou l'être partagé*, dans *Etudes françaises*, n⁰ 2, p. 39-65.
22. Cf. p. 142-143.
23. Denis de Rougemont, *Les mythes de l'amour*, p. 7.

perspective serait-elle pour quelque chose dans la lassitude qui parut sur le visage du vieillard après qu'il eut proposé à Christine le voyage vers le pays de l'amour ? A moins que ce ne soit le regret de n'avoir pu y accéder lui-même dès ce monde. Quoi qu'il en soit, regret d'un voyage qui n'a correspondu que très partiellement au projet initial ou espérance d'une aventure qui permettra d'atteindre le prodigieux pays, le terme est manifeste dans un cas comme dans l'autre.

> Pendant longtemps, on est condamné à vivre divisé. L'être humain est divisé dès sa source. Il vit longtemps en proie aux conséquences de cette division. M. Albert Le Grand, dans un texte d'ailleurs sympathique, a fait ressortir cet aspect de mon œuvre. Mais tout n'est pas dit quand on a parlé de division. Il y a aussi un mouvement vers l'unité. Cette unité ne se peut conquérir que dans la fraternité, l'amitié [24].

L'amour — ou la tendresse : Gabrielle Roy, à l'instar de Camus, préfère souvent ce terme — constitue donc le recours majeur des hommes désireux de parvenir à leur unité intérieure. « Un soir, comme je lui objectais que cela n'avait rien à voir avec nous, il laissa tomber sur moi un regard indocile et courageux.

— Ah, murmura-t-il, notre parenté avec les hommes ! Où elle commence, où elle arrête ; qui donc pourrait le dire !» [25] Les humains connaîtront une saine joie de vivre dans une civilisation qui résiste mal aux attraits de la machine, à la condition de s'ériger en fraternité. Comme l'individu laissé à lui-même se condamne à régresser, ainsi une société qui oublie de « renseigner les hommes sur leur tragique besoin les uns des autres » [26] met en péril son existence même. Il est vain d'espérer construire la fraternité universelle avec des individus chez qui la qualité d'humanité est défaillante. En retour, l'homme n'atteindra jamais à sa perfection s'il tend à la restreindre aux limites de son moi. La question d'une suprématie de la société fraternelle sur la personne ou inversement ne se pose pas. Ni la personne ni la société ne peuvent accéder à leur perfection propre sans du même coup concourir à la perfection de l'autre. « Je crois profondément en ce qu'il y a de meilleur dans l'homme qui pourrait transformer le monde. Les plus belles réussites, et peut-être ce qui pourrait donner un monde meilleur, ne serait-ce pas le perfectionnement de soi par l'intérieur, une relation humaine parfaite ?... » [27]

---

24. *Entretien* du 8 juillet 1969.
25. *Un vagabond frappe à notre porte*, (p. 18 du manuscrit).
26. *Le pays du Saguenay : son âme et son visage*, dans le *Bulletin des agriculteurs*, février 1944, p. 37.
27. *Interview par Pauline Beaudry*, reproduit sous le titre *Répondre à l'appel intérieur*, dans *Terre et Foyer*, vol. XXVII, n⁰ 7, décembre-janvier 1968-1969, p. 8.

Fonder l'homme, l'ouvrir à la conscience d'une dignité qui repose en lui à l'état latent et n'attend que son effort pour devenir réalité. A cette hauteur et devant toutes les contingences qui grèvent une existence humaine, l'homme s'attache à former son être dans un grand mouvement de convergence vers un plus-être dispensé par l'amour. « Tout fructifiait peut-être donc en ce monde selon l'amour qui lui était accordé » [28]. Le bonheur de la personne s'accorde à celui de l'espèce en marche. « Cependant nous savons bien dans le fond que nous ne sommes pas faits expressément pour être heureux — du moins dans une perspective immédiate. Nous savons que nous sommes conviés d'abord à parcourir un rude et long chemin vers un but obscur qu'on appelle salut, progrès, évolution, universalité ou fraternité [29]. La longue quête de Gabrielle Roy finit par s'harmoniser et se fondre dans la vision cosmique de Teilhard de Chardin. Si l'homme doit converger vers sa propre unité, il ne peut le faire qu'en rendant chaque jour plus manifeste la part de divin qu'il porte en lui, qu'en découvrant Dieu dans « la force magique de la fraternité » [30] : « C'est en effet que le divin, au XXe siècle, est comme enfoui dans les grandes marées humaines dont la masse nous impose une notion tout autre qu'auparavant des devoirs humains et de la responsabilité collective » [31]. L'homme comprendra alors que son salut résidait dans la communion toujours plus intime qu'il établit avec l'univers. Il comprendra qu'en s'allégeant un peu de son poids de terrien, qu'en unissant sa part divine à la part divine des millions d'êtres, il jetait, à l'instar de Christine s'élevant sur sa mystérieuse route d'Altamont, « du poids — ou des fautes » [32]. Il comprendra encore qu'en se purifiant, il purifie l'univers ; il verra dans ce que la théologie chrétienne appelle « Communion des Saints », autre chose qu'une vaine construction de l'esprit :

> Et ce qu'il y avait de plus étonnant, c'est qu'il ne paraissait pas s'accuser alors, mais prendre plutôt sur ses épaules, comme un lourd poids, la faute d'autrui [33].

La tendresse grandit et devient cosmique. « A la fin des temps, est-ce qu'il n'apparaîtra pas que la nature même de l'univers c'était

---

28. *Un jardin au bout du monde*, (p. 46 du manuscrit).
29. *Le thème « Terre des hommes » raconté par Gabrielle Roy*, (p. 9 du manuscrit).
30. *Nos agriculteurs céramistes*, dans le *Bulletin des agriculteurs*, avril 1941, p. 9.
31. *Le thème « Terre des hommes » raconté par Gabrielle Roy*, (p. 11 du manuscrit). Ailleurs, elle écrit : «... le don de solidarité qui n'est peut-être autre chose que la véritable charité chrétienne » (*Le pain et le feu*, dans le *Bulletin des agriculteurs*, décembre 1941, p. 30).
32. *La route d'Altamont*, p. 201.
33. *Un vagabond frappe à notre porte*, dans *Amérique française*, janvier 1946, p. 35.

l'amour, et qu'il était en toutes choses et même dans ce que nous nommons la matière ? »[34] La tendresse réunira en un seul faisceau les énergies dispersées — « toutes les rivières du monde ne sont-elles pas à tous, et pour tout confondre, tout réunir ? »[35] — elle chantera dans les ramures — « Les feuilles de l'arbre tremblaient. Il s'échappait de ce murmure doux une voix de tendresse »[36] — elle posera sur l'environnement de l'homme sa couleur et sa chaleur — « A la longue, il s'aperçut qu'il y avait entre les pigeons, la ville, son ciel et ses maisons, une très douce parenté de couleurs, presque un lien de tendresse »[37]. Alors l'homme oubliera l'invincible culpabilité qui l'avait noué sur lui-même. Entre sa grâce et la grâce de tous s'établira un échange qui affermira l'une et l'autre. Le salut aura suivi le même mouvement de dilatation que la tendresse. D'individuel et de restreint, il sera devenu cosmique. Déjà lors de sa première rencontre avec Teilhard de Chardin, Gabrielle Roy faisait part à l'illustre jésuite de sa répugnance pour un salut strictement personnel. Ce salut lui paraissait triste et égoïste. La romancière croit en un salut qui s'opère dans la purification — la quête d'innocence — de chacun de ses membres.

Ainsi, la vie et l'œuvre de Gabrielle Roy auront-elles toujours tenu compte de Dieu, tantôt comme un objet d'observation à travers le culte qui lui est rendu, tantôt l'interrogeant et le prenant à partie, tantôt l'acceptant comme le seul Etre dont l'existence et la parole peuvent rendre acceptable la vie de l'homme. De si pénibles tensions au sein d'un même être semblent cependant s'amenuiser et tendre vers un Progrès global fait d'*itus et reditus*, fait aussi d'harmonie dans l'aspiration qui incline vers un retour à l'Eden merveilleux.

Si l'on est justifié de parler d'une tension vers l'unité, c'est là et nulle part ailleurs qu'il en faut situer le terme. Dans ce Jardin primitif où le « chant profond »[38] de l'eau « comme un bizarre chant du monde »[39] dirait « le connu et l'inconnu de la vie »[40] ; où les hommes, enfin accordés à eux-mêmes et aux autres, oublieraient les inutiles tensions de nos sociétés et fonderaient la Fraternité universelle.

Partage ou unité : la difficulté fondamentale réside en ceci que plus avance l'œuvre de Gabrielle Roy et moins est évidente la ligne qui sépare les visions de foi des visions de réalité.

34. *Le thème « Terre des hommes » raconté par Gabrielle Roy*, (p. 37 du manuscrit).
35. *La montagne secrète*, p. 159.
36. *Ibid.*, p. 24.
37. *Ibid.*, p. 154.
38. *La route d'Altamont*, p. 119.
39. *La montagne secrète*, p. 13.
40. *Ibid.*, p. 145.

CONCLUSION

Près de trente ans se sont écoulés, sept ouvrages ont été publiés depuis *Bonheur d'occasion*. Gabrielle Roy, l'un des écrivains les plus honorés du Québec, n'a cependant pas étouffé sous le poids des lauriers les exigences de sa conscience d'artiste. Ecrire demeure pour elle le premier devoir. La paix ne s'acquiert pas au prix du silence. Dans une solitude que d'aucuns qualifient de sauvage mais qui n'est que le lieu d'une ferveur appliquée à protéger son pouvoir d'accueil de la vie sous toutes ses formes, Gabrielle Roy est aussi attentive à la marche des choses et des hommes qu'elle l'était aux plus belles heures de sa carrière journalistique.

Vie de travail, d'attention au monde, d'application à connaître « l'homme d'ici » et à le recréer dans des œuvres que gouverne la foi au progrès, en l'homme et en Dieu ; que gouverne aussi une observation aiguë de la réalité quotidienne. Les essais obéissent surtout aux exigences de la foi, les romans et nouvelles à celles de l'observation. Cependant, ceux-là ne sont pas plus imperméables aux influences de l'observation que ceux-ci ne le sont aux influences de la foi.

Il est toujours quelques issues par où les données de foi réussissent à pénétrer dans l'univers de fiction. Mais jamais peut-être avec autant de force que dans l'imprécision délicatement lumineuse de la fin des ouvrages. Même sous les nuages lourds des dernières pages de *Bonheur d'occasion*, il y a un arbre, image de vie. *La Petite Poule d'Eau* invite discrètement comme *La montagne secrète* et *La rivière sans repos*, à gagner le Nord de soi-même, c'est-à-dire à préserver le domaine des valeurs primitives mises en péril par l'éclat et l'efficacité de la civilisation moderne ; *Alexandre Chenevert* traduit la minable existence individuelle qui survit dans sa participation à la tendresse humaine. *Rue Deschambault* institue la lumière d'un matin de commencement de monde ; *La route d'Altamont* dit la régénération dans l'amour ; *La rivière sans repos*, si elle traduit la douloureuse alternance entre les appels du monde traditionnel et ceux du monde moderne, se termine non sur un choix définitif en faveur de l'une ou de l'autre option, mais sur une existence en tradition ébranlée soudain par la velléité d'un retour en modernité. Dans *Un jardin au bout du monde*, la mort de Martha qui, peu auparavant, avait vu s'agiter dans les fleurs la main calleuse de Stépan, ressemble

plus à la métamorphose merveilleuse — comme on dit conte merveilleux — d'une femme en élément onirique et cosmique, qu'à un
anéantissement. En bref, l'« ouverture » finale des œuvres de fiction
permet aux données de foi de s'introduire en elles. Gabrielle Roy ne
crée pas des univers romanesques clos. Les dernières pages d'un livre
ne figent pas à jamais une grappe de destins individuels mais engagent le lecteur sur des voies où la rêverie peut prolonger presque sans
fin le mouvement instauré par l'œuvre. La romancière elle-même a
exploré ces voies ainsi qu'en témoigne la *Réponse de Mademoiselle
Gabrielle Roy* lors de la réception à la Société Royale du Canada.

Un texte inédit, intitulé, dans son état actuel, *Où iras-tu Sam
Lee Wong ?* peut apporter quelques lumières supplémentaires sur
cette question de l'œuvre ouverte.

Sam Lee Wong, ancien portefaix chinois, devient restaurateur à
Horizon, en Saskatchewan. Pendant huit années, les affaires prospè-
rent. Une sécheresse les ralentit mais la découverte de pétrole dans
la région relance toute l'activité de ce qu'on avait appelé le Desert
Bowl. Le restaurant est alors envahi par une clientèle exigeante. Cependant, les tractations entre les autorités de la compagnie d'huile
qui désirent utiliser à d'autres fins le terrain occupé par le restaurant
et les autorités des Services de santé obligent Sam Lee Wong à fermer son établissement. Il décide même de quitter Horizon. Mais
avant son départ, on lui fera fête. Chants, applaudissements, discours de M. le Maire, remise de cadeaux, rien ne manque. Et la narratrice, selon l'état actuel du manuscrit, d'ajouter : « Quelquefois
déjà, tout en dehors des choses du village qu'il (Sam Lee Wong) eût
été, il avait vu cette incompréhensible tournure des choses se produire ; on fêtait quelqu'un et ensuite, il partait, toujours, il partait.
Il n'y avait pas autre chose à faire quand un village tout entier s'était
mis un bon jour à tant aimer quelqu'un ».

Le dénouement proprement dit n'a pas encore été écrit. J'ai
demandé à Gabrielle Roy comment s'achèverait l'histoire de Sam Lee
Wong. Elle me répondit : « J'ai pensé à deux façons possibles de
terminer la nouvelle *Où iras-tu Sam Lee Wong ?* D'abord, j'ai songé
à envoyer le Chinois se pendre à une branche d'arbre dans les collines. Ainsi il mourrait incognito, dans le même silence où il a vécu.
Comme seconde façon, j'ai pensé l'envoyer simplement vers les montagnes sans préciser davantage. Au loin, il disparaîtrait lentement
et nous ne saurions jamais ce que l'avenir lui aurait ménagé » [1].

Je ne veux en rien présumer du choix de Gabrielle Roy. Mais,
qu'elle se rallie au destin fermé du gibet de l'arbre ou qu'elle se con-

---

1. *Entretien* du 2 octobre 1969.

tente de regarder Sam Lee Wong s'éloigner vers les montagnes, il demeurera qu'ouvert ou fermé, l'avenir aura été considéré sous ses angles essentiels. Cette mise en question incite à penser que les dénouements des autres ouvrages furent l'objet de semblables procès. Gabrielle Roy préfère un roman où les personnages demeurent disponibles devant les possibilités du futur à un roman où la relation personnages-avenir a été définitivement scellée.

Cette ouverture de l'œuvre s'inscrit à l'intérieur des coordonnées qui avaient permis à l'amour et à la connaissance, ces deux assises du progrès, de prendre place dans le texte de fiction. Ainsi, Gabrielle Roy, ambiguë et partagée, connaît-elle la voie qui conduit vers l'unité.

— o — o — o —

S'il est vrai, comme l'écrit Malraux, que ce qu'un homme peut faire de mieux dans sa vie, c'est de « transformer en conscience une expérience aussi large que possible » [2], on comprendra que la persévérance de Gabrielle Roy à poursuivre l'édification d'une œuvre dont la soumission au réel éclate à chaque page constitue un témoignage lumineux de sa fidélité à l'homme et au monde. On le comprendra d'autant mieux si on se rappelle que l'œuvre elle-même demeure, en partie du moins pour son auteur, une sorte d'énigme, un mystère qu'il ne parvient jamais à éclairer en plénitude, un mystère qu'il doit se résoudre à perdre lentement de vue comme les navires au loin qui s'engagent sur le versant invisible de l'horizon :

> C'est par ce qui échappe à la critique qu'une œuvre demeure le plus intéressante. Par cette vie qui déjoue les regards aussi bien que les pièges. Mais aussi et surtout peut-être, par ce qui échappe à l'auteur lui-même, par ce qu'il dit au-delà de ce qu'il croyait dire, ce qu'il donne au-delà de ce qu'il croyait donner, puisant alors à la source très sûre de son rêve [3].

---

2. *L'espoir*, p. 389.
3. *Entretien* du 5 août 1970.

APPENDICE A

Jeux du romancier et des lecteurs

Gabrielle Roy prononça, le 1ᵉʳ décembre 1955, devant l'Alliance Française, à l'hôtel Ritz Carlton de Montréal, une conférence intitulée *Jeux du romancier et des lecteurs*. En voici les extraits majeurs tels qu'elle en a autorisé la reproduction.

(...)

En effet, un romancier est un être humain qui invente des personnages, des événements, de la peine, des déboires, qui, non seulement arrive à se persuader que tout cela est vrai, important, plus important que de vivre, mais prend le temps, parfois des années, à le faire croire aux autres. Et, pour notre bonheur à tous, il se trouve quantité de naïfs prêts à l'accepter. Il n'est pas étonnant que pareille vocation excite tant la curiosité. Cependant, s'il y a le romancier, le prestidigitateur, il y a aussi les lecteurs, les gens qui sont dupes.

Il me plaît beaucoup de vous parler de vous-mêmes, les dupes, dont je suis au reste.

Plus nous sommes dupes et meilleurs lecteurs nous sommes. En autant que dans ce plaisir d'être trompés, nous apportions du discernement, de la sincérité, du jugement, de la mesure, du goût, de la finesse, de la perspicacité; qualités qui ne sont pas le fait de gens aimant à être trompés. Mais le lecteur est pour le moins aussi étrange que le romancier.

(...)

Pour certaines gens, lire des romans constitue une perte de temps. Je me méfie un peu de ces personnes trop sérieuses. Enlevons de nos mémoires et de nos cœurs les personnages de la littérature, enlevons le Père Goriot, Eugénie Grandet, Anna Karénine, Raskolnikov, Madame Bovary : — certains sont si puissamment créés qu'ils sortent des livres, existent pour ainsi dire, seuls ; s'il y a le musée des œuvres d'art de Malraux, il y a aussi le musée imaginaire des grands noms de la littérature ; — enlevons ces mille personnages qui nous accompagnent à travers la vie, et nous serons bien appauvris !

(...)

Du moins, j'espère que vous prenez encore plaisir, en lisant, à courir des périls et à connaître des gens plus audacieux, plus fous que dans la réalité. Car alors, c'est à l'enfant en nous, au cher enfant amoureux de songes, que s'adressent ces livres très sages qui n'ont pas besoin pour nous plaire d'être vraisemblables. Au contraire, parfois très invraisemblables, c'est ainsi qu'ils nous paraissent vrais.

Mais nous demandons aux livres quelque chose de plus singulier encore ; nous leur demandons le visage même de la vie ; et, cependant, nous le voulons voir, ce visage, éclairé par la flamme de l'art, en quelque sorte plus beau que le vrai. (...)

C'est dans sa façon d'être dupe que se révèle la qualité du lecteur. Il en est qui ne se prennent qu'à des pièges très bien dissimulés, très subtils ; d'autres, à des pièges assez grossiers. (...)

Et puis, nous sommes, chacun de nous, tant de lecteurs à la fois, tour à tour bons et mauvais, passionnés de vérité, frivoles, indifférents, parfois courageux, parfois un peu poltrons.

(...)

Il y a des gens qui croient pouvoir très bien se représenter comment l'on ferait un chef-d'œuvre. S'ils tenaient en main ce livre précieux, sauraient-ils le reconnaître ? Le propre de l'art étant d'étonner, selon Baudelaire, ne serait-ce pas par le regroupement si ingénieux de choses connues que ce livre précieux nous les découvrirait comme neuves.

(...)

D'autres, lisant pour le plaisir, s'inquiètent de la réaction de l'entourage. Tout prêts à aimer un livre, s'ils entendent par hasard une opinion défavorable, les voilà qui battent en retraite ; des enthousiastes qui se refroidissent en trois jours ; par contre, des récalcitrants, à qui on a eu toute la peine du monde à faire ouvrir un livre, et qui en deviennent soudain les ardents propagandistes.

Un livre peut souffrir autant qu'une personne de la calomnie. Sa beauté peut même se sentir à l'abandon et sans défense devant la sottise ou le manque de goût. La beauté est seule tant qu'elle n'a pas rencontré un cœur égal à elle-même pour la recevoir.

(...)

Parfois, dans certains livres plutôt secrets, il n'y a que deux, trois, quatre petites phrases explicites qui, à la manière d'un phare brusquement allumé, projettent un grand faisceau de lumière et éclairent tout l'ensemble. Comment, toujours pressés d'arriver au dénouement, allons-nous jamais découvrir cette lueur rapide et peut-être enfouie au plus profond d'un ouvrage ?

(...)

Ceux-là qui refusent de souffrir par un livre ne sont pas de vrais lecteurs ; car lire, c'est se mettre à la place des autres et, si on y consent, comment éviter de se mettre parfois à la place des malheureux ?

Vous connaissez cette réponse de Mauriac à une journaliste, sans doute très jeune, qui lui demandait :

— Pourquoi peignez-vous toujours des méchants ?

— Et lui, de sa voix rauque, corrigea :

— Pas des méchants ; des malheureux...

Mais il n'est pas toujours facile de saisir le sens profond d'un ouvrage. Avez-vous déjà essayé de dire en quoi un livre est beau ? Vous commencez, tout plein d'enthousiasme, à vouloir en dégager la trame ; vous vous apercevez que ce n'est pas là le plus important, que, ramené à son sujet apparent, l'histoire ne fascine guère. Alors, vous cherchèz des comparaisons. Vous direz peut-être qu'il vous fait penser à un coup de vent ensoleillé... à une nappe d'eau tranquille... ou encore à une riche étoffe. Vous en venez, petit à petit, pour en dire la séduction, aux moyens mêmes qu'a pris l'auteur pour vous charmer, moyens étranges, moyens dissimulés. Et ainsi cet accord dans la beauté reste assez secret entre nous-mêmes et les livres.

Du reste, la fiction, lorsque belle et riche, a tant de significations possibles !

Shakespeare, aimé dans son temps de toute l'Angleterre, devait l'être pour des raisons bien différentes de celles pour lesquelles nous l'aimons aujourd'hui encore. Le petit peuple de Londres devait s'attacher, à ce qu'il semble, aux empoisonnements, aux coups de poignard, aux enfants tués dans la Tour, aux yeux crevés, à toute cette sauvagerie qui traverse son œuvre — elle était, nous dit-on, de son époque — à ses bouffonneries, à ses fantômes, à ses sorcières des landes... alors que tant d'autres l'aiment *malgré* cela, malgré cette violence et parce que Shakespeare fut et reste le plus délicieusement humain des poètes. Les œuvres riches livrent quelque chose à tous : aux petites gens point habitués aux friandises, de grosses sensations ; aux êtres fins, dépouillés, le langage le plus délicat. Quand Shakespeare dans *The Tempest* atteint à la mansuétude parfaite, il ne s'adresse plus, pourrait-on dire, qu'à la perception la plus noble, la plus haute des hommes, puisqu'il leur demande le pardon des injures. Mais, il est vrai, au peuple, il procure la satisfaction de voir vaincu Caliban, l'esprit déformé de la vengeance.

Les femmes sont souvent des lecteurs très passionnés, à violents partis pris... et souvent aussi des lecteurs irréprochables. Ce qu'on appelle l'intuition — qui n'est peut-être que de l'intelligence soutenue par la sensibilité — leur permet d'approcher un roman dans l'attitude la plus favorable, un roman s'adressant à la fois au cœur et à l'intelligence. Ainsi elles atteignent presque d'un coup le timbre d'un ouvrage, son frémissement propre, ce qui passe comme à travers et entre les lignes, ce courant invisible d'un livre qui est sa véritable valeur. Les femmes perçoivent parfois très bien l'accent plaintif, la voix de la douleur dans la littérature. Elles peuvent être ainsi marquées par une lecture, au point de vouloir changer leur vie ; peu de nous, au reste, n'avons été touchés de la sorte au cours de notre existence par au moins un ou deux livres. Ce n'étaient peut-être pas les mieux réussis, mais ils nous ont révélé quelque chose de si intime que nous les avons crus faits exprès pour nous.

(...)

Ennuyer, dit-on, n'est pas permis. Mais l'un va être ennuyé de ce qui fera précisément la joie de l'autre. Il est impossible, il serait même mauvais de ne jamais ennuyer. C'est à ce qui l'ennuie, souvent, qu'un lecteur se découvre. De très grandes œuvres contiennent des passages rebutants que chacun aurait envie d'escamoter s'il écoutait sa paresse. Qui n'a pas eu la tentation, en lisant *Les frères Karamazov*, d'aller voir au terme du chapitre si certaines conversations interminables ne sont pas à la veille de finir ? En lisant *Guerre et Paix*, d'ignorer le compte rendu minutieux des tactiques de guerre de Napoléon ainsi que des Russes ? Qui pourrait lire *Don Quichotte* d'un trait sans devenir lui-même le Chevalier à la Triste Mine ? Et *David Copperfield* ? Ou le *Pilgrim's Progress* de Bunyan ? Les plus grands auteurs ne craignent pas d'être longs et paisibles dans leurs efforts.

Thomas Hardy, Thomas Mann encore plus, dans son *Buddenbrooks*, éveillent parfois dans mon esprit l'image de grands bœufs lents et forts s'en allant au pas à travers leur géniale idée. On dit que cela n'est pas conforme au goût français qui aime la brièveté et la concision. Mais Proust est loin d'être pressé... heureusement. Et Claudel ! Ne faut-il pas une inlassable patience pour attendre que, tout à coup, au moment où on allait peut-être se lasser de cette avalanche, de cette cataracte de mots, descende sur nous une belle et noble image... une image vraiment irremplaçable !

(...)

Il existe des âmes si généreuses, que tout au long de la vie, elles éprouveront de la reconnaissance envers un auteur qui les a éclairées sur leur propre sensibilité en révélant quelque mouvement généreux de leur nature. Que le besoin de compréhension, d'amour doit être grand pour qu'une telle gratitude jaillisse du cœur qui se sent exprimé !

(...)

Songez un peu à la douceur de cet échange fraternel qui s'opère par les romans depuis *Robinson Crusoé*, le premier roman véritable, nous dit-on. Mais longtemps avant, les hommes avaient commencé d'écouter bien volontiers celui d'entre eux qui savait leur parler d'eux-mêmes.

Il me semble que le premier petit groupe amical a dû, sur terre, se former autour d'un conteur.

J'avais autrefois, au Manitoba, une cousine, personne bien inoffensive, douce maniaque, qui a passé sa vie à lire. Elle ne s'achetait jamais de livres, elle en empruntait. Quand elle n'avait plus de livres de récompense, tels *Fabiola, Les femmes savantes* ou autres histoires de ce genre, ma cousine s'attaquait aux feuilletons ; quand elle n'avait plus de feuilletons, elle lisait les petites annonces ou les courriers du cœur ; quand ces sources étaient épuisées, elle relisait de vieux almanachs répandus dans nos campagnes ; et ceux-ci venant à manquer, ma cousine se rabattait sur le catalogue d'Eaton qu'elle lisait d'un bout à l'autre, heureuse, pendant des soirées entières. Parfois, montée au grenier y ranger quelque chose, ma cousine ne revenait pas. On s'inquiétait ; on allait voir ; et on la découvrait occupée à lire des bouts de très vieux papier-journal tout défraîchis, tout jaunis, dont on avait tapissé les murs du grenier pour empêcher le vent de passer.

Qu'est-ce donc qui animait ma cousine ? Maintenant que j'ai rencontré nombre d'êtres de son espèce, je crois le savoir. Ne seraient-ce pas les signes, les caractères de l'imprimé eux-mêmes qui fascinent de telles âmes ?

(...)

Gorki, dans un de ses beaux contes dont j'ai oublié le titre, peut-être dans les *Bas-Fonds*, peint un personnage qui avait ce respect de l'imprimé, mais pour une raison émouvante. J'ai retenu une scène de cette lecture qui date d'assez longtemps. Un illettré, un paysan de Russie comme il devait y en avoir des millions, vient tous les soirs dans la boutique d'un ami qui possède, en plus des livres, le bonheur de savoir lire. Tous les soirs le paysan s'installe dans un coin ; il demande à son ami de lire à voix haute. Est-ce que cela se passe chez un boulanger ? dans une boutique de forge ? Je ne me rappelle plus ; je me souviens d'une impression comme d'un grand feu allumé et qui rougeoie... Tout est calme dans la pièce. Et l'ami lit à voix haute et douce ; le paysan illettré écoute dans le ravissement. Parfois une pensée, une émotion lui paraissait si justes qu'il se lève d'un bond, s'approche du lecteur. Il lui demande d'une voix altérée : « Où vois-tu ce que tu viens de lire ? Où est-ce dit ? Montre-moi l'endroit. » L'ami lui indique un passage : « C'est ici ? » demande le paysan. Il place son gros doigt sur la ligne. Et ses yeux regardent, regardent longuement ces signes adorables qui apportent une libération à son âme prisonnière.

Dans cette mystérieuse correspondance entre un auteur et ses lecteurs, que se passe-t-il au juste ? Lorsque nous disons qu'un livre a du succès, cela signifie qu'il réunit des goûts divers dans une admiration commune. Un tel ouvrage arrive-t-il à point pour exprimer ce que le peuple dans le moment désire profondément entendre ? Qu'est-ce qui est le plus vrai : qu'un écrivain a les lecteurs qu'il mérite ? qu'un peuple a les écrivains qu'il mérite ?

Parfois, des voix justes, rares, se sont élevées et presque personne n'a semblé les entendre. Quelques lecteurs peut-être ont compris, et ils ont connu une grande exaltation en même temps qu'une amertume incomparable. Il peut arriver que des lecteurs souffrent autant peut-être que l'auteur de l'incompréhension qui entoure certaines de ses œuvres. Etre seul à voir, à comprendre, à aimer, cause quelquefois le tourment du lecteur. Et ce tourment est si grand que, parfois, il se donne bien de la peine pour amener enfin les indifférents à voir, à comprendre eux aussi. Baudelaire a consacré une partie de sa vie à nous révéler, à nous faire aimer Edgar Allan Poe. Aujourd'hui, les amis d'Herman Melville l'ont bien vengé de l'indifférence de ses contemporains. Et nous nous demandons comment ils ont si peu compris ce terrible et admirable *Moby Dick* dont le symbolisme nous paraît clair et magnifique ? Est-ce parce que, depuis lors, bien d'autres voix ont parlé le même langage et que, peu à peu, nous avons appris à le déchiffrer ?

Heureusement, plusieurs talents arrivent comme portés par la vague d'une immense pensée, d'un immense désir collectifs. Que de préoccupations au sujet du Christ le peuple russe n'a-t-il pas dû éprouver pour que paraisse chez lui Dostoïewski ! Et que le mélange curieux d'orgueil et d'humilité de ses personnages doit correspondre à des vérités sur le caractère du peuple russe ! Et qu'il devait y avoir de tendre pitié pour les malheureux au sein de ce peuple puisque c'est chez lui qu'apparurent Tchékhov et Gogol ; Tchékhov, l'ami de ceux qui s'ennuient, l'ami de presque tous, l'ami de ceux dont la vie s'exhale en soupirs. Et Gogol, lui qui fut le premier à exprimer en littérature le pathétique du banal quotidien. Tolstoï en convenait : « Nous sommes tous sortis, a-t-il dit un jour, du *Manteau* de Gogol... » entendant par là que la littérature russe avait puisé sa vérité essentielle, son élan profond dans ce beau conte qui ne dit rien de plus que la petite misère de chaque jour, la plus vraie parce que la plus répandue, la vie du plus grand nombre ayant en commun un sort ordinaire. Le sort ordinaire des hommes, voilà bien qui devrait tenter davantage l'imagination, le talent des romanciers... et aussi l'imagination, l'intelligence des lecteurs.

(...)

Et dans ce Varmland de Selma Lagerloff, la poésie n'était-elle pas aussi naturelle, aussi vive que l'eau des ruisseaux courant le long des pentes, n'était-elle pas dans chaque maison, à chaque veillée, partout vivante, quand s'éleva la voix de la conteuse adorable ?

Mais est-ce bien ainsi que les choses se passaient ?

Selma Lagerloff a peut-être éveillé des gens qui dormaient tout doucement au milieu de leurs chants, de leurs rêves, et elles les a enchantés rien qu'en les tirant de leur sommeil. Certains romanciers accomplissent ce prodige. Comme un enfant, l'un d'eux, un beau jour, lève le doigt ; il pointe quelque chose ; il montre ; et, enfin, tous voient ce qui était sous leurs yeux. Je pense qu'il n'y a rien de plus utile, de plus magnifique à accomplir en ce monde que de nous éveiller ainsi à tout ce que l'habitude nous cache... et hélas, plus nous vivons, et plus il semble qu'elle nous cache de choses...

(...)

Camus nous dit quelque part — je cite de mémoire, n'ayant pu retrouver le texte — que jamais la douleur du monde ne lui fera oublier la beauté du monde, et que la beauté du monde non plus ne lui fera pas oublier la douleur du monde. Il m'a semblé au moment où je lisais cette phrase qu'elle m'ouvrait à larges battants une porte sur la clarté. Ne nier ni la beauté du monde ni l'énigme de la douleur, tout n'est-il pas là, en effet, pour un cœur franc et sincère ? Et n'est-ce pas l'attitude exacte qui convient à celui qui écrit comme à celui qui lit ?

En somme, c'est sur le terrain de la sympathie humaine que se rencontrent le romancier et le lecteur, prêts tous deux à aimer les hommes, non tels qu'on les voudrait, mais bien tels qu'ils sont. La sincérité est aussi indispensable au bon lecteur qu'au romancier.

(...)

Une émotion forte est essentielle pour écrire un bon livre. Indignation ou compassion, colère ou détresse. Il y a des livres qui expriment à la fois toutes ces émotions comme par exemple, *Les raisins de la colère* ; il y a des livres pour ou contre. Les meilleurs sont *pour* plutôt que *contre*, je crois. Au fond, qu'est-ce qu'un ro-

man, sinon le portrait sans cesse renouvelé de son semblable ? Pourquoi plaident-ils depuis si longtemps si ce n'est pour plus de justice,
plus de compréhension, plus de vérité ?

Vous avez dû un jour ou l'autre l'observer : les êtres humains
sont presque toujours plus sympathiques dans les romans que dans
la vie quotidienne. Ou du moins il nous paraît plus facile de les
comprendre dans un livre que près de nous. Nous plaignons l'étranger de Camus, et cependant, si nous avions à le juger, en ignorant
ce que nous en dévoile le romancier, ne serions-nous pas aussi aveugles que les hommes qui l'envoyèrent à la mort ? (...) Est-ce que les
livres font voir les âmes plus aimables qu'elles ne le sont vraiment ?
Dans le roman, on peint les intentions, les tentatives maladroites aussi
bien que, parfois, leur échec. Cependant qui dit le plus vrai ? Le
roman ou notre regard trop rapide de tous les jours ? Beaucoup de
mystère subsiste, et c'est heureux. C'est peut-être parce qu'au fond
nous ne savons pas encore très bien ce pourquoi un roman nous
fascine tant.

Mais d'essentiel, de profond, entre le romancier et ses lecteurs,
voici ce qui se passe : un jour, une émotion forte s'épanouit dans
l'âme d'un écrivain, une émotion impérieuse à laquelle il devient
impossible de résister, que l'âme souffre de ne pouvoir communiquer.
Chacun sait combien il est difficile de réduire au silence une souffrance et encore plus peut-être une joie. Parfois, la peine, la joie
accaparent notre âme au-delà de toute mesure. Ce désir de partager
avec ses semblables, le romancier l'éprouve plus que tout autre.

C'est donc cette émotion qui va allumer le feu de la forge, qui
va brûler et se consumer pour ainsi dire elle-même tout en ména-
geant sa propre flamme d'où naîtra l'œuvre, chapitre après chapitre.

Nous arrivons ici à ce qu'il y a de plus insensé, de plus compli-
qué aussi dans la tâche d'écrire un livre ; du reste, le lecteur connaîtra plus tard une semblable folie. Car, nous dit Matthew Arnold,
et c'est la définition de l'art qui me plaît le mieux : « It is emotion
recollected in tranquility. » — De l'émotion que l'on se rappelle dans
la tranquillité. Pour bien exprimer le malheur, la souffrance, les pires
chagrins, il faut s'en être un peu éloigné soi-même ; il faut être plus
ou moins guéri. Pour compatir à la pauvreté, le romancier ne doit
pas être réduit lui-même à l'extrême indigence. Comment, tout à
fait pauvre, trouver le temps, les loisirs, le papier, ce qu'il faut !
Entièrement démuni, il s'emploierait à autre chose que de s'asseoir
dans une chambre tiède pour écrire son histoire ou celle d'autrui.
Cela semble affreux à dire : pour exprimer le tumulte de l'âme humaine, il faut avoir conquis soi-même un peu de détachement. La
sérénité, autant que l'émotion, sont nécessaires à l'artiste.

Le lecteur aussi entrera dans ce jeu cruel. Nous jouons ce jeu : parce que nous ne sommes pas trop malheureux dans le moment de nous intéresser au sort des malheureux ; parce que nous avons des loisirs, de nous mettre à la place des éternellement écrasés. Il est vrai que nous y apportons aussi une générosité sublime. Peut-être pauvres en affection, solitaires, nous nous mettons de bon cœur à la place de gens plus fortunés, mieux aimés que nous, et nous éprouvons quand même de l'amitié pour eux. Il n'y a plus de place pour l'envie dans ce jeu splendide. C'est qu'enfin nous pouvons nous identifier parfaitement à un autre être humain. C'est qu'enfin se produit sur terre ce miracle !

Voici donc l'auteur attelé à cette tâche absurde d'exprimer sans se presser, avec tout le temps qu'il faut, une émotion brûlante qui un jour l'a pris à la gorge.

Et si tout va bien, si cette émotion sagement contenue, disciplinée, ne perd pas trop d'intensité, au bout de plusieurs mois, de quelques années peut-être, l'auteur écrira au bas d'une page : Fin. Et c'est curieux, parce qu'au fond, ce n'est que le commencement de la vie étrange de ce livre.

(...)

Il va maintenant sous presse. Que cette partie de la vie d'un livre, toute mécanique, me paraît à la fois touchante et incongrue ! C'est lorsqu'on voit rouler les presses, défiler des rames de papier, saisissant au passage une phrase cent fois, mille fois répétée, c'est là qu'on perçoit tout à coup, presque avec détresse, la force mystérieuse de la vie de l'esprit. Cette petite phrase qui un jour a traversé l'esprit vaut-elle la peine de tant de bruit, de tant d'histoires !

Maintenant le livre est en vente. Un inconnu parmi tant d'autres l'achète... Peut-être quelque employé au revenu modeste qui ne peut se procurer que deux ou trois livres par année. Voici le lecteur chez lui. Les rayons de la lampe tombent doucement sur le visage penché, sur les pages... Et alors peut-être, cette émotion qui a précipité tant de choses, cette émotion couchée, ligotée, enfermée, cette chose vivante prise au piège des mots, doucement va recommencer de palpiter. Et si l'âme du lecteur est réceptive, sensible, musicale, l'émotion revivra entière pour elle. Comme une eau versée d'un vase à un autre, elle coulera d'une âme à une autre sans que soit perdue une seule goutte.

Parfois même, à des imaginations ardentes, un livre apportera pour ainsi dire plus qu'il ne contient.

Il chuchotera, trop fin, trop discret pour affirmer. Mettons qu'il n'exprimera rien de catégorique ; seulement cette espèce de va-et-vient entre les larmes et le sourire dans lequel nous vivons. Mais le lecteur entendra, saisira la suggestion au vol et, libre d'imaginer comme il veut, comme il peut, lui aussi deviendra une sorte de créateur. Lui aussi créera des images... parfois plus belles que celles entrevues par le romancier. Sa propre vie, son expérience, ses propres songes, tout cela va s'éveiller, traverser, animer un livre ainsi prodigieusement enrichi.

Un jour viendra peut-être où le lecteur fera part au romancier d'idées, d'émotions, d'interprétations, bref de bonheurs dont il sera redevable à l'œuvre. Et l'écrivain étonné découvrira ce qu'il a dit... Il se découvrira grâce à ce lecteur magnifique. Il éprouvera cette impression à la fois enivrante et terrible d'avoir fait quelque chose qui lui échappe, d'inconnu, dont il est loin de tout savoir...

Parfois, à travers une autre âme, il verra son œuvre élargie, décuplée, transfigurée.

Ainsi, lecteurs, romanciers, poètes, tous un peu fous, nous jouons ensemble un beau jeu passionnant, le jeu peut-être le plus sérieux de tous les jeux de notre existence, puisque, dans ce jeu, ce que nous apprenons en commun, c'est le désir de vaincre enfin notre solitude.

Abréviations utilisées dans les Appendices B et C

GR 1   *Bonheur d'occasion*
GR 2   *La Petite Poule d'Eau*
GR 3   *Alexandre Chenevert*
GR 4   *Rue Deschambault*
GR 5   *La montagne secrète*
GR 6   *La route d'Altamont*
GR 7   *Le thème « Terre des Hommes » raconté par Gabrielle Roy*
GR 8   *Préface de René Richard*
GR 9   Interview par Pauline Beaudry dans *Terre et foyer*
GR 10   *Témoignages* dans Archives des Lettres canadiennes (tome III)
GR 11   *Mon héritage du Manitoba*
GR 12   *L'Arbre*
GR 13   *La rivière sans repos*
GR 14   *Un jardin au bout du monde*
GR 15   *Nouvelles esquimaudes*
GR 16   *Germaine Guèvremont* dans *Délibérations de la Société Royale du Canada*
GR 17   *Le phare dans la plaine* (scénario)
GR 18   *Jeux du romancier et des lecteurs* (Cf. Appendice A)
GR 19   *Interview par Judith Jasmin* (Radio-Canada)
GR 20   *Les Terres nouvelles de Jean-Paul Lemieux*
GR 21   *Quelques réflexions sur la littérature canadienne d'expression française*
GR 22   *La Petite Poule d'Eau* précédée d'une *Préface de l'auteur* dans *Canada*
AF   *Amérique française*
BDA   *Bulletin des agriculteurs*
ENT   Entretiens de Marc Gagné avec Gabrielle Roy. Le chiffre renvoie à la page du présent ouvrage.
J   Le *Jour*
MM   Magazine *Maclean*
MSR   *Mémoires de la Société Royale du Canada*
OL   *Les Oeuvres libres*
PV   *Points de vue* (périodique)
RM   La *Revue moderne*
RP   La *Revue de Paris*

APPENDICE B

Ecrivains, compositeurs et peintres
cités par Gabrielle Roy

Ecrivains

ALAIN
BDA, octobre 1940, 47 [1]

ANDERSON
GR 5, 208

ARNOLD, Matthew
GR 7, 2
GR 18, 270
BDA, mars 1944, 10

BALZAC, H. de
ENT, 115

BAUDELAIRE, C.
GR 18, 264, 268
AF, mai-juin 1952, 13

BERNANOS, G.
GR 7, 9
BDA, mars 1942, 7

BRONTË, Emily
GR 4, 164

BROWNING, Elizabeth Barret
BDA, octobre 1946, 47
J, 5 août 1939, 5
J, 4 novembre 1939, 2

BUCK, Pearl
BDA, octobre 1944, 19

BUNYAN
GR 18, 266

CARNEGIE, Dale
GR 3, 88

CAMUS, A.
GR 7, 41
GR 18, 269, 270
GR 19
GR 21, 7
PV, novembre 1959, 7

CHAUCER
J, 3 juin 1939, 7

CHATEAUBRIAND
ENT, 139

CHEVTCHENKO
GR 2, 201

CHRISTIE, Agatha
J, 3 juin 1939, 7

CLAUDEL, P.
GR 18, 266
ENT, 230

COLERIDGE
RP, février 1955, 81

COLETTE
GR 10, 304
GR 19
PV, novembre 1959, 7

CONSTANTIN-WEYER, Maurice
MM, juillet 1962, 21

DESROSIERS, Léo-Paul
GR 10, 305

DICKENS, Charles
BDA, juin 1941, 37
BDA, juillet 1941, 9
MM, juillet 1962, 38
RM, mai 1942, 29

DIDIER, Béatrice
ENT, 139

DOSTOIEWSKI
GR 18, 268

DRYDEN, John
J, 16 décembre 1939, 7

DUBÉ, Marcel
GR 21, 7

DUHAMEL, G.
BDA, octobre 1941, 11

1. Cf. le tableau des abréviations, p. 273.

Compositeurs

Peintres

APPENDICE C

Oeuvres citées par Gabrielle Roy [1]

ŒUVRES LITTÉRAIRES

A la recherche du temps perdu (Marcel Proust), GR 10, 302

Ames mortes (Les) (Gogol), GR 11, 77

Anna Karénine (Tolstoï), GR 18, 263

Arbres et vents... (Emile Verhaeren), BDA, octobre 1942, 37

Ashini (Yves Thériault), GR 10, 305

As You Like It (Shakespeare), J, 16 décembre 1939, 7

Au pied de la pente douce (Roger Lemelin), GR 10, 305

Autant en emporte le vent (Margaret Mitchell), J, 3 juin 1939, 7

Avenir de l'homme (L') (Teilhard de Chardin), GR 7, 43, 45

Babbitt (Sinclair Lewis), BDA, février 1945, 28

Bal du comte d'Orgel (Le) (Raymond Radiguet), GR 10, 303

Bas-fonds (Les) (Gorki), GR 18, 267

Blanchette (Brieux), BDA, mai 1943, 33

Bourgeois gentilhomme (Le) (Molière), BDA, mai 1943, 36

Bourrasque (Maurice Constantin-Weyer), MM, juillet 1962, 21

Buddenbrooks (Thomas Mann), GR 18, 266

Chasse au trésor (La) (Stevenson), RM, mai 1940, 38

Château (Le) (Franz Kafka), GR 20, 43

Christine Lavransdatter (Ingrid Undset), GR 10, 303

Cigale et la fourmi (La) (La Fontaine), GR 4, 21

Clés du royaume (Les) (A.J. Cronin), GR 3, 71 ; BDA, mai 1943, 10

Comment réussir dans la vie et se faire des amis (sic) (Dale Carnegie), GR 3, 88

Conseils à un jeune Français partant pour l'Angleterre (André Maurois), J, 9 septembre 1930, 2

Cravache (La) (Virgil Gheorghiu), GR 21, 7

Crime et châtiment (Dostoïewski), GR 18, 263

David Copperfield (Charles Dickens), GR 18, 266

Dernier des justes (Le) (André Schwarz-Bart), GR 21, 7

Don Quichotte (Cervantes), GR 18, 266

Empereur indien (L') (John Dryden), J, 16 décembre 1939, 7

English Monsieur (The) (James Howard), J, 16 décembre 1939, 7

En pleine terre (Germaine Guèvremont), MSR, 75

Etranger (L') (Albert Camus), GR 18, 270

Eugénie Grandet (Balzac), GR 18, 263

Fabiola, GR 18, 267

Femmes savantes (Les) (Molière), GR 18, 267

---

1. Cf. le tableau des abréviations, p. 273.

Robinson Crusoé (Daniel Defoë), GR 3, 219 ; GR 10, 303 ; GR 18, 267
Roi Lear (Le) (Shakespeare), BDA, mai 1943, 36 ; RP, février 1955, 82
Roméo et Juliette (Shakespeare), J, 16 décembre 1939, 7
Rosaire (Le), GR 3, 71
Sœurs Guedonec (Les) (Jean-Jacques Bernard), BDA, mai 1943, 36
Steppe (La) (Tchékhov), GR 10, 303 ; GR 11, 70 ; ENT, 164
Survenant (Le) (Germaine Guèvremont), MSR, 75, 76
Talmud (Le), BDA, février 1943, 32
Tempest (The) (Shakespeare), GR 8, 4
Terre des hommes (Saint-Exupéry), GR 7, 1, 3, 7
Thérèse Desqueyroux (Mauriac), GR 10, 303
Trente arpents (Ringuet), GR 10, 305 ; BDA, mai 1943, 37
Twelfth Night (Shakespeare), J, 16 décembre 1939, 7
Un homme et son péché (Claude-Henri Grignon), BDA, mai 1943, 37 ;
     BDA, avril 1945, 57
Un homme se penche sur son passé (Maurice Constantin-Weyer), MM,
     juillet 1962, 21
Vingt-cinquième heure (La) (Virgil Gheorghiu), GR 21, 7
Vingt mille lieues sous les mers (Jules Verne), GR 3, 139
Wuthering Heights (Emily Brontë), GR 10, 303

ŒUVRES MUSICALES

A la bien-aimée (Schumann), GR 4, 26
A la claire fontaine, BDA, mai 1943, 38
Ama Pola, GR 1, 254 ; BDA, octobre 1941, 11, 36
Arlésienne (L') (Georges Bizet), BDA, mai 1943, 33
Ave Maria (Schubert), GR 2, 208
Beau Danube (J. Strauss), BDA, avril 1942, 43
Fifteen Men on the Dead Man's Chest, RM, mai 1940, 39
Fré-dé-ri-m'as-tu-vu, GR 4, 34
Home on the Range, GR 1, 284
Il était un petit navire, GR 11, 73
I Thing I Shall Never See a Poem as Lovely as a Tree, GR 12, 6
Largo (Haendel), GR 2, 190
Malbrough s'en va-t-en guerre, BDA, décembre 1940, 9, 29
Menuet (Paderewski), GR 4, 201
Moment musical (Schubert), GR 4, 252
Mother Macree, GR 4, 201
Mûrier (Chanson du), GR 2, 205
Nearer My God To Thee, GR 4, 84
Panis Angelicus (César Franck), GR 2, 207
Prélude (Rachmaninoff), GR 4, 22
Red River Reel, GR 2, 265
Roll Out the Barrel, GR 15, 48
Savez-vous planter des choux, GR 2, 85
Thaïs (Massenet), GR 4, 206

There'll Always Be an England, RM, mars 1941, 10
Toccate et fugue (Jean-Sébastien Bach), GR 12, 197
Traviata (La) (Verdi), BDA, janvier 1941, 9
Un Canadien errant (Antoine Gérin-Lajoie), GR 11, 73
Walkyries (Les) (Richard Wagner), GR 4, 230

ŒUVRES PICTURALES

Auto-portrait (Rembrandt), GR 5, 155 ; GR 7, 10
Dame en gris (La) (Manet), BDA, octobre 1946, 11 ; BDA, novembre 1946, 45
Homme à la verrue (L') (Ghirlandajo), GR 5, 154
Noce de village (La) (Breughel), GR 5, 136
Pèlerins d'Emmaüs (Les) (Rembrandt), GR 5, 155
Portrait de Gabrielle Roy (Jean-Paul Lemieux), GR 20, 42
Repentir de saint Pierre (Le) (Le Greco), GR 2, 237
Train de midi (Le) (Jean-Paul Lemieux), GR 20, 43
Vierge aux rochers (La) (Léonard de Vinci), GR 5, 144
Visiteur du soir (Le) (Jean-Paul Lemieux), GR 20, 43

INDEX

BIBLIOGRAPHIE

I. ŒUVRES DE GABRIELLE ROY

a) INÉDITS

La femme de Patrick, comédie tirée de la nouvelle *La conversion des O'Connor.*

La vallée Houdou, nouvelle dont le texte a été revisé par l'auteur.

Un vagabond frappe à notre porte, nouvelle dont le texte a été revisé par l'auteur.

Où iras-tu Sam Lee Wong ? nouvelle.

La petite faïence bleue, nouvelle.

Jeux du romancier et des lecteurs, conférence prononcée le 1er décembre 1955, devant les membres de l'Alliance française, à l'hôtel Ritz Carlton de Montréal. Je reproduis en appendice, avec l'autorisation de l'auteur, les extraits majeurs de cette conférence.

Le phare dans la plaine, scénario tiré de *Le vieillard et l'enfant* (*La route d'Altamont*).

Le thème « Terre des hommes » raconté par Gabrielle Roy, texte intégral.

Un jardin au bout du monde, nouvelle.

Discours de réception du prix David (mars 1971).

Voyage en Ungava (reportage).

b) LIVRES

Bonheur d'occasion

1. Montréal, Société des éditions Pascal, 1945, 2 tomes, 532p.
2. Montréal, Beauchemin, 1947, 2 tomes, 532p.
3. Paris, Flammarion, 1947, 473p.
4. Traduction anglaise sous le titre *The Tin Flute* par Hannah Josephson. New York, Reynald & Hitchcock, 1947, 315p.
5. Traduction anglaise sous le titre *The Tin Flute* par Hannah Josephson. Toronto, McClelland and Stewart, 1947, 315p.
6. Traduction anglaise sous le titre *The Tin Flute* par Hannah Josephson. London, Heinemann, 1948, 341p.
7. Traduction espagnole sous le titre *Felicidad ocasional* par Dr Carlos Juan Vega. Buenos Aires, S.A. Editorial Bell, 1948, 350p.
8. Traduction danoise sous le titre *Blikflojten* par Merete Engberg. Copenhague, Gyldendal Norsk Forlag, 1949, 330p.
9. Traduction slovaque sous le titre *Prilezitostné stastie* par Fedor Jessensky. Turciansky Svaty Martin, Zivena, 1949, 408p.
10. Traduction suédoise sous le titre *Trumpet av bleck och drömmar* faite d'après la version anglaise par Eionar Malm. Stockholm, Wahlström & Widstrand, 1949, 319p.
11. Traduction norvégienne sous le titre *Blikkfljten* faite d'après la version anglaise par Caro Olden. Oslo, Gyldendal Norsk Forlag, 1950, 356p.
12. Traduction anglaise sous le titre *The Tin Flute* par Hannah Josephson, introduction par Hugo McPherson, Toronto, McClelland & Stewart, New Canadian Library, no 5, 1958, 275p.

13. Montréal, Beauchemin, 1965, 345p.
14. Genève, Cercle du Bibliophile, Coll. Le Club des grands prix littéraires, 1968, 455p.
15. Genève, Edito-Service, Coll. Le Club des grands prix littéraires, préface de Henriette Guex-Rolle, 1968, 456p.
16. Traduction roumaine sous le titre *Fericire Intimplatoare* par Elvira Borgdan, préface de Valer Conea. Bucarest, Editura Pentru Literatura Universala, 1968, 343p.
17. Montréal, Beauchemin, 1970, 345p.
18. Traduction russe sous le titre *Schast'e To Sluchaju* faite d'après la version française par I. Grushetskaja ; avant-propos intitulé *Kontrasty Monrealya* par T. Balashova. Moskva, Izdatel'stvo Khudozhestvennaja Literatura, 1972, 358p.

La Petite Poule d'Eau

1. Montréal, Beauchemin, 1950, 272p.
2. Paris, Flammarion, 1951, 236p.
3. Traduction anglaise sous le titre *Where Nests the Water Hen* par Harry L. Binsse. New York, Harcourt, Brace and Co., 1951, 251p.
4. Traduction anglaise sous le titre *Where Nests the Water Hen* par Harry L. Binsse. Toronto, McClelland and Stewart, 1951, 251p.
5. Traduction anglaise sous le titre *Where Nests the Water Hen* par Harry L. Binsse. London, Heinemann, 1952, 226p.
6. Genève, Editions S.A.R.I., Coll. Les trésors du livre, n° 34, 1953, 211p.
7. Traduction allemande sous le titre *Das kleine Wasserhuhn* par Theodor Rocholl. München, Paul List Verlag, 1953, 236p.
8. Traduction allemande sous le titre *Das kleine Wasserhuhn* par Theodor Rocholl. Zurich, Schweizer Druck-und Verlagshaus AG., Coll. Neue Schweizer Bibliothek, 1953, 235p.
9. Edition scolaire sans « Le Capucin de Toutes-Aides », préface de l'auteur. Toronto, Clarke, Irwin and Col., 1956, 230p.
10. Edition scolaire sans « Le Capucin de Toutes-Aides », préface de l'auteur, introduction et notes par Joseph Marks M.A., University of Manchester. London, George G. Harrap and Co., 1957, 175p.
11. Montréal, Beauchemin, 1957. Edition définitive, 272p.
12. Traduction allemande sous le titre *Das kleine Wasserhuhn* par Theodor Rocholl. München, Paul List Verlag, List Bucher 122, 1959, 171p.
13. Traduction allemande sous le titre *Das kleine Wasserhuhn* par Theodor Rocholl. Marmerlea, Angleterre, Marmerlea Book Sales Ltd., 1959, 171p.
14. Traduction anglaise sous le titre *Where Nests the Water Hen* par Harry L. Binsse, introduction par Gordon Roper. Toronto, McClelland & Stewart, New Canadian Library, n° 25, 1961, 160p.
15. Traduction anglaise sous le titre *Where Nests the Water Hen* par Harry L. Binsse. Vancouver, Evergreen Press, 1965, 160p.
16. Préface de l'auteur, illustrations de Zarou. Paris, Editions du Burin et Martinsart, Coll. Les Portes de la Vie, 1967, 257p.
17. Montréal, Beauchemin, édition revisée, 1970, 272p.
18. Edition de Luxe avec 20 estampes originales de Jean-Paul Lemieux. Montréal, Gilles Corbeil éditeur, 1971, 133p.

Alexandre Chenevert
1. Montréal, Beauchemin, 1954, 373p.
2. *Alexandre Chenevert, caissier.* Paris, Flammarion, 1954, 297p.
3. Traduction anglaise sous le titre *The Cashier* par Harry L. Binsse. New York, Harcourt, Brace and Co., 1955, 251p.
4. Traduction anglaise sous le titre *The Cashier* par Harry L. Binsse. Toronto, McClelland and Stewart, 1955, 251p.
5. Traduction anglaise sous le titre *The Cashier* par Harry L. Binsse. London, Heinemann, 1956, 278p.
6. Traduction allemande sous le titre *Gott Geht Weiter Als Wir Menschen* par Theodor Rocholl. München, Paul List Verlag, 1956, 278p.
7. Traduction anglaise sous le titre *The Cashier* par Harry L. Binsse, introduction par W.C. Loughud. Toronto, McClelland & Stewart, New Canadian Library, n° 40, 1963, 221p.

Rue Deschambault
1. Montréal, Beauchemin, 1955, 260p.
2. Paris, Flammarion, 1955, 234p.
3. Montréal, Beauchemin, 1956, 260p.
4. Traduction italienne sous le titre *La Strada di Casa Mia* par Peppina Doré. Milano, Istituto di Propaganda Libraria, Coll. I Romanzi di Gioia 20, 1957, 220p.
5. Traduction anglaise sous le titre *Street of Riches* par Harry L. Binsse. Toronto, McClelland & Stewart, 1957, 246p.
6. Traduction anglaise sous le titre *Street of Riches* par Harry L. Binsse. New York, Harcourt, Brace and Co., 1957, 246p.
7. Traduction anglaise sous le titre *Street of Riches* par Harry L. Binsse, introduction par Brandon Conron. Toronto, McClelland & Stewart, New Canadian Library, n° 56, 1967, 158p.
8. Montréal, Beauchemin, 1967, 260p.
9. Montréal, Beauchemin, 1971, 260p.

La montagne secrète
1. Montréal, Beauchemin, 1961, 222p.
2. Paris, Flammarion, 1962, 218p.
3. Traduction anglaise sous le titre *The Hidden Mountain* par Harry L. Binsse. Toronto, McClelland & Stewart, 1962, 186p.
4. Traduction anglaise sous le titre *The Hidden Mountain* par Harry L. Binsse. New York, Harcourt, Brace & World Inc., 1962, 186p.
5. Montréal, Beauchemin, 1971, 222p.

La route d'Altamont
1. Montréal, Editions HMH, coll. L'Arbre, n° 10, 1966, 261p.
2. Traduction anglaise sous le titre *The Road Past Altamont* par Joyce Marshall. New York, Harcourt, Brace & World Inc., 1966, 146p.
3. Traduction anglaise sous le titre *The Road Past Altamont* par Joyce Marshall. Toronto, McClelland & Stewart, 1966, 146p.
4. Paris, Flammarion, 1967, 231p.
5. Traduction allemande sous le titre *Die Strasse nach Altamont* par Von Renate Benson, postface par Von Armin Arnold. Zurich, Manesse Verlag, Manesse Bibliothek der Weltliteratur, 1970, 335p.

La rivière sans repos

1. Montréal, Beauchemin, 1970, 315p.
2. Traduction anglaise sous le titre *Windflower* par Joyce Marshall. Toronto, McClelland & Stewart, 1970, 152p. (Cette traduction n'inclut pas les *Nouvelles esquimaudes*).
3. Paris, Flammarion, 1972, 234p.

Cet été qui chantait

1. Illustrations de Guy Lemieux. Québec et Montréal, Les Editions françaises, 1972, 207p.

c) EXTRAITS DE L'ŒUVRE DE GABRIELLE ROY PUBLIÉS DANS DIVERS LIVRES ET PÉRIODIQUES

L'école de la Petite Poule d'Eau, dans la *Revue de Paris*, mars 1951, p. 35-53; suite dans avril 1951, p. 50-84.

Un grand récit canadien : La pelisse par Gabrielle Roy, extrait de *La Petite Poule d'Eau*, dans les *Nouvelles littéraires*, Paris, 22 mars 1951, p. 4.

Le puits de Dunrea, extrait de *Rue Deschambault*, dans *Contes de nos jours*, edited by Dr. R.W. Torrens and Dr. J.B. Sanders. Toronto, The Copp Clark Publishing Co., 1956, p. 182-201.

The Voice of the Pools, excerpt from *Street of Riches*, dans *Tamarack Review*, Toronto, n° 4, Summer 1957, p. 51-54.

The Gadabouts, excerpt from *Street of Riches*, dans *Maclean's*, Toronto, August 17, 1957, p. 18, 34-42, 44.

La première école de Mademoiselle Côté, extrait de *La Petite Poule d'Eau*, dans *Près de la fontaine*, choix de textes par Albert St-Jean. Toronto, Thomas Nelson & Sons Canada Ltd., 1958, p. 104-107, 109-112, 114-116.

Wilhelm, extrait de *Rue Deschambault*, dans *Châtelaine*, Montréal, juillet 1959, p. 60-62.

Mon chapeau rose, extrait de *Rue Deschambault*, dans *Vignettes*, edited by Morris Sniderman, illustrated by W. Alex. Fraser. Toronto, Thomas Nelson & Sons Canada Ltd., 1959, p. 36-46.

The Gadabouts, excerpt from *Street of Riches*, dans *Portrait of a Country*, textes choisis par Leslie Hannon. Toronto, McClelland & Stewart, 1960, p. 209-214.

Grand-mère et la poupée, extrait de *La route d'Altamont*, dans *Châtelaine*, Montréal, octobre 1960, p. 25, 44-46, 48-49.

Grandmother and the Doll, excerpt from *The Road Past Altamont*, dans *Chatelaine*, October 1960, p. 44-45, 82-86.

La montagne secrète, un texte inédit de Gabrielle Roy, inspiré de la vie du peintre René Richard, dans le *Nouveau journal*, Montréal, 16 décembre 1961, p. 29.

Grandmother and the Doll, excerpt from *The Road Past Altamont*, tranlated by Joyce Marshall, dans *Ten for Wednesday Night*, a collection of short stories presented for Broadcast by CBC Wednesday night, edited by Robert Weaver. Toronto, McClelland & Stewart, 1961, p. 143-147.

Rose-Anna's Daniel, excerpt from *The Tin Flute*, dans *A Book of Canada*, edited by William Toye. Toronto, William Collins Sons & Co. Ltd., 1962, p. 179-187.

The Voice of the Pools, excerpt from *Street of Riches*, dans *Adventures in Appreciation*, Laureate Edition by Walter Loban, Rosalind A. Olmsted. New York, Harcourt, Brace & World, 1963, p. 328-331.

Wilhelm, extrait de *Rue Deschambault*, dans *Jusqu'à nos jours*, choix de textes par Roy A. Clark. Toronto, McGraw-Hill Company of Canada, 1964, p. 62-69.

Christine, extrait de *La route d'Altamont*, dans *Textes pour la lecture et l'explication*, Secondaire I, sélection de Jacques Blais, P. Langlois, A. Mareuil, avec la collaboration de M. Cardera. Montréal, HMH, 1967, p. 162-170.

Extrait de *Bonheur d'occasion*, dans *Québec : hier et aujourd'hui*, choix de textes par Raymond Turcotte, avant-propos de H. Rocke Robertson, préface de Jean Lesage. Toronto, The Macmillan Company of Canada, 1967, p. 159-161.

Um eine Heirat zu verhindern, (*Pour empêcher un mariage*), extrait de *Rue Deschambault*, dans *Kanadische Frzähler der Gegenwart*, Herausgegeben von Armin Arnold und Walter Riedel. Zurich, Manesse Bibliothek Der Weltliteratur, 1967, p. 329-339.

Les déserteuses, extrait de *Rue Deschambault*, dans *De Québec à Saint-Boniface*, récits et nouvelles du Canada français ; textes choisis et annotés par Gérard Bessette. Toronto, Macmillan of Canada, 1968, p. 195-227.

La visite de Rose-Anna, dans *Littérature canadienne française contemporaine*, textes choisis et annotés par Gérard Tougas. Toronto, Oxford University Press, 1969, p. 16-24.

Alexandre Chenevert découvre la bonté des autres, textes choisis et annotés par Gérard Tougas. Toronto, Oxford University Press, 1969, p. 24-31.

Extrait de *La route d'Altamont*, dans *Mosaïc 3:3*, Manitoba in Literature ; An Issue on Literary Environment ; A Journal for the Comparative Study of Literature and Ideas Published by the University of Manitoba Press. Vol. 3, n⁰ 3, Spring 1970, p. 133-140.

Luzina takes holiday, excerpt from *Where Nests the Water Hen*, dans *The Great Short Stories of the World, 71 of the finest stories ever written*. The Reader's Digest, [C 1972], p. 772-788.

The Move, excerpt from *The Road Past Altamont* dans *Stories from Western Canada*. Toronto, Macmillan of Canada, selected by Rudy Wiebe, Department of English, University of Alberta, Edmonton, 1972, p. 119.

d) TEXTES NON PUBLIÉS EN VOLUMES ET CLASSÉS PAR DATE DE PARUTION

1938

Choses vues en passant..., dans la *Liberté et le patriote*, Winnipeg, 27 juillet 1938.

London a Land's End, dans la *Liberté et le patriote*, Winnipeg, 12 octobre 1938.

Les derniers nomades, dans *Je suis partout*, Paris, n⁰ 413, 21 octobre 1938.

Les jolis coins de Londres, dans la *Liberté et le patriote*, Winnipeg, novembre 1938.

Si près de Londres... si loin, dans la *Liberté et le patriote*, Winnipeg, décembre 1938.

Une grande personnalité anglaise, Lady Francis Ryder, dans le *Devoir*, Montréal, 29 décembre 1938, p. 5.

Winnipeg Girl Visits Bruges, dans la *Liberté et le patriote*, 29 décembre 1938.

Noëls canadiens français, dans *Je suis partout*, Paris, 30 décembre 1938, p. 6.

1939

Amusante hospitalité, dans le *Jour*, Montréal, 6 mai 1939, p. 7.

Les logeuses de Montréal, dans le *Jour*, 20 mai 1939, p. 7.

Chacun sa vérité, dans le *Jour*, 27 mai 1939, p. 7.

Le week-end en Angleterre, dans le *Jour*, 3 juin 1939, p. 7.

Les chats de Londres, dans le *Jour*, 10 juin 1939, p. 4.

L'heure du thé en Angleterre, dans le *Jour*, 17 juin 1939, p. 7.

Nous et les ruines, dans le *Jour*, 24 juin 1939, p. 2.

Strictement pour les monsieurs..., dans le *Jour*, 1er juillet 1939, p. 7.

Ces chapeaux, dans le *Jour*, 8 juillet 1939, p. 3.

L'instinct nomade chez les Anglais, dans le *Jour*, 8 juillet 1939, p. 2.

Quelques jolis coins de Montréal, dans le *Jour*, 22 juillet 1939, p. 2.

Parmi ceux qui font la traversée, dans le *Jour*, 29 juillet 1939, p. 5.

La « Maison du Canada », dans la *Revue populaire*, 32e année, no 8, août 1939, p. 7,57.

Les pigeons de Londres, dans le *Jour*, 5 août 1939, p. 5.

Douce Angleterre, dans le *Jour*, 12 août 1939, p. 4.

Comment nous sommes restés Français au Canada, dans *Je suis partout*, Paris, no 456, 18 août 1939.

Encore sur le sujet de l'hospitalité anglaise, dans le *Jour*, 19 août 1939, p. 2.

La conversion des O'Connor, dans la *Revue moderne*, vol. 21, no 5, septembre 1939, p. 4-5, 32-33.

La cuisine de Mme Smith, dans le *Jour*, 9 septembre 1939, p. 2.

Le petit déjeuner parisien, dans le *Jour*, 30 septembre 1939, p. 2.

Ceux dont on se passerait volontiers au cinéma, dans le *Jour*, 7 octobre 1939, p. 2.

"The Meet", dans le *Jour*, 14 octobre 1939, p. 2.

Le monde à l'envers, dans la *Revue moderne*, vol. 21, no 6, octobre 1939, p. 6, 34.

Une trouvaille parisienne, dans le *Jour*, 21 octobre 1939, p. 2.

L'Anglaise amoureuse, dans le *Jour*, 4 novembre 1939, p. 2.

London a Land's End, dans la *Revue moderne*, vol. 21, no 7, novembre 1939, p. 13, 40-41. (Article déjà publié dans la *Liberté et le patriote*, Winnipeg, 12 octobre 1938).

Si on faisait la même chose au Parc Lafontaine, dans le *Jour*, 11 novembre 1939, p. 4.

En vagabondant dans le midi de la France. Ramatuelle à Hyères, dans le *Jour*, 2 décembre 1939, p. 7.

Le théâtre sans femmes, dans le *Jour*, 16 décembre 1939, p. 7.

Noël chez les colons ukrainiens, dans le *Jour*, 30 décembre 1939, p. 2.

1940

Une messe en Provence, dans le *Jour*, 27 janvier 1940, p. 2.

Nicolaï Sulez, dans le *Jour*, 3 février 1940, p. 7.

Cendrillon '40, dans la *Revue moderne*, vol. 21, n° 10, février 1940, p. 8-9, 41-42.

De la triste Loulou à son amie Mimi, dans le *Jour*, 17 février 1940, p. 7.

Ce que j'ai surtout aimé à Londres : Les passants, dans le *Jour*, 2 mars 1940, p. 2.

L'hospitalité parisienne, dans le *Jour*, 16 mars 1940, p. 2.

Une histoire d'amour, dans la *Revue moderne*, vol. 21, n° 11, mars 1940, p. 8-9, 36-38.

Le roi de cœur, dans la *Revue moderne*, vol. 21, n° 12, avril 1940, p. 6-7, 33-39.

Gérard le pirate, dans la *Revue moderne*, vol. 22, n° 1, mai 1940, p. 5, 37-39.

How I Found the People of Saint-Henri, dans *Wings*, bulletin mensuel du Literary Guild of America, New York, mai 1947.

Bonne à marier, dans la *Revue moderne*, vol. 22, n° 2, juin 1940, p. 13, 40-42.

Où en est Saint-Boniface, dans la *Revue populaire*, 32e année, n° 9, septembre 1940, p. 68.

Avantage pour, dans la *Revue moderne*, vol. 22, n° 6, octobre 1940, p. 5-6, 26.

Les petits pas de Caroline, dans le *Bulletin des agriculteurs*, vol. 36, n° 10, octobre 1940, p. 11, 45-49.

La belle aventure de la Gaspésie, dans le *Bulletin des agriculteurs*, vol. 36, n° 11, novembre 1940, p. 8-9, 67.

La dernière pêche, dans la *Revue moderne*, vol. 22, n° 8, décembre 1940, p. 8, 32-34.

Le joli miracle, dans le *Bulletin des agriculteurs*, décembre 1940, p. 8, 29-30. (Ecrit de Gabrielle Roy sous le pseudonyme d'Aline Lubac).

Un Noël en route, dans la *Revue moderne*, vol. 22, n° 8, décembre 1940, p. 8, 32-34.

1941

La fuite de Sally, dans le *Bulletin des agriculteurs*, janvier 1941, p. 9, 39. (Ecrit de Gabrielle Roy sous le pseudonyme d'Aline Lubac).

Mort d'extrême vieillesse, dans le *Bulletin des agriculteurs*, vol. 37, n° 2, février 1941, p. 8, 34-35.

La ferme, grande industrie, dans le *Bulletin des agriculteurs*, vol. 37, n° 3, mars 1941, p. 14, 32-33, 43.

La sonate à l'Aurore, dans la *Revue moderne*, vol. 22, n° 11, mars 1941, p. 9-10, 35-37.

Le régime seigneurial au Canada français, dans *Aujourd'hui*, Montréal, n° 19, avril 1941, p. 53-58.

A Okko, dans la *Revue moderne*, vol. 22, avril 1941, p. 8-9, 41-42.

Nos agriculteurs céramistes, dans le *Bulletin des agriculteurs*, vol. 37, n° 4, août 1941, p. 9, 44-45.

Une ménagerie scientifique, dans la *Revue moderne,* vol. 23, n⁰ 1, mai 1941, p.8-9, 36.

Les deux Saint-Laurent, dans le *Bulletin des agriculteurs,* vol. 37, n⁰ 6, juin 1941, p. 8-9, 37, 40.

Est-Ouest, dans le *Bulletin des agriculteurs,* vol. 37, n⁰ 7, juillet 1941, p. 9, 25-28.

Six pilules par jour, dans la *Revue moderne,* vol. 23, n⁰ 3, juillet 1941, p. 17-18, 32-34.

Un homme et sa volonté, dans le *Bulletin des agriculteurs,* vol. 37, n⁰ 8, août 1941, p. 9, 31-32.

Du port aux banques, dans le *Bulletin des agriculteurs,* vol. 37, n⁰ 8, août 1941, p. 9, 37-38.

Après trois cents ans, dans le *Bulletin des agriculteurs,* vol. 37, n⁰ 9, septembre 1941, p. 9, 37-38.

La côte de tous les vents, dans le *Bulletin des agriculteurs,* vol. 37, n⁰ 10, octobre 1941, p. 7, 42-45.

Embobeliné, dans la *Revue moderne,* vol. 23, n⁰ 6, octobre 1941, p. 7-8, 28, 30, 33-34.

Vive l'Expo, dans le *Bulletin des agriculteurs,* vol. 37, n⁰ 10, octobre 1941,, p. 11, 36-38.

Heureux les nomades, dans le *Bulletin des agriculteurs,* vol. 37, n⁰ 11, novembre 1941, p. 7, 47-49.

La terre secourable, dans le *Bulletin des agriculteurs,* vol. 37, n⁰ 11, novembre 1941, p. 11, 14-15, 59, 63.

Le pain et le feu, dans le *Bulletin des agriculteurs,* vol. 37, n⁰ 12, décembre 1941, p. 9, 29-30.

Chez les paysans du Languedoc, dans *Paysanna,* Montréal, p. 14-15, 23. [1]

1942

Le chef de district, dans le *Bulletin des agriculteurs,* vol. 38, n⁰ 1, janvier 1942, p. 7, 28-29.

Plus que le pain, dans le *Bulletin des agriculteurs,* vol. 38, n⁰ 2, février 1942, p. 9, 33-35.

Pitié pour les institutrices, dans le *Bulletin des agriculteurs,* vol. 38, n⁰ 3, mars 1942, p. 7, 45-46.

Bourgs d'Amérique I, dans le *Bulletin des agriculteurs,* vol. 38, n⁰ 4, avril 1942, p. 9, 43-46.

Bourgs d'Amérique II, dans le *Bulletin des agriculteurs,* vol. 38, n⁰ 5, mai 1942, p. 9, 36-37.

La grande voyageuse, dans la *Revue moderne,* vol. 24, n⁰ 1, mai 1942, p. 12-13, 27-30.

Laissez passer les jeeps, dans le *Canada,* 40ᵉ année, n⁰ 199, 24 novembre 1942, p. 5.

Peuples du Canada, dans le *Bulletin des agriculteurs,* vol. 38, n⁰ 11, novembre 1942, p. 8, 30-32.

Si l'on croit aux voyages..., dans le *Canada,* 40ᵉ année, n⁰ 210, 7 décembre 1942, p. 2.

---

1. Il m'a été impossible de retracer la date exacte de publication de cet article, mais j'ai tout lieu de croire qu'il parut entre les années 1939 et 1942.

Notre blé, dans le *Canada*, 40e année, n° 221, 21 décembre 1942, p. 2.

Turbulents chercheurs de paix, dans le *Bulletin des agriculteurs*, vol. 38, n° 12, décembre 1942, p. 10, 39-40.

1943

Les battages, dans le *Canada*, 40e année, n° 231, 5 janvier, 1943, p. 4.

Après les battages, dans le *Canada*, 40e année, n° 240, 16 janvier 1943, p. 4.

Femmes de dur labeur, dans le *Bulletin des agriculteurs*, vol. 39, n° 1, janvier 1943, p. 10, 25.

L'avenue Palestine, dans le *Bulletin des agriculteurs*, vol. 39, n° 2, février 1943, p. 7, 32-33.

De Prague à Good Soil, dans le *Bulletin des agriculteurs*, vol. 39, n° 3, mars 1943, p. 8, 46-48.

Ukraine, dans le *Bulletin des agriculteurs*, vol. 39, n° 4, avril 1943, p. 8, 43-45.

Les gens de chez-nous, dans le *Bulletin des agriculteurs*, vol. 39, n° 5, mai 1943, p. 10, 33, 36-39.

La grande Berthe, dans le *Bulletin des agriculteurs*, vol. 39, n° 6, juin 1943, p. 4-9, 39-49.

La pension de vieillesse, dans le *Bulletin des agriculteurs*, vol. 39, n° 11, novembre 1943, p. 8, 32-33, 36.

1944

La prodigieuse aventure de la compagnie d'aluminium, dans le *Bulletin des agriculteurs*, vol. 40, n° 1, janvier 1944, p. 6-7, 24-25.

Le pays du Saguenay : son âme et son visage, dans le *Bulletin des Agriculteurs*, vol. 40, n° 2, février 1944, p. 8-9, 37.

L'Ile-aux-Coudres, dans le *Bulletin des agriculteurs*, vol. 40 n° 3, mars 1944, p. 10-11, 43-45.

Un jour, je naviguerai, dans le *Bulletin des agriculteurs*, vol. 40, n° 4, avril 1944, p. 10, 51-53.

Une voile dans la nuit, dans le *Bulletin des agriculteurs*, vol. 40, n° 5, mai 1944, p. 9, 49, 53.

Allons, gai, au marché, dans le *Bulletin des agriculteurs*, vol. 40, n° 10, octobre 1944, p. 8-9, 17-20.

Physionomie des Cantons de l'Est, dans le *Bulletin des agriculteurs*, vol. 40, n° 11, novembre 1944, p. 10-11, 47-48.

L'accent durable, dans le *Bulletin des agriculteurs*, vol. 40, n° 12, décembre 1944, p. 10-11, 42-44.

1945

La vallée Houdou, dans *Amérique française*, février 1945, p. 4-10.

Le carrousel industriel des Cantons de l'Est I, dans le *Bulletin des agriculteurs*, vol. 41, n° 2, février 1945, p. 8-10, 27-29.

Le carrousel industriel des Cantons de l'Est II, dans le *Bulletin des agriculteurs*, vol. 41, n° 3, mars 1945, p. 8-11, 18.

L'appel de la forêt, dans le *Bulletin des agriculteurs*, vol. 41, n° 4, avril 1945, p. 10-13, 54, 56-58.

Le long, long voyage, dans le *Bulletin des agriculteurs*, vol. 41, n° 5, mai 1945, p. 8-9, 51-52.

La magie du coton, dans le *Bulletin des agriculteurs*, vol. 41, n⁰ 9, septembre 1945, p. 8-10, 26-27.

La forêt canadienne s'en va-t-aux presses, dans le *Bulletin des agriculteurs*, vol. 41, n⁰ 10, octobre 1945, p. 8-11, 19.

Dans la vallée de l'or, dans le *Bulletin des agriculteurs*, vol. 41, n⁰ 11, novembre 1945, p. 8-10, 51-52.

1946

Un vagabond frappe à notre porte, dans *Amérique Française*, janvier 1946, p. 29-51.

La source au désert I, dans le *Bulletin des agriculteurs*, vol. 42, n⁰ 10, octobre 1946, p. 10-11, 30-47.

La source au désert II, dans le *Bulletin des agriculteurs*, vol. 42, n⁰ 11, novembre 1946, p. 13, 42-48.

1947

Dead-Leaves, dans *Maclean's*, Toronto, 1ᵉʳ juin 1947, p. 20, 37-38, 40, 42.

La lune des moissons, dans la *Revue moderne*, vol. 29, n⁰ 5, septembre 1947, p. 12-13.

Security, dans *Maclean's*, Toronto, 15 septembre 1947, p. 20-21, 36, 39.

Réponse de Mademoiselle Gabrielle Roy, dans *Société Royale du Canada*, section française, n⁰ 5, 1947-1948, p. 35-48.

1948

Bonheur d'occasion aujourd'hui, dans le *Bulletin des agriculteurs*, vol. 44, n⁰ 1, janvier 1948, p. 6-7, 20-23.

Feuilles mortes, dans la *Revue de Paris*, 56ᵉ année, n⁰ 1, janvier 1948, p. 46-55. (Traduction de *Dead-Leaves*).

Sécurité, dans la *Revue moderne*, vol. 29, n⁰ 11, mars 1948, p. 12-13, 66-68. (Traduction de *Security*).

The Vagabond, dans *Mademoiselle*, New York, May 1948, p. 34 (photo de l'auteur), 136, 137, 218-233. (Traduction de *Un vagabond frappe à notre porte*).

Chez-nous, dans le *Devoir*, 17 juillet 1948, p. 5.

La justice en Danaca et ailleurs, dans les *Oeuvres Libres*, Paris, librairie Arthème Fayard, nouvelle série, n⁰ 23, 1948, p. 163-181.

1951

Sainte-Anne-la-Palud, dans la *Nouvelle revue canadienne*, Ottawa, vol. 1, n⁰ 2, avril-mai 1951, p. 12-18.

1952

La Camargue, dans *Amérique française*, mai-juin 1952, p. 8-18.

1954

Souvenirs du Manitoba, dans *Mémoires de la Société Royale du Canada*, t. 48, 3ᵉ série, juin 1954, 1ʳᵉ section, p. 1-6.

1955

Souvenirs du Manitoba, dans la *Revue de Paris*, 62ᵉ année, n⁰ 2, février 1955, p. 77-83.

Souvenirs du Manitoba, dans le *Devoir*, 15 novembre 1955, p. 17.

1956

Comment j'ai reçu le Fémina, dans le *Devoir,* 15 décembre 1956, p. 2, 7.

1962

Quelques réflexions sur la littérature canadienne d'expression française, dans le *Quartier latin,* Montréal, 27 février 1962, p. 7.

Le Manitoba, dans le *Magazine Maclean,* vol. 2, n⁰ 7, juillet 1962, p. 18-21, 32-38.

Sister Finance, dans *Maclean's Magazine,* Toronto, 15 décembre 1962, p. 35, 38-44.

Les terres nouvelles de Jean-Paul Lemieux, dans *Vie des arts,* Montréal, n⁰ 29, hiver 1962-1963, p. 39-43.

1963

Ma vache, dans *Terre et foyer,* Québec, juil.-août 1963, p. 9, 10, 25.

Ma cousine économe, dans le *Magazine Maclean,* vol. 3, n⁰ 8, août 1963, p. 26, 41-46. (Traduction de *Sister Finance*).

1964

Témoignage, dans *Le roman canadien français,* Archives des Lettres canadiennes, t. III, Montréal, Fides, 1964, p. 302-306.

1967

Préface, dans *René Richard,* Québec, Musée du Québec, avril-mai 1967.

Gabrielle Roy proteste contre la leçon qu'entend servir de Gaulle au Canada français, dans le *Soleil,* Québec, 29 juillet 1967, p. 3.

Les SSJB remercient le Québec pour la chaleur de son accueil. Mme Gabrielle Roy dénonce de Gaulle, dans le *Devoir,* 31 juillet 1967, p. 3.

Introduction, dans *Terre des Hommes,* Montréal et Toronto, La Cie canadienne de l'Exposition universelle de 1967, p. 21-60.

1969

Germaine Guèvremont, 1900-1968, dans *Délibérations de la Société Royale du Canada,* série IV, tome VII, 1969, p. 74-77.

1970

Mon héritage du Manitoba, dans *Mosaïc 3:3,* Manitoba in Literature : An Issue on Literary Environment ; A Journal for the Comparative Study of Literature and Ideas Published by the University of Manitoba Press. Vol. 3, n⁰ 3, Spring 1970, p. 69-80.

L'Arbre, dans *Cahiers de l'Académie canadienne-française,* n⁰ 13, *Versions.* Montréal, 1970, p. 5-27.

e) ENTREVUES

Paterson, B. *Gabrielle Roy's Novel of St. Henri Realizes Fragile Five-Year Hope,* dans *The Gazette,* Montréal, 29 août 1945, p. 11-12.

Deacon, W.-A. *Celebrity Hopes Fame Won't Interrupt Work,* dans le *Globe and Mail,* Toronto, 22 février 1947, p. 12.

Duncan, D. *Triomphe de Gabrielle,* dans *Maclean's Magazine,* April 15, 1947, p. 23, 51-54.

Desmarchais, Rex. *Gabrielle Roy vous parle d'elle et de son roman,* dans le *Bulletin des agriculteurs,* Montréal, mai 1947, p. 8-9, 36-39, 43-44.

Anonyme. *People Who Read and Write* dans le *New York Times Book Review*, 1er juin 1947, p. 8.

Guth, Paul. *Un quart d'heure avec Gabrielle Roy.* *Prix Fémina 1947, auteur de Bonheur d'occasion*, dans *Flammes : bulletin d'information des éditions Flammarion*, no 9, décembre 1947, p. 1-4.

Guth, Paul. *L'interview de Paul Guth : Gabrielle Roy, prix Fémina 1947*, dans la *Gazette des lettres*, Paris, 13 décembre 1947, p. 1-2 (Cet article est une reprise du précédent).

Ringuet. *Prix Fémina 1949 (sic), Gabrielle Roy publie « La Petite Poule d'Eau »*, dans *Flammes, Bulletin d'information des éditions Flammarion*, Paris, no 36, mai 1951, p. 6-8. Reproduit sous le titre *Conversation avec Gabrielle Roy*, dans la *Revue populaire*, 44e année, no 10, octobre 1951, p. 4.

Anonyme. *Rencontre avec Gabrielle Roy*, dans *Points de vue*, St-Jérôme, novembre 1955, vol. 5, no 3, p. 6-7.

Robillard, J.-P. *Interview-éclair avec Gabrielle Roy*, dans le *Petit Journal*, Montréal, 8 janvier 1956, p. 48.

Duval, Monique. *Notre entrevue du jeudi : Gabrielle Roy écrivain*, dans l'*Evénement-Journal*, Québec, 17 mai 1956, p. 4,6.

Anonyme. *Gabrielle Roy nous parle de son Fémina*, dans la *Presse*, Montréal, 13 décembre 1956.

Allaire, Emilia B. *Notre grande romancière : Gabrielle Roy*, dans l'*Action catholique*, Québec, 5 juin 1960, p. 16.

Jasmin, Judith. *Entrevue avec Gabrielle Roy*, à l'émission télévisée *Premier-Plan*, 30 janvier 1961, Radio-Canada, canal 2, Montréal.

Murphy, John J. *Visit with Gabrielle Roy*, dans *Thought*, Fordham University Quarterly, vol. XXXVIII, New York, no 150, Autumn 1963, p. 447-455.

Anonyme. *Gabrielle Roy* dans *Le roman canadien-français ; évolution, témoignages, bibliographie*, Montréal et Paris, Fides, Archives des lettres canadiennes, no 3, publication du Centre de recherches de littérature canadienne-française de l'Université d'Ottawa, 1964, p. 302-306.

Tasso, L. *« Bonheur d'occasion » est le témoignage d'une époque, d'un endroit et de moi-même* (Gabrielle Roy), dans la *Presse*, Montréal 17 avril 1965, p. 9 ; texte reproduit dans la *Liberté et le patriote*, Winnipeg, vol. 53, no 4, 22 avril 1965, p. 6.

Anonyme. *Gabrielle Roy : des nouvelles*, dans la *Presse*, Montréal, 15 janvier 1966, *Supplément Arts, lettres, spectacles, radio-télé*, p. 2.

Parizeau, Alice. *Gabrielle Roy, la grande romancière canadienne*, dans *Châtelaine*, Montréal, vol. 7, no 4, avril 1966, p. 44, 118-123, 137, 140.

Parizeau, Alice. *La grande dame de la littérature québécoise*, dans la *Presse*, Montréal, 23 juin 1967, p. 20-21, 23.

Bessette, Gérard. *Interview avec Gabrielle Roy*, Québec, 2 septembre 1965, dans *Une littérature en ébullition*, Montréal, Editions du Jour, 1968, p. 303-308.

Beaudry, Pauline. *« Répondre à l'appel intérieur... »*, dans *Terre et foyer*, vol. XXVII, no 7, décembre 1968-janvier 1969, p. 5-8.

Morissette, Robert. *Interview avec Gabrielle Roy* dans *La vie ouvrière urbaine dans le roman canadien-français contemporain*, thèse présentée à la Faculté des Lettres de l'université de Montréal pour l'obtention du grade de Maître ès arts ; (les propos de Gabrielle Roy ont été recueillis par Jacques Verreault, Roland Bujold et André Pagé), 1970, p. 164-168.

II. ÉTUDES SUR L'ŒUVRE OU LA VIE DE GABRIELLE ROY

a) ÉTUDES D'ENSEMBLE

Allaire, Emilia B. *Gabrielle Roy*, dans *Têtes de femmes, essais biographiques* ; préface de Mgr Arthur Maheu. Québec, Editions de l'Equinoxe, 4è éd. 1965, p. 211-220.

Anonyme. *Le Cercle Molière* dans la *Liberté et le patriote*, 24 octobre 1934.

Les acteurs du Molière au Festival dramatique dans la *Liberté et le patriote*, 6 février 1935.

Une belle représentation du Cercle Molière : « *Les sœurs Guédonec* » *et* « *Stradivarius* » dans la *Liberté et le patriote*, 15 avril 1936.

De nombreux parents et amis assistent aux funérailles de Mme Léon Roy dans la *Liberté et le patriote*, 7 juillet 1943.

A Canadian Is Acclaimed dans *Manitoba Free Press*, March 17, 1947.

About Miss Roy dans *The Winnipeg Tribune*, April 26, 1947.

Mme G. Roy-Carbotte à la Société Royale du Canada dans la *Liberté et le patriote*, 3 octobre 1947.

Gabrielle Roy Announced Winner of Top Canadian Fiction Award dans *The Winnipeg Tribune*, May 22, 1948.

Gabrielle Roy, bulletin des Editions Flammarion reproduisant des extraits de presse sur *Bonheur d'occasion, La Petite Poule d'Eau, Alexandre Chenevert*. Appréciations de Robert Kemp, Hervé Bazin, René Lalou, V.H. Debidour, André Thérive, Pierre Descaves, André Billy, Alain Palante, Jean Mauduit; Paris, février 1955.

Gabrielle Roy, dans *Vedettes* (« *Who's who* » en français), Montréal, Société Nouvelle de Publicité incorporée, 1962, 4e édition, p. 299.

Jeux du romancier et des lecteurs, dans le *Devoir*, Montréal, 5 décembre 1955, p. 6.

Quebec Writers Reflect Changing Culture, dans *Saturday Night*, Toronto, vol. 72, no 3, April 14, 1956, p. 5.

Gabrielle Roy, bulletin des Editions Flammarion reproduisant des extraits de presse sur *Bonheur d'occasion, La Petite Poule d'Eau, Alexandre Chenevert, Rue Deschambault*. Appréciations de Robert Kemp, Hervé Bazin, René Lalou, André Thérive, Pierre Descaves, André Billy, Jean Mauduit, Lucien Guissard, H. Holstein ; Paris, juillet 1956. (Ce bulletin reproduit quelques-uns des jugements qui apparaissent dans le bulletin de février 1955).

The World His Burden, dans *Northern Echo*, Priestgate, Darlington, England, November 30, 1956.

Causerie exquise de M.A. Corriveau sur la carrière de Gabrielle Roy, dans la *Liberté et le patriote*, Winnipeg, vol. 52, no 13, 4 février 1965, p. 5.

Cinq hommes nous racontent leurs souvenirs sur nos deux plus prestigieuses romancières : Gabrielle Roy et Germaine Guèvremont, dans le *Devoir*, Montréal, 19 avril 1965, p. 7.

Gabrielle Roy et son œuvre, dans le *Devoir*, Montréal, 21 janvier 1967, p. 15.

Artus, Louis. *Lettres de Montréal*, dans les *Nouvelles littéraires*, Paris, 24 juillet 1947, p. 5.

Avard, Lucille. *Gabrielle Roy a lu Homère et... part pour la Grèce*, dans la *Presse*, Montréal, 2 septembre 1961, p. 6.

Baillargeon, S. *Madame Gabrielle Roy*, dans *Littérature canadienne-française*, Montréal et Paris, Fides, 1957, p. 387-393.

Bernier, Germaine. *A la Société Royale*, dans le *Devoir*, 19 mai 1948.

Bessette, Gérard. *French Canadian Society as seen by Contemporary Novelist*, dans *Queen's Quarterly*, 1962, n° 2, p. 177-197.

La romancière et ses personnages, dans *Une littérature en ébullition*, Montréal, Editions du Jour, 1968, p. 279-301.

Bessette, Gérard, L. Geslin et C. Parent. *Histoire de la littérature canadienne française par les textes*, Montréal, Centre éducatif et culturel, 1968, p. 451-472.

Bouffard, Odoric. *Le Canadien français entre deux mondes*, dans *Culture*, Québec, n° 28, 1967, p. 347-356.

Bride, J. Harvey. *Bio-bibliographie de Gabrielle Roy* (Submitted to the Department of French in fulfillment of the requirement for the degree of Master of Philosophy). Toronto, November 1970, 199p. (Texte ronéotypé).

Brochu, André. *Un aperçu sur l'œuvre de Gabrielle Roy*, dans le *Quartier latin*, 20 fév. 1962, p. 8 ; 22 fév. 1962, p. 4 ; 27 fév. 1962, p. 11.

Brown, A. *Gabrielle Roy and The Temporary Provincial*, dans *The Tamarack Review*, n° 1, Autumn 1956, p. 61-70.

Brunet, Berthelot. *Histoire de la littérature canadienne-française suivie de portraits d'écrivains*, Montréal, H.M.H., Coll. Reconnaissances, 1970, p. 161-164.

Chantal, René de. *Vous n'êtes plus seule, Gabrielle Roy*, dans le *Droit*, Ottawa, 2 novembre 1955, p. 8.

Charbonneau, Robert. *Gabrielle Roy*, dans *Romanciers canadiens*. Québec, Presses de l'Université Laval, coll. Vie des lettres canadiennes, 1972, p. 107-114.

Charland, Roland-M. et Jean-Noël Samson. *Gabrielle Roy*, Montréal, Fides, Coll. Dossiers de documentation sur la littérature canadienne-française, 1967, feuillets détachés, 90p.

Choquette, Adrienne. *Un Album sur l'Expo, véritable revue d'art*, dans le *Devoir*, Montréal, 5 septembre 1967, p. 4.

Cloutier, C. *L'homme dans le roman écrit par les femmes*, dans *Incidences*, n° 5, avril 1964, p. 9-12.

Collaboration, En. *Gabrielle Roy*, dans *Mes fiches*, n° 276, octobre 1952, C84"19".

Collet, Paulette. *Les paysages d'hiver dans le roman canadien-français*, dans la *Revue de l'Université Laval*, vol. 17, n° 5, janvier 1963, p. 417 ; n° 6, février 1963, p. 553-554.

L'Hiver dans le roman canadien-français. Québec, Presses de l'Université Laval, coll. Vie des Lettres canadiennes, 1965, 281p.

Comeau, Amélia Marie. *Les romans de Gabrielle Roy ; étude des principaux personnages*. Thèse de Maîtrise ès Arts, Université de Montréal, 1967, 116p.

Constantineau, Gilles. *Requiem pour Gabrielle Roy*, dans *Nouveau journal* (supplément), Montréal, n° 52, 1re année, 4 novembre 1961, p. 7.

De Blois, André. *Présence de Madame Roy, mère, dans l'œuvre de sa fille, Gabrielle*. Mémoire de licence présenté au Département de littérature canadienne de l'Université Laval, mars 1967, 23p.

Desnues, R.-M. *Gabrielle Roy*, dans *Livres et lectures*, revue bibliographique, Paris, avril 1951, p. 199-202.

Gabrielle Roy, dans le *Devoir*, Montréal, 23 juin 1956, p. 5.

Desrochers, J.-P. *La famille dans l'œuvre de Gabrielle Roy*. Thèse de Maîtrise ès Arts, Université Laval, Québec, 1965, 94p.

Duhamel, Roger. *De naïves louanges pour Gabrielle Roy*, dans *Photo-Journal*, Montréal, vol. 30, n° 34, 7 décembre 1966, p. 87.

Fairley, Margaret. *Gabrielle Roy's Novels*, dans *New Frontiers*, Toronto, vol. 5, n° 1, Spring 1956, p. 7-10.

Falardeau, J.-C. *Les milieux sociaux dans le roman canadien-français contemporain*, dans *Littérature et société canadienne-française*, 2ᵉ colloque de la revue *Recherches sociographiques*, Québec, PUL., 1964, p. 124-144.

Recherche d'une voie, Dans *Canadian Literature*, Toronto, n° 11, hiver 1962, p. 5-13.

Gaulin, Michel-Lucien. *Le thème du bonheur dans l'œuvre de Gabrielle Roy*, thèse de Maîtrise ès Arts, Université de Montréal, Faculté des Lettres, 1961, 165p.

Le monde romanesque de Roger Lemelin et de Gabrielle Roy, dans *Le roman canadien-français*, Archives des Lettres canadiennes, t. III, Montréal, Fides, 1965, p. 133-151.

Gay, Paul. *Notre littérature ; guide littéraire du Canada français à l'usage des niveaux secondaire et collégial*, Montréal, H.M.H., 1969, p. 138-142.

L'amour dans le roman canadien-français, I, dans l'*Enseignement secondaire*, vol. 44, n° 5, nov.-déc. 1965, p. 233-248.

Le roman canadien-français de 1900 à nos jours, dans l'*Enseignement secondaire*, vol. 43, n° 1, janvier 1964, p. 21-26.

Genuist, M. *La création romanesque chez Gabrielle Roy*. Montréal, Le Cercle du Livre de France, 1966, 174p.

Grandpré, Pierre de. *Histoire de la littérature française du Québec*, Montréal, Beauchemin, 1969, p. 26-35.

Grosskurth, Phyllis. *Gabrielle Roy*. Toronto, Forum House Publishing Company, Coll. Canadian Writers and their Works, 1969, 64p.

Harvey, Eliabeth. *New Novels*, dans *Birmingham Post*, England, November 20, 1956.

Hayne, D.M. *Gabrielle Roy*, dans *The Canadian Modern Language Review*, vol. 21, n° 1, October 1964, p. 20-26.

Les grandes options de la littérature canadienne-française, dans *Etudes françaises*, Montréal, 1ʳᵉ année, n° 1, février 1965, p. 68-69.

Houle, Jean-Pierre. *Une vieille dame reçoit*, dans le *Devoir*, 4 octobre 1947.

Hutchinson, Helen. *A Bridge Between Points of View*, dans *The Daily Star*, Toronto, March 25, 1967.

Isabelle, Robert. *Gabrielle Roy : signification de l'œuvre*. Mémoire de licence présenté au Département de littérature canadienne de l'Université Laval, mai 1968.

Lafond, Andréanne. *Gabrielle Roy*, dans *Points de vue*, St-Jérôme, vol. 1, n° 3, novembre 1955, p. 3.

Lanctot, G. *Présentation de Mademoiselle Gabrielle Roy*, dans *Société Royale du Canada*, section française, n° 5, année académique 1947-48, p. 29-34. Texte reproduit dans l'*Action Universitaire*, t. 14, n° 2, janv. 1948, p. 174-179.

Langevin, André. *A la société royale : Réception de Mme Gabrielle Roy et de M. Léon Lorrain*, dans *Notre Temps*, Montréal, 4 octobre 1947, p. 2.

Lapointe, J. *Quelques apports positifs de notre littérature d'imagination*, dans *Cité Libre*, Montréal, n⁰ 10, oct. 1954, p. 17-36.

La Palme, Robert. Caricature sur la page couverture de la *Nouvelle Relève*, Montréal, juillet 1947.

Laurence, Jean-Marie. *La langue et le style de nos écrivains*, dans l'*Enseignement primaire*, mai-juin 1952, p. 844-847.

Lauzières, A.-E. *Bonheur d'occasion, La Petite Poule d'Eau, Alexandre Chenevert (Coups de sonde dans le roman canadien)*, dans *Revue de l'Université d'Ottawa*, vol. 26, n⁰ 3, juil.-sept. 1956, p. 312-313.

Le Grand, Albert. *Gabrielle Roy ou l'être partagé*, dans *Etudes françaises*, Montréal, 1ʳᵉ année, n⁰ 2, juin 1965, p. 39-65.
La littérature canadienne-française, dans *Histoire de la littérature française*, tome 2, sous la direction de Jacques Roger, Paris, A. Colin, Coll. U., 1970, p. 1043.

Le Vasseur, J.-M. *Gabrielle Roy, peintre de la famille canadienne-française.* Thèse de Maîtrise ès Arts, Faculté des Lettres, Université de Montréal, 1960, 87p.

Légaré, R. *Le prêtre dans le roman canadien-français*, dans *Le roman canadien-français*, Archives des Lettres canadiennes, tome 3, Montréal, Fides, 1965, p. 165-181.

L'Illettré (Pseudonyme de Harry Bernard). *Gabrielle Roy à la Société Royale*, dans le *Droit*, Ottawa, 4 juillet 1947.

L'œuvre romanesque de Gabrielle Roy, dans le *Bien public*, Trois-Rivières, vol. 56, n⁰ 4, 27 janvier 1967, p. 4. Reproduit dans la *Liberté et le patriote*, Winnipeg, vol. 54, n⁰ 43, 2 février 1967, p. 9 ; dans le *Droit*, Ottawa, vol. 54, n⁰ 303, 25 mars 1967, p. 6.

Maillet, Antonine (Sr Marie-Grégoire). *La femme et l'enfant dans l'œuvre de Gabrielle Roy.* Thèse de Maîtrise ès Arts, Université St-Joseph, Moncton, 102p.

Malouin, Reine. *Gabrielle Roy et la terre des hommes*, dans *Poésie*, vol. 2, n⁰ 4, Québec, automne 1967, p. 3-5.

* * * *Manitoba Authors, Ecrivains du Manitoba* ; préface de Guy Sylvestre, Ottawa, Bibliothèque Nationale, 1970, p. 234-243.

Marcotte, Gilles. *Brève histoire du roman canadien-français*, dans *Une littérature qui se fait*, Montréal, H.M.H., 1962, p. 39-42.

Marie-du-Rédempteur (Sr). *Le thème de la solitude dans l'œuvre de Gabrielle Roy.* Thèse de Maîtrise ès Arts, Faculté des Lettres, Université de Montréal, 1963, 106p.

McPherson, H. *The Garden And The Cage*, dans *Canadian Literature*, n⁰ 1, été 1959, p. 46-57.

Moore, Brian. *The Woman on Horseback*, dans *A Century of Achievement; Great Canadians*, selected by The Rt. Hon. Vincent Massey, George Ferguson, Maurice Lebel, W. Kayne Lamb, Hilda Neatby; illustrated by Franklin Arbuckle. Toronto, The Canadian Centennial Library, 1965, p. 95-99.

Morin, Yvon. *La création romanesque chez Gabrielle Roy*, dans l'*Evangéline*, Moncton, 11 février 1967, p. 4.

Murphy, John J. *Visit With Gabrielle Roy*, dans *Thought*, Fordham University Quarterly, vol. XXXVIII, n⁰ 150, Autumn 1963, p. 447-455.

O'Leary, Dostaler. *Romancières de chez nous*, dans *Huit conférences* (conférence du 8 mai 1951), saison 1951-1952, p. 142-144.

Le roman canadien-français, Montréal, Le Cercle du Livre de France, 1954, p. 89-93.

Paradis, S. *Femme fictive, Femme réelle. Le personnage féminin dans le roman féminin canadien-français*. Québec, Garneau, 1966, p. 45-62.

Pépin, Jeannette, o.s.v. *Valeur de l'action humaine chez Gabrielle Roy d'après la pensée de Teilhard de Chardin*. Mémoire de licence présenté au Département de littérature canadienne de l'Université Laval, avril 1969, 49p.

Pontaut, Alain. *L'idéologie nationaliste de Gabrielle Roy à Marie-Claire Blais*, dans *Arts et Lettres*, vol. 83, n⁰ 57, 11 mars 1967, p. 41.

Richer, Julia. *La justice en Danaca*, dans *Notre Temps*, Montréal, 28 février 1948, p. 4.

Roy, P.-E., c.s.c. *Gabrielle Roy ou la difficulté de s'ajuster à la réalité*, dans *Lectures*, nouvelle série, vol. 11, n⁰ 3, novembre 1964, p. 55-61. Reproduit dans *l'Action*, Québec, 27 novembre 1964, p. 21 ; reproduit en extraits dans *Mes fiches*, n⁰ 397, février 1965, C84"19".

Sainte-Marie, Paule. *Les personnages de Gabrielle Roy présents à leur corps et au monde*, dans le *Droit*, Ottawa, vol. 53, n⁰ 51, 2 mars 1966, p. 4.

Sainte-Marie-Eleuthère, Sœur. *La mère dans le roman canadien-français*, Québec, Presses de l'Université Laval, 1964, p. 170-193.

Saint-Pierre, Annette, s.j.s.h. *Gabrielle Roy sous le signe du rêve*, thèse présentée à la Faculté des Arts de l'Université d'Ottawa par l'intermédiaire du département de Français en vue de l'obtention de la Maîtrise ès Arts. Ottawa, 1970, 198 p.

Samson, Jean-Noël. Voir Charland, Roland-M.

Sylvestre, Guy, B. Conron et C. Klinck. *Gabrielle Roy*, dans *Ecrivains canadiens — Canadian Writers*. Montréal, H.M.H., 1964, p. 121-122.

Tassié, J.-S. *La société à travers le roman canadien-français*, dans *Le roman canadien-français*, Archives des Lettres canadiennes, tome III, Montréal, Fides, 1965, p. 153-164.

Tougas, Gérard. *Bilan d'une littérature naissante*, dans *Canadian Literature*, Toronto, n⁰ 1, été 1959, p. 37-44.

Gabrielle Roy, dans *Histoire de la littérature canadienne-française*, Paris, Presses Universitaires de France, 1964, p. 156-160.

Tuchmaïer, H.-S. *L'évolution du roman canadien*, II, dans la *Revue de l'University Laval*, vol. 14, n⁰ 3, novembre 1959, p. 235-247.

Vachon, Georges-André. *Les valeurs religieuses : Un roman actuel trop enfoncé dans l'Ancien Testament ?* dans le *Devoir*, Montréal, 7 novembre 1964, p. 27.

Chrétien ou Montréalais, dans *Maintenant*, n⁰ 38, février 1965, p. 71-72.

Gabrielle Roy : de Saint-Henri à la rue Sainte-Catherine, dans la *Presse*, supplément *Arts et lettres*, 3 avril 1965.

L'espace politique et social dans le roman québécois, dans *Recherches sociographiques*, vol. VII, n⁰ 3, Québec, Presses de l'Université Laval, 1966, p. 261-273.

Viatte, Auguste. *Histoire de l'Amérique française des origines à 1950*, Paris, PUF, Québec PUL, 1954, p. 213-214.

Warwick, Jack. *The long Journey. Literary Themes of French Canada.* Toronto, University of Toronto Press, 1968, passim.

Werier, Val. *Gabrielle Roy In City ; Realist Expert Is Romanticist on Age Topic*, dans *Winnipeg Tribune*, May 1, 1947.

b) BONHEUR D'OCCASION

Alain, A. *Bonheur d'occasion*, dans le *Devoir*, 15 sept. 1945, p. 3.

Ambrière, F. *Gabrielle Roy, écrivain canadien*, dans la *Revue de Paris*, 54e année, no 12, déc. 1947, p. 136-137.

Anonyme. « *Bonheur d'occasion* » *traduit en tchèque*, dans la *Voix populaire*, 21 août 1946, p. 4.

« *Bonheur d'occasion* » *par Gabrielle Roy*, dans la *Voix populaire*, 11 décembre 1946, p. 17.

St-Henri dévoilé aux yeux du monde entier. « *Bonheur d'occasion* » *sera porté à l'écran*, dans la *Voix populaire*, 5 mars 1947, p. 1.

« *Bonheur d'occasion* » *revendu pour $100,000*, dans le *Devoir*, 21 mars 1947, p. 3.

De fil en aiguille : Publication de « *The Tin Flute* », dans *Notre temps*, 26 avril 1947, p. 5.

A Story of the Shadow of Poverty : Long-Heralded Tin Flute Masterpiece of Realism, dans *The Winnipeg Tribune*, April 26, 1947.

Miss Roy In Winnipeg : Author of « *Tin Flute* » *Has Two Pet Peeves*, dans *Winnipeg Free Press*, May 3, 1947.

La critique américaine et « *Bonheur d'occasion* », dans *Notre temps*, 24 mai 1947, p. 4.

Une controverse sur « *Bonheur d'occasion* », *St-Henri présenté sous un mauvais jour*, dans la *Voix populaire*, 25 juin 1947, p. 1.

« *Tin Flute* » *Criticized for Moral Code Omission* dans *North-Western Review*, Winnipeg, July 3, 1947.

Les malheurs de ce bonheur d'occasion, dans la *Voix populaire*, 15 octobre 1947, p. 4.

Critique de « *Bonheur d'occasion* » dans le *Devoir*, 31 octobre 1947.

Deux écrivains au cinéma, dans *Notre temps*, 20 décembre 1947, p. 5.

« *Bonheur d'occasion* », dans *Revue des cercles d'études d'Angers*, 8e année, janvier 1948, 3e cercle, feuillet no 3.

Le prix Fémina et le blé, dans *Notre temps*, 14 février 1948, p. 4.

Gabrielle Roy, dans *Royal Society of Canada, Proceedings and transactions*, (1948), p. 48-49.

L'heure de votre Fémina, dans les *Nouvelles littéraires*, Paris, 2 décembre 1954, p. 4.

Un roman millionnaire, dans la *Presse*, 15 mai 1965, Supp. *Arts et Lettres*, p. 3.

Bonheur d'occasion, dans la *Patrie*, 1er juillet 1965, section Magazine, p. 3.

Barjon, L. *Chronique des lettres*, dans *Etudes*, 81e année, t. 256, janvier 1948, p. 102-106.

Beraud, J. *Bonheur d'occasion*, dans la *Presse*, 31 juillet 1945, p. 30.

Bernier, G. *Hommages et critiques autour de* « *Bonheur d'occasion* », dans le *Devoir*, 24 janvier 1948, p. 5.

Bertrand, T. « *Bonheur d'occasion* » *aujourd'hui*, dans *Lectures*, t. III, novembre 1947, p. 155-157.

Bonheur d'occasion, dans *Mes fiches*, no 176, 1945, p. 23.

Bérubé, Laurent. *L'espace dans « Bonheur d'occasion ».* Mémoire de licence présenté au Département de littérature canadienne de l'Université Laval, Québec, 1969, 57p.

Bessette, Gérard. *Bonheur d'occasion,* dans l'*Action universitaire,* tome 18, no 4, juillet 1952, p. 53-74. Repris dans *Une littérature en ébullition,* Montréal, Editions du Jour, 1968, p. 219-238.

Bonheur d'occasion ; Appendice ; Correspondance entre les personnages et le milieu physique dans « Bonheur d'occasion », dans *Une littérature en ébullition,* Montréal, Editions du Jour, 1968, p. 219-277.

French Canadian Society As Seen by Contemporary Novelist, dans *Queen's Quarterly University,* 1962, no 2, p. 177-197.

Blais, Jacques, *L'unité organique de « Bonheur d'occasion »,* dans *Etudes françaises,* Montréal, vol. VI, no 1, février 1970, p. 25-50.

Bosco, M. *L'isolement dans le roman canadien-français.* Thèse de doctorat, Faculté des Lettres, *Université de Montréal,* 1953, p. 55-57.

Bourin, André. *« Bonheur d'occasion », Prix Fémina, par Gabrielle Roy,* dans *Paru, l'actualité littéraire, intellectuelle et artistique,* Paris, janvier 1948, p. 23-24.

Brochu, André. *La nouvelle relation écrivain-critique,* dans *Parti-Pris,* vol. 2, no 5, janvier 1965, p. 52-62.

Thèmes et structures de « Bonheur d'occasion », essai, dans *Ecrits du Canada français,* tome 22, Montréal, Ecrits du Canada français, 1966, p. 163-208.

Brunet, B. *Bonheur d'occasion,* dans *La nouvelle relève,* vol. 4, no 4, septembre 1945, p. 352-354.

C.E.D. *Bonheur d'occasion,* dans *Le Canada français,* vol. 33, no 2, octobre 1945, p. 156.

Charasson, H. *Bonheur d'occasion,* dans le *Devoir,* 26 juin 1948, p. 9.

Collin, W.E. *Bonheur d'occasion,* dans *University of Toronto Quarterly,* vol. 15, no 4, July 1946, p. 412-413.

Collaboration, En. *Bonheur d'occasion,* dans *Mes fiches,* octobre 1965, no 43.

Compton, Neil. *Sober Realism. Tragedy of St-Henri,* dans *The Gazette,* Montreal, April 26, 1947, p. 11.

Damnan, V. *The Tin Flute,* dans *Liaison,* no 5, mai 1947, p. 294-297.

Dartis, L. *La genèse de « Bonheur d'occasion »,* dans la *Revue Moderne,* vol. 29, no 1, mai 1947, p. 9, 26.

Deacon, William Arthur. *Superb French-Canadian Novel Is About Montreal's Poor Folk,* dans *The Globe and Mail,* Toronto, April 26, 1947, p. 13.

Debray, Pierre. *L'embarras du choix,* dans *Témoignages chrétiens,* 12 décembre 1947. Reproduit dans la *Voix populaire,* 19 mai 1948, p. 12.

De Grandpré, Jacques. *La traduction de « Bonheur d'occasion »,* dans le *Devoir,* Montréal, 8 février 1947, p. 5.

Delage, Jean-Marie. *« Bonheur d'occasion », roman de Gabrielle Roy,* dans le *Carabin,* Québec, 12 octobre 1945, p. 6.

Descaves, Pierre. *Un grand prix littéraire français à une romancière cadienne,* dans le *Devoir,* Montréal, 20 décembre 1947, p. 10-11.

Desmarchais, Rex. *Gabrielle Roy vous parle d'elle et de son roman,* dans le *Bulletin des agriculteurs,* Montréal, mai 1947, p. 8-9, 36-39, 43-44.

Duché, Jean. *Les dames du prix Fémina ont une lauréate canadienne,* dans le *Figaro littéraire,* Paris, 6 décembre 1947, p. 1, 6.

Dugré, A. *Trois livres, deux réalités,* dans *Relations,* 5e année, n⁰ 60, déc. 1945, p. 321.

Duhamel, R. *Bonheur d'occasion,* dans l'*Action Nationale,* vol. 26, 1945, p. 137-142. Reproduit dans *Présence de la critique.* Critique et littérature contemporaine au Canada français. Textes choisis par Gilles Marcotte, Montréal, H.M.H., 1966, p. 43-46.

Coup d'œil sur la littérature franco-canadienne, dans l'*Action universitaire,* t. 14, 1947, p. 5-12.

Elot, M. *Le prix Fémina à Gabrielle Roy,* dans les *Nouvelles littéraires,* 4 déc. 1945, p. 321.

Ethier-Blais, Jean. *Un cruel abandon qui ne sera pas vrai,* dans le *Devoir,* 31 octobre 1967, p. 3.

Filiatrault, J. *Le bonheur dans le roman canadien-français,* dans *Liberté* 18, nouvelle série, vol. 3, n⁰ 6, déc. 1961, p. 754.

Florent, Paul. *Ainsi parle le lecteur :* A propos de « *Bonheur d'occasion* » dans le *Devoir,* 10 mai 1948.

Gaboury, J.-M., c.s.c. *Bonheur d'occasion,* dans *Lectures,* t. III, janvier 1948 p. 261-264.

Gagnon, L.-P. *Bonheur d'occasion,* dans le *Droit,* 24 novembre 1945, p. 2.

Gagnon, M. « *Bonheur d'occasion* » *et la critique française,* dans la *Voix populaire,* 29 décembre 1947, p. 8.

Gariépy, M. *Nos romans réalistes,* dans l'*Action Nationale,* 14e année, vol. 28, 2e semestre 1946, p. 179-188.

Garneau, R. *Du côté de la vie âpre,* dans le *Canada,* 6 août 1945, p. 5.

Giron, R. *Gabrielle Roy, prix Fémina* dans la *Revue Moderne,* vol. 29, n⁰ 11, mars 1948 p. 74.

Herissay, J. *Le Prix Fémina,* dans *Livres et Lectures,* n⁰ 8, janv. 1948, p. 14-15.

Hertel, François. *La grande littérature et la petite littérature,* dans *Amérique française,* Westmount, 5e année, n⁰ 7, août-septembre 1946, p. 46-48.

Houle J.-P. *Bonheur d'occasion,* dans l'*Action Universitaire,* vol. 12, n⁰ 1, sept. 1945, p. 40-41.

J.-M., c.s.c. *Sur « Bonheur d'occasion »,* dans *Lectures,* n⁰ 5, tome III, Montréal, janvier 1948, p. 261-263.

Kattan, N. *Bonheur d'occasion,* dans *Bulletin du Cercle Juif,* vol. 11, n⁰ 105, août-sept. 1965, p. 3-4.

Kemp, Robert. *Fémina, Goncourt, Renaudot,* dans les *Nouvelles littéraires,* Paris, 11 décembre 1947, p. 3.

L'Illettré. *Billet du vendredi :* A propos de Robert Charbonneau dans la *Liberté et le patriote,* 8 novembre 1946.

Lacroix, Pierre. « *Bonheur d'occasion* » *à la lumière de la* « *Théorie du roman* » *de Georg Lukacs.* Mémoire de licence présenté au Département de littérature canadienne de l'Université Laval, s.d., 25p.

Lafleur, B. *Bonheur d'occasion,* dans *Revue dominicaine,* vol. 51, t. II, déc. 1945, p. 289-296.

La Follette, J.-E, *Le parler franco-canadien dans « Bonheur d'occasion ».* Thèse de Maîtrise ès Arts, Université Laval, 1950, 337p.

Le Bidois, R. *La langue des romans canadiens-français,* dans *Vie et Langage,* n⁰ 36, mars 1955, p. 133-138.

Leclerc, R. *Bonheur d'occasion,* dans *Mes fiches,* n⁰ 225, 5 mai 1948, C84"19".

Leduc, Jacques. *Lettre d'un lecteur*, dans la *Voix populaire*, 19 mars 1947, p. 20.

Le Grand, Albert. *En marge de « Bonheur d'occasion ».* *Pour l'amour de la littérature.* A *Jean-Marc Léger* (réponse à l'article de Jean-Marc Léger), dans le *Quartier latin*, Montréal, vol. XXX, no 33, 20 février 1948, p. 2.

Léger, Jean-Marc. *Pour l'amour de la littérature. En marge de « Bonheur d'occasion »*, dans le *Quartier latin*, Montréal, vol. XXX, no 28, 3 février 1948, p. 4.

Lemire, Maurice. *« Bonheur d'occasion » ou le salut par la guerre*, dans *Recherches sociographiques*, Université Laval, Québec, janvier-avril 1969, vol. X, no 1, p. 23-35.

Lombard, B. *Le prix Fémina à « Bonheur d'occasion »*, dans *La revue de l'Université Laval*, vol. 2, no 5, janv. 1948, p. 441-443.

Marcotte, G. *En relisant « Bonheur d'occasion »*, dans l'*Action Nationale*, vol. 35, no 3, mars 1950, p. 197-206.

Marie-Reine. *Autour de « Bonheur d'occasion » : A travers les ténèbres*, dans la *Liberté et le patriote*, Winnipeg, 16 avril 1948.

Maulnier, T. *Bonheur d'occasion*, dans *Hommes et Mondes*, t. 5, no 18, janv. 1948, p. 136-137.

McPherson, H. *Introduction to « The Tin Flute »*, Toronto, McClelland and Stewart Limited, 1958. New Canadian Library, no 5, p. V-XI.

Norbert, G. *Bonheur d'occasion*, dans *Culture*, vol. 26, no 4, déc. 1965, p. 492.

Phelps, Arthur-L. *French Canadian Writing*, dans *Canadian Writers*, Toronto, MacMillan and Stewart, 1951, p. 103-110.

Plamondon, Aimé. *A Saint-Henri, sur les pas de Florentine*, dans la *Revue populaire*, novembre 1945, p. 8, 9, 82.

Prescott, Orville. *Books of the time*, dans *The New York Times*, April 22, 1947.

Prud'homme, Joseph. *Prix Fémina et blé canadien : le ragot solitaire*, dans *Notre temps*, 21 février 1948, p. 4.

Raymond, Alice D. *Gabrielle Roy et son « Bonheur d'occasion »*, dans la *Liberté et le Patriote*, Winnipeg, 2 novembre 1945, p. 9.

Richer, Oscar. *Nos artistes ; Gabrielle Roy*, dans la *Voix populaire*, 19 mars 1947, p. 24.

Rivest, Alfred. *En réponse à un article de Marie-Reine sur « Bonheur d'occasion »*, dans la *Liberté et le patriote*, Winnipeg, 14 mai 1948.

Robidoux, R. et A. Renaud. *Bonheur d'occasion*, dans *Le Roman canadien-français du vingtième siècle*, Ottawa, Edition de l'Université d'Ottawa, 1966, p. 75-91.

Rousseaux, André. *Un roman canadien*, dans le *Figaro littéraire*, Paris, 8 novembre 1947, p. 2.

Roy, J.-J. *Bonheur d'occasion*, dans *Revue de l'Université d'Ottawa*, vol. 36, no 2, avril-juin 1966, p. 390.

Roy, Paul-Emile, c.s.c. *« Bonheur d'occasion » de Gabrielle Roy*, dans *Lectures*, Montréal, vol. 12, no 5, janvier 1966, p. 123.

Savoie, Guy. *Le réalisme du cadre spatio-temporel de « Bonheur d'occasion ».* Thèse de maîtrise présentée au Département de littérature canadienne, Université Laval, 1972, 132p.

Shek, Ben Z. *L'espace et la description symbolique dans les romans « montréalais » de Gabrielle Roy*, dans *Liberté*, vol. 13, no 1, p. 78-96.

Sirois, Antoine. *Montréal dans le roman canadien*. Montréal, Didier, 1968, passim.

Sylvestre, G. *Aspects de notre roman*, dans *l'Action Universitaire*, t. 14, no 1, oct. 1947, p. 18-34.

Bonheur d'occasion, dans *Revue de l'Université d'Ottawa*, vol. 16, no 2, avril-juin 1946, p. 220-221.

Réflexions sur notre roman, dans *Culture*, t. 12, 1951, p. 227-246.

Thiébaut, Marcel. *Parmi les livres, autour des prix*, dans la *Revue de Paris*, 55, I, 1948, p. 155-166.

Thomas, A.V. «*The Tin Flute*» *turns out to be a pot of gold for its author*, dans *Saturday Night*, April 12, 1947.

Tremblay, Michel. *Evolution de la critique de «Bonheur d'occasion».* Mémoire de licence présenté au Département de littérature canadienne de l'Université Laval, Québec, avril 1968, 55 p.

Vanasse, A. *Vers une solitude désespérante (La notion d'étranger dans la littérature canadienne*, V), dans l'*Action nationale*, vol. 55, no 7, mars 1966, p. 844-851.

Vigeant, Pierre. *Nos écrivains s'affirment.* Commentaires à l'émission Duvernay (CKAC — 3 mars 1940), reproduits dans la *Voix populaire*, 12 mars 1947, p. 13.

c) LA PETITE POULE D'EAU

Allard, J. *Le chemin qui mène à «La Petite Poule d'Eau»*, dans *Cahiers de Sainte-Marie*, no 1, mai 1966, p. 57-69.

Anonyme. *La Petite Poule d'Eau vue par Jean-Paul Lemieux*, dans *Perspectives*, le *Soleil*, vol. 13, no 31, 31 juillet 1971, p. 16-17.

«*Where Nests Water Hen*» *(sic). Idyll of Manitoba North*, dans *The Toronto Star*, October 13, 1951.

A Classic of French Canada, dans *Knoxville Journal*, Tennessee, October 28, 1951.

Where Nests the Water Hen, dans *Buffalo Courrier-Express*, N.Y., October 28, 1951.

Where Nests the Water Hen, dans *Catholic Universe Bulletin*, Cleveland, Ohio, November 16, 1951.

Where Nests the Water Hen, dans *The Evening Record*, Chelsa, Mass., March 11, 1952.

Barron, Mary, o.p. *Raising a Family in Wilds of Canada*, dans *Books on Trial*, Chicago, Illinois, November 1951.

Begin, Emile. *Pour vos lectures du soir : La Petite Poule d'Eau* dans *l'Enseignement secondaire au Canada*, vol. XXX, no 4, mars-avril 1951, p. 304-307.

Beraud, J. *La Petite Poule d'Eau*, dans la *Presse*, 2 déc. 1950, p. 65.

Bernier, Germaine. *La Petite Poule d'Eau*, dans le *Devoir*, Montréal, 21 novembre 1953, p. 2.

Bertrand, Théophile. *La Petite Poule d'Eau*, dans *Lectures*, Montréal, tome VII, no 6, février 1951, p. 306.

Bonenfant, J.-C. *La Petite Poule d'Eau*, dans *Culture*, t. 12, 1951, p. 104-105.

Brooke Jones, Carter. *Gabrielle Roy Writes a Delightful Story Set in Manitoba Wilderness*, dans *Washington Star*, D.C., October 28, 1951.

Brunelle-Garon, Christiane. *Une collection de luxe rend hommage aux enseignants* (Collection Les Portes de la vie : un des volumes contient le texte partiel de « *La Petite Poule d'Eau* »), dans le *Soleil*, Québec, 27 février 1967, p. 21.

Bureau, J.-J. *Le complexe de la maternité chez Luzina dans « La Petite Poule d'Eau* » de Gabrielle Roy. Thèse de Maîtrise ès Arts, Faculté des Lettres, Université de Montréal, 1961, 111p.

Caliri, Fortunata. *Where Nests the Water Hen*, dans *The sign*, Union City, New Jersey, January 1952.

Carle, G. *Un livre d'hier pour aujourd'hui : « La Petite Poule d'Eau* » de *Gabrielle Roy*, dans *Le Foyer* (Supp. du *Devoir*), 28 mai 1955, p. 15.

Cartier, Georges-E. «*La Petite Poule d'Eau* » ; *dernier-né de Gabrielle Roy*, dans le *Quartier latin*, Montréal, vol. 33, n⁰ 20, 9 décembre 1950, p. 3.

Chaput-Rolland, S. *La Petite Poule d'Eau*, dans *Amérique française*, vol. 3, n⁰ 1, janv.-fév. 1951, p. 61-62.

Collaboration, (En). *La Petite Poule d'Eau*, dans *Mes Fiches*, oct. 1965, n⁰ 45, C84"19".

Collin, W.E. *La Petite Poule d'Eau*, dans *University of Toronto Quarterly*, vol. 20, n⁰ 4, juil. 1951, p. 395-396.

Corley, Pauline. *Where Nests the Water Hen*, dans *Marietta Daily Journal*, Ga., November 29, 1951.

Crowley, William Francis, c.s. (Sp., Instructor in English, Duquesne University). *Out of Canada Comes Tranquility*, dans *Catholic Home Journal*, « *Book Nook* »,January 31, 1952.

Crozier, Robert D., S.J. *Where Nests the Water Hen*, dans *Catholic Review Service*, St-Mary, Kansas, vol. 11, n⁰ 48, November 26, 1951, p. 194. Reproduit dans *North Country Catholic*, December 23, 1951.

Decarie, A. *La Petite Poule d'Eau*, dans *Revue Dominicaine*, vol. 58, fév. 1951, p. 79-91.

Dubé, Gilles. *Etude sur « La Petite Poule d'Eau* ». Québec, collection J'édite n⁰ 2, Editions La revue de l'Ecole Normale et du Centre de formation des maîtres, 1969, 57 p.

Duhamel, Roger. *La Petite Poule d'Eau*, dans l'*Action universitaire*, Montréal, 17e année, n⁰ 3, avril 1951, p. 64-65.

Fadiman, Clifton. *Where Nests the Water Hen*, dans *Book-of-the-Month Club News*, New York, November 1951, p. 10.

Fahey, Francis A., S.J. *Where Nests the Water Hen*, dans *Messenger of the Sacred Heart*, New York, March 1952.

Franklin, Jacob. *Makes us Proud of Human Race*, dans *Worcester Telegram*, Mass., October 28, 1951.

Friel, Elizabeth. *A family Tapestry*. « *Where Nests the Water Hen* », dans *Integrity Review*, New York, February 1952, p. 38-39.

Fuller, Ruth Wolfe. *Book About Canada a Gem of a Story*, dans *Boston Herald*, Mass., November 4, 1951.

G. F.-M. *Where Nests the Water Hen*, dans *Providence Visitor*, Rhode Island, November 9, 1951.

Gardiner, Harold C. *Where Nests the Water Hen*, dans *America*, New York, November 3, 1951, p. 130.

Gerbing, Ruth M. *Books for Lenten Reading and Contemplation*, dans *The Catholic Woman Review*, Detroit, Michigan, March 1952.

Goddar, Helen. *Manitoba Story*, dans *The Gazette*, Cedar Rapids, Iowa, February 17, 1952.

Griffin, Dorothea. *Pervasive Charms*, dans *The Nashville Banner*, Tennessee, November 10, 1951.

Hill, Bob. *Looking at Books*, dans *The Spokane Chronique*, Wash., December 13, 1951.

Hughes, Riley. *Where Nests the Water Hen*, dans *The Catholic World*, New York, vol. CLXXIV, n° 1042, January 1952, p. 312-313.

J.B.L. *Manitoba Story Tell Warming Family Story*, dans *Augusta Chronicle*, Ga., July 27, 1952.

Johnson, Martha. *Wholesome Novel*, dans *Hartford Courant*, Conn., November 18, 1951.

Keate, Stuart. *Farmers in Manitoba*, dans *The New York Times Book Review*, October 28, 1951.

Kemp, Robert. *Jeune terre, « La Petite Poule d'Eau »*, dans les *Nouvelles littéraires*, Paris, 26 juin 1951, p. 2.

Kervin, Roy. *The Humbler Pioneer*, dans *The Gazette*, Montreal, November 10, 1951, p. 29.

Kettering, Marguerite. *New Book Indicates Nature Lover Needs Civilization*, dans *Illinois State Journal*, Springfield, Illinois, January 4, 1952.

Kimmel, L. F. *Where Nests the Water Hen*, dans *The Eagle*, Wichita, Kansas, November 26, 1951.

Levan, Mary L. *Family Life in the Wilds*, dans *The Oklahoman*, Oklahoma City, November 18, 1951.

Lombard, B. *La Petite Poule d'eau*, dans la *Revue de l'Université Laval*, vol. 5, n° 5, janv. 1951, p. 467-471.

M. L.B. *Courageous Mother Brings Knowledge to Manitoba Home*, dans *News-Sentinel*, Fort-Wayne, Indiana, January 5, 1952.

M. L.S. *Where Nests the Water Hen*, dans *The Morning Globe*, Boston, Mass., November 25, 1951.

MacKee, Helen. *Where Nests the Water Hen*, dans *Catholic Monthly Review*, New York, October 1951.

Maillet, Andrée. *Lettre à Gabrielle Roy*, dans *Amérique française*, vol. 3, n° 2, mars-avril 1951, p. 60-61.

Marcotte, Gilles. *Gabrielle Roy retourne à ses origines*, dans le *Devoir*, Montréal, 25 novembre, 1950, p. 18.

Rose-Anna retrouvée, dans l'*Action Nationale*, vol. 38, n° 1, janv. 1951, p. 50-52.

Marks, Joseph. M.A. (University of Manchester). *Introduction to « Where Nests the Water Hen »*, London, George G. Harrap & Co., 1957.

Mauduit, Jean. *Dernier coup d'œil sur la littérature anglo-saxonne*, dans *Témoignage chrétien*, Paris, n° 396, 8 février 1952, p. 5.

McGrory, Mary. *Wild Canada and Portrait of a Mother*, dans *Catholic Standard*, Washington, D.C., January 25, 1952.

Morand, Gilles. *Oeuvre descriptive. « La Petiite Poule d'Eau », une fresque manitobaine*, dans le *Temps*, Québec, 15 décembre 1950, p. 6.

North, Sterling. *A Classic of French Canada*, dans *New York World-Telegram & Sun*. October 23, 1951. Repris sous les titres suivants: *Where Nests the Water Hen*, dans *Columbus Citizen*, Ohio, October 28, 1951 ; *Rare Novel of Humble Poor and Gentle Folk in the Canadian Wilderness*, dans *Cleveland News*, Ohio, December 7, 1951 ; *A Rare Story of a Poor, Pious People*, dans *The Washington Post*, December 23, 1951.

O. D. *Where Nests the Water Hen*, dans *The Boston Post*, Mass., October 21, 1951.

Oliver, Janet C. *Poetic Novel of Northern Canada*, dans *The Journal-Every Evening*, Wilmington, Delaware, November 8, 1951.

P. O'D. *The Pioneer Manitoba Woman*, dans *Winnipeg Free Press*, Winnipeg, November 10, 1951.

Prescott, Orville. *Books of the Times*, dans *The New York Times*, December 10, 1951.

Racicot, P.-E. *La Petite Poule d'Eau*, dans *Relations*, 12e année, no 135, mars 1952, p. 83.

Ringuet. *Prix Fémina 1949 (sic), Gabrielle Roy publie « La Petite Poule d'Eau »*, dans *Flammes*, Bulletin d'information des Editions Flammarion, Paris, no 36, mai 1951, p. 6-8. Reproduit sous le titre *Conversation avec Gabrielle Roy*, dans la *Revue populaire*, 44e année, no 10, octobre 1951, p. 4.

Roper, Gordon. *Introduction to « Where Nests the Water Hen »*, Toronto, McClelland & Stewart, New Canadian Library, no 25, 1961.

Ross, Mary. *On a Canadian River Island*, dans *The New York Herald Tribune*, October 21, 1951.

Simkins, Virginia B. *Novel of the Simple Life*, dans *News-Observer*, Raleigh, N. C., December 2, 1951.

S. N. *A Classic of French Canada*, dans *St-Petersburg Times*, Fla., November 18, 1951.

Sylvestre, G. *La Petite Poule d'Eau*, dans *Nouvelle Revue Canadienne*, vol. 1, no 2, avril-mai 1951, p. 68-70.

La Petite Poule d'Eau, (Où en est notre littérature ?), dans *Revue de l'Université d'Ottawa*, vol. 21, no 4, oct.-déc. 1951, p. 445.

Theall, D. Bernard, o.s.b. (Department of Library Science, Catholic University of America, Washington, D.C.). *Where Nests the Water Hen*, dans *Best Sellers*, Scranton, Pa., November 15, 1951.

Valois, Charles. *La Petite Poule d'Eau*, dans les *Carnets viatoriens*, avril 1951, p. 138.

Walker, Mildred. *A Rare, Simple Novel of Canadian Island World*, dans *The Chicago Tribune*, December 30, 1951, p. 5.

West Sykes, Velma. *Interesting Regional Novel of Isolated Section of Manitoba*, dans *Kansas City Star*, Kansas, December 15, 1951.

d) ALEXANDRE CHENEVERT

Anonyme. *Gabrielle Roy*, dans le *Devoir*, Montréal, 22 octobre 1955, p. 32.

Drôle de caissier, dans *Photo-Journal*, Montréal, 30 octobre 1955.

The Cashier, dans *Catholic Universe Bulletin*, Cleveland, Ohio, December 23, 1955.

A Twentieth-Century Everyman, dans *The Scotsman*, Edinburgh, November 15, 1956.

Constant Reader, dans *Book of the Month*, London, December 1956, vol. 71, no 12, p. 5.

Alexandre Chenevert, dans *Fiches bibliographiques de la littérature canadienne*, Fides, Montréal, vol. 1, no 7, mars 1967, no 159.

Beraud, J. *Alexandre Chenevert*, dans la *Presse*, 13 mars 1954, p. 74.

Bessette, Gérard. *« Alexandre Chenevert » de Gabrielle Roy*, dans *Etudes littéraires*, Montréal, vol. 2, no 2, août 1969, p. 177-202.

Brown, A. *Man and the World Today*, dans *The Gazette*, Montreal, March 13, 1954, p. 26.

Bullock, F. H. *The Cashier*, dans *New York Herald Tribune Book Review*, 16 oct. 1955, p. 12.

Collin, W.E. *Alexandre Chenevert*, dans *University of Toronto Quarterly*, vol. 24, n⁰ 3, April 1955, p. 306-308.

Cooper, Lettice. *A Choice of Novels*, dans *The Yorkshire Post*, Leeds, England, November 1, 1956.

Deacon, William Arthur. *The Art of Gabrielle Roy*, dans *The Globe and Mail*, Toronto, October 29, 1955, p. 10.

Duhamel, R. *La destinée d'un anonyme*, dans *l'Action Universitaire*, 20e année, n⁰ 4, juil. 1954, p. 50-52. Reproduit dans *Présence de la critique*. Critique et littérature contemporaine au Canada français. Textes choisis par Gilles Marcotte, Montréal, H.M.H., 1966, p. 46-49.

E.-A. G. *Il y a dix ans*. « *Alexandre Chenevert* » *de Gabrielle Roy*, dans le *Soleil*, Québec, 14 mars 1964, p. 20.

Guay, P., c.s.s.p. *Sous la loupe de nos romanciers*, dans *Lectures*, nouvelle série, n⁰ 17, mai 1957, p. 186.

Gilman, Richard. *The Cashier*, dans *Jubilee*, New York, December 1955.

G. H.G. *The Road Back*, dans *Irish Times*, Dublin, Irlande, December 8, 1956.

Hill, H. *A « Little Man » Comes Into His Own*, dans *The Gazette*, 15 octobre 1955, p. 26.

Holligan, Marjorie. *Why Suffering?* « *The Cashier* », dans *America*, New York, November 5, 1955, p. 160.

Houle, Jean-Pierre. *Salavin était un (sic) espèce de saint laïc, Chenevert n'est que martyr*, dans l'*Autorité*, Montréal, 3 avril 1954, p. 6.

Hughes, Riley. *The Cashier*, dans *The Catholic World*, New York, vol. 182, n⁰ 1089, December 1955, p. 229.

Janeway, E. *The Man In Everyman*, dans *The New York Times Book Review*, 16 oct. 1955, p. 5.

John, K. *The Novel of the Week*, « *The Cashier* », dans *The Illustrated London News*, London, vol. 230, n⁰ 6137, January 19, 1957, p. 120.

Kemp, Robert. *Pensées d'Eve*, dans les *Nouvelles littéraires*, Paris, 13 mai 1954, p. 2.

Lévêque, Robert. *L'argent dans « Alexandre Chenevert »*. Mémoire de licence présenté au Département de littérature canadienne de l'Université Laval, avril 1970, 47p.

Lougheed, W.C. *Introduction to « The Cashier »*. Toronto, McClelland & Stewart, 1963, New Canadian Library, n⁰ 40, p. VII-XIII.

Maillet, Andrée. *Alexandre Chenevert*, dans *Amérique française*, Montréal, vol. XII, n⁰ 3, septembre 1954, p. 201-202.

Marcotte, Gilles. *Vie et mort de quelqu'un*, dans le *Devoir*, Montréal, 13 mars 1954, p. 6.

Mauduit, Jean. *Réalisme pas mort!* « *Alexandre Chennevert (sic) caissier* » *par Gabrielle Roy*, dans *Témoignage chrétien*, Paris, 2 juillet 1954, p. 5.

Meynell, Laurence. « *Average Man* » *hero rings true, but fails to win real sympathy*, dans *Express & Star*, Wolverhampton, England, November 26, 1956.

Mitchell, Daniel T. *The Cashier*, dans *Books on Trial*, Chicago, Illinois, November 1955.

Moore, Reginald. *High and Low Society*, dans *Books and Bookmen*, London, December 1956, p. 39.

Morand, Gilles. *Le roman de l'inquiétude et de la quiétude*, « *Alexandre Chenevert* », dans le *Temps*, Québec, 23 avril 1954, p. 5.

Murphy, J.J. *Alexandre Chenevert : Gabrielle Roy's Crucified Canadian*, dans *Queen's Quarterly University*, 1965, n⁰ 2, p. 334-346.

O'Hearn, Walter. *Canadian Writting — A Current Sampler*, dans *The Montreal Star*, October 22, 1955, p. 22.

Pierre, A. *Alexandre Chenevert, caissier*, dans *Les fiches bibliographiques*, Paris, Fides, n⁰ 4413, 1954.

Pinsonneault, J.-P. *Alexandre Chenevert*, dans *Lectures*, t. 10, avril 1954, p. 356-358.

Racicot, P.-E. *Nos romans de 1954*, dans *Relations*, 15ᵉ année, n⁰ 176, août 1955, p. 214-216.

Roz, F. *Témoignage d'un roman canadien*, dans *Revue Française de l'élite européenne*, 6ᵉ année, n⁰ 59, août 1954, p. 33-34.

Stone, Jerome. *The Unvarnished Mr. Chenevert in « The Cashier »*, dans *The Saturday Review*, New York, December 31, 1955.

Sullivan, Richard. *Gabrielle Roy's Worrisome, Marvelously Alive Cashier*, dans *Chicago Sunday Tribune*, October 23, 1955, p. 4.

Sylvestre, G. *Alexandre Chenevert*, dans *Nouvelle Revue Canadienne*, vol. 3, n⁰ 3, avril-mai 1954, p. 155-156.

Villelaur, Anne. *Alexandre Chenevert, caissier*, dans les *Lettres françaises*, Paris, mai 1954.

S. de V. « *Alexandre Chenevert, caissier* » *par Gabrielle Roy*, dans la *Libre Belgique*, Bruxelles, 12 mai 1954.

Wahl, Mary. *The Cashier*, dans *The Ave Maria*, John Reedy Editor, Notre-Dame, Indiana, March 3, 1956.

Whateley, Rosaleen. *Picking up the Piece*, dans *Liverpool Daily Post*, England, November 27, 1956.

e) RUE DESCHAMBAULT

Anonyme. *Street of Riches by Gabrielle Roy Winner of the Prix Femina in France, and the Duvernay Prize in 1956*, dans *Catholic Digest Book Club*, New York, vol. 3, n⁰ 11, Editor : Father Francis B. Thornton.

Le nouveau Gabrielle Roy, dans le *Devoir*, Montréal, 1ᵉʳ octobre 1955, p. 25.

Rue Deschambault, dans la *Liberté et la patriote*, Winnipeg, 29 octobre 1955, p. 3.

Rue Deschambault, dans *Points de vue*, St-Jérôme, vol. 1, n⁰ 3, novembre 1955, p. 29.

Allaire, Emilia. *Un chef-d'œuvre de simplicité et de charme : « Rue Deschambault » de Gabrielle Roy*, dans le *Temps*, Québec, 12 janvier 1956, p. 15. (Ce texte est à peu près identique à celui qu'a publié Gilles Morand dans le même journal du 24 novembre 1955, lequel est mentionné plus loin).

Allen, Edward Frank. *A Fragrant Collection*, dans *Worcester Sunday Telegram*, October 13, 1957.

Bailly, René. *Rue Deschambault*, dans le *Mois littéraire*, Paris, n⁰ 498, février 1956.

Bundock, G. *En me promenant « Rue Deschambault »*, dans le *Soleil*, 20 déc. 1955.

Caux, Réal, sc. soc. *Rue Deschambault*, dans le *Carabin*, Québec, vol. XV, n⁰ 12, 7 décembre 1955, p. 6.

Collin, W.E. *Rue Deschambault*, dans *University of Toronto Quarterly*, vol. 25, n° 3, avril 1956, p. 394-395.

Conron, Brandon. *Introduction to « Street of Riches »*, Toronto, McClelland & Stewart, New Canadian Library, n° 56, 1967.

Curley, Thomas F. *Wise and Naive*, dans *The Commonweal*, New York, vol. LXVII, n° 4, October 25, 1957, p. 107-108.

Duhamel, Roger. *Gabrielle Roy puise son inspiration dans ses enfances franco-manitobaines*, dans la *Patrie*, Montréal, 30 octobre 1955, p. 88, 104.

Frederick, John T. *Street of Riches*, dans *The Rotarian, Evanston*, Illinois, vol. XCI, n° 6, December 1957, p. 38-39.

Fuller, Marielle. *New Tales by Gabrielle Roy Recall Her Manitoba Youth*, dans *The Globe and Mail*, Toronto, June 23, 1956, p. 36.

Garneau, R. *Rue Deschambault*, dans le *Droit*, 11 avril 1956, p. 10.

Guay, P., c.s.s.p. *Gabrielle Roy sait trouver la note juste lorsque chante son âme*, dans le *Droit*, 11 janv. 1956, p. 14.

Goulet, Elie. *Rue Deschambault*, dans *Culture*, Québec, vol. XVII, juin 1956, p. 210.

Granpré, P. de. *Rue Deschambault*, dans le *Devoir*, 8 oct. 1955, p. 32. Repris sous le titre *Le lait de la tendresse humaine*, dans *Dix ans de vie littéraire au Canada français*, Montréal, Beauchemin, 1966, p. 91-94.

Guissard, Lucien. *Du Manitoba à la Malaisie*, dans la *Croix*, Paris, 25 et 26 septembre 1955, p. 3.

Harris, Gladys. *Delicate Story of Family Life*, dans *The Courier-Journal*, Louisville, Ky., October 20, 1957.

Hazo, Samuel J. *« Street of Riches » Called Work of Delicate Beauty*, dans *The Pittsburg Press*, Pa., October 6, 1957.

Hill, Harriet. *Excursion into Childhood*, dans *The Gazette*, Montreal, October 12, 1957, p. 33.

Howard, Clare. *Manitoba Girlhood*, dans *The Christian Science Monitor*, Boston, October 12, 1957, p. 33.

Hughes, Riley. *Street of Riches*, dans *The Catholic World*, New York, vol. 186, n° 1113, December 1957, p. 230-231.

Lagarde, Pierre. *« Rue Deschambault » par Gabrielle Roy*, dans les *Nouvelles littéraires*, Paris, 29 septembre 1955, p. 3.

Leclerc, R. *Rue Deschambault*, dans *Lectures*, nouvelle série, vol. 2, n° 5, oct. 1955, p. 33.

Madiran, J.-L. *Rue Deschambault*, dans l'*Action Catholique*, 31 mars 1956, p. 4.

Maillet, Andrée. *Feuilleton littéraire*, dans *Amérique française*, Montréal, vol. XIII, n° 3, 1955, p. 7-13.

Marcotte, Gilles. *Comme lieu de rencontres fraternelles*, dans *Vie étudiante*, Montréal, 15 décembre 1955, p. 13.

McLaughlin, Richard. *« Street of Riches » a Nostalgic Novel*, dans *Springfield Newspaper*, November 12, 1957.

Mineau, Suzanne. *Gabrielle Roy à la recherche du temps perdu*, dans *Vie étudiante*, Montréal, 15 novembre 1955, p. 13.

Morand, Gilles. *Un chef-d'œuvre de simplicité et de charme : « Rue Deschambault » de Gabrielle Roy*, dans le *Temps*, Québec, 24 novembre 1955, p. 5.

O'H. W. *Gabrielle Roy's Charming Recollections of Youth*, dans *The Montreal Star*, October 12, 1957, p. 23.

O'Rourke, Elizabeth. *Street of Riches,* dans *Best Sellers,* Scranton, Pa., October 15, 1957, p. 223-224.

Pasley, Gertrude. *Canadian Family,* dans *The Newark News,* Newark, New Jersey, January 5, 1958.

Robert, G. *Rue Deschambault,* dans *Revue dominicaine,* vol. 61, t. 2, déc. 1955, p. 316-317.

Robichaud, R. *Rue Deschambault,* dans *Nouvelle revue canadienne,* vol. 3, n⁰ 4, mars-avril 1956, p. 226.

Robillard, Jean-Paul. *Même si vous avez des préjugés... lisez « Rue Deschambault »,* dans le *Petit Journal,* Montréal, 30 octobre 1955, p. 56.

Sénécal, Marie. *Rue Deschambault,* dans le *Quartier latin,* Montréal, vol. 38, n⁰ 15, 12 janvier 1956, p. 2.

S. de S. *Enfance canadienne,* dans la *Libre Belgique,* Bruxelles, 21 septembre 1955.

Sullivan, Richard. *Amid Sadness Green Hope,* dans *The New York Times Book Review,* October 6, 1957, p. 4.

Thério, Adrien. *Le portrait du père dans « Rue Deschambault » de Gabrielle Roy,* dans *Livres et auteurs québécois,* 1969 ; revue critique de l'année littéraire, Montréal, Editions Jumonville, p. 237-243.

Tougas, G. *Rue Deschambault,* dans *The French Review,* vol. 30, n⁰ 1, oct. 1956, p. 92-93.

Valois, M. *Le dernier-né de Gabrielle Roy,* dans la *Presse,* 8 oct. 1955, p. 73.

Villelaur, Anne. *Enfance. « Rue Deschambault » par Gabrielle Roy,* dans les *Lettres françaises,* Paris, hebdomadaire du 29 septembre au 5 octobre 1955, p. 3.

f) LA MONTAGNE SECRÈTE

Anonyme. *Comment Gabrielle Roy a rencontré le peintre René Richard,* dans le *Nouveau Journal,* Montréal, supplément du 16 septembre 1961, p. 28.
La montagne secrète de Gabrielle Roy, dans le *Bulletin du cercle juif,* Montréal, novembre 1961, p. 3.
La montagne secrète, dans *Notes bibliographiques,* janv. 1963, p. 77.
La montagne secrète, dans *Revue des Cercles d'études d'Angers,* 23ᵉ année, déc. 1962, n⁰ 3, p. 62.

Audet, P. *La montagne secrète,* dans *Jeunesses Littéraires,* vol. 2, n⁰ 3, mars 1965, p. 10.

Anderson, E.S. *Magnificent Novel of the North,* dans *The Telegram,* Toronto, January 5, 1963, p. 4.

Bale, Joy. *A Creative Quest,* dans *The Courier-Journal,* Louisville, Ky., November 25, 1962.

Beresford-Howe, Constance. *Gabrielle Roy's New Novel,* dans *The Monreal Star — Entertainments — Theatres — Books-Art-Music-TV-Radio,* November 3, 1962, p. 6.

Bertrand, M. *La montagne secrète et l'esthétique de Gabrielle Roy,* Mémoire présenté pour l'obtention du D.E.S., Faculté des Lettres, Université de Montréal, 1965, 112p.

Bessette, G. *« La route d'Altamont », clef de « La montagne secrète »,* dans *Livres et auteurs canadiens,* 1966, Montréal, Editions Jumonville, p. 19-24.

Biron, H. *La montagne secrète,* dans le *Nouvelliste,* 18 nov. 1961, p. 9.

Buckler, Ernest. *And to the Artist a Towering Mountain was the Supreme Challenge*, dans *The New York Times Book Review*, October 28, 1962, p. 4, 18.

Choquette, Adrienne. *Gabrielle Roy.* «*La montagne secrète*», dans *Flammes, l'actualité littéraire*, Flammarion, Paris, n⁰ 111, septembre 1962, p. 1-2.

Collaboration, En. *La montagne secrète*, dans *Mes Fiches*, oct. 1965, n⁰ 44. C84"19".

D'Anjou, J. *La montagne secrète*, dans *Relations*, n⁰ 288, déc. 1964, p. 269.

Dalton, Elizabeth L. *An Exquisitely Beautiful Story of Lone Man in Canadian North*, dans *The Chattanooga Times*, Tennessee, November 11, 1962.

Duhamel, Roger. *Romans et nouvelles (La montagne secrète)*, dans *University of Toronto Quarterly*, July 1962, p. 554-555.

Duhamel, Roger. *La montagne secrète*, dans la *Patrie*, Montréal, 12 novembre 1961, p. 8.

Ethier-Blais, J. «*La montagne secrète*» *de Gabrielle Roy*, dans le *Devoir*, 28 oct. 1961, p. 11.

Fleetwood, Elwayne. *Tale of Instinctive Artist*, dans *Iowa Morning Journal*, Sioux City, February 17, 1963.

Francœur, Paul. *Le dernier roman de Gabrielle Roy :* «*La montagne secrète*» dans *Vie étudiante*, Montréal, 15 décembre 1961, p. 12.

Hill, Harriet. *The World of the Spirit*, dans *The Gazette*, Montréal, November 3, 1962, p. 31.

Hornyansky, M. *Countries Of The Mind II*, dans *Tamarack Review*, n⁰ 27, printemps 1963, p. 80-89.

Las Vergnas, R. *A la recherche de soi*, dans *Les Annales*, Paris, 70⁰ année, nouvelle série, n⁰ 148, fév. 1963, p. 32-33.

Lazenby, Francis D. *Gabrielle Roy*, «*The Hidden Mountain*», dans *Library Journal*, New York, January 11, 1962.

Leclerc, R. *La montagne secrète*, dans *Lectures*, nouvelle série, vol. 8, n⁰ 5, 1962, p. 135-138. Article repris en extraits dans *Mes Fiches*, n⁰ 372, avril 1962. C84"19".

Légaré, R., o.f.m. *La montagne secrète*, dans *Culture*, vol. 24, n⁰ 2, juin 1963, p. 197-198.

Leroux, J. «*La montagne secrète*» *par Gabrielle Roy*, dans *Les fiches bibliographiques*, Paris, Fides, n⁰ 9747, 1963.

Lombard, Bertrand. *La montagne secrète*, dans l'*Action catholique*, Québec, 25 novembre, 1961, p. 4.

Marcotte, G. *A chacun sa* «*montagne secrète*», dans la *Presse*, 21 oct. 1961, p. 5.

McPherson, H. *The Hidden Mountain*, dans *Canadian Literature*, n⁰ 15, hiver 1963, p. 74-76.

Ménard, J. *Gabrielle Roy et la nature*, dans le *Droit*, 31 mars 1962.

La montagne secrète. (Bilan littéraire de l'année 1961), dans *Archives des Lettres canadiennes*, t. II, Montréal, Fides, 1963, p. 335-337. Reproduit dans Jean Ménard, *La vie littéraire au Canada français*, Ottawa, Editions de l'université d'Ottawa, 1971, p. 213-219.

Murphy, John J. *The Louvre and Ungava*, dans *Renascence*, vol. 16, n⁰ 1, Fall 1963, p. 53-56.

Paré, J. *La montagne secrète : une image pour le calendrier du Canadien National*, dans le *Nouveau journal*, 28 oct. 1961, p. 27.

Prévost, J.-L. *La montagne secrète*, dans *Livres et lectures*, janv. 1963, p. 24.

Richer, Julia. *Le montagne secrète*, dans *Notre temps*, Montréal, 4 novembre 1961, p. 5.

Robert, G. *Coups d'œil sur douze romans de 1961*, dans *Maintenant*, n⁰ 3, mars 1962, p. 111-112.

Sirois, A. *Le mythe du Nord*, dans *Revue de l'Université de Sherbrooke*, vol. 4, n⁰ 1, oct. 1963, p. 29-36.

Soumande, F. *La montagne secrète*, dans la *revue de l'Université Laval*, vol. XVI, n⁰ 5, janv. 1962, p. 449-451.

Thomas, Robert, J. *Books for Vermonters*, dans *Rutland Herald*, Vt., January 22, 1963.

Tougas, G. *La montagne secrète*, dans *Livres et auteurs canadiens*, Montréal, Editions Jumonville, 1961, p. 11-12.

Wilson, Helena P. *The Hidden Mountain*, dans *Times-Dispatch*, Richmond, Va., January 27, 1963.

g) LA ROUTE D'ALTAMONT

Anonyme. *Georgie's Back As Gamekeeper*, dans *Halifax Chronicle-Herald*, New Scotland, October 29, 1966.

The Road Past Altamont, dans *The Globe*, January 19, 1967.

La route d'Altamont, dans *Fiches bibliographiques de la littérature canadienne*, Montréal, Fides, vol. 1, n⁰ 2, octobre 1966, n⁰ 42.

La route d'Altamont, dans le *Bulletin critique du livre français*, Paris, juillet 1967, tome XXII, vol. 7, n⁰ 70762, p. 611.

Archer, W.H. *The Road Past Altamont*, dans *Best Sellers*, 9 janv. 1966.

Bessette, Gérard. « *La route d'Altamont* », clef de « *La montagne secrète* », dans *Livres et auteurs canadiens*, Montréal, Editions Jumonville, p. 19-24.

Bosco, Monique. *La route d'Altamont*, dans *Québec 66*, vol. 3, n⁰ 8, octobre 1966, p. 81-82.

Gabrielle Roy, fidèle à elle-même, dans le *Magazine MacLean*, vol. 6, n⁰ 6, juin 1966, p. 66.

Braden, Josephine. *A Childhood in Manitoba*, dans *The Courier-Journal*, Louisville, Ky., December 18, 1966.

Brehault Soliman, P. *The Road Past Altamont*, dans *Book-Of-The-Month Club News*, September 1966, p. 13.

Buckler, Ernest. *A Case of Departure Sickness*, dans *The New York Times Book Review*, September 11, 1966, p. 5.

Chamberlin, Newell. *Between Book Ends, Literature of French Canada*, dans *St-Louis Post-Dispatch*, October 17, 1966.

Cormier, Robert. *Touched With Tender Magic*, dans *Worcester Sun Telegram*, August 28, 1966.

Cynewulf, Robbins, R. *The Road Past Altamont*, dans *The Canadian Author and Bookman*, Toronto, vol. 42, n⁰ 4, Summer 1967, p. 29.

Dagenais, G. *Gabrielle Roy (Nos écrivains et le français)*, dans la *Presse*, 16 avril 1966. Supp. *Arts et Lettres*, p. 6 ; reproduit dans *Nos écrivains et le français*, Montréal, Editions du Jour, 1967, p. 51-53.

Dalton, Elizabeth L. *The Road Past Altamont*, dans *The Chattanooga Times*, Tennessee, September 11, 1966.

De Cotret, C. *La route d'Altamont*, dans l'*Homme d'affaires*, mai 1966, p. 5.

Denton, Helen. *The Road Past Altamont,* dans *Prince George Progress,* British Columbia, October 26, 1966.

De Prose, Molly. *A Childhood in Manitoba,* dans *Ottawa Citizen,* March 11, 1967.

Ethier-Blais, J. *La route d'Altamont,* dans le *Devoir,* 30 avril 1966, p. 11.

Gaulin, M. *La route d'Altamont,* dans *Incidences,* n° 10, août 1966, p. 27-38.

Gay, P., c.s.s.p. *La route d'Altamont,* dans le *Droit,* 25 janvier 1966, p. 12.

H. B.H. « *The Road Past Altamont* », *Sensitive Childhood Story,* dans *The Springfield Republican,* Mass., November 13, 1966.

J.S. *A Higher Peak of Perfection,* dans *Saskatoon Star-Phoenix,* Saskatchewan, October 25, 1966.

Labelle, Jean-Paul. *La route d'Altamont,* dans *Relations,* n° 310, novembre 1966, p. 320.

Le Sage, L. *Seasons In the Human Adventures,* dans *Saturday Review,* 3 sept. 1966, p. 37.

Légaré, Romain, O.F.M. *Roy, Gabrielle,* « *La route d'Altamont* », dans *Culture,* Québec, tome XXVIII, 1967, p. 182-183.

Locquell, C. *La route d'Altamont,* dans le *Soleil,* 9 avril 1966, p. 6.

Lombard, B. *La route d'Altamont,* dans la *Revue de l'Université Laval,* vol. 21, n° 2, oct. 1966, p. 196-198.

Major, A. *La route d'Altamont,* dans le *Petit journal,* 17 avril 1966, p. 42.

Marcotte, Gilles. *Gabrielle Roy dialogue avec son enfance,* dans *Les bonnes rencontres, chroniques littéraires.* Montréal, Hurtubise HMH, Coll. Reconnaissances, 1971, p. 150-154.

Toutes les routes vont par Altamont, dans la *Presse,* 16 avril 1966. Supp. *Arts et Lettres,* p. 4.

Mathews Hall, Ann. *Complex Life of Girl in Four Stages, (La route d'Altamont),* dans *New Nashville Banner,* Tennessee, November 11, 1966.

Pallascio-Morin, E. *Gabrielle Roy sur la route d'Altamont,* dans l'*Action,* 9 septembre 1966, p. 21.

Pilon, Jean-Guy. *La route d'Altamont,* dans *Liberté,* Montréal, vol. 8, n° 4, juillet-août 1966, p. 116.

Rainville, Paul. *René Richard, peintre et trappeur* dans la *Revue populaire,* juin 1943, p. 12-13, 60-61.

Roy, C. « *La route d'Altamont* » *décèle une pensée profonde,* dans le *Nouvelliste,* 23 avril 1966, p. 8.

Smith, C. *The Other Side Of The Lake,* dans *Baltimore Sunday Sun,* 4 sept. 1966.

Sorensen, Robert. *Something to Toot About,* dans *Minneapolis Tribune,* January 1, 1967, p. 8.

Théberge, J.-Y. *Dans* « *le pays le plus plat du monde* », dans le *Canada français,* 28 avril 1966, p. 50.

Valiquette, B. *La route d'Altamont,* dans *Echos-Vedettes,* 23 avril 1966, p. 30.

Vickers, Chris. *Manitoba Novel,* dans *Winnipeg Free Press,* Saturday Magazine, November 12, 1966, p. 10.

Warnes, Paul. *Sensitive Study of Growing-up,* dans *Columbia Dispatch,* September 18, 1966, p. 17.

Weaver, Robert. *The Strenght and Weakness of Writing in Canada : So Much of it is Regional,* dans *The Canadian,* Toronto, November 26, 1966.

h) LA RIVIÈRE SANS REPOS

Anonyme. *Culture Clash in Arctic is Theme of New Novel*, dans *Picton Gazette*, Ont., October 2, 1970.

Gabrielle Roy, Rivière sans repos, dans l'*Action*, Québec, 24 octobre 1970, p. 17.

A Sensitive Look At a Tragedy, dans *Calgary Herald*, October 30, 1970.

Un nouveau succès de Gabrielle Roy, dans Dimanche-Matin, Montréal, 3 janvier 1971, p. 47.

Novel About Eskimo mother, a victim of cultural confusion, dans *Ottawa Citizen*, January 9, 1971.

La rivière sans repos, roman, dans *L'actualité littéraire*, Bulletin des Editions Flammarion, Paris, février 1972.

Gabrielle Roy lance un nouveau roman à Paris, dans le *Devoir*, 14 février 1972, p. 11.

Bastien, Hermas. *Histoires de la toundra*, dans l'*Information médicale et paramédicale*, Montréal, 2 février 1971, p. 31-32.

Blackadar, Bruce. *Gabrielle Roy finds warmth in the Arctic*, dans *Windsor Star*, Ont., October 1970.

Chatelin, Ray. *Another book top writer*, dans *The Province*, Vancouver, November 13, 1970, p. 23.

Chenest, Jacques. *La mort et les pensions de vieillesse*, dans *Montréal-Matin*, 23 novembre 1970, p. 8.

Dickson, Robert. *Un échec pour Gabrielle Roy?*, dans le *Soleil*, Québec. 31 octobre 1970, p. 37.

Elliott, John K. *Reflect the Scene — Windflower —* dans *London Evening Free Press*, Ont., September 19, 1970.

Ethier-Blais, Jean. *Gabrielle Roy : une lecture émouvante et mélancolique*, dans le *Devoir*, 28 novembre 1970, p. 12.

Un Noël de lecture, dans le *Devoir*, 12 décembre 1970, p. 24.

Ferron, René. « *Rivière sans repos* » *Gabrielle Roy*, dans le *Petit journal*, 29 novembre 1970, p. 74.

Gaulin, Michel. *La rivière sans repos de Gabrielle Roy*, dans *Livres et auteurs québécois 1970*, Montréal, p. 27-28.

Gibson, John. *Eskimo Tragedy In Alien World*, dans *Victoria Times*, B.C., October 31, 1970.

Grosskurth, Phyllis. *Maternity's fond but tedious tune*, dans *Globe & Mail Magazine*, Toronto, September 23, 1970.

Harding, Margo. *Windflower*, dans *Kingston Whip, Stander*, November 25, 1970.

Hoops, Robert. *Eskmo Plight*, dans *Kitchener Waterloo Record*, September 15, 1970.

Houle, Benoit. *Le dernier roman de Gabrielle Roy lancé à Paris*, dans le *Soleil*, 16 février 1972, p. 63.

Koening, Jean. *Timely Novel of the North*, dans *Edmonton Journal*, October 9, 1970.

Mc Fadden, David. *Liberated Womanhood*, dans *Hamilton Spectator*, Ont., December 19, 1970.

Milot, Jocelyne. « *La rivière sans repos de Gabrielle Roy* », dans le *Nouvelliste*, Trois-Rivières, 28 janvier 1971, p. 12.

Remple, Jean. *In Translation, nothing is lost*, dans *The Montreal Star Entertainments*, November 28, 1970, p. 63.

Richer, Julia. *Echos littéraires « La rivière sans repos »* par Gabrielle Roy, dan l'*Information médicale et paramédicale*, Montréal, 17 novembre 1970, p. 60.

Simon, Pierre-Henri. *« La Mûlatresse Solitude »* d'André Schwarz-Bart, *« La rivière sans repos »* de Gabrielle Roy, dans le *Monde*, 25 février 1972, p. 13.

Swan, Susan. *Windflower by Gabrielle Roy*, dans *Toronto Telegram*, September, 19, 1970.

St-Onge, Paule. *Retour de trois grands écrivains féminins*, dans *Châtelaine*, Montréal, décembre 1970, p. 10.

Sypnowich, Peter. *Another Gem of a Book in the Inspirational Vein*, dans *Toronto Daily Star*, September 22, 1970, p. 36.

Tench, Helen. *Novel About Eskimo Mother — A Victim of Cultural Confusion*, dans *Ottawa Citizen*, January 9, 1971.

Wang, Julie. *Roy's latest touching, Human Story*, dans *The Gazette*, Montreal, November 21, 1970.

Wishart, David. *A Good Novel for and About Canadians*, dans *Vancouver Sun*, October 21, 1970.

III. OUVRAGES GÉNÉRAUX

a) PREMIÈRE PARTIE

Falardeau, Jean-Charles. *French Canada, Past and Present*. Montreal, Aluminium Company of Canada, May 1951, 25p.

Notre société et son roman. Montréal, Editions HMH, 1967, 234p.

Frazer, James. *The Golden Bough ; a study in magic and religion*. London, Macmillan and Co., vol. IX, *The Scapegoat*, 1913.

Frye, Northrop. *Anatomie de la critique* ; traduit de l'anglais par Guy Durand. Paris, Gallimard, Bibliothèque des sciences humaines, 1969, 454p.

Götz, Berndt. *Die bedeutung des opfers bei den völkern*. Leipzig, Hirschfeld, 1933, 82p.

Hughes, Everett Cherrington. *French Canada in Transition*. The University of Chicago Press, (c1943), 227p.

Marcel, Gabriel. *Les hommes contre l'humain*. Paris, Arthème Fayard, 1951, 206p.

Morton, W.L. *Manitoba, a History*. Toronto, University of Toronto Press, 1955, 547p.

Mounier, Emmanuel. *Oeuvres*, tome I : 1931-1939 ; tome III : 1944-1950. Paris. Editions du Seuil.

Mumford, Lewis. *Technique et civilisation* ; traduit de l'américain par Denise Moutonnier. Paris, Seuil, coll. Esprit « La cité prochaine », 1950, 414p.

Rioux (Marcel) et Yves Martin. *French Canadian Society*. Toronto, The Carleton Library, n° 18, McClelland & Stewart Ltd., 1964, 405p.

Rougemont, Denis de. *L'aventure occidentale de l'homme*. Paris, Albin Michel, 1957, 270p.

Vautrin, Irénée (Sous la présidence de). *Congrès de colonisation tenu à Québec les 17 et 18 octobre 1934 sous la présidence de l'honorable Irénée Vautrin, ministre de la colonisation*. Québec, 1935, 266p.

Wade, Mason. *Les Canadiens français de 1760 à nos jours*, 2 t., traduit de l'anglais par Adrien Venne avec le concours de Francis Dufau-Labeyrie. Montréal, [C 1963] Cercle du Livre de France.

b) DEUXIÈME PARTIE

Alleau, René. *De la nature des symboles*. Paris, Flammarion, 1958, 121p.

Bachelard, Gaston. *Lautréamont*. Paris, José Corti, 1939, 200p.

L'eau et les rêves ; essai sur l'imagination de la matière. Paris, José Corti, 8e réimpression, 1942, 265p.

L'air et les songes ; essai sur l'imagination du mouvement. Paris, José Corti, 6e réimpression, 1943, 306p.

La terre et les rêveries de la volonté ; essai sur l'imagination des forces. Paris, José Corti, 1948, 407p.

La terre et les rêveries du repos ; essai sur l'imagination de l'intimité. Paris, José Corti, 1948, 337p.

La psychanalyse du feu. Paris, Gallimard, coll. Idées, no 73, 1949, 184p.

La flamme d'une chandelle. Paris, PUF, 3e édition, 1964, 112p.

La poétique de la rêverie. Paris, PUF, Bibliothèque de philosophie contemporaine, 3e édition, 1965, 183p.

La poétique de l'espace. Paris, PUF, Bibliothèque de philosophie contemporaine, 5e édition, 1967, 214p.

Beaudoin, Charles. *Le symbole chez Verhaeren ; essai de psychanalyse de l'art*. Genève, Editions Mongenet, 1924, 265p.

Introduction à l'analyse des rêves ; relation de quinze cas concrets, précédée d'un exposé théorique. Paris, L'Arche, 1949, 246p.

Le triomphe du héros ; étude psychanalytique sur le mythe du héros et les grandes épopées. Paris, Plon, coll. Présences, 1952, 233p.

L'œuvre de Jung et la psychologie complexe. Paris, Payot, 1963, 390p.

Bayard, Jean-Pierre. *Le feu*. Paris, Flammarion, coll. Symboles, 1958, 316p.

Beigbeder, Olivier. *La symbolique*. Paris, PUF, coll. Que sais-je ? no 749, 1961, 126p.

Bessette, Gérard. *Les images en poésie canadienne-française*. Montréal, Beauchemin, 1960, 282p.

Caillois, Roger. *Le mythe et l'homme*. Paris, Gallimard, coll. Les Essais, VI, 7e édition, 1938, 222p.

Champeaux (Gérard de) et Dom Sébastien Sterckx, o.s.b. *Introduction au monde des symboles*. Zodiaque, coll. Introduction à la nuit des temps, 1966, 467p.

Desrosiers, Léo-Paul. *Nord-Sud, roman canadien*. Montréal, Les Editions du « Devoir », 1931, 199p.

Diel, Paul. *Le symbolisme dans la mythologie grecque ; Etude psychanalytique*, préface de Gaston Bachelard. Paris, Payot, no 87, 1966, 252p.

Durand, Gilbert. *Les structures anthropologiques de l'imaginaire ; introduction à l'archétypologie générale*. Paris, PUF, 1963, 518p.

L'imagination symbolique. Paris, PUF, coll. Initiation philosophique, no 66, 1964, 128p.

Eliade, Mircea. *Le mythe de l'éternel retour ; archétypes et répétitions*. Paris, Gallimard, coll. Les Essais, XXXIV, 3e édition, 1949, 254p.

Images et symboles ; essais sur le symbolisme magico-religieux. Paris, Gallimard, coll. Les Essais, LX, 1952, 238p.

Mythes, rêves et mystères. Paris, Gallimard, coll. Les Essais, LXXXIV, 1957, 310p.

Méphistophélès et l'Androgyne. Paris, Gallimard, coll. Les Essais, CIII, 1962, 268p.

Aspects du mythe. Paris, Gallimard, coll. Idées, n° 32, 1963, 246 p.

Le sacré et le profane. Paris, Gallimard, coll. Idées, n° 76, 1965, 186p.

Traité d'histoire des religions ; nouvelle édition entièrement revue et corrigée ; préface de Georges Dumézil. Paris, Payot, Bibliothèque scientifique, 1968, 393p.

La nostalgie des origines ; méthodologie et histoire des religions. Paris, Gallimard, coll. Les Essais, CLVII, 1971, 335p.

Fiser, E. *Le symbole littéraire ; essai sur la signification du symbole chez Wagner, Baudelaire, Mallarmé, Bergson et Marcel Proust*. Paris, José Corti, 1941, 211p.

Goldsmith, Elizabeth Edwards. *Life Symbols as Related to Sex Symbolism : A Brief Study into the Origin and Significance of Certain Symbols*. New York and London, G.P. Putnam's Sons, 1924, 455p.

Hostie, Raymond. *Du mythe à la religion ; la psychologie analytique de C.G. Jung. Les études carmélitaines*. Paris, Desclée de Brouwer, 1955, 231p.

Jacobi, Jolande. *Complexe, archétype, symbole* ; traduit par Jacques Chavy, préface de C.G. Jung. Neuchatel, Éditions Delachaux et Niestlé, 1961, 167p.

Jung, C.G. *Psychologie de l'inconscient* ; préface et traduction du Dr Roland Cahen. Genève, Librairie de l'Université, 1952, 235p.

Métamorphoses de l'âme et ses symboles ; préface et traduction de Yves Le Lay. Genève, Librairie de l'Université, 1953, 770p.

Essai d'exploration de l'inconscient ; introduction de Raymond de Pecker, traduction de Laure Deutschmeister. Paris, Gonthier, Bibliothèque Médiations, n° 39, 1964, 155p.

L'homme à la découverte de son âme ; structure et fonctionnement de l'inconscient ; préfaces et adaptation du Dr Roland Cahen. Paris, Petite bibliothèque Payot, n° 53, 6e édition, 1967, 347p.

Jung (C.G.) Franz (M.-L. von) Henderson (Joseph L.) Jacobi (Jolande) et Aniéla Jaffé. *L'homme et ses symboles*. Paris, Pont Royal, 1964, 320p.

Jung (C.G.) et Ch. Kérényi. *Introduction à l'essence de la mythologie ; l'enfant divin, la jeune fille divine*. Paris, Petite bibliothèque Payot, n° 124, 1968, 252p.

Krappe, Alexandre H. *La genèse des mythes*. Paris, Payot, Bibliothèque scientifique, 1938, 359p.

Mauron, Charles. *Des métaphores obsédantes au mythe personnel ; introduction à la psychocritique*. Paris, José Corti, 1963, 380p.

Onimus, Jean. *Poétique de l'arbre* dans *Revue des sciences humaines*, Lille, janvier-mars 1961, p. 103-115.

Paneth, Ludwig. *La symbolique des nombres dans l'inconscient*. Paris, Payot, 1953, 194p.

Poulet, Georges. *Etudes sur le temps humain*. Edinburgh at the University Press, 1949, 407p.

Richard, Jean-Pierre. *Littérature et sensation* ; préface de Georges Poulet. Paris, Seuil, 1954, 286p.

Onze études sur la poésie moderne. Paris, Seuil, 1964, 301p.

Ricœur, Paul. *Finitude et culpabilité II, La symbolique du mal*. Paris, Aubier, Editions Montaigne, coll. Philosophie de l'esprit, 1960, 336p.

Rousseau, René-Lucien. *Les couleurs ; contribution à une philosophie naturelle fondée sur l'analogie*. Paris, Flammarion, coll. Symboles, 1959, 247p.

Tchekhov, Anton. *Oeuvres (1888 à 1891)*. Paris, Les éditeurs français réunis, 1960, 696p.

Wyczynski, Paul. *Poésie et symbole*. Montréal, Librairie Déom, 1965, 252p.

c) TROISIÈME PARTIE

Alain. *Système des beaux-arts*. Paris, Gallimard, coll. Idées, n° 37, 1926, 374p.

Vingt leçons sur les beaux-arts. Paris, Gallimard, 1931, 299p.

Préliminaires à l'esthétique. Paris, Gallimard, 1939, 306p.

Baudouin, Charles. *Psychanalyse de l'art*. Paris, Librairie Félix Alcan, 1929, 274p.

Bayer, R. *Traité d'esthétique*. Paris, Armand Colin, 1956, 302p.

Berthélémy, Jean. *Traité d'esthétique*. Paris, Editions de l'Ecole, 1964, 496p.

Bonnard, André. *Les dieux de la Grèce ; mythologie classique*. Paris, Editions Gonthier, (c1944 by Editions Mermod, Lausanne), 186p.

Commelin, P. *Mythologie grecque et romaine*. Edition illustrée de nombreuses reproductions. Paris, Garnier, 1960, 516p.

Delacroix, Henri. *Psychologie de l'art ; essai sur l'activité artistique*. Paris, Librairie Félix Alcan, 1927, 481p.

Dracoulidès, Dr N.N. *Psychanalyse de l'artiste et de son œuvre*, préface du Dr A. Hesnard. Genève, Editions du Mont-Blanc, Coll. Action et Pensée, 1952, 232p.

Eschyle. *Prométhée enchaîné* ; traduction de Jean Guillon. Paris, Hatier, coll. Traductions Hatier présentées par Georges Chappon, 1960, 61p.

Focillon, Henri. *Vie des formes*, quatrième édition suivie de *L'éloge de la main*. Paris, PUF, Bibliothèque de philosophie contemporaine, 1955, 124p.

Grimal, Pierre. *Dictionnaire de la mythologie grecque et romaine* ; préface de Charles Picard. Paris, PUF, 3e édition, 1963, 578p.

Guiraud, F. (Sous la direction de). *Mythologie générale*. Paris, Larousse, (c1935), 448p.

Gusdorf, Georges. *Mythe et métaphysique ; introduction à la philosophie*. Paris, Flammarion, 1953, 290p.

Hésiode. *Théogonie, Les travaux et les jours, Le bouclier* ; texte établi et traduit par Paul Mazon. Paris, Société d'édition Les belles Lettres, 1928, 158p.

Huyghe, René. *L'art et l'homme*, ouvrage en trois volumes publiés sous la direction de René Huyghe de l'Académie française. Paris, Librairie Larousse.

Maritain, Jacques. *L'intuition créatrice dans l'art et dans la poésie*. Paris, Desclée de Brouwer, 1966, 420p.

Prémont, Laurent. *Le mythe de Prométhée dans la littérature française contemporaine (1900-1960)*. Québec, Les Presses de l'Université Laval, 1964, 247p.

Rilke, Rainer-Maria. *Lettres à un jeune poète* ; suivies de *Réflexions sur la vie créatrice par Bernard Grasset*. Paris, Grasset, 1956, 150p.

Séchan, Louis. *Le mythe de Prométhée*. Paris, PUF, 1951, 132p.

Souriau, Etienne. *L'avenir de l'esthétique ; essai sur l'objet d'une science naissante*. Paris, Félix Alcan, coll. Bibliothèque de philosophie contemporaine, 1929, 403p.

Stravinsky, Igor. *Poétique musicale*. Paris, Editions Le bon plaisir, 1952, 97p.

Vickery, John B. (edited by). *Myth and Literature* ; *Contemporary Theory and Practice*. Lincoln, University of Nebraska Press, (c1966), 391p.

Weber, Jean-Paul. *La psychologie de l'art*. Paris, PUF, coll. Initiation philosophique, n⁰ 36, 3ᵉ édition, 1965, 137p.

d) QUATRIÈME PARTIE

Camus, Albert. *Le mythe de Sisyphe ; essai sur l'absurde*. Paris, Gallimard, coll. Idées, n⁰ 1, 1942, 186p.

La peste. Paris, Gallimard, coll. Livre de poche, n⁰ 132, 1947, 254p.

Kierkegaard, S. *Crainte et tremblement ; Lyrique-dialectique par Johannès de Silentio* ; traduit par P.-H. Tisseau, introduction de Jean Wahl. Paris, Aubier, Editions Montaigne, 1946, 217p.

Rougemont, Denis de. *L'amour et l'Occident*. Paris, Plon, coll. 10/18, n⁰ 34/35, 1939, 314p.

Rousseaux, André. *Littérature du XXᵉ siècle*, tome 3. Paris, Albin Michel, 1949, 257p.

Teilhard de Chardin, P. *Le milieu divin ; essai de vie intérieure*. Paris, Seuil, 1957, 202p.

Hymne de l'Univers. Paris, Seuil, 1961, 169p.

Teilhard de Chardin (P.) et autres. *Réflexions sur le bonheur ; inédits et témoignages*. Paris, Seuil, coll. Cahiers Pierre Teilhard de Chardin, 1960, 185p.

e) VARIA

Camus, Albert. *L'homme révolté*. Paris, Gallimard, coll. Idées, n⁰ 36, 1951, 372p.

Hayne, David M. *Les grandes options de la littérature canadienne-française*. (Conférence J.A. de Sève, n⁰ 2, 20 avril 1964), département d'études françaises, Montréal, Université de Montréal, 1963-1964, 32p.

Lalande, André. *Vocabulaire technique et critique de la philosophie*. Paris, PUF, Société française de philosophie, 9ᵉ édition, 1962, 1323p.

Michaud, Guy. *L'œuvre et ses techniques*. Paris, Librairie Nizet, 1957, 271p.

Roy, Marie-Anna. *Le pain de chez nous ; Histoire d'une famille manitobaine*. Montréal, Les éditions du Lévrier, 1954, 255p.

Sartre, Jean-Paul. *Qu'est-ce que la littérature?* Paris, Gallimard, coll. Idées, n⁰ 58, 1948, 374p.

Simon, Pierre-Henri. *L'homme en procès ; Malraux, Sartre, Camus, Saint-Exupéry*. Neuchatel et Paris, La Baconnière, 5ᵉ édition, 1950, 154p.

Valéry, Paul. *Oeuvres*, 2 tomes ; Editions établies et annotées par Jean Hytier. Paris, Gallimard, Bibliothèque de la Pléiade, tome 1 : 1957 ; tome 2 : 1960.

TABLE DES MATIÈRES

Achevé d'imprimer

sur papier

Edco litho blanc

des papeteries La Cie E.B. Eddy

sur les presses

des ateliers

de la

Librairie Beauchemin Limitée

à Montréal

le dixième jour

du mois de mai

mil neuf cent soixante-treize

Imprimé au Canada

Printed in Canada